양희승 작가님 축하드립니다!!!
대본을 보며 웃고、울고、설레이고、행복했었던 시간들....
이제는 배우들 뿐이아닌 대본집을 보게될
누군가의 행섭 그리고 처녈... 행복한 시간이
되어지길 바라며
이제는 저의 행섭이를 여러분께 보냅니다.
일타스캔들을 사랑해주셔서、응원해주셔서
감사했습니다.
모두모두 건강하시길 ... 몸도 .. 마음도 ... ♡

전경현 그리고 남행섭.

누구보다 '치열' 하고 싶었던..

대본집을 보시는 여러분.. 꿈을위해 '치열' 하지마시고..

이책을 읽으실동안만 자신을 위해 '치열' 해 지는순간이 있길..

기도 합니다.. 저도 그랬거든요.. ㅎㅎ. 사랑하고 감사합니다.

이번시즌은 여기 까지 하겠습니다...

　　　　지금까지 '최치열강' 이였습니다. 끝.

일타 스캔들

일러두기

- 이 책은 양희승·여은호 작가의 드라마 대본 집필 형식을 최대한 따랐습니다.
- 드라마 대사는 글말이 아닌 입말임을 감안하여 한글맞춤법에서 벗어난 표현이라 해도
  그 표현을 그대로 살렸습니다. 그 외 지문은 한글맞춤법을 따랐습니다.
- 이 책은 작가의 최종 대본으로, 방송되지 않은 부분이 포함되어 있습니다.

용어 정리

- **N** : night
- **D** : day

[c.u] 클로즈업(close-up). 등장하는 배경이나 인물의 일부를 화면에 크게 나타내는 기법.

[diss] 디졸브(dissolve). 한 화면이 사라짐과 동시에 다른 화면이 점차로 나타나는 장면 전환 기법.

[E] Effect(효과). 대사와 음악을 제외한 효과음을 뜻하며, 보통 등장인물은 보이지 않고 소리만 나는 경우에
사용한다.

[F] 필터(Filter). 전화기 너머의 목소리나 마음속으로 하는 이야기들을 표현할 때 사용된다.

[f.i] 페이드인(fade-in). 화면이 처음에 어둡다가 점차 밝아지는 기법.

[f.o] 페이드아웃(fade-out). 화면이 처음에 밝았다가 점차 어두워지는 기법.

[Na] 내레이션(Narration). 장면에 나타나지 않으면서 장면의 진행에 따라 그 내용이나 줄거리를 장외(場外)에
서 해설하는 일, 또는 그런 해설을 말한다.

[o.l] 오버랩(over-lap). 앞 장면에 겹쳐서 다음 장면이 나오는 기법. 대사에서 앞사람의 말을 끊고 말할 때 쓰
인다.

[몽타주] 따로따로 편집된 장면들을 짧게 끊어서 붙인 화면.

[인서트] 화면의 특정 동작이나 상황을 강조하기 위해 삽입한 화면, 또는 삽입하는 것.

[플래시백] 과거의 회상을 나타내는 장면 또는 그 기법.

[화이트 아웃] 그림이 사라지면서 흰색 화면으로 전환하는 장면 전환 방법.

일타 스캔들

양희승·여은호 대본집

위즈덤하우스

차례

기획의도

한마디로

대한민국 사교육 1번지 녹은로 학원가.
그 별세계에서 별이 된 일등 스타 강사(일명 일타강사)와
그 별세계에 뒤늦게 입문한 열혈엄마(실체 이모) '국가대표 반찬가게' 여사장의
아찔하고, 적나라한데, 따뜻하고, 달콤 쌉싸름한 스캔들.
무한경쟁 입시지옥의 현실을 배경으로 한, 그러나 결국 사랑 이야기.
그리고 결국 사람 이야기.

장르

로코터리 (로맨스+코미디+미스터리 / feat.휴먼)

관전 포인트

1. 코믹 멜로

인기 아이돌을 불러 밥을 먹이는 예능 프로그램을 봤다. 나보다 어리고 이쁘
고 돈도 잘 버는 애들이 밥을 먹는데, 그 모습이 왜 그리 짠하고 뭉클한지 모

르겠다. 아, 이런 게 연민이고 사랑인가.

그러고 보니 우리도, 인기 스타한테 밥 먹이는 사랑 이야기다!

언니 딸을 거둬 키운 이모이자 가족을 위해 국가대표를 내려놓은 불운의 운동선수. 그대로 갖다 써도 신파영화 댓 편 나오는 이 여자는 강남 8학군 아이들이 학원 때문에 편의점 삼각김밥을 먹는 게 그렇게 마음이 아프다. '누가 누굴 짠해하는 거야' 싶은데, 이 여자는 그런 여자다. 사랑의 그릇이 크다.

연봉 톱 일타강사, 융자 없이 소유한 강남 건물이 몇 채, BTS 안 부러운 인기, 인생 설정 자체가 인터넷 소설 남주 재질인 이 남자는 밥을 못 먹는다.

인간의 소화기능을 고려하지 않은 빡빡한 스케줄, 강의실에서 아드레날린을 분출한 뒤 집에 혼자 왔을 때 찾아오는 공허함, 언제 정상의 자리를 뺏길지 모른다는 압박감과 불안감. '배부른 소리 아니냐' 하겠지만, 이 남자는 정말 배가 고프다.

별(別)거 없지만 밥만 잘 먹는 여자와 별(★)이 되고도 밥을 못 먹는 남자가 만나 밥 가지고 아웅다웅하다가, 밥 때문에 정들어서, 같이 밥 먹고 살게 되는 이야기.

마주치면 응당 식사 여부를 확인하고, 'mukbang'을 남의 나라 사전에 등재시킨, 밥에 진심인 나라 대한민국이라서 가능한 지지고 볶는 코믹 멜로.

암, 이런 게 사랑이라니까.

2. 하이퍼리얼리즘

과거 언젠가, 영화 팬들이 뽑은 현실에서 일어날 리 없는 영화 1위가 「노팅힐」이라는 결과에 충격을 받았더랬다.

북한 공작원이랑 부부 연을 맺고, 비디오를 돌려보면 죽는 것보다도 글로벌 스타가 동네서점 주인이랑 사랑에 빠지는 게 더 비현실적이라는 거다.

잠깐, 우리 러브스토리, 녹은로판 노팅 힐 아닌가?

우리는 '하이퍼리얼리즘'을 표방한다.

그래서 일타강사와 반찬가게 아줌마의 사랑은 '스캔들'이 된다.

현실은 판타지처럼 순수한 사랑을 '추문'으로 만들기 마련이라서.

사짜 직업을 가진 고스펙 워킹맘, 은행 vip 고객이라는 힘 꽤 쓰는 사모님이 우리 남여주가 밥 좀 먹었다고 "베갯머리송사 아녀~?" 하고 달려든다.

남사스럽고 낯 뜨거워 그런다는데, 그런 그들의 '어프로치'와 '애티튜드'야 말로 남사스럽고 낯 뜨거운 게 바로 이 드라마의 포인트.

물론 그들에게도 사정은 있다. 가방끈 길이는 맞췄는데 그 질에 대한 콤플렉스, 지켜야 하는 사회적 지위….

잠깐만. 아니, 그건 그런데~ 우리 애가 입시를 한다구요~!!

대한민국에서 '수험생'이란 건, 일종의 치트키 같은 거 아닌가. 웬만한 건 너 그러이 넘어가주셔야 하는 거 아니냐구! 얼마나 예민하겠어, 우리가!!

아, 그렇다. 이런 게 바로 하이퍼리얼리즘이다.

3. 입시 잔혹사

심각한 사회문제인 사교육 얘기에 코믹을 버무리다니, 너무 가벼운 거 아냐? …라고 느끼신 분이 있다면,

인생은 가까이서 보면 비극이요, 멀리서 보면 희극이라 했던 찰리 채플린의 코미디를 감히 꺼내고 싶다.

깔깔 웃다가 순간 쓸쓸한 뒷맛이 남는… 우리 드라마가 그렇다.

아, 이거 뭔가 좀 이상하지 않나요?

죽도록 공부해서 의대를 간 다음에, 학원 조교하는 게 꿈이래요. 카이스트를 수석 졸업한 천재가 대학 연구실이 아닌 녹은로 강의실에 있습니다.

우스운데, 웃을 일이 아니지 않습니까, 질문을 던지는 이야기다.

어쨌든 우리는 입시를 다룬다.

여러분을 웃기려고 문제를 외면하지 않는다.

학대에 가까운 엄마의 교육 집착이 낳은 사이코패스와 부모의 기대를 못 채운 절망감에 숨어버린 히키코모리의 이야기도, 입시 스트레스에 의한 안타까운 죽음이나 그 죽음을 쉬쉬하는 현실도 감추지 않는다.

연봉이, 강남 건물이, 인기가 어쩌구 하는 화려한 겉모습과 달리 밥도 못 먹고 잠도 못 자며 치열하게 자리를 지키는 우리의 일타강사 남주도,
조롱해 마지않던 사교육 뒷바라지에 뛰어든 우리의 반찬가게 사장 여주도,
이 입시지옥의 압박 속에서도 우정을 나누고, 사랑을 싹틔우는 우리의 아이들도 어찌 보면 인생사의, 대한민국 입시 잔혹사의, 웃픈 단면이 아니던가.

남행선 (44세. 국가대표 반찬가게 사장)

#핸드볼_국가대표_출신
#외강내강 #나도_여자랍니다
#공부는_다음_생에 #서울대_사절
#풍자와_해학_좋아함 #나름_유머감각_탑재했다고_생각

캔디가 외로워도 슬퍼도 울지 않은 건, 참고 또 참은 게 아닐 거다. 울 시간이
없어서지.
저 혼자 자유롭고 행복한 언니가 가정의 전 재산을 들고 튀었을 때, 유일한
기둥이던 엄마를 사고로 여의었을 때, 어린 조카와 몸이 불편한 남동생을 돌
보느라 국가대표로까지 활약했던 핸드볼 선수 커리어를 포기해야 했을 때,
고비마다 주저앉아 울 여유가 없었다. 정신 바짝 차리고 다음을 생각해야
했다.

친딸도 아니고, 애틋한 사연이 있는 친구의 자식도 아니고, 갈아 먹어도 시
원찮을 언니가 버리고 간 조카를 애지중지 제 딸로 키운다니. 어떻게 그럴
수 있느냐고 묻는다면, 그게 바로 행선이라고 답할 수밖에 없다.
행선에게 사랑이란, 곧 상대에 대한 책임이다. 삶이 여유가 없다고 사람이
여유 없을 이유는 없다. 캔디의 꿈이 뭐였는지 아는가? 종군 간호사였다. 아
드레이 가(家)의 양녀로 편한 삶을 누리면 되는데, 간호학교 진학을 선택했
다고!

우리 행선이 그렇다. 참 없어 보이는데, 정말 있어 보이는 사람.

인생의 고단함과 질척거림에 휘둘리지 않고, 주관대로 선택하고, 그 선택을 변명하지 않는다.

그런데 요즘 좀, 반성의 시간을 갖고 있다.

식당을 했던 엄마로부터 물려받은 솜씨를 살려 녹은로에서 반찬가게를 열고, 과열된 사교육 시장과, 식(食)보다 학(學)이 중한 엄마들 치맛바람 덕에 밥 벌어먹긴 했지만, 그런 이 동네 풍경이 요상하고 한심스러워 개그를 쳐댔다. 학원 하나 안 다니고도 공부 잘만 하는 딸 해이가 심어준 은근한 우월감이었을지도 모른다.

그런 행선에게, 해이가 어느 날 뭔 빚진 사람처럼 쭈뼛쭈뼛 부탁을 해왔다.

"일타강사 강의 하나만 들으면 안 될까…."

냅장… 타들어가는 딸내미 속도 모르고, 뭔 대단한 사회비판을 한답시고 '일타강사느님'에 대한 풍자와 해학을 일삼았다니.

엄마로서의 실책을 만회하고자, 본격 '녹은로맘'으로의 변신을 꾀하는데, 아, 이거, 교육적으로다가 엮이고 싶었던 일타강사님과 사뭇 선정적(?!)으로 얽혀버렸다.

그런 거 아니라고, 이 인생에 테리우스, 안소니는 캐스팅 계획이 없다고, 발칙한 의혹들을 부인하고 강경 대응했는데… 어느샌가 로맨틱한 욕심 한번 부려보고 싶어졌다.

남행선 나란 여자, 이 가진 건 많은데 밥 못 먹는 불쌍한 남자… 밥 좀 먹이고 싶다!!

최치열 (39세, 수학 일타강사)

#녹은로_BTS
#열혈이_콘셉트 #속빈강정_보호본능_자극형
#공부가_제일_쉬웠어요
#그러나_배고픈_일타강사 #고독하구만

천재는 노력하는 자를 이길 수 없고, 노력하는 자는 즐기는 자를 이길 수 없다던데, 멘사가 승인한 천재이면서 죽도록 노력하는 열정의 남자. 타고난 천재성에도 불구하고 슛을 몇백만 번씩 연습했던 「슬램덩크」 서태웅 과랄까.

서울대 사범대학 수학교육과를 나왔다. 일용직을 하며 치열을 홀로 키운 아버지에게, 높으신 분의 기준은 '선생님'이었다. 돈이 없어 노량진 고시식당에서 하루 딱 한 끼 먹고 버티며 임용시험을 준비하던 때, 부친이 돌아가셨다. 사고를 당했는데 돈 아깝다며 MRI 검사를 안 받고 버티셨단다.
너무 구질구질해서 화가 나 미쳐버릴 것 같았다. 결국 시험장 앞에서 치열은 돌아섰다. 선생 따위가 무슨 소용이냐, 난 돈이나 벌겠다! 것도 아주 많이!!

일확천금을 꿈꾸며 일타강사를 목표로 녹은로에 발을 들였지만, 성공이 로또 맞듯 오진 않았다. 40만 명에 육박하는 학원 강사 중, 1등 스타가 되기 위해선, 1등 실력과 1등 노력, 더해 1등 캐릭터가 필요한 법.
조교 시절, 모시던 강사의 불법행위에 반발했다가 무기력하게 쫓겨나 몇 년간 지방을 도는 수난을 겪기도 했지만, 악으로 깡으로 강의력을 키우고, 차별화 콘셉트를 연구한 끝에, 롱다리를 쭉! 뻗는 발차기를 시그니처로 하는 지금의 '최치열강'을 탄생시켰고, 뛰어난 실력에 거침없는 입담, 거기에 화려한 쇼맨십까지 갖춘 치열을 대한민국 학부모들이 알아보고 이 동네로 재소환했으니, 그야말로 '치열삼천지교'라 할 수 있겠다.

돈을 아주 많이 벌겠다 했지만 이 정도로 벌 줄은 몰랐다.

치열의 현강, 인강, 출판 등을 합친 국내 생산 유발효과와 그 부가가치 유발 효과를 합치면 연 평균 1조원의 경제적 가치를 창출한다고, '1조원의 남자' 란다. 이적료만도 몇백 억이 우습게 오가는데, 그래도 모셔가겠다고 매번 대형 학원들 간에 전쟁이 벌어진다.

돈뿐인가. 유명세도 톱 연예인급.

부동산이 몇 채니, 인성이 어떠하니, 일거수일투족을 주목받고 덕질하는 아이들 덕(?)에 학원에선 강의를 피켓팅하고, 굿즈에 포토카드까지 판매하고, 상위 0.1%의 아이들이 의대 가서 일타강사님 조교 알바 하는 게 꿈! 이라고 외칠 지경이니, '녹은로 BTS'란 별명이 적절하기 그지없다.

하지만… 높이 있는 만큼 위태로운 자리.

뭐 하나 쉽게 이룬 게 없지만, 여전히 한시도 긴장의 끈을 늦출 수가 없다. 한 번의 실수도 허용되지 않는 입시계의 엄격함과 호시탐탐 치열의 자리를 노리는 라이징 강사들, 그리고 치열 자신의 완벽주의와 프라이드 때문에, 더욱 더 치열하게 강의 준비를 하고, 밤새워 교재 연구를 해야 한다. 그리하여 하루 14시간 공부하는 고시생과 다름없는 하루하루. 월세 내던 노량진 고시원에서, 본인 명의 강남 빌딩으로 장소가 바뀌었을 뿐이다.

수십 건의 송사와 수백 개의 루머, 수만 개의 댓글… 그리고 한 명의 죽음….
이 모두를 겪으며, 유쾌하고 열정적인 '일타강사 최치열강'은 치열의 가면이 됐다. 강의실에서 나와 가면을 벗은 치열은, 예민하고 까칠하고 타인에 무심한 인간이 되어버린다.

치열 본인의 생활도 척박하기만 하다. 빡빡한 시간표에 끼니 거르기를 밥 먹 듯 하다 보니 섭식장애를 달고 산다. 배는 고픈데 음식이 먹어지지가 않아 미치고 팔짝 뛰겠는데 불면증까지 겹쳐 삶의 질이 엉망이다.

'최치열강'이라는 별명에 걸맞게 아드레날린을 분출하며 폭발적인 수업을 한 후, 웅장하고 럭셔리한 집에 돌아와 홀로 누우면 뭔가 중요한 걸 놓치고 있는 듯한 불안한 기분이 엄습하곤 한다.

그렇게, 가진 게 많아 보이나 뭔가 횡한 삶을 사는 치열에게 강백호 같은 강적이 나타난다. 상대는 녹은로 반찬가게의 여사장. 끝을 알 수 없는 체력과 파워, 무한긍정의 자신감에 유머감각을 가진 이 여자에게, 그의 경직된 자아가 자꾸 무너진다.
먼저 말도 걸게 되고, 수시로 찾아간다. 그것도 밥 좀 달라고 조르면서.
딱! 내 스타일 아닌 그 여자의 개그에, 자존심 상하게 피식피식 웃음이 난다.
낯선데, 계속 그리웠던 것 같은 이 기분.
아, 잃어버렸단 사실조차 잊고 있었던 바로 그것…인가.

행선네 가족

남해이 (18세, 우림고 2학년 1반 반장)

#자기주도_학습형 #좌선재_우건후 #남행선_키즈

시크한 말투에 묻어나는 따뜻한 마음씨,
짓궂은 장난 뒤에 숨은 어른스러움이 매력적인,
요즘 참 보기 드문 요즘 것.

"나 이모한테 그냥 엄마라고 그러면 안 돼?"
일곱 살 해이의 부탁에 행선은 묻지도 따지지도 않고 오키도키 했지만, 해이
는 그 승낙의 무게를 한시도 잊은 적 없다.
왕 모시듯 가정의 중심이 되는 K-수험생들과는 영 딴판으로, 얄짤없이 가게
일을 돕고, 아픈 삼촌까지 배려해야 하는 생활을 투덜거리곤 하지만, 딴 것
도 아니고 공부하겠단 건데, 힘들게 돈 버는 행선에게 염치가 없다며, 일타
강사 강의 듣게 해달란 말도 못 꺼내는 속 깊은 딸.

시크한 듯 은근 카리스마도 있어 남팬보단 여덕들의 사랑을 받는 편인데, 최
근 두 남자애와 사뭇 클리셰적인 삼각관계를 형성했다. 이상한 나라의 앨리
스도 아니고, 녹은로에서 학원 한 번 안 다니고 자란, 진부함과 거리가 먼 캐
릭터의 남해이는 러브라인도 유니크하게 풀어나간다.

남재우 (38세. 국가대표 반찬가게 캐셔)

#아스퍼거_증후군 #맹수_사랑_집착

선천성 심장질환을 갖고 있으며, 어릴 때 받은 수술로 경미한 아스퍼거 증후군을 앓게 됐다. (*아스퍼거 증후군: 언어 및 인지발달은 정상적이지만 운동기능의 발달에 지체가 나타나고, 정서적·사회적 발달에 결함을 보이는 자폐성 장애 하위 유형의 하나)

사회적 상호작용과 의사소통 기술이 제한적이어서 크고 작은 어려움을 겪긴 하지만, 진짜 무서운 건 고열이다. 합병증으로 목숨이 위태로워질 수 있기 때문. 열이 날 때마다 가족들을 긴장시킨다.

일상의 규칙성과 반복성이 어긋나는 걸 견디지 못하는 병증의 긍정적 측면을 살려, 국가대표 반찬가게의 재무책임자를 맡고 있다.

관심이 가는 대상에 온 정신을 쏟는다. 최애템이 종종 바뀌지만 요즘은 맹수다. TV에서 하는 맹수 관련 다큐멘터리를 보고, 그 치열한 생존경쟁과 약육강식의 세계에 빠져 요즘은 맹수 관련 책과 영상만 찾아보고 있다. 그중에서도 최애 맹수는 용맹한 호랑이와 갈퀴가 멋진 사자다.

엄마가 돌아가신 후 누나 행선의 전적인 보호를 받으며 행선과 해이와 행선의 친구 영주, 세 여자 속에서 청일점으로 살았는데, 그런 그에게 '형'이 생겼다. 시크한 듯 인간적인 일타, 일명 '치열이 형'이다.
그리고… 누나 친구인 영주와 느닷없는 썸을 타며, 그에게도 봄날이 온다.

지동희 (20대 후반, 男) / 일타강사 치열의 메인실장

잘나가는 녹은로 일타강사 곁엔 능력 있는 실장님이 있다. 연예인으로 치면 매니저 겸 기획자. 까탈스럽고 별난 치열을 유연하게 케어하고, 수학과 출신으로 교재 개발까지 참여하니, 스카우트 제의는 치열 부럽지 않게 받는 중이다.

동희의 진로에 대한 집착이 남달랐던 엄마 덕에 징글징글했던 녹은로에 돌아오게 된 건, 아직 초임 강사였던 치열을 고딩 때부터 알아보고 동경해왔기 때문. 그러니까 치열의 성덕인 셈인데, 그 애정과 의전이 남달라 '동희빈'이라는 별명도 붙었다. 하얗고 여리여리한 외모에 예민하고 섬세한 분위기가 더해져 페미닌한 별명에 위화감은 없다. 그러나 그런 그에게는….

김영주 (43세, 女) / 국가대표 반찬가게 동업

행선의 절친이자 동업자. 핸드볼 동료 선수였다.

남자를 미치게 좋아한다. 동호회를 끊임없이 가입하고 썸남도 끊임없이 생기지만, 너무 좋아하는 티를 내 매번 먼저 팽 당한다. 병약미 있는 남자가 이상형. 딱 그녀 스타일인 동희에게 마음을 뺏겨 불나방처럼 달려든다.

행선과 비슷한 의리파에, 농담 따먹기와 만담을 즐기고, 그리고 좀 더 터프하다. 행선과는 가족과 다름없는 관계로 달리기나 알코올 시합을 하며 천하에 쓸모없는 자존심 싸움을 하곤 하지만, 행선의 책임감을 존경하고, 그 따뜻함을 본받고 싶어 한다.

전종렬(30대 후반, 男) / 해이 담임, 수학교사

치열과 대학동기. 원칙주의에 깐깐한 성격 때문에 아이들에게 '졸렬이'로
불린다. 학생들이 학교 수업에서 학원 교재를 푸는 공교육의 현실이 답답하
고 화나는데, 심지어 제 과목인 수학의 일타강사가 최치열이라니, 자존심이
상한다.
한때는 교사로서의 사명과 꿈을 나눈 동기였는데, 공부는 내가 더 열심히
한 것 같은데, 비교도 안 되는 재물과 존경을 얻었다는 것도 짜증나지만, 저
에게도 상처로 남은 과거 어떤 일 때문에 치열에 대한 원망과 증오가 남아
있다.
오해라니, 몰랐다니, 그로 인해 어떤 비극이 벌어졌는데… 치열의 말을 믿어
줄 수가 없다.

김 원장(50대 후반, 男) / 더프라이드 학원 원장

개인 과외로 시작해 녹은로 톱쓰리로 꼽히는 학원을 일궈낸 입지전적 인물.
인심 좋고 유쾌한 아저씨로 보이나, 이 정도 사업체를 일군 사람답게 사리에
밝고, 강대약 약대강의 전형인 사람이다. 그래도 불법적이거나 불합리한 요
구는 하지 않아 치열이 파트너십을 맺고 있다. 지금의 더프라이드 학원을 있
게 해준 치열의 건강이 나 자신의 건강보다 걱정된다. 호시탐탐 치열을 노리
는 녹은로의 하이에나들이 가장 큰 골칫거리.

수아네 집

방수아 (고2, 女) / 수아모_조수희 (40대 후반) / 수아부_방대근 (50대 초반)

수아네 집을 보다 소름이 돋았다면, 그 기시감 때문일 것이다. 아이 컨디션에 따라 집안 분위기가 왔다 갔다 하고, 좋은 음식, 귀한 약재는 죄다 수아 거. 모든 살림과 가족행사에서 수아는 면제다. 흔한 한국 수험생 가정의 풍경.

논현동 가구거리에서 대형 가구점을 운영하는 수아부는 종일 일하다 와도 마음 놓고 TV 한번 못 켜고, 수아만 졸졸 쫓아다니는 와이프 덕에 집밥은 구경도 못한다.

영어유치원부터 녹은로의 모든 코스를 밟아온 수아의 목표는 (당연히) 의대 진학. 학력 콤플렉스가 있는 수아모는 외동딸 수아의 목표를 위해 누구보다 열혈이다. 완장 욕심도 있어 아파트 부녀회장까지 도맡아 한다. 정보력과 인맥을 소유해 엄마들이 무시할 수 없는 인물.

수아는 그런 엄마를 백분 활용한다. 가끔 튀어나오는 무식한 언행 때문에 내놓고 자랑하고 싶은 엄만 아니지만, 입시하는 동안은 쓸 만한 상궁? 정도로 생각한다.

그렇다고 여우같이 영악스러운 스타일은 아닌 게, 투명할 정도로 이기적으로 행동해 아이들에게 인심을 잃은 지 오래다. 딱 봐도 없어 보이는 주제에 여유롭고 애들한테 인기도 많은 해이가 제일로 꼴 보기 싫다. 난, 나를 위해 공부하지만, 그 애만은 이겨먹고 싶다.

대단히 화목하진 않아도 수아 의대 진학이라는 목표 하나를 향해 온 가족이 한마음으로 달리는 줄… 알았는데… 아, 다른 곳을 보고 있는 사람이 한 분 있었다.

선재네 집

이선재(고2, 男) / **선재 형_이희재**(20대 초반)
선재모_장서진(변호사, 40대 중반) / **선재부_이승원**(변호사, 40대 후반)

수아네가 어쨌든 저쨌든 팀플레이를 한다면, 선재네는 각자 플레이다. 같은 로펌에서 일하는 변호사 부부지만, 따로 출퇴근은 물론, 굳이 비서를 통해 연락할 정도로 사이가 데면데면해 로펌 사람들 사이에서 뒷말이 많다.

공부는 당연히 잘하는 건 줄 알았다. 둘 다 그랬으니까. 첫째 희재가 입시에 실패하고 충격을 받은 선재모가 강력히 주장해 선재 입시를 위해 녹은로로 이사했다. 희재는 재수를 하는 척하더니, 히키코모리가 되어 방에 처박혔다. 가끔 탁자 위에 돈이 없어지고, 문소리가 나는 걸로 생사를 파악한다. 이 절망적 상황을 두고 네 탓 내 탓 하다 부부 사이도 금이 갔다.

정보 파악을 위해 동네 엄마들 무리에 끼면서도 은근히 나는 다르다는 선을 긋는 선재모. 세상 도도하고 지성미가 넘치지만, 누구보다 마음의 여유가 없다. 유일한 희망인 선재에게 집착하며, 이따금 깡소주를 까고 선재에게 술주정을 부린다. 태생이 온화하고 자상한 선재는 엄마의 주정을 다 받아주고 꿀물까지 타준다.

선재는 딱히 의사가 되고 싶지 않지만, 일단은 엄마가 시키는 대로 고분고분 따르고 있다. 전형적인 흙수저 출신에 이 악물고 혼자 힘으로 이 자리까지 온 선재모가 아들들을 의사 만드는 꿈에 얼마나 집착하고 있는지 알기도 하거니와, 형이 그렇게 된 게 엄마에게 얼마나 큰 열패감과 상처를 줬을지 알기 때문이다.

그리고 뭐, 아직은 사실 딱히 하고 싶은 게 없기도 하다. 올곧고 따뜻한 해이와, 해이 가족을 좋아한다.

단지네 집

장단지(고2, 女) / 단지모(30대 후반)

녹은로 키즈 중 가장 해맑은 딸과 녹은로맘 중 가장 행복지수 높은 엄마다.
단지는 해이·선재의 베프인데 단지모는 수아모의 오른팔인지라, 종종 입장
차이가 있다.

제보다 젯밥에 관심이 많은 게 닮은꼴. 단지는 칠판보다 치열의 미모에 눈이
가고, 단지모는 입시정보보다 모임에서 마시는 맥주 한 잔이 더 달다.

들인 돈에 비해 안 나오는 단지의 성적이 아쉽지 않은 건 아니지만, 두 모녀
최선을 다하고 있기에 부끄럽지 않다!! 고, 생각한다.

그 외
....

서건후(고2, 男)

미국 하이틴 영화에서 튀어나온 미식축구부 킹카 같은 유니크한 스타일로
여학생들의 눈길을 사로잡았다. 실제 유학파다. 운동만 하다 와서 영어는 한
마디도 못하지만.

집은 청담동인데 아이스하키팀 때문에 우림고에 왔다. 그런데, 심각한 어깨
부상으로 운동을 그만둬야 한다는 진단을 받았다. 평생 하키만 했고, 유일하
게 좋아한 것도 하키였던 건후에겐 사망선고나 다름없었다.

무력감에 학교에서도 종일 엎드려 자는 것으로 시간을 죽이다 마음을 추스
르고, 그래, 이제 공부 열심히 하자 했는데… 당최 어디서부터 시작해야 할
지 모르겠다.

그래서 해이를 잡았다. 공부 가르쳐달라고.

왜 그 많은 애들 중 해이냐고?

뭐, 반장이라서 그런 것도 있지만, 해이가 제일 이쁘잖아 훗.

너와 나,
두 우주의 교집합

프롤로그 (N)

#. 더프라이드 학원 앞

번쩍번쩍, 비상등을 켠 차들이 도로변을 꽉 메운 학원가의 밤 10시 5분 전.

미처 대지 못한 차들은 비상등을 켜고 대기 중이고, 지나가던 택시기사 클랙슨 빵빵 "갑시다 좀~!" 소리 지르고, 아수라장의 진풍경이 펼쳐지는데.

(E) 10시를 알리는 라디오 시보… 띠, 띠, 띠, 띠~

순간, 학원 건물에서 쏟아져 나오는 교복 하복 차림의 아이들.

제 몸만 한 가방 둘러멘 채 무표정한 얼굴엔 피곤과 졸음이 가득 묻어 있고.

귀신같이 제 엄마 차 찾아내 타고, 차 빠지고, 대기하던 차 잽싸게 파킹하는 모습에.

리포터(E)   이 시간 역삼동, 삼성동, 도곡동 쪽으로 가시는 분들. 핸들을 돌리셔야 될 것 같습니다. 녹은로 학원가 학생들 하원 여파로 주변 도로에 정차된 학부모님 차들이 비상등쇼를 펼치고 있다는 소식인데요….

#. 더프라이드 학원 내

비상등만 켜진 적막한 학원 내 복도.

가방 한쪽 어깨 메고 한쪽 손에는 교재를 다른 손에는 뭔가를 꼭 쥐고 뛰어가는 남학생, 겁에 질린 표정이다.

결국 복도 끝 창문 앞까지 몰린 남학생, 황급히 내다보면 창밖은 주차장이고.

거친 숨 내뱉다 인기척 느끼고 뒤돌아보곤 동공 커진다.

창 쪽으로 뒷걸음질 치는 남학생. 손에 들고 있던 교재를 창밖으로 떨어뜨리고.

#. 더프라이드 학원 주차장

대부분의 차가 빠져나간 주차장 허공으로 교재에 껴 있던 페이퍼가 펄럭이고.

뭐지? 페이퍼 줍는 여학생, '일타 최치열 수학 올케어 스텝1' 자료다.

"오, 개이득~" 신나서 페이퍼 막 챙겨 넣는데

이때, 쿵!! 하고 나는 둔탁한 굉음. 여학생, 무슨 소리지? 돌아보면

추락해 바닥에 엎어져 있는 남학생.

머리 쪽에서 흘러나온 피가 도로 위에 번지고…

남학생이 손에 쥐고 있던 쇠구슬이 데구르르 굴러간다.

까악~!!! 놀라 비명 지르는 여학생 모습에서 길게 부감으로 화이트 아웃되며.

S#2.　　**동네 전경 (D)**

타이틀 뜬다. 일타 스캔들 chapter 1. 너와 나, 두 우주의 교집합

S#3.　　**더프라이드 학원 앞 (D)**

학원 앞쪽으로 끝이 안 보이게 길게 늘어서 있는 학부모들의 줄.

누군 낚시의자에, 누군 신문지 깔고 앉아 졸거나 스마트폰 들여다보고 있는 모습에.

행선(Na)　여기는 대한민국 사교육의 메카인 강남의 모 학원가. 일타강사 수업의 앞자리를 차지하기 위해 학생도 아닌 학부모가, 학부모도 아닌 학부모에게 고용된 아르바이트생이 줄서기를 하는, 웃픈 현실이 있는 현대판 맹모삼천지교의 현장.

카메라, 긴 줄 훑으면 중간쯤에서 다른 엄마와 말싸움 중인 수아모.
(옆엔 단지모가 딱 붙어 있다) "새치기라뇨? 누구더러 새치기래?!" "맞
잖아요! 이 아줌마랑 눈 깜빡깜빡 그러곤 여기 꼈잖아요 방금!" 삿대
질하며 고성 오가고.

행선(Na)   그렇다! 누가 이 대한민국을 고요한 아침의 나라라고 했던가. 새벽같
이 고동치는 나라. 닭 울기 전부터 고성이 오가는 나라. 아침 댓바람
부터 고단하고, 고달프고, 그래도 고진감래를 믿으며 고삐를 늦출 새
없이 고생길을 달려 고소득, 고학력, 고득점, (후… 호흡하고) 고위층
을 향해 고고하는 나라!

S#4.   **우림고 복도 (D)**
조용한 복도 – 사각사각, 답안지 마킹 소리만 들리는.

S#5.   **우림고 2-1 교실 (D)**
칠판에 '2022학년도 6월 고2 전국연합학력평가' 적혀 있고
학생들 2교시 수학 영역 문제 푸느라 여념이 없다.
시험감독 종렬, 한 명 한 명 답안지에 도장 찍고 다니는. (뒤 한 자리는
비어 있다)

행선(Na)   고것이 바로 지금, 대한민국의 현주소가 아니던가!
해이   (27번 문제에서 막힌 듯 미간 찌푸린 채 풀이하다 시간 확인하는)
행선(Na)   그렇게 비꼬는 넌, 그럼 누구냐고?

(E) 다다다다~ 오토바이 소리.

S#6.   **학원 근처 도로 (D)**

다다다다 맹렬한 엔진소리 내며 달리는 오토바이 바퀴에서 줌아웃 하면 헬멧 쓴 행선 타고 있고, 뒤에는 장 본 바구니가 실려 있다.

행선(Na)   나, 전 핸드볼 국가대표이자 현 국가대표 반찬가게 사장 남행선.

행선이 탄 오토바이 옆으로 '수학은 최치열강' 멘트와 함께 치열 사진이 찍힌 버스 지나가고, 치열의 포스터가 붙은 버스정류장, 옥외 치열 전광판도 지나간다.

행선(Na)   아침이면 또 다른 이유로 달리는 여자. 나를 위해, 우리 가족의 행복… (하는데)

이때 학원 앞줄에 합류하러 뛰어오던 여자, 보도블록 턱에 걸려 "악~" 넘어지고.
반사적으로 여자를 피하려 핸들을 확 꺾는 행선.
학원 앞 치열 입간판을 치며 스쿠터와 함께 고꾸라진다.

행선   (아… 아픈 듯 찌푸리다가 눈 한쪽이 찢어진 치열 입간판을 본다. 입간판 세우며) 어머 눈깔. 어머어머 어뜩해~ 낸장. (다시 붙여보려고 애쓰는)

(컷)   다시 원래 자리에 세워져 있는 치열 입간판.
찢어진 치열 눈 쪽에 일회용 반창고가 떡하니 붙여져 있는 모습에.

S#7.   **국가대표 반찬가게 앞 (D)**
아파트 근처 2층짜리 단독건물.
(앞쪽에 셔터도 있는 연식이 좀 된 건물이다)
1층엔 '국가대표 반찬가게' 간판 붙어 있고, 가게 옆엔 대문이 달려 있다.

대문으로 들어가면, 1층은 작은 정원, 2층은 가정집인 구조다.

앞 통유리에 '오늘의 반찬 – 고등어 김치찜' '도시락 가능' 등등 붙어 있는.

영주(E) 그래서, 그래서그래서?

S#8. 국가대표 반찬가게 (D)

열 평 남짓의 반찬가게 홀 – 안쪽으론 주방이 연결되어 있는.

벽면에는 각종 메달과 국가대표 트레이닝복 입고 트로피 들고 찍은 사진들 걸려 있고, 진열장엔 팩에 든 각종 반찬들이, 한 켠엔 큰 스테인리스 통에 든 반찬들과 큰 밥통과 도시락 케이스가 놓여 있다. (반찬 선택해 도시락으로 사갈 수 있는)

대형 양푼에 비닐장갑 끼고 겉절이 무치는 행선. 영주 그 옆에 바짝 붙어 있는.

행선 뭘 그래서야. 대충 응급처치 해놓고 발랐지. (하곤 겉절이 하나 맛보는)

영주 (역시 하나 집어 맛보며) 클날 뻔했다 진짜. 그러게 내가 오도방 타고 속력 내지 말랬지. 스피드 즐길 생각 말고 밥줄로 인식하라고, 응?

행선 (억울하다) 아니 속력 때문이 아니라, 그 아줌마가 팍 넘어지는 바람에 반사적으로 내가 핸들을 꺾었다니까? 이게 다 그 학원 앞에… (하는데)

이때, 여자 손님 들어오는.

행선 (반색하며) 어머, 오셨어요~? 염색하셨나봐, 색깔 잘 나왔다. 골라보세요~ (하곤 다시 영주한테) 이게 다 그 학원 앞에 줄 때문이라고 결국은.

영주	줄? 무슨 줄?
행선	아 맨날 줄 서잖아 엄마들이. 애들 자리 맡는다고.
영주	(끄덕끄덕) 아아. 그 줄? (하곤 또 하나 집어 먹는)
행선	참 이해할 수가 없어요. 아니 뭔 학원 앞자리 앉힐려고 엄마들이 줄까지 서야 되냐고 이 4차 산업혁명 시대에 말야.
영주	얼~ 너 요새 시사프로 좀 보나부다. 4차 산업혁명이 뭔데?
행선	그거? 어… 4차니까… (주워들은 거라 정확히 모르겠다) 네 번째 산업혁명…? 아 애니웨이! 난 이 대한민국 사교육 과열은 다 엄마들 책임이라고 봐. 너무 유난들인 거지. 유난은 유난을 낳고 그 유난이 집착이 되고 집착은 또 경쟁을 낳고. 응?
영주	그 말은 맞다. 동감.
행선	일타강사 꺼 등록할려면 꼭두새벽부터 줄 서야 된대. 진짜 이건 아니지 않냐?
영주	일타? 건 또 뭔데. 수타 동생이냐?
행선	(한심하단 듯) 야, 아무리 그래도… 이 동네 짬바가 얼만데 일타를 모르니~?

S#9.   촬영장 (D)

더프라이드 학원 홍보 영상 촬영이 한창인 현장.
치열 댄디한 양복에 뿔테 안경, 우산 들고(킹스맨 콘셉트) 적들과 대치
중인 상황이다.

행선(E) 촬영감독	과목별로 탑 찍는 학원 강사 말야, 일등 스타 강사! 사교육계의 BTS~ 자 레디~ 스따뜨!

킹스맨 스타일의 음악 흐르고.
치열 적들과 대치하며 현란한 액션하다 날아오는 총알을 우산 펼쳐

막아낸다. (완성 영상에서 CG 입히면 총알 '확통' '미적분' '기하' 같은 단어) 이내 텀블링하며 착지하곤.

치열　　　pride maketh math, 수학은 최치열강.

촬영감독　카뜨! 아 너무 좋은데요… 이번엔 댄스버전으로 좀 가볼까요? 액션 크세크게.

치열　　　(흘깃, 시계로 시간 확인하곤 이내 열정적으로) 액션 크게 오케이.

촬영감독　아 선생님 시그니처 포즈 있잖아요. 수업시간에 하시는 거.

치열　　　(허공에 발차기 쭉 하고) 이거요?

촬영감독　오! 네네 그 발차기. 그거 꼭 넣어서. 빠지면 섭하니까.

치열　　　오케이. (브레이크 해 보이며) 요런 것도 넣을까요? 제가 브레이크도 좀 되는데.

촬영감독　너무 좋죠. 자 그럼 가보실게요. 레디~ 스따뜨!

치열 다시 대치하다가 이번엔 브레이크 댄스와 함께 우산 휘두르고
발차기로 마무리하고 카메라 보며.

치열　　　pride maketh math, 수학은 최치열강. (하악… 하악… 음악방송 엔딩포즈로…)

촬영감독　카뜨! 아 너무 좋습니다. 잠깐 영상 좀 볼게요. (확인하는)

치열　　　(후~ 입바람으로 앞머리 불곤 다시 시계 본다. 시간 다 됐는데… 대기 중인 동희 보며 핑거스냅하면)

동희　　　(조심스럽게 다가와) 올라왔어요 방금.

치열　　　올라왔어? (마음 급해진다) 오케이, 그럼 가자 빨리. (서둘러 내려오는데)

촬영감독　(치열 보며) 저 선생님. 괜찮은데 발차기를 좀 더 높게 해서 한 번만 더 가면….

치열　　　(미간 찌푸리며) 원장님한테 촬영시간 딱 세 시간으로 들었는데.

촬영감독	네, 그렇긴 한데 좀 아쉬워서요. 딱 십 분만 더···.
치열	(시크하게) 감독님··· 제 닉네임이 뭔 줄 아세요?
촬영감독	글쎄요, 수학의 신? (아닌가?) ···일타 오브 일타?
치열	땡. 1조원의 남자요. (줄줄) 현강, 인강, 출판, 거기에 부가가치까지··· 연 평균 1조원의 경제적 가치를 만들어내거든요. 그럼 최치열의 십 분은 얼말까요. 1조원을 365로 나누면 하루에 27억, 한 시간엔 약 1억, 고로 내 십 분의 가치는 많이 양보해서 천칠백 정돈데··· (감독 쳐 다보며) 입금됩니까? 천칠백만 원?
촬영감독	아··· (뭐라 말 못하고 벙쩌 있으면)
치열	제가 대가 없는 초과노동은 딱 질색이라. 수고하셨어요. (하곤 획 가버 리는)
동희	(난감한 표정으로) 오늘 6월 모의고사가 있는 날이라서요, 평소보다 살짝 더 예민하세요. 죄송합니다. (꾸벅 인사하곤 잽싸게 치열 따라가는)

S#10. 촬영장 밖 (D)

태블릿PC 보며 걸어가는 치열. 동희 아이스 아메리카노 들고 쫓아 가는.

치열	(훑으며) 삼각함수에서 변별력 있는 문제가 좀 보이네. 표점 최소 10점은 높아지겠는데? (문제 내려 보며) 19번은 도형 쪽에서 나왔고.
동희	(아아 치열 입에 대며) 오! 애들 멘붕 좀 했겠는데요?
치열	(쪽 빨아 먹곤 동희 본다) 왜?
동희	? (보면)
치열	내가 예측했잖아. 지난주 화율 수업에서. 삼각함수 어려울 거고, 도 형에서 킬러문제 나올 수 있으니 정신 붙들어 매라. (집착하듯) 귀에 안 꽂혔어? 뽀인트가 약했나?
동희	(얼른) 아뇨, 제가 놓쳤어요. 제 탓이에요 선생님.

치열	(끄덕) 그래, 니 탓이야. (살짝 약해지는 톤) 아 니 탓이어야 할 텐데. (불안) 근데 니 탓이 아니면 어쩌지? 애들도 귀담아 안 들었으면?
동희	그럴 리가요. 애들은 귀담아 들었을 겁니다. 틀림없이. (확신하는 눈빛 보내면)
치열	귀담아 들었을 거라고 세 번만 더 얘기해줄래? 내가 불안해서 그래.
동희	(늘 있던 일이란 듯) 귀담아 들었을 겁니다. 귀담이 들었을 겁니다. 귀담아 들었을…
치열	(불안 가신듯/o.l) 오케이, 됐쓰! 확신 와쓰! (차 문 여는)

S#11. 치열 차 안 (D)

동희 운전하고, 치열 뒷좌석에 누운 채 태블릿PC 보며 눈으로 문제 푸는.

치열	(입으로 중얼중얼) 최고차항의 계수가 −2인 삼차함수 $y=f(x)$의 그래프 위의… 아… 원장은 하필 6모날 촬영일정을 잡아가지구… 몇 시야?
동희	5시 58분이요.
치열	6시 30분으로 공지된 거지? 고3 해설 라이브.
동희	네. (하는데 휴대폰 벨 울리고 블루투스 이어폰으로 받는) 어 왜. (듣고) 그래? 알았어. 방송링크 보내봐. (끊고 치열에게) 선생님… 퍼펙트엠 송준호가 방금 고3 해설 라이브 시작했다는데요?
치열	(예민) 송준호? 아… 그 라이징이라고 깝죽대는 개? 뻑하면 나 저격한다는?
동희	네. (폰 치열에게 넘겨주며) 링크 확인해보시면 됩니다.
치열	(관대한 척) 됐어. 그럴 수도 있지 뭐. 하라 그래.
동희	(진심일까? 룸미러로 힐끗 보면)
치열	(다시 예민) 근데 괘씸은 하다 그지? 대놓고 도전장 내민 거 아냐, 것

도 얍삽하게 30분 먼저 들어가서. (손 내밀어 흔들며) 줘봐봐.

동희   (그럴 줄 알았다. 다시 내미는)

치열   (폰 낚아채 본다. 링크 누르면 20대 후반으로 보이는 젊은 강사가 해설 라이
       브 하고 있는─칠판에 '2023학년도 6월 고3 전국연합학력평가 수학' 쓰여
       있고) (보다가 열 받는 듯) 이씨… 밟아.

동희   네?

치열   연구실로 밟으라고. 애들한테 도착하자마자 라이브 켤 수 있게 세팅
       하라고 해! 걔 있잖아 걔 누구야, 안경 쓰고 얼굴 똥그란 애 걔한테
       카메라 준비하라 그러고, 그 걔! 맨날 빵 먹는 애 걔한테 문항별 분석
       pt 바로 뽑으라 그러고! 밟아~!! (이글이글)

S#12. 도로 위 (D)

붕~ 속력 올리는 치열의 차.

차들 사이로 차선 이리저리 바꾸며 빠른 속도로 달려가는.

S#13. 치열 연구소 건물 (D)

외벽에 치열 사진 박힌 대형 플래카드가 걸린 건물.

주차장으로 치열의 차 쌩하니 들어가고.

S#14. 치열 연구소 (D)

20대 초중반의 열댓 명의 연구조교가 교재 연구하는 연구실. (교무실
분위기의)

조교들, 방송장비와 페이퍼 등 들고 바쁘게 왔다 갔다 하는데.

치열   (급한 성질 보여주듯 문 확 열고 들어와 아무한테나 묻는) 지금 거기 몇 번
       풀어? (열나는 듯 재킷 확 벗고 셔츠 소매 걷어 올리는)

동희   (자연스럽게 뒤따라 들어와 재킷 챙기고)

효원	5번 풀고 있습니다.
치열	(피식) 얼마 못 갔네. (보며) 오케이. 세팅 다 됐지? (둘러보며 조교1에게) 누구야, 애기야 너 문제지부터 가져와! 애기 너, 그쪽 체크 계속하고! (사무실로 들어가는)
동희	(따라 들어가고)
효원	(조교1에게) 언능 뽑아라 애기야. 쌤 번갯불에 팝콘 튀기시겠다.
조교1(연경)	어뜨케 아직도 애기냐, 일한 지 일 년이 넘었구만.
효원	일 외엔 관심이 없으신 거지. 내 이름도 아직 헷갈리실걸? 나 벌써 삼년 찬데.

S#15. 치열 연구소 내 사무실 (D)

인스타 라이브 방송화면.

칠판에 '최치열강 6월 고3 전국연합학력평가 수학 해설라이브' 빔으로 고정되어 있고. 치열 방송이 on되자마자 시청자 수 빠르게 올라가기 시작한다.

화면에서 줌아웃하면 치열 해설 시작하고, 효원이 휴대폰 거치대에 올려놓고 촬영 중이다. 동희 바로 옆에서 보고 있고.

치열	(에너지 넘치게) 고생했다 얘들아! 오늘 시험, 개어려웠지? 울지 마, 다 스불재야. (*자막: '스스로 불러온 재앙'이라는 뜻의 신조어) 멘붕 중일 거 같아서 공지보다 빨리 켰어. 자, 사족 자르고, 바로 1번! 렛츠기릿!

치열 칠판에 '1번' 쓰는 순간, 화면 이분할되며

칠판에 '7번' 쓰고 풀이 중인 라이징 강사 준호 라방 밀고 들어오고

(M) 빠른 배틀용 클래식 B.G 흐르는.

치열의 시청자 수가 빠르게 3천 넘게 치고 올라가는 동시에, 준호 시청자 수는 5천에서 조금씩 줄어든다.

치열과 준호의 풀이 배틀이 시작된다.

(중간 중간, 라방을 보는 학생들의 리액션 인서트 들어가는)

치열 (판서 없이 프린트만 보며) 1번 지수 문제네. 바로 풀어보자. (칠판에 보이는 두 식을 가리키며) 이 둘을 곱하면, (지수에 동그라미 치면서) 지수끼린? 더하면 되지. (밑에 판서하면서 : $=2^4=16$) 16. 다음.

준호 (π에 동그라미 치면서) 모든 근들의 평균이 π(파이라고 읽음)일 거니깐 교점이 (y축 오른쪽에 있는 것들 중 만나는 점 6개에 동그라미 하나씩 치면서) 하나, 둘, 셋, 넷, 다섯, 여섯! 6개면 어때? 합은 6π(육파이) 이해되죠?

(diss) 치열 '13번' 풀이 판서 써 내려가고, 준호 '17번' 풀이 판서. 그새 많이 따라잡은.

시청자 수도 치열 2만 명에서 계속 빠르게 올라가고, 준호 시청자 수 3천대.

치열 (점 A 옆에 $\left(\frac{t}{2},\, t\right)$를 쓰면서) 자, 그러면 A의 좌표는 "2분의 티 콤마 티"로 둘 수 있지? (점 A, B를 가리키며) 이 두 점의 좌표를 연립하면 되잖아. 식을 쭉 쓰면,

(빠르게 판서) $a^t = 2t +$ (밑에 식에서 위의 식으로 색깔 분필로 화살표 치면서) $a^{\frac{t}{2}} = t$

결국 제곱된 관계를 이용하면 ($t=2$를 쓰면서) t는? 2. 다음.

준호 각 C가 90도가 될 거구 각 A랑 각 B를 합한 게 90도가 되겠네?

$\sin A = \cos^2 A$ (읽는 말고 적으면서)

$\sin A = 1 - \sin^2 A$ (읽는 말고 앞의 식 바로 밑에 적으면서)

이렇게 되면서 $\sin A$(싸인 에이)에 대한 이차방정식을 풀면⋯ (하다 멈칫) 아 잠깐만, 다시 (심리적으로 쫓긴다. 당황해 판서 지우며) 다시 천천

히 해보자.

(diss) 치열과 준호 모두 '22번' 풀이 중. 시청자 수 치열 10만대 vs 300명대

치열 여기서 로그의 합을 구하면 어떻게 되겠어?
(판서 쭉 하면서 : $m + 2 \times \dfrac{m(m-1)}{2} = \dfrac{l(l+1)}{2}$ (*l*: 소문자 L입니다) 로_L의
합은 이렇게 될 거고 그다음 항의 개수가 21개가 되니까 (판서 쭉 하
면서 : "항 개수 $2m + 1 + l = 21$") 이렇게 되겠지?

준호 음 항을 쭉 나열해보면 되려나? 여기서 p값이 뭔지 모르니깐 음… 어
떻게 해야 될까? 잠깐만….

치열 (판서 $l = 20 - 2m$ 그 밑에 하고 위로 화살표 그으면서) 자 그럼 *l* 대신에
$20 - 2m$ (이십 마이너스 2엠으로 읽음)을 위의 식에 넣으면 ($m = 6$ 쓰면
서) *m*은 6이 될 거고, 그럼 p는 총 몇 개? ("32개"라고 크게 쓰면서 마무
리) 32! (획! 마지막 획 갈기고, 승리의 표시로 mic drop 하듯 보드펜을 훅
던지며) 끝!

치열 쪽 화면에 게임처럼 'WIN' 자막 번쩍이며 팡파르가 터지고,
패배감 역력한 채 한숨 쉬는 준호 화면에 'LOSE' 번쩍이며 화면 빠
진다.

(컷) 땀에 흠뻑 젖어 소파에 뻗은 치열. 승리에 도취된 표정이다.

치열 (희열에 달떠) 그러니까… 킬러문항에서 절었다는 거지?

동희 (손선풍기 대주며) 전 정도가 아니라 아예 막혔나 보더라구요.

치열 그러게 미리 풀어보지도 않고 해설은 무슨. 피아노 잘 치는 사람도
피아노 치면서 노래 부를라 그럼 꼬이는 거야. 나 정돈 돼야 소화 가
능한 거지. 까불고 있어…. (기분 좋은 듯 눈 감고 히죽 웃는 모습에)

S#16. 더프라이드 학원 원장실 (D)

전화로 보고 받고 있는 더프라이드 학원 원장. (남, 50대 후반)

원장　　그래? 압승이야? 아 그럼 당연하지, 우리 더프라이드 에이슨데…. 차원장이 아주 쭈그리가 됐겠구만. 간만에 호기롭게 덤벼봤는데 말야. 하하… 알았고. 바로 영상 편집해서 뿌리고 홍보 시작해! 시즌 투도 제대로 한번 쓸어보자고~!!

S#17. 더프라이드 학원 외경 (D)

학원 외벽에 촤라락 펼쳐지는 현수막.

치열 사진과 함께 'pride maketh math, 수학은 최치열강' 쓰여 있는. (E) 수업 끝 알리는 벨.

S#18. 우림고 교정 (D)

하굣길의 해이, 선재, 단지. 같이 걸어 나오는.

단지　　(볼멘) 아 6모 완전 망함. 아직 한강 춥겠지?

선재　　난 1교시 국어부터 멘붕. 한국 사람인데 왜 이렇게 한국어가 어려울까 난.

해이　　대신 넌 수학 잘하잖아. 나 수학 심각하다. 아예 접근 틀린 문제도 여러 개고 시간도 부족하고… 22번은 머리 하얘져서 손도 못 댔어.

선재　　1등급 안 돼?

해이　　응, 완전.

단지　　이씨 이 잔인한 것들아. 그게 4등급 친구 앞에서 할 소리냐 지금? (티격대며 가는데)

수아(E)　해이야! 남해이! (세 사람 쪽으로 뛰어온다)

해이　　?! (본다. 예감이 안 좋다… 수아가 날 이렇게 반갑게 부르다니…)

수아	(약 올리듯) 6모 잘 봤어? 아, 난 완전 망했어. 수학에서 4점짜리 나간 거 있지.
단지	(어이없다) 딸랑 그거 하나?
수아	어. 하나긴 한데… 그래도 4점짜리잖아. 아 다 맞을 수 있었는데 속상해.
해이	(받아친다) 그러게, 속상하겠다, 밤새 거 같던데. 담엔 컨디션 관리 좀 해.
선재/단지	(오~) / (기싸움 장난 아닌데? 하는 표정)
수아	(이게 아닌데… 부글) 그러는 넌? 시험 잘 봤어?
해이	(까기 싫다. 센 척) 어 뭐… 평소대로.
수아	어 평소대로? (못 봤구나 눈치채고) 넌 컨디션 관리만 했나부다? 어쨌든 난 너 대단한 거 같애. 학원 하나 안 다니고 자기주도학습… 아우. (절레절레) 나중에 책 내라 너. '교과서만 봤어요.' '학원은 사절' 뭐 이런 거. (생글생글 웃는데)

이때, 빵빵~! 클랙슨 울리고.

수아	(보곤) 어, 엄마 왔다! 나 먼저 갈게, 내일 봐~ (뛰어가는)
해이	(욱해) 아 빵수아 저거. 한 대 확 칠까 그냥?
단지	니는 말로 패 주먹은 내가 쓸게. 아우 저 한주먹거리도 안 되는 게. (주먹 내미는데)

이번엔 단지모 차가 쓱 와 선다.

단지모	(차 창문 열고) 장단지!
단지	(주먹 얼른 내리고) 빵수안 담에 조져야겠다. 나도 엄마 왔네. (하곤) 어, 엄마~

해이/선재 (인사하는) 안녕하세요~

단지모 어 안녕~ 딸, 타 얼른! 치과 들렀다 학원 가야 돼 너. 시간 읎어~~

단지 으 치과에 학원이라니. 미친 헬코스야. 안녕~~ (차에 타는)

해이/선재 (웃으며) 살아서 보자 장딴지~ / 학원에서 봐 단지야.

단지 (차 안에서 손 흔들고, 단지모 차 출발해 가는)

선재 (해이 보며) 우리도 가자, 남해이.

해이 야. 근데 넌 꼭 단지한텐 단지야 그러고 나한텐 남해이, 이런다. 차별하냐?

선재/해이 그럼 니가 남해이지 북해이냐? (툭 치곤 간다) / (치… 가는)

S#19. 거리 (D)

나란히 걸어가는 해이와 선재. 둘 다 기분 꿀꿀하다.

해이 …오늘따라 하늘은 또 왜 이렇게 파랗니? 눈물 나게 이쁘네….

선재 (하늘 본다) 그러게. 이쁘네….

해이 (보며) 왜 너까지 심각하고 난리? 나보다 낫잖아 넌.

선재 날 것도 없어. 정시 의대는 신의 영역이라잖아. 인서울은 힘들 거 같다.

해이 야, 우린 왜 이러구 사냐? 너랑 나 정도면, 솔까 성실한 십 대 아니냐? 우리가 방황을 하냐, 반항을 하냐. 밥 먹고 공부밖에 안 하는 것도 억울한데 아니 왜 이렇게 좌절감을 느껴야 되냐고.

선재 (힐끗) 너도 최치열 강의 들음 어때? 빵수아도 최철 듣고 일등급 굳힌 거 같던데.

해이 최치열이 그렇게 잘 가르쳐?

선재 현강은 확실히 도움 돼. 교재나 자료도 좋고, 강의 시작 전에 테스틀 보는데 문제 퀄이 좋거든. 오늘 같은 날은 수업 때 학평 풀이도 해주고. 라방은 고3 껏만 해주니까.

해이 엄마한테 학원 체질 아니라고 넘 큰소릴 쳐놔서. 아… 모르겠다. 1학

년 때까진 혼자 해볼 만했는데, 진짜 한계야~ (하늘 보면)

선재   (그런 문제가 있었구나… 뭐라 더 말 못하는)

해이   야. 너 학원 시작까지 사십 분 있지. 우리 바람 쐬자. (선재 어깨 팔 올리는)

선재   나 편의점 들러야 돼 저녁.

해이   십 분이면 넉넉잖아. 삼십 분만 줘 누나한테. (선재 끌고 가는)

S#20. 수아모 차 안 (D)

수아모 운전해 가고.

수아 샌드위치 먹으며 태블릿PC로 영어단어 스캔하며 재듯 말하는.

수아   딱 보니까 선재도 그냥 평탄 거 같구, 남해이는 망한 거 같구. 4반 송지혜는 영열 개망했나 보더라구. 잘하면 나 6모 일등일 거 같애.

수아모   진짜? 어머, 어머 웬일이니~ 수아야~ 엄마 눈물 날 꺼 같애 너무 좋아서.

수아   (보며) 아 또 오바. 수능 대박치면 그때 울지, 엄마?

수아모   맞다, 샴페인을 넘 일찍 터뜨리면 부정 타지. 알았어, 엄마 정신 차릴게.

수아   (기분은 좋다. 먹으며 또 태블릿PC 보는)

수아모   (그런 수아 눈치 보며) 저기, 근데 수아야… 너 기분 좋은데 찬물 끼얹어서 좀 미안한데. 벳 뉴스가 하나 있거든?

수아   뭔데? 괜찮아, 오늘은 웬만하면 용서할게 내가.

수아모   학원 말야… 앞자리 못 맡았어 오늘. 중간에서 좀 뒤야.

수아   (보며 버럭) 엄마 미쳤어?! 중간 뒤는 아예 안 보인단 말야 쌤이~!!

S#21. 버스 안 (D)

맨 뒷좌석에 나란히 앉은 해이와 선재. 이어폰 나눠 끼고, 창 열고 바람 맞는.

해이	(창밖 보며) 어때, 괜찮지? 삼십 분 종점여행.
선재	(엉뚱하긴) 어. 좋네. (기분도 좋다. 여유가 좀 생긴다…)
해이	(음악에 맞춰 고개 까딱까딱하며 창밖 보는데… 바람에 머리가 날린다)
선재	(창밖 보다가 그런 해이 물끄러미 본다…)
해이	(순간 고개 돌리면)
선재	(얼른 시선을 반대편 창밖으로 돌리곤 딴청하는)
해이	(폰 볼륨 키우면)

(M) 카더가든 또는 잔나비 분위기 노래 – 음악 커지며.

S#22. 더프라이드 학원 앞 (D)

종점여행 끝내고 들어가는 선재 배웅하는 해이.

해이	(손 흔들며) 열심히 해라 이선재. 졸지 말구.
선재	(손 흔들고 학원 들어가는)
해이	(손 내리고 가려다가 멈칫, 광고판에서 최치열 전단지 한 장을 꺼낸다. 잠시 눈으로 훑다가 야무지게 두 번 접어 주머니에 넣곤 가는)

집 쪽을 향하는 해이와 스치는 치열의 차. 학원 주차장으로 들어가고.
차에서 내리는 치열. 동희 보조석에서 따라 내리고.

학생들	(선망의 눈빛으로 치열 보고 웅성웅성)
남학생1/2	야야, 최치열최치열. / 와씨, 차 봐. 겁나 있어 보여. 리스펙~~
치열	(학생들 시선 의식해, 괜히 뒤 한 번 돌아봐주고 안으로 들어가는)

S#23. 국가대표 반찬가게 주방 (D)

저녁 반찬 만드느라 분주한 행선과 영주. (조리 수건 두르고 조리 마스크 한)

나물이 무쳐지고/계란말이가 부쳐지고/제육볶음이 볶여지는.

S#24. 국가대표 반찬가게 앞 (D)

행선 통유리에 '명란 계란말이' 종이 대고 한 손으로 스카치테이프 떼느라 애쓰는.

해이(E)	엄마.
행선	(돌아본다. 해이 걸어오는) 어이 딸. 이거 좀 잡아봐봐.
해이	(종이 잡으면)
행선	마침 잘 왔다 너. 좀 아까 단체 들어왔거든? 얼른 배달 좀 갔다 와. 곧 저녁 시간이잖아. 전쟁이야 영주 이모랑 난.
해이	아 제발… 나 하루 종일 모의고사 보고 왔는데.
행선	난 죙일 서서 반찬 만들었어. 엇다 명함을 내밀어 새파란 게. (해이 엉덩이 툭 치며) 옷 갈아입고 갔다 와. 삼촌도 얼른 내려오라 그러구. (들어가려는데)
해이	저기 엄마… (하다) 아냐. (2층의 집 올라가는 쪽 입구로 들어가는)
행선	(들어가다가 보며) 야 근데 너 모의고산? 백점 맞았어?
해이	(모의고사에 무슨 백점… 손으로 가위 표시 해 보이곤 가는)

(E) 삑삑, 버튼 키 소리.

S#25. 행선집 거실 (D)

해이 들어오면, 가게 일 하느라 옷이며 수건이며 어질러져 있는 거실.

후우~ 한숨 내쉬곤 수건과 옷가지 하나하나 들어 치우는데.

이때, 낡은 패브릭 소파 뒤에서 훅 튀어나오는 재우.

재우   해이야 해이야.

해이   (놀라) 아 깜짝아. 인기척 좀 하라니까 삼촌은!

재우   (미안한 표정. 손 들어 보이며) 나 여깄어, 해이야.

해이   (어이없지만 손 들어 보이는) 하이. (계속 치우며) 엄마가 내려오래 삼촌.

재우   (안 들린다) 이것 봐 해이야. (폰 보여주며 다다다, 숨도 안 쉬고) 이건 엠
         마물레이라는 네임드 암사잔데 아주 드물게 갈기가 있다?

해이   (치우며, 무심한 말투지만 관심 있게 들어주는) 암사자가 갈기가 있다고?

재우   어. 프라이드 우두머리 상징인 검은 갈기까지 단 애도 있대. 보통 숫
         사자가 이거 달고 있으면 그 지역 끝판왕이란 얘기거든. 얘넨 테스토
         스테론 과다로 갈기도 나고 울음소리도 수컷처럼 변한다는데… 이
         거 완전 행선 누나 같… (하다 말 뚝, 멈춘다)

해이   ? (치우다가 보면)

재우   (보며) 미안. 내가 또 내 얘기만 했지. 귀찮아? 그만할까?

해이   난 괜찮은데 삼촌, 빨리 내려가야 될걸 우리. 엄마 빡쳤을 거 같은데.
         (하는데)

행선   (현관문 확 열고) 니들 죽을래 진짜? 바쁘댔지 내가~~!!!

재우/해이 !! (놀라 경기하고) / (덤덤) 내 말이 맞지?

S#26. 더프라이드 학원 외경 (N)

S#27. 더프라이드 학원 강의실 (N)

200명 이상을 수용할 수 있는 대형 강의실.
강의 직전 준비가 한창이다. 뒤쪽에는 인터넷 강의를 위한 카메라가
세팅되고, 앞쪽에서는 두 명의 조교가 바쁘게 강의 준비 중인.
칠판 앞에 색색깔의 분필이 착착 놓여지고/마이크 세팅하고/강의실

온도 체크하고.

모니터링실에선 동희가 모니터 보며 카메라 위치 체크하는 모습에.

치열(E)   (텐션 업, 파워 넘치는) 자 19번. 거듭제곱근이 좀 어렵게 나왔죠~?!

(컷)   치열, 셔츠 단추 하나 풀고 손가락 사이에 각각 다른 색 분필 낀 채…
         높은 데시벨과 화려한 손동작으로 강의 중인. (열정과 쇼맨십이 치열
         강의의 콘셉트이다)
         선재, 수아, 단지를 포함한 학생들 눈 반짝거리며 집중해 듣고 있는.

치열   이 문제 보고 긴장들 했을 텐데 그럴 거 없지? 왜? 최치열 강의 들었
         으니까! 활용문제!? 헉, 이러고 쫄지 말란 말이에요. (연기하듯) 오 거
         듭제곱근 활용~? (피식) 반갑군. 잘 만났네. 내가 널 틀릴 수가 없지.
         왜? 난…

학생들   (합창한다) 최치열 강의 들었으니까~!

치열   오케이, 일단 문제를 보자마자 바로 떠오르는 게 있어야 돼. (학생들
         반응 보고) …없다고? 뭐야, 진짜 없어? 아… (고개 저으며) 내 탓이지
         뭐. 고2 6모에서 이게 안 되게 한 내 죄. 원래 미성년자는 잘못이 없
         어요. 다 으른들 탓이야.

학생들   (웃으며) 아니에요~

치열   (귀엽단 듯 웃고) 으른이 다시 알려줄게 잘 보자. 자, (판서하며) 이 문
         제는 m이 짝수인지 홀수인지 구분부터 하는 게 관건인데… (하고, 보
         는데)

         치열의 눈에 책상에 엎드려 자고 있는 학생1이 보인다.

치열   (갑자기 학생들 향해 공중 발차기하며) 관건인데~!

학생들/학생	엄마아~~ (놀라고) / (놀라 벌떡 일어나면)
치열	어때? 잠이 홀딱 깨지? 쌤이 언제까지 발차기를 해야 되니 어? 내가 누누이 말하지만 조는 건 오케이, 참아줄 수 있어. 아 짜증나지. 근데 용서는 돼. 짠하거든. 맨날 아침부터 밤까지 공부하는데 얼마나 피곤할까, 앉아 있는 게 얼마나 고역일까. 그래도 존다는 거는 이 내면에서 굉장히 사투를 벌이는 거잖아. 근데 엎드려 자는 건! 그건 의지가 없는 거거든. 자신과의 싸움에서 패배한 거고, 나에 대한 최소한의 예의도 없는 거다~ 아주 딱 질색야! (하며 발차기를 빡! 하는)

S#28. 국가대표 반찬가게 (N)

한창 저녁장사로 벅적거리는 가게 안.

영주는 반찬 다 고른 손님 거 포장하며 "청국장 하나, 계란말이 하나, 뱅어포 하나. 맞죠?" 하고, 재우 재빠르게 암산하곤 "만칠천 원입니다~" 하는.

행선은 수다 떨며 반찬 고르고 있는 수아모와 단지모 옆에 붙어 판촉 중이다.

행선	고를 것도 없어요, 오늘 원픽은 무조건이야, 고등어김치찜! 아니 내가 만들고 이렇게 뺌쁘하기가 쉽겠냐구요. 민망하지 나두. 근데 어뜩해 맛이 예술인데. 알잖아 언니들. 수험생한테 등푸른 생선 좋은 거. DHA~!
단지모	아으 알았어, 암튼 정신을 쏙 빼놔 해이 엄만. 근데 오늘 요집엔 필요 없어 DHA. 수아 이번 모의고사 전교 일등이래.
수아모	(좋으면서) 아 아직 확실한 거 아니라니까~
행선	와와와. (박수 치며) 축하해요 언니~ 이게 뭔 일이래 진짜 대다나다 수아~
수아모	(기분 좋은) 아 무슨, 해이도 잘하면서. 그리구 모의고산 전국 백분위

가 중요하지 전교 일등 영양가 읎어. 암것두 아냐.

단지모 그래두 올 학교에서 일등이면 뭐, 전국에서 최상위지. 암튼 반은 언니 공이야. 스카이맘점넷에서도 수아임당 말이면 묻지도 따지지도 않고 엄마들이 다 듣잖아. 얼마나 입시정보에 빠삭하면.

수아모 왜 이렇게 띄워 오늘~? 아 알았어 내가 쏠게. 몇 팩 골라봐.

단지모 아싸. 돈 굳었고. (좋아라 반찬 고르는데)

이때, 문 열리고 들어오는 선재모. 정장 차림의 전형적인 커리어우먼이다.

행선 (반갑게 맞는) 어, 어서 오세요~

단지모/수아모 왔어요? / 지금 퇴근하나보다 선재 엄마.

선재모 아 네. (고개 까딱)

단지모/수아모 많이 바쁜가보다. 얼굴 까먹겠어. / 그럼. 대한민국 최고의 로펌 변호인이신데.

선재모 (지적하듯) 변호인이 아니라 변호사요. 변호인은 형사소송에서만 쓰이는 지위적 개념이고, 직업으로는 변호사라고 해야 맞아요.

수아모 (무안) 아… 그래요? 그거나 그거나, 뭐 도찐개찐 같은데.

선재모 도긴개긴이요. 도찐개찐 아니구.

수아모 (빠직, 보면)

행선 (얼른 분위기 수습) 자자, 이제 셀렉들 하셔야죠? 빨리빨리 빠져주셔야 제가 또 다른 손님 받아요. 셀렉들 하세요 셀렉! (박수 치는데)

해이 (문 열고 얼굴 들이민다) 엄마, 배달완료. (여자들 보고) 안녕하세요?

수아모 어, 해이 오랜만이다?

단지모 학원을 안 가니까 엄마도 돕고 좋네. (하다) 근데 해인 아빠 닮았나봐. 엄말 별루 안 닮았어. 다들 그르죠? (해맑게 보면)

행선 (순간 당황한 표정, 이내 얼른) 에이, 왜 안 닮아요. 다들 딱 알아보든데.

안 닮은 건 단지랑 단지 엄마가 더하지 않나? 단진 볼 때마다 키가 크
는 거 같던데….

단지모 (괜히 말 꺼냈다) 크흠. 근데 오늘 두부조림은 읎어요? (딴청하고)

해이 (어색한 표정으로 얼른) 나 간다. (하곤 까딱, 인사하고 문 닫는)

행선/영주 (그런 해이 보며 신경 쓰이는데) / (신경 쓰지 말아라, 눈짓하는)

S#29. 더프라이드 학원 강의실 (N)

강의 끝난 듯 손 탁탁 털며 학생들 정면으로 보는 치열.

맨 앞자리 뿔테안경 여학생3, 치열 눈에 띄려는 듯 턱 괴고 눈 반짝거
리며 보는.

치열 늘 말하지만 6월 모의고사에 집착하면 망해. 6모는 잊어. 미련은 미
련한 거야.

학생들 네~~

치열 자 질문은 밖에 있는 조교 쌤들한테 하고. 이상, 여기까지! 오늘도 최
치열강이었습니다. (스윗하게) 잘 가 얘들아. (나가는)

여학생1, 2 (엎어지며) 아, 넘 쎅시해 쌤 목소리. / 특히 저 반존대 말투. 완전 극
락….

여학생3 (가방에서 포장한 쿠키 꺼내며 쫓아 뛰어나가는)

S#30. 더프라이드 학원 복도 (N)

강의실 밖 복도에 다섯 명의 대학생 조교들 앉아 있고,

강의실에서 치열 나온다.

문 앞에서 기다리던 동희, 물티슈 상자 내밀면

치열, 자연스럽게 한 장 툭 뽑아 손 닦으며 서둘러 걸음 옮기는데.

몇 명의 여학생들 우르르 따라 나와 그런 치열을 쫓는.

수현(E)	쌔엠~~
치열	!! (멈칫해서 돌아보면)

치열을 향한 여학생들 무리 중 맨 앞에 활짝 웃으며 뛰어오는 수현.
다시 보면 수현이 아닌 여학생3이다.

여학생3	쌤~ (하고 치열에게 붙다가 다른 학생들에 밀리고)
여학생4, 5	쌤~ 저 6모 다섯 개밖에 안 틀렸어요. / 쌤 오늘 머리 너무 이뻐요~
치열	(팬 관리 차원에서 영혼 없이 반응해주는) 어 그래. 나도 알아. 어 너 잘했어.
여학생6, 7	쌤 이거 드세요~ (음료수 주면) / 제껏두요. (선물 내미는)
치열	땡큐. 고맙다. (이제 피곤하다. 얼른 동희가 열림 누른 엘리베이터 올라타는)
여학생3	(뒤에서 학생들 파고들며) 쌤~ 이거 제가 구운 쿠킨데….
치열	(보고 얼른 닫힘 버튼 파바바박, 빠르게 누른다. 문 닫히고)
여학생3	와 씨… 보고 눌렀어. 겁나 귀엽네 최철. 그런다고 내가 포기할까봐? (썩소 짓는)

S#31. 더프라이드 학원 로비 (N)

엘리베이터 문 열리고. 치열과 동희 내려서 가는데 맞은편에서 정 실
장 온다.

정실장	수고하셨습니다~ (인사하고 지나치려다) 아 최쌤.
치열	(보고) 네, 조 실장님.
정실장	정 실장인데요?
치열	(아차) 조 실장님이 더 어울리시는 거 같은데. (근데 무슨 일?)
정실장	아. 제 후배 중에 쌤 팬이 한 명 있는데… 피아니스트거든요. 혹시 소개팅 안 하실래요?
치열	네 안 할래요. 제가 자만추 스탈이라.

정실장	(당황) 아 자연스런 만남 추구하신단 거죠? 근데 걘 완전 예쁜데. 집 안도 좋고.
치열	네 그래도 안 할래요. 가세요 조 실장님. (꾸벅, 나가는)
정실장	(황당) 지가 일타면 일타지 왜 사람 성까지 바꾸구… 재섭어 진짜. (가는)

S#32. 치열 차 안 (N)

뒷좌석에 푹, 쓰러져 눕는 치열. 동희 운전석에 타는.

치열	…아… 빡세다. (살짝 몸 일으켜 받은 음료와 선물 앞쪽으로 내밀면)
동희	(준비해뒀던 대형 비닐봉지 벌리고)
치열	(그 안에 선물 쏟아붓는다) 잘 갖다놔. 아무 데나 막 버리지 말고. 또 선물 버렸네 어쨌네 최치열 인성논란 이런 거 날 수 있으니까. (하곤 다시 뻗는)
동희	네 알아요. (시동 켜고 출발한다. 힐끗 보며) 한번 해보시죠 왜.
치열	(누운 채로 노곤하게) …뭘…?
동희	소개팅이요. 자만추 할 기회도 없으시잖아요.
치열	…내 사전에 자만추란… "자연스런 만남조차 추구하지 않는다"란 뜻이야….
동희	?
치열	…인간이 하는 짓 중에 가장 소모적인 게 뭔지 알아? …바로 인간관계야…. 서로 알아가고, 의지하고, 그러다 싸우고, 화해하려고 애쓰고… 그런 가성비 떨어지는 짓을 왜 하나…. 에너지 99% 강의에 쓰고 겨우 1% 남는데. 아주 딱…
동희	(o.l) 질색이시죠. 알겠으니까 이거나 좀 드세요. (샌드위치 든 종이백 넘기며) 오늘 한 끼도 안 드셨잖아요. 커피 8잔 드신 게 다예요.
치열	(끙 일어난다. 종이백 받고) 아… 나 또 안 먹힐 거 같은데. (어쩔 수 없이 꺼내며) 신체는 왜 이렇게 비효율적이냐. 먹어야 되고 자야 되고 싸야

되고. 좀 더 효율적으로 진화할 수는 없나? 알약 하나만 먹어도 살 수 있는 기술은 왜 아직도 안 나오는 거야?

동희　수요가 없는 거 아닐까요?

치열　(입에 우겨 넣는) 내가 다 사준다고 다. 아예 투자를 직접 해버릴까? (썹으며) 와 맛도 드럽게 없어. 뭔 샌드위치가 종이 씹는 맛이… (하다 욱… 구역질이 올라온다. 다급하게) 지 실장 차, 차 세워!!!

S#33.　**건물 화장실 (N)**

동희, 걱정스런 표정으로 생수 들고 밖에 서 있고.
화장실 칸 안쪽에서 읍~ 웩~ 오바이트 하는 소리 들린다.

동희　괜찮으세요…?

치열　……

동희　누가 보면 입덧하시는 줄 알겠어요. 이렇게 좀만 피곤해도 아무것도 못 드시고, 3년 전만 해도 이 정돈 아니었는데. 아니 1조원의 남자면 뭐해요 돈을 쓸 데가 없는데.

치열　(물 내리고 나온다. 초췌한 얼굴) …생수 있냐? 입에서 쓰레기통 냄새가 나.

동희　위액이 올라와서 그래요. (생수통 내밀면)

치열　(물 입에 넣고 우르르르~ 헹구는)

동희　병원은 계속 가시죠? 뭐래요 의사가?

치열　(세면대에 확 뱉고) 스트레스에 의한 섭식장애, 감정적 결핍, 공허함… 또 뭐래더라?

동희　그 여학생은… 아직도 나타나구요?

치열　뭐 가끔. (하곤 다시 물 입에 넣고 헹구는)

동희　그래서, 뭐 어떻게 하면 낫는대요 의사는?

치열　(물 머금은 채) 푹 쉬고 스트레스 받지 말… 야씨, 말 시키지 마. (훅 뱉는)

S#34. **선재집 현관 (N)**

현관문 열고 들어오는 선재. 긴 수업으로 지친 얼굴인데.

선재모(E) (악 쓰는) 그래서 어쩌라구?! 날더러 뭐 어쩌라는 건데~?!!

선재   ! (멈칫)

선재모(E) 대답해! 어딜 가, 대답하라니까~?!!

선재부(E) (버럭) 너 진짜 미쳤어!!!! (안방에서 캐리어 들고 나온다. 선재 보고 멈칫)
          왔어? (하곤 뭔가 말하려다 그냥 나가버린다. 문 쾅)

선재   (안방 쪽 보는데)

선재모   (아무 일 없었다는 듯 나온다. 보며) 왔니? 모의고사 시험지 가져와봐.

(컷)   거실. 모의고사 시험지 보고 있는 선재모. 선재 그 앞에서 긴장한 표정.

선재모   (영어 문제 가리키며) 이 문젠 왜 틀렸지? 기본 독해잖아.

선재   실수했어요, 단어가 헷갈려서.

선재모   실수도 실력이야. 의사 돼서 환자 잘못 치료해놓고 실수였다고 할래?

선재   (살짝 망설이다) 그래서 되기 싫어요 엄마, 난 의사.

선재모   (날 선 채) 그럼 뭐, 뭐 할 건데?

선재   …….

선재모   로스쿨도 아니라며. 대체 니가 되고 싶은 게 뭐냐구?! (언성 높아지는데)

          순간, 구석방 쪽에서 쾅~ 격정적인 클래식 음악이 터져 나온다.

선재모   ! (당황, 누군가를 의식하는 듯 감정 누르고) …들어가. (안방으로 들어가는)

선재   (그 방 쪽을 본다. 음악처럼 심란하고도 슬픈 표정…)

S#35. **선재집 희재방 (N)**

노트 위에 쓱싹쓱싹, 빠른 속도로 풀어나가는 수학 문제.

힘을 꽉 준 채 펜을 쥐고 수학 문제를 푸는 누군가의 손이 c.u 되며.

S#36. 국가대표 반찬가게 (N)

장사 끝나고 청소 중인 행선, 영주, 재우, 해이.

재우는 대걸레질, 행선은 진열장 닦고, 영주는 정리, 해이는 남은 도시락통 챙긴다.

행선   오케이, 청소 끝! (닦던 걸레 빠르고 정확하게 영주한테 던지면)

영주   (탁, 받고) 역쉬! 천재 센터백 남행선이 안 죽었고만. (하곤 걸레통에 넣는)

행선   야 빨리 마무리하고 치맥이나 하자. 해이 모의고사도 끝났는데.

영주   야, 모의고산 해이가 봤는데 왜 우리가 파틸해야지 그럼. 아주 타당한 이유야 응.

행선   쵸~ (그렇지? 웃곤 영주와 하이파이브 하는데)

해이   (행선 힐끗 보곤, 주머니 속 전단지 만지작거린다. 말을 꺼낼까 말까…)

재우   (열심히 걸레질 하는데 얼굴이 벌겋다)

영주   (보고) 근데 재우 넌 왜 벌써 벌겋냐? 소주 댓병 깐 애마냥.

행선   너 또 고개 푹 숙이고 동영상만 봐서 그런 거 아니야? 요새 완전 맹수에 꽂혀가지구… (하다 멈칫, 재우 이마에 손댄다. 침착하게) 삼촌 열나, 해이야….

해이   (보곤, 역시 침착하게 얼른 체온계 가져와 행선에게 건네는)

행선   (재우 이마에 체온계 대곤 삑, 보는) 39.5도….

재우   (쎄액… 쎄액… 호흡 몰아쉬는)

영주   야아, 39도면 너무 높은 거 아냐? 열이 나면 난다고 말을 하지 참.

행선   (다시 열 잰다. 39.8도다) …9.8. 안 되겠다 해이야. (보면)

해이   (알아듣고 휴대폰 꺼내 전화 거는) 네, 응급환자가 있어서요… 주소가….

(E) 구급차 사이렌 소리.

S#37. 치열 주상복합 전경 (N)

고급 주상복합 건물로 미끄러져 들어가는 치열의 차.

S#38. 치열 주상복합 주차장 (N)

주차한 차에서 내리는 치열과 동희. 치열 눈 반쯤 감긴 상태로.

치열   …고생했다. 택시 콜 했지? 그러게 차 뽑아준다니까.
동희   택시가 편해요. 비용처리 해주시잖아요. 푹 쉬세요 쌤. (인사하고 가는)
치열   푹 쉬고 싶다 나도….

치열, 집 방향을 향해 휘적휘적 걸어가다가 이상한 느낌에 뒤를 획
돈다.
내가 과민한 건가? 갸웃하고 다시 휘적휘적 걸어가는.

S#39. 치열 펜트하우스 앞 복도 (N)

지친 채 걸어오는 치열, 현관 번호키 누르고 문 여는데.
이때, 후다닥 집 안으로 뛰어 들어가는 여학생3.
치열을 뒤따라온 듯하다.

치열   !! (당황해 상황파악 안 되는) 뭐, 뭐야. 누구야 너…?! (문 열어놓고 얼른
들어가는)

S#40. 치열 펜트하우스 (N)

넓으나 있을 가구(고급가구)만 딱 있는 뭔가 횅한 치열의 집.

여학생3	(쿠키 선물 안고) 와아아아 집 진짜 좋다!!!! 개넓어!!!! 쩐다 와!!!!!!
치열	(들어와 황당한 표정으로) 야, 너 뭐야?!!
여학생3	쌤!! 나 말고 또 쌤 집에 온 애들 없죠 그죠? 내가 일빠죠?!!!
치열	(말 섞기도 싫다) 나가. 빨리 나가. 너 지금 시간이 몇 신데….
여학생3	이것만 드리고 갈려고 그랬어요. 제가 직접 구운 쿠키란 말이에요.
치열	여기가 어디라고. 너… 이거 주거침입이야. 중범죄라고. 빨리 나가 빨리~~ (하며 여학생3 교복 위에 걸쳐 입은 후드를 잡고 밖으로 끌어내는)
여학생3	아아 쌤~ 잠깐만요오~~ (끌려 나가는)

S#41. 치열 주상복합 앞 (N)

치열, 택시기사와 통화하며 다른 손으로 여학생3 후드 잡고 나오는.

치열	네, 103동 입구요. (택시 온다) 아 보이네요. 여기요.
여학생3	그러게 아까 받아주시지. 일부러 엘리베이터 문 막 닫고.
치열	(대꾸 안 하고 택시기사한테 오만 원짜리 한 장 주며) 집 들어가는 거까지 꼭 확인해주세요. (뒷좌석 문 열며 여학생3 태우려는) 타. 얼른 타.
여학생3	(버티며) 쌤! 저 한 번만 안아주세요. 그럼 갈게요.
치열	(경악) 뭐? 얘… 얘가 진짜… 못하는 말이 없어. 너 타 얼른. 타!! (넣으려는)
여학생3	(들어가는 척하다 방심한 틈을 타 치열 확 껴안는)
치열	(놀라 떼어내며) 왜 이래 얘가… 야!! 너 떨어져. 떨어져 쫌~!! 아우 얘가 왜 이렇게 힘이 쎄…. (떼어내며 실랑이하는데)

이런 두 사람 모습 찰칵! 찰칵! 스틸로 누군가에게 찍히는.

S#42. 병원 응급실 (N)

침대에 누워 있는 재우. 해열제 맞고 있고.

의사, 재우 동공 확인한다. 행선과 해이 긴장한 표정으로 옆에 서 있는.

의사   37.5도. 그래도 열은 많이 내렸네요.

행선/해이   (아… 다행이다…) / (안심하는…)

의사   선천적 심질환 때문에 열나면 심내막염으로 갈 위험 있는 거 아시
             죠? 일단 입원해서 낼 검사 하나 더 하시구요, 경과 괜찮으면 퇴원하
             시는 게 좋겠어요.

행선   네, 감사합니다 선생님…. (그제야 안도의 한숨 내쉬는)

S#43. 병원 수납창구 (N)

수납창구 앞에 서 있는 행선. 직원 보며.

행선   일단 응급실 수납부터 하라고 해서. 남재우요….

직원   남재우 환자분이요. (치고) 네, 오늘 검사비랑 해열제 해서 38만 원
             나왔습니다.

행선   (지갑에서 카드 세 개 빼며) 여기… 십, 십, 십, 팔로 좀 나눠서. (괜히 변
             명) 제가 가겔 하는데 결제할 게 많아서 카드가 좀 여러 개라서요,
             흐….

해이   (나오다가 그런 행선 본다)

행선   (손 톡톡, 테이블 치며 결제 기다리다가 해이 본다) 어, 해이야.

해이   (못 들은 척) 삼촌 병실 옮겼어. 엄마 들어가, 새벽에 시장도 가야 되
             잖아.

행선   영주 이모한테 부탁했어. 너 가, 낼 학교 가야지.

해이   괜찮겠어…?

행선   그럼, 엄마가 체력은 또 야무지잖니. 국대 때 별명 몰라? 깡순이?! (괜
             히 웃어 보이는)

S#44. **병원 병실 (N)**

6인실 병동. 아직 미열 있는 듯 식은땀 송골송골 맺힌 채 잠든 재우.
행선, 말은 그렇게 했지만 미열이 내리지 않는 재우가 걱정되는 듯
근심 어린 표정으로 연신 재우 이마의 땀을 수건으로 닦아내 준다.
피곤이 몰려오는지 하품하는 행선. 그러나 오늘 잠들진 못할 듯하
다. 고개 위아래로 스트레칭 하곤 재우 이마에 다시 손대보며 열 체
크하는.

S#45. **행선집 해이방 (N)**

씻고 방으로 들어온 해이.
수건으로 얼굴 닦다가 책상 위의 전단지를 가만히 본다.
잠시 고민하다가 집어 들곤 확 구겨 휴지통에 집어넣어 버린다.

해이   후우…. (차라리 속 시원하다. 손 탁탁 털어내곤 휴대폰 꺼내 문자치는)

        #. 휴대폰 인서트
        '우리 손목쿠션 수행 내일까지 맞음?'
        바로 띵, 띵, 뜨는 답들.
        '단지 – OO 난 엄마가 세탁소에 맡김' '선재 – 미투'

해이   (책상 앞에 앉아 가방에서 손목쿠션 꺼내 바느질하기 시작하는) 아. (바늘에
        손 찔렸다. 입으로 얼른 빨고 다시 야무지게 바느질하는)

        (E) 띡띡띡띡, 현관 키 버튼 누르는.

S#46. **치열 펜트하우스 거실 (N)**

여학생3 보내고 다시 들어온 치열. 진짜 하루가 너무 길다….

진이 빠지는 듯 식탁 위의 수면제 통에서 한 알 꺼내 입에 털어 넣고, 냉장고 문 여는데 생수통에 물이 거의 바닥이다.

치열   아… 생수. (주문을 깜빡했다. 할 수 없이 싱크대로 가 수돗물 틀어 입 대고 마신다) 하아…. (아무리 생각해도 이 상황이 어이가 없다. 고개 저으며 욕실로 가는)

S#47. 치열 펜트하우스 침실 (N)

씻고 일상복으로 갈아입은 치열,
들어와 침대에 수면 스프레이를 뿌린다.
수면 안대 찾아 끼고 럭셔리한 침대에 오르는 치열. 잠 청하는.

(컷)   뒤척이는 치열. 피곤은 한데 또 잠이 오질 않는다.
벌떡 일어나 안대 머리 위로 올리고 내려와,
침대 밑에서 침낭을 꺼낸다.
이내 바닥에 깔고 들어가 누워 잔뜩 웅크린 채 잠 청하는 치열.
그제야 하루의 피곤이 확 몰려온다. 끔뻑끔뻑 눈 감기며 잠 속으로 빠져드는데.

수현(E)   쌔엠~ 치열 쌤~~
치열   (다시 비몽사몽 눈 끔뻑이면)

꿈인 듯 생시인 듯 교복 차림의 수현이 환하게 웃으며 뛰어온다. (몽환적인)

수현   쌤~ 오늘 왜 이렇게 잘생겼어요? 대박. 맨날 잘생김 경신!
치열   (비몽사몽) …또 너니…?

수현	(웃으며) 저 이거 좀 풀어주세요~ 잘 안 풀려요. (문제집 흔들며 웃는)

치열   (눈 끔뻑끔뻑… 그런 수현을 보다가 완전 잠에 빠져들 듯 눈 감으며 화이트
       아웃)

(컷)   시끄럽게 울리는 휴대폰 벨 소리에 눈 뜨면, 아침이다.
       힘겁게 침상에서 일어나 더듬더듬 침대 위 휴대폰 찾아 발신자 확인
       하곤 받는.

치열   (까칠한 목소리로) 어 지 실장 왜….

동희(F) 일찍 죄송한데요 선생님. 열공닷컴 좀 들어가 보셔야겠는데요?

치열   …또 뭔데…? (폰 눌러 확인하다가) !!! (동공 커지며 벌떡 일어난다. 다시
       보면)

#. 열공닷컴 커뮤니티 인서트

'일타 최치열 제자와 부적절한 관계?'

제목과 함께 여학생3이 치열 포옹한 사진 올라와 있다.

**(*열공닷컴: 수험생들이 입시정보를 교류하는 커뮤니티. 사이트 내 '실시간 검색어' 순위
가 사이트 우측에 상시적으로 뜬다)**

S#48. **치열 연구소 (D)**

       쉴 새 없이 울리는 전화벨.

       조교들, "아뇨, 사실무근입니다. 네. 네네…." "네 변호사님. 그럼 개인
       SNS는 어떻게 해야 하나요?" "글 바로 내려주셔야죠. 명확히 명예훼
       손인데." 통화하고 있고.

       서너 명은 컴퓨터로 커뮤니티와 SNS들 모니터링하며 신고 버튼 누
       르고 있는.

S#49. 치열 연구소 내 사무실 (D)

입 꾹, 다문 채 소파에 앉아 보고 받는 치열. 동희 보고하는.

(대충 옷 걸쳐 입고 나온 느낌. 웃옷 점퍼 뒤판에 크게 호랑이 무늬 프린트 됨)

동희	…포털에 이니셜로 기사 뜨고, 열공닷컴 실시간 검색어 순위도 장악했어요. 1위 최치열 해명해. 2위 믿어요 최치열. 3위 일타강사. 4위 소아성애… 댓글도 읽을까요?
치열	(손 제스처, 더 해보라는)
동희	(댓글 읽는) 최치열 진짜 실망이야, 왜 내가 아니라 걔야? 강의에 미친 놈인 줄 알았더니 그냥 미친놈이네. 치열 쌤 믿어요. 최치열강 무너지지 않기로 약속…
치열	(스트레스 받는/o.l) 아. 그냥 확 밖으로 내쫓고 말걸 그냥.
동희	말은 맨날 그러면서 택시까지 잡아 보내시고. 가만 보면 언행이 잘 안 맞으세요.
치열	(발끈) 아니 그럼 위험하게 그 밤에 여자애를! (하다 변명하듯) 그러다 사고라도 나면 내 수강생 빠지고 나만 손해니까. (괜히 무안해 화제 돌린다) 대체 누가 올린 거야? 또 그 최치열짱난가 걔 아냐? 맨날 나 까고 다니는 애?
동희	아뇨, 그 친구가 올린 거 같진 않고. 악플은 엄청 달고 있습니다 지금도.
치열	아…. (머리 아프다. 관자놀이께 누르면)
동희	(치열 표정 살피며) 열공닷컴 원글 내렸고. 스카이맘점넷도 명예훼손성 글로 다 삭제 조치했으니까 며칠 있음 잠잠해질 거예요. 너무 스트레스 받지 마세요.
치열	(애써 자위하듯) 그치? 왜 저번에 너랑 파트너 어쩌고 찍힌 사진, 것도 이틀 만에 심드렁해졌잖아. 이 정도 일로 내 일타 명성에 금이 가는 것도 아니고.

동희	그럼요. 그럴 리가 없죠.
치열	(그래도 불안하다) 세 번만 얘기해줘, 그럴 리가 없다고.
동희	(그 정도야…) 그럴 리 없어요. 그럴 리 없어요. 그럴 리….
치열	오케이! 스트레스 받지 말자! 끝! 끝! 끝!! (하고 애써 밝은 표정 짓는데)

이때, 급하게 문 열리고 조교 효원이 태블릿PC 든 채로 들어서는.

효원	쌤! 쌤!!
동희/치열	왜. / (또 뭐지…? 불안하게 효원 보면)
효원	(태블릿PC 보여주며) 이거 좀 보세요. 그 여학생이 글을 올렸어요.

#. 노트북 인서트

여학생3의 개인 SNS 계정.
치열 강의하는 모습 배경으로 보이고 셀카로 몰래 찍은 사진과 함께
"저 쌤이랑 사귀는 사이 맞구요… 우리 이대로 사랑하게 해주세요.
누가 뭐래도 우린 트루러브♡"

동희	아…. (치열 눈치 본다. 겨우 달래놨는데…)
치열	이런 개또라이…. (발끈해서 일어나다가 비틀, 주저앉는)
동희/효원	(놀라) 선생님!!!!

S#50. 더프라이드 학원 강의실 (D)

재수종합반 학생들 앉아 치열 기다리는데 일제히 땅~ 문자벨이 울린다. 보면.

#. 문자 인서트

'공지. 금일 최치열 선생님 강의 휴강 – 더프라이드 학원'

학생들　(뭐야, 휴강이래, 동시에 웅성거리고)

S#51. 몽타주 (D)

#. 학교 자습실

자습실에 앉아 태블릿PC로 일제히 치열 인강 듣고 있던 학생들. (모든 화면이 치열 인강 화면임을 강조! 인강 속 진도는 가지각색)

인강 틀어놓은 채 폰으로 열공닷컴에 댓글 올리는 모습에, 댓글 자막으로 뜬다.

오늘 최치열강 휴강 실화임?? / 웬열? 최치열 휴강 첨 봄 / 스캔들 빼박 팩튼가 봄 본인이 사귄대자나 ㅋ / 우리 쌤도 인간임. 휴강할 수도 있지. 어그로 좀 그만 끌어 ㅉㅉ / 괜찮아 최치열이니까 / #응답하라 최치열! #기다릴게 최치열!

#. 더프라이드 학원 강사 휴게실

커피 마시며 뒷담화 중인 진이상 강사와 다른 강사들.

강사1/2　갑자기 웬 휴강? / 그러게. 이상하네. 휴강 한 번에 날아가는 돈이 얼만데.

진이상　잠수 탄 거지. 왜? 제자랑 그딴 사진이 찍혔으니까. 그게 아예 없는 얘기가 아니라니까. 그러고도 남을 인간이라고 그 인간이.

#. 브런치 카페

수아모, 단지모 외 엄마들. 스카이맘점넷(엄마들이 정보 공유하는 커뮤니티) 보는.

단지모　뭐야, 최치열 오늘 휴강이래는데?

수아모　무슨 일이지? 휴강은 한 번도 한 적 없는데 치열 쌤은.

단지모　혹시, 그거 진짜 아냐? 오늘 스카이맘점넷에 잠깐 올라왔다 삭제된 거. 여자애랑 어쩌구 그거.

수아모   설마. 최치열이 미쳤어? 있어봐. 내가 원장한테 전화 좀 해볼게. (전화 눌러보곤) 안 받는데? 통화 중인가?

S#52.   병원 응급실 (D)

치열 베드에 누워 링거 맞고 있고, 동희 통화하며 들어온나.

동희   …네 알겠습니다 원장님. 네. 네. (폰 끊으면)

치열   (힘겹게 눈 뜨며) …뭐래, 원장이…?

동희   휴강은 어쩔 수 없고 최대한 아프신 거 노출시키지 말라구요…. 오늘 일 때문인 걸로 확산될 수도 있고 다른 학원 떡밥 되기도 쉽다고.

치열   하아….

동희   (보며) 의사가 뭐라는지 아세요? 뭔 일 하시는 분인진 모르겠지만, 당장 그 일 그만두래요. 수면부족에 영양부족에, 신체 발란스가 다 무너졌대요. (작게) 1조원의 남자가 영양실조가 뭐냐구요. 제가 다 쪽팔려요.

치열   (기운 없다) 안 먹고 싶어서 안 먹냐… 안 먹히니까 안 먹지….

동희   앞으론 진짜 먹을 수 있는 방법을 찾아야 할 것 같아요. 쌤도 일일, 그러지만 마시고 본인 몸을 좀 챙기세요. 이것도 자기관리잖아요.

치열   아 알았다고. 애가 왜 잔소리가 늘어. 첨엔 과묵해서 좋더니만.

S#53.   병원 로비 (D)

링거 다 맞은 치열, 고개 숙인 채 동희와 로비 쪽으로 나온다.

동희   (오다가) 아, 잠깐만 여기 좀 계세요. 주차등록만 얼른 하고 올게요.

치열   빨리 와. 최대한 빨리.

동희   네. (뛰어가고)

치열	(사람들 의식하며 점퍼 여미고 등 돌리고 서 있는데)

이때, 화장실에서 나오던 병원복 입은 재우.
치열 앞쪽으로 지나가려다 치열 옷 등판에 프린트 된 호랑이에 시선
이 고정된다.
치열, 최대한 몸 움츠리고 있는데 이때 찰칵! 셔터 누르는 소리.

치열	?!! (이상한 낌새에 돌아보는데 아니나 다를까, 재우가 자신을 향해 폰 카메라를 들이대고 있다. 돌아보면 '비뇨기과 진료안내. 조루증과 발기부전 원인과 치료' 등 쓰인 비뇨기과 입간판이 배경처럼 서 있는. 우씨… 재우 보며) 어이! 폰 줘요. 이런 장난 좀 치지 맙시다 좀.
재우	에? (치열 보면)
치열	뭘 찍은 거냐구 대체. 뭐, (입간판 가리키며) 이거랑 나 또 엮을라고? 바로 삭제하면 문제 안 삼을 테니까 내놔요, 어? (손 내미는)
재우	(놀라 경직된 채) 호, 호랑이… 호랑이….
치열	(무시하고) 당신 이거 진짜 나쁜 짓이야! 폰 달라구요! (거칠게 폰 보려는)
재우	(폰 겨드랑이에 얼른 숨기며) 호랑이…!
치열	(확신하고 따라가 팔 잡는다) 너 뭐야, 전문 찍사야?! 어디서 사주 받았어? 어제 그 사진도 너지? 보자구 좀~ (재우 휴대폰 뺏으려 하고)
재우	(무슨 상황인지는 모르겠지만 겁먹은 채 안 뺏기려 안간힘 쓰며 버티는)

이때, 수납 영수증 들고 오던 행선. 두 사람 보고 눈 똥그래진다.

행선	재우야!!! (놀라 뛰어와) 왜 그러세요, 무슨 일이에요 에?!!
치열	당신은 또 뭐야? 이놈이랑 한패야?
행선	뭐 그런 셈이긴 한데 대체 뭔 일로…. (치열 팔 잡고) 일단 좀 놓고 얘기를…

| 치열 | (o.l) 아 됐고! 내가 오늘 기운이 없어서, 사진만 삭제하면 문제 안 삼을 거니까 당장 내놔요. |
| 행선 | 아니 뭔 사진을… 일단 놓고 얘기하자구요, 애가 놀랐잖아요~!!! (하곤 힘으로 치열 재우에게서 떼어내는데) |

순간, 함께 나동그라지는 행선과 치열.
그 결에 치열이 뺏으려 잡고 있던 재우의 휴대폰이 바닥으로 내동댕이쳐진다.
소동에 지나가던 사람들 힐끔힐끔 행선과 치열을 쳐다보고.

치열	(넘어진 채 자신을 보는 사람들 의식하고 당황한다)
여자1	(치열을 알아보는 듯한 표정. 슬쩍 가방에서 휴대폰 꺼내면)
치열	(경고등이 켜진다. 당황해) 에이. (재우 휴대폰 집어 냅다 밖으로 도망가는)
재우	(보다가) 어어… 내 폰…!! (치열 가리키면)
행선	(넘어져 있다가) 어머, 저 새끼 뭐야. 야아~~!! (일어나 뒤쫓아 밖으로 나가는)

S#54. 병원 밖 (D)

병원 쪽에서 뛰어나오는 치열. 쫓아 나오는 행선.
치열, 뒤돌아보곤 휴대폰 사진 확인하려는데 잘 안 보인다.

치열	…아씨…. (행선 의식하며 일단 폰 다시 고쳐 쥐고 죽어라 뛰는)
행선	(뛰며) 야아~ 너 거기 안 서~?!! (쫓아가다 안 되겠다. 잠시 멈춰 신발 끝 탁탁 땅에 치며 고쳐 신곤) 죽었어 너. (다다다다~ 전력을 다해 쫓기 시작하는)
치열	(이 악물고 뛰고…)
행선	(이 악물고 쫓아오는… 점점 간격 좁혀지고…)

치열	(돌아보며 off) 빠르다 저 여자. 무섭도록 빠르다. (다시 앞 보며) 나의 달리기 최고 속도는 백 미터 16초, 시속 22.5km. 노화와 현재 컨디션을 감안하면 20초도 어렵다. 저 여자의 속도는 대충 어림잡아도 시속 25km에 육박! 이대로는 승산이 없다. 남은 방법은 하나. 관성을 이용한다!

뛰던 치열, 갑자기 방향을 바꿔 산책로 쪽으로 간다.
전속력으로 뛰던 행선, 어어~~ 관성대로 직진해 달려가다 끼익~~!
멈춰 서고.
"아 진짜…" 방향 틀어 다시 치열이 간 쪽으로 뛰어간다.
동시에 치열 한 건물 안으로 쏙 들어가고.

S#55. 건물 안 화장실 칸 안/ 밖 (D)

화장실 칸 안으로 막 뛰어 들어와 문 걸어 잠그는 치열.
헉헉… 숨이 턱까지 차올라 폰부터 확인하려는데 문 쾅! 소리 들린다. 놀라서 보는.

/화장실 칸 밖. 쫓아 뛰어 들어온 행선. 헉헉… 잔뜩 성난 채 두리번거리며.

행선	어딨어 이 쌔끼…. (헉헉) 냉장… 일루 들어온 거 같은데. (열 받았다. 칸 하나하나 열어보며) 저기요 선생님! 좋은 말로 할 때 나와요. 니 발로 나오면 폰만 받고 넘어가주께요 그냥. 나쁜 짓 하고 사는 거 아니에요, 그럼 천벌 받아요. 세상 은근 공평해요, 알아요?

/칸 안쪽의 치열. 행여 소리 날까 제 손으로 입 막은 채 듣고 있는.
/"여깄니? 여깄으세요?" 위협하며 치열 옆 칸 열어보는 행선.

/들키기 일보 직전이다. 치열 문고리 잡고 숨죽인 채 잔뜩 긴장한.
/행선, 막 치열이 들어가 있는 칸 문을 잡는데, 이때 경비와 남자 한
명 들어온다.

남자   저기요~ (행선 가리키면)

경비   아 여기서 뭐하는 거예요, 여기 남자 화장실이에요. (행선 잡고) 나가
          세요!

행선   (당황) 아니 여기… 휴대폰 도둑놈이 숨어 있을지도 몰라서….

경비   (무시하고) 뭐래, 아 나가요, 신고하기 전에! 아 나가라니까 얼른!! (행
          선 몰면)

행선   아니 여기… 아…. (어쩔 수 없이 몰려 나가는)

/칸 안쪽의 치열.
살았다…. 안도감에 다리 풀려 휘청하곤 변기 위에 털썩 앉는다.
그제야 들고 있던 재우 폰 열어보는 치열. 다행히 락이 안 걸려 있다.
앨범에 들어가 재우가 찍은 사진 확인하는데….

#. 휴대폰 인서트
치열 옷 등판의 호랑이만 타이트하게 몇 컷 찍힌.

치열   !! (몸 일으키며) 뭐야 이게… 호랑이…?!! (앨범을 계속 넘겨보지만 호랑
          이 외 본인이 찍힌 사진은 없다. 다시 호랑이 사진 보다가, 제 점퍼를 당겨 뒤
          쪽 프린트 문양을 확인하곤 내가 오해를 했구나… 깨닫고) 아…. (난감한 표
          정 되는)

S#56.   **건물 복도 (D)**
        화장실에서 나오는 치열.

재우 휴대폰을 본다. 아… 이걸 이제 어쩌나… 난감한데….

이때 휴대폰 벨 울린다. 보면 발신자 '남행선 누나'다.

받아야 되나 말아야 되나 갈등하는데… 복도 저쪽에서 두리번, 전화 걸며 오던 행선. 치열과 눈 마주치는.

행선	(눈 희번덕, 섬뜩한 미소로) 여기 계셨네요…?
치열	!! (놀라 뒷걸음질 치는데)
행선	내 동생 폰 내놔, 이 도둑새꺄아~~ (다다다다 치열을 향해 달려온다)

치열, 달려오는 행선의 기세에 놀라 냅다 재우 폰을 행선을 향해 던지고.

행선, 포물선을 그리며 날아오는 폰을 점프해 낚아챈다. (slow)

그러나, 착지하는 순간 손에서 미끄러지며 바닥에 떨어지고 마는 재우 휴대폰!

치열	!!! (놀라는데… 밖에서 빵빵! 클랙슨 소리 들린다. 냅다 도망가고)
행선	(휴대폰 주워 보는데 액정 깨져 있다) 어머 어뜩해… 어머 깨졌어 씨, 낸장…. (울상 되곤 치열 쪽 휙~ 노려보는데… 이미 건물 밖으로 내빼 사라져 버린)

S#57. 거리/ 치열 차 안 (D)

동희 운전석에 앉아 있고, 치열 허둥지둥 보조석으로 탄다.

동희	어디 계셨어요? 갑자기 없어지셔서 얼마나…
치열	(다급/o.l) 출발해.
동희	예? 왜 그러세…
치열	(o.l) 아 출발해, 출발하라구 제발! 얼른!

동희   (일단 시동 걸고 출발한다. 운전해 가며 치열 힐끔 보면)

치열   (뒤돌아보며) 하아…. (일단 안심) DMZ도 아니고, 아주 사방이 지뢰밭
       이야 이 동넨. 또라이 사생팬에 무서운 아줌마에… 이불 밖은 다 위
       험해 아주 다.

동희   (분위기 파악, 더 이상 묻지 않고) 댁으로 가실 거죠?

치열   아니 연구실. 수업도 못했는데 스피드 테스트 마무린 해야지. (멀어지
       자 조금 여유가 생긴다. 그제야 뒤로 몸 기대며) 후우…. (눈 감는다. 잠깐이
       지만 악몽이었다…)

S#58. 병원 앞 (D)
       열 받은 행선, 액정 깨진 재우 폰 보며 투덜거리면서 오는.

행선   아… 이거 고칠려면 꽤 비쌀 텐데…. 나쁜 놈의 호랑이시끼, 고기서
       딱 생포를 했어야 되는데 진짜…. (씩씩거리는데 누군가 툭툭, 행선 친다.
       보면)

재우   (보며) 누나, 내 폰은…? (하다 시선 깨진 폰 액정으로 향하고 눈빛 흔들리는)

S#59. 우림고 2-1 교실 (D)
       조례시간. 담임 종렬이 아이들에게 모의고사 성적 꼬리표 나눠 주고
       있다.
       이미 받은 해이, 자리에서 꼬리표(가상채점 성적표) 보고 있는.

       #. 꼬리표 인서트
       국어, 수학, 영어, 한국사 원점수 옆에 등급 1, 2, 1, 1 표시되어 있는.

종렬   정식 성적표 받아봐야겠지만, 방수아 전교 일등은 확실한 거 같더라.

수아/아이들 (방글거리고) / (마지못해 박수 치는)

해이   (마음 안 좋다… 결국 수학은 2등급이구나…)

(컷)   기술가정 수업시간이다.
          아이들 책상 위에 손목쿠션 올려놓고, 가정 선생님 지나가며 검사하는.

선생님   (수아 거 보고) 엄마가 고생 많으셨네. (아이들 웃고)
          (단지 거 보고) 이건 전문가 솜씬데? 어디 세탁소야? (아이들 또 웃는다)
          (해이 손목쿠션 집곤) 오, 이건 의심의 여지가 없다. 해이 솜씨네 삐뚤
          빼뚤.
          (아이들 푸하하, 책상 치며 웃는데)
해이   (웃음이 나오질 않는다. 아이들 거 힐끗 보며 씁쓸한)

S#60. 우림고 근처 거리 (D)

해이, 무거운 표정으로 집 향하는데… 후둑, 후둑, 빗방울이 들기 시
작한다.
손으로 머리 가리며 잰걸음으로 걸어가는데.
이때 해이 옆으로 서는 수아모 차. 차창 내리면 조수석엔 수아가 태
블릿PC 보며 수학 문제를 풀고 있다.

수아모   해이야, 탈래? 집 앞에 내려주고 갈게.
해이   (안 내킨다) 아니에요. 편의점에서 우산 사면 돼요. 감사합니다.
수아모/수아 그래, 그럼. (차창 닫고 가고) / (힐끗 보곤, 새침하게 다시 문제 푸는)
해이   (편의점 들어갈까 하다가, 하늘 보니 더 굵어질 것 같진 않다. 그냥 가는)

S#61. 행선집 거실 (D)

입 꾹 다문 재우, 등 돌리고 소파에 누워 슬픈 표정으로 폰만 보고 있고.
행선, 그런 재우 눈치 보며 죽 먹이려 하는.

행선	재우야, 한 순갈만 먹자. 그래야 약을 먹지.
재우	…….
행선	또 열나 너 이러면~ 폰 고쳐줄게 누나가. 응? 먹자~ (하는데)

이때, 현관 키 소리와 함께 문 열리고… 머리 젖은 해이 들어온다.

해이	(기분 다운된) 다녀왔습니다…. (재우 보며) 삼촌, 괜찮아…?
재우	……. (역시 대답 않고 폰만 보는)
행선	아우, 이 꼴통 진짜. (해이 보곤) 넌 또 왜 그렇게 젖었어?
해이	비 와 밖에.
행선	(속상한 맘에) 야 비가 오면 친구랑 같이 우산을 쓰고 오든가, 편의점에서 하나 사든가. 헛똑똑이야 아무튼. (하곤 다시 재우에게 신경) 아 남재우, 폰 고쳐준다니까? 너 누나 못 믿어? 너 먹을래 맞을래? 먹을래 죽을래에~
해이	(수건으로 머리 닦으며 욕실로 들어간다)

S#62. 행선집 해이방 (D)

옷 갈아입은 해이, 침대에 눕는데… 행선 방으로 들어온다.

행선	해이야. (작게) 너 나와 호떡 좀 구워봐. 삼촌 니 호떡 좋아하잖아.
해이	싫어 나 잘래… 피곤해.
행선	야 몇 장만 구워봐라 좀. 삼촌 약은 먹여야지.
해이	…….
행신	호떡 굽구 넌 죽 먹어. 삼촌 안 먹어서 한솥 그대로야, 너 죽 좋아하잖아.
해이	(날카롭게) 아니? 나 죽 싫어해! 삼촌 아플 때마다 끓이니까 어쩔 수 없이 먹은 거야!

행선	(!) 왜 화를 내 얘가…. (보며) 너 왜 그래? 학교에서 뭔 일 있었어??
해이	…….
행선	너 어제… 모의고사 땜에 그래? 그거 백점 못 맞아서?
해이	(폭발) 모의고사에 백점이 어딨어?! 수능은 등급인 것도 몰라 엄만? 딴 엄마들은 맨날 학교 델따주고 델러오고, 입시정보도 엄마들이 다 알아보고! 수행평가도 대신해, 공부만 집중하라고! 그런 건 바라지도 않아, 근데 어떻게 비 맞은 딸 감기 걸릴라 한마딜 안 해? 계모라서 그래?!!! (뱉어놓곤 아차, 그러나 이미 쏟아진 물이다)
행선	…!! (느닷없는 폭격에 회로가 정지된…)
해이	(속상, 후회, 무안, 서운함… 복잡한 마음에 휙 방 밖으로 나가는)
행선	(표정 굳은 채로 서 있다가 뒤따라 나가는)

S#63. 행선집 거실 (D)

큰 소리에 소파에서 일어난 재우, 이게 무슨 일인가 보고.
해이 현관으로 가 신발 신는다. 행선 따라 나와.

행선	너 애가 왜 그렇게 말을 못됐게 해? 내가 무슨 니 계모…
해이	(o.l) 그러게 이몬 이렇게 못된 앨 뭐하러 키웠는데? 엄마도 버린 애, 보육원에 그냥 갖다 맡겨버리지!! (하곤 문 열고 밖으로 나가버린다)
행선	야, 너 어디 가? 남해이!! (하는데 현관문 쾅!!) 하아….
재우	(슬쩍 일어난다. 눈치 보며) 아, 나 죽 먹고 약 먹어야겠다… 죽이 어딨지…?
행선	(해이의 말이 죄 가시가 되어 박힌다…. 상처받은)

S#64. 거리 (D)

동희, 폰으로 맛집 검색하며 걷고 있다.

동희   …웬만한 맛집은 다 가본 거 같은데…. (넘겨보다가 멈칫)

#. 폰 화면 인서트

맛집 블로그. '녹은로 도시락 추천 - 국가대표 반찬가게'
나만 알고 싶은 의외의 녹은로 맛집. 원하는 반찬 픽하면 도시락 가
능. MSG 맛이 1도 안 남. 사장님 손맛이 좋으신 듯. 중독성 갑.

S#65. 국가대표 반찬가게 (D)
각 맞춰 반찬 진열하는 재우에게 꼬치꼬치 캐묻는 영주.

영주   그래서, 누난 지금 어쩌구 있는데? 해이한테 전환 해봤어? 안 받아?
재우   (멈칫, 우울하게 보며) 폰 얘기 안 하면 안 돼 누나?
영주   아 쏘리…. 느이 집에 우환이 많구나 오늘. 일진이 참… (하는데)

딸랑~ 가게 문 열리며 동희 들어선다.

동희   (영주 보며) 여기, 도시락도 가능하죠?
영주   ! (반한 표정 off) 어머 내 스타일. 병약미 쩔어…. (상냥하게 on) 네, 그
          럼요.
동희   (도시락 코너로 가며) 골라 담으면 되는 건가요? (도시락통 집는)
영주   아 네. (보며 off) 어쩜 저렇게 하얘 남자가? 손가락 긴 거 봐, 아스파라
          거스야 뭐야….
동희   (도시락에 반찬 골라 담는다)
영주   (최대한 예쁜 목소리로) 거기, 오늘 두부조림 예술인데. (미소까지 지어
          보이면)
재우   (저 누나가 왜 저래? 보며 인상 쓰는)

치열 연구소 내 사무실 (D)

소파에 누워 교재 점검하는 치열.

이때, 동희가 행선네 도시락을 들고 들어온다.

동희   선생님, 식사하세요. 근처 반찬가게 도시락인데 블로거가 극찬하더
          라구요. 인공 조미료 안 쓴다고.

치열   걸 믿어? 다 짜고 치는 고스톱이지. (교재만 보는)

동희   (답답) 그래서 안 드시겠다구요? (세게 나간다) 그러세요 그럼. 또 쓰
          러지시고, 병원 실려 가시고, 무단 휴강하시고, 열공닷컴 실검 1위부
          터 10위까지 쫙 찍어주시고… 그럼 되겠네요. 최치열 데일리 루틴이
          네요.

치열   (o.l) 아 알았어. 집에 가져가서 먹을게, 됐지? 잔소리 제발 그만. 끝!

동희   (씩 웃으며 테이블 위에 도시락 놓고)

          c.u 되는 국가대표 반찬가게 도시락.

S#67. 저녁 거리 인서트 (N)

S#68. 거리 (N)

뛰쳐나온 차림 그대로 걷고 있는 해이. 터덜터덜 가는데….

맞은편에서 젊은 엄마와 대여섯 살 난 딸이 손잡고 걸어오자 물끄러
미 쳐다본다.

#. 회상 플래시백

대여섯 살의 해이, 엄마(행선의 언니) 손잡고 행선모 가게 앞으로 걸
어가던.

엄마가 떠오르자 버려졌다는 아픔과 원망, 행선에 대한 고마움, 복잡한 감정으로 다시 심란해진다. 다시 터덜터덜 걸어가는.

S#69. 국가대표 반찬가게 근처 거리 (N)

해이 찾는 듯 두리번거리며 가는 행선.
걱정스런 표정으로 한숨 쉬는데… 맞은편에서 오는 해이와 눈 마주친다.

행선 ……. (멈칫하곤 해이 본다. 안쓰럽고 복잡한 마음…)

해이 ……. (멈칫하곤 행선 본다. 이미 화는 가라앉고 미안함만 남은)

S#70. 놀이터 (N)

놀이터 시소 양 끝에 걸터앉아 있는 행선과 해이. 서먹서먹….

행선 (먼저 말 꺼내는) 야, 내가 무슨 계모냐? 이모지.

해이 (뻘쭘, 괜히 퉁명스럽게) 누가 몰라? 말이 그렇다는 거지….

행선 잘 나가다 왜 한 번씩 그래. 이모 너 그러는 거에 트라우마 있는 거 알지? 아주 심장이 덜렁거려 내가, 너 그럴 때마다.

해이 (괜히 멋쩍어) 벌렁거리는 거겠지, 덜렁거리는 게 아니라.

행선 아 벌렁이나 덜렁이나, 애니웨이!

해이 (아무 말 않다가) …미안해. 잘못했어 내가.

행선 맞아, 잘못했어. 사관 쿨하게 받아줄게. 근데… (본다. 진지하게) 문제가 뭐야? 알아듣게 얘기해 돌리지 말고. 너 얘기 안 하면 이모 알 수가 없어. 뭔데?

해이 ……. (망설인다)

S#71. 치열 펜트하우스 거실 (N)

집으로 들어온 치열.

행선 도시락을 테이블에 올려놓고 돌아서려다 멈칫, 다시 도시락 본다.

치열　　…아… 또 먹고 토하는 거 아냐? …그래도 먹어보자. 생존을 해야지.

소파에 털썩 앉아 도시락 뚜껑 열어 밥 한 입 먹고 반찬 집어 먹는 치열.
멈칫한다!
어라, 이거 뭐지? 다른 반찬도 집어 먹어보는 치열.
맛있다…! 입에 착착 감긴다…!!
치열, 빠른 속도로 또 밥 한 번 떠먹고, 반찬 마구 집어 먹는다.
진짜 이렇게 허겁지겁 밥을 먹어본 게 몇 년 만인지 모르겠다.
순간, 저도 모르게 코가 시큰해지며 눈물이 그렁그렁 눈에 맺히고….

S#72.　놀이터 (N)

행선　　…응? 얘기해 해이야. 제발. 남해이~ (재촉하면)

해이　　(힐끗 행선 한 번 보곤 결심한 듯) 저기, 나…

행선　　(그래, 말해)

해이　　(훅 내뱉는) 나 학원 하나만 끊어줘 수학. 일타 최치열 꺼.

S#73.　치열 펜트하우스/ 놀이터 교차 (N)

도시락 밥과 반찬 싹 비운 치열.
얼마 만에 느껴보는 포만감인지 모르겠다.
치열, 그제야 도시락 뚜껑 들어서 가게 이름 확인하는.

#. 인서트
'국가대표 반찬가게' 찍혀 있는.

치열   (중얼거리는) 국가대표…?!

        /화면분할. 놀이터의 행선과 해이.

행선   뭐… 일타 최치열…?! (놀라는 표정에서 화면 스틸되며… 1부 엔딩)

S#74. 에필로그 - 휴대폰 AS센터 앞 (D)

직원(E)   고객님. 수리하시면 비용이 총 287,000원 소요되는데 괜찮으시겠어
        요?

행선(E)   아… 아뇨, 생각 좀 해볼게요. 이참에 다시 살까 싶기도 해서….

        멘붕인 표정으로 센터에서 나오는 행선.

행선   아… 돌겠다 진짜. 안 그래도 돈 빠져나갈 일이 태산인데…. (치열 떠
        올리곤) 내 손에 잡히기만 해봐 아주 납작만둘 만들어버릴라니까. 아
        이 호랑이놈, 낯이 익은 걸로 봐선 분명히 이 동네 놈인데… 이걸 어
        디 가서 잡아 이걸~? (씩씩거리며 걸어가는데)

        걸어가는 행선 뒤, 학원 건물 외벽에 치열 사진 박힌 대형 현수막이
        펄럭거린다.

chapter
2

원수를
외나무다리에서
만날 확률

S#1.   놀이터 (N)

해이   (힐끗 행선 한 번 보곤 결심한 듯) 저기, 나…

행선   (그래, 말해)

해이   (훅 내뱉는) 나 학원 하나만 끊어줘 수학. 일타 최치열 꺼.

S#2.   치열 펜트하우스 거실 (N)

소파에 털썩 앉아 도시락 뚜껑 열어 밥 한 입 먹고 반찬 집어 먹는 치열.

멈칫한다!

어라, 이거 뭐지? 다른 반찬도 집어 먹어보는 치열.

맛있다…! 입에 착착 감긴다…!!

치열, 빠른 속도로 또 밥 한 번 떠먹고, 반찬 마구 집어 먹는다.

진짜 이렇게 허겁지겁 밥을 먹어본 게 몇 년 만인지 모르겠다.

순간, 저도 모르게 코가 시큰해지며 눈물이 그렁그렁 눈에 맺히고….

S#3.   놀이터 (N)

행선   (벙쪄) 일타… 최치열…?

해이   어. 수학이 너무 한계야. 나 그거 하나만 좀 끊어줘.

S#4.   치열 펜트하우스 거실 (N)

도시락 밥과 반찬 싹 비운 치열.

얼마 만에 느껴보는 포만감인지 모르겠다.

치열, 그제야 도시락 뚜껑 들어서 가게 이름 확인하는.

#. 인서트

'국가대표 반찬가게' 찍혀 있는.

치열   국가대표…?! (중얼거리며 호기심 어린 표정에)

화면분할. 어리둥절해 해이 보는 행선 얼굴이 화면 밀고 들어오며.

S#5. **서울 야경 (N)**

각양각색의 조명들이 반딧불이처럼 빛나는 서울 야경 부감에서
디졸브… 흑백 효과의 서울 야경으로 바뀌며 타이틀 뜬다.
일타 스캔들 chapter 2. 원수를 외나무다리에서 만날 확률

S#6. **(과거) 고시원 (D)**

두어 평 남짓한 고시원 책상에 앉아 공부하는 20대 중후반의 치열.
부스스한 머리에 뿔테 안경 낀 영락없는 고시생 모습이다.
배가 고픈 듯 깡생수를 들이켜며 중얼중얼 외우는데, 순간 알람이 울
린다. 6시다.
치열, 화색 돌며 기다렸다는 듯이 벌떡 일어나 뛰어나가는.

S#7. **(과거) 고시식당 (N)**

김치찌개에 몇 가지 밑반찬들, 계란말이, 김이 차려진 소박한 식탁.
배고팠던 치열, 허겁지겁 밥 한 그릇 다 비워내면.

행선모   (밥 한 그릇 더 갖다 주곤) 아나. 아무도 안 뺏아묵는다. 천천히 좀 무라
천천히. 계란말이하고 멸치도 더 갖다주까?

치열   (염치없어) 아뇨. 계란말인 됐고 멸치만 쫌.

행선모   재우야! 멸치 하나만 더 가온나!

재우   (20대 중반이다. 멸치 그릇 가져와 식탁에 놓고 가 TV만 보는)

행선모   (반찬 치열 앞으로 몰아주고 앉으며) 아무리 그케도 다 큰 장정이 하루
두 끼는 묵어야 머리가 돌아가지, 여 와 한 끼 묵는 걸로 우예 버티노.
공무원 고시 준비하나?

치열   아뇨 임용고시요. (하곤 다시 열심히 먹는데 휴대폰 벨 울린다. 주머니에서

꺼내 받는) 네 여보세요. (표정 굳는다) 네…? (숟가락 떨어뜨리는)

S#8.   **(과거) 병원 영안실 (N)**
치열 뛰어 들어오면, 이미 흰 시트 머리끝까지 올려놓은 상태의 치열부.

치열   (믿기지 않는) 아… 아버지… 우리 아버지가 왜… 왜왜… 왜에에…
(울며 주저앉는)

S#9.   **(과거) 화장장 (D)**
화장로 안으로 들어가는 치열부를 넋 빠진 채 보고 있는 치열.

의사(E) …며칠 전에 파지를 줍다가 오토바이랑 부딪혔다고 내원하셨어요.
MRI 찍자고 했는데, 한사코 필요 없다고 아픈 데도 없는데 왜 쌩돈
을 쓰냐고 가버리셔서… 내장 파열로 인한 과다출혈이 원인인 것 같
습니다….

치열   (멍…한 채 이젠 눈물도 흐르지 않는)

S#10.   **(과거) 고시식당 앞 (D)**
검은 양복에 상주완장 두른 치열, 넋이 나간 채 터덜터덜 걸어온다.
부친 화장을 마치고 돌아오는 길이다. 제 팔에 상주완장을 보고, 담
담히 떼 내어 주머니에 넣는데… 이때, 고시식당에서 얼른 나오는 행
선모.

행선모   들어온나, 밥 묵고 가라.
치열   (본다. 초점 없는) 저 식권, 다 썼는데….
행선모   낸장. 누가 식권 달라 카드나? 뱃속에 뜨신 게 드가야 또 살 만해지

제. 묵고 가라 마.

S#11.   (과거) 고시식당 안 (D)

치열 앞에 놓인 따뜻한 밥 한 그릇과 국, 소박한 밑반찬들.
치열, 밥 한 숟가락을 떠먹는데…
며칠 만에 먹는 밥이 이 와중에 맛있다.
울컥하는 감정에, 어깨 들썩들썩 흐느끼며 반찬 집어 먹는데
이때 문 열리고, 국대 운동복 차림의 행선(30대 초반) 들어온다.

행선   오마니~~ 국대 딸내미 왔시오 오마니. 충! 성!

재우   (TV 보다 반색) 누나~

행선모 니는 또 왜 왔노. 경기 끝났으면 드가가 훈련이나 하등가.

행선   에이, 오늘 같은 날도 있어야지. 난 만날 공만 후드려패나? 집밥 생각
        나 왔지롱~

행선모 아 얻어먹고 시프면 일이라도 돕등가. (숭늉 퍼 주며) 이거 손님 갖다
        주라 언능.

행선   (받으며) 아 치사빤스야 진짜. (치열한테 와 숭늉 놓으며) 뜨거워요. 식
        혀서 드세요.

치열   (울음 삼키며 꾸역꾸역 먹느라 시선조차 주지 않는)

행선   (돌아서며) …뭐야, 실연이라도 당했나…? (신경 쓰이는 듯 힐끗 치열 한
        번 더 쳐다보곤 맘껏 울어라, 일부러 TV 볼륨 키워주는데)

        이때, 딸랑~ 문 여는 소리. 행선 반사적으로 "어서 오세요~" 돌아보
        다 멈칫한다.
        다섯 살 해이가 열린 문 앞에서 큰 여행가방과 쪽지를 들고 서 있다.

(컷)   치열은 가고 없고.

행선모 넋 나가 앉아 있고,
앞엔 해이가 요구르트 들고 겁먹은 표정으로 앉아 있는.
행선은 열 받아 쪽지 들고 왔다 갔다 하고,
재우 그런 행선 눈치 보며 서 있고.

행선   (다시 쪽지 펴서 보면)
행자(E)   내 딸이야. 이름은 해이. 당분간만 좀 부탁해. 미안해. – 큰딸 행자.
행선   미친, 아니 얼마나 당분간. 집 나가 소식 끊었음 사골 쳤든 말든 지 알
         아서 살아야지, 이게 무슨 짓이야? 엄마더러 뭘 어쩌라고~?
행선모   (넋 나가 있다가… 해이한테) 아가. 느그 엄마는? 엄만 얼루 갔노?
해이   (말없이 손가락으로 바깥쪽 가리키면)
행선모   (벌떡 일어나) 내 이 냅장할노무 가시날 마…. (뛰어나가는)
행선   엄마아! 아 벌써 튀었겠지~~ (쫓아 나가려는데, 행선 옷을 잡는 손. 보면)
해이   (잔뜩 겁먹은 표정으로 행선 옷자락 붙잡고 올려다보는)

이때 밖에서 들리는 급브레이크 밟는 소리! 끼이익~!!!
직감한 듯 놀라 보는 행선 표정에서.

S#12. **(과거) 체육관 (D)**
열중쉬어 자세로 코치 앞에 서 있는 행선.
영주, 근처에서 몸 풀며 행선과 코치를 불안하게 보고 있는.

코치   또야? 저번주에도 누구 아프다고 연습 빠졌잖아 너?!
행선   저번주는 남동생 정기검진이었고… 오늘은 조카요. 열이 안 떨어져서.
코치   야 남행선! 여기가 무슨 복지원이냐? 개인사정도 한두 번이지, 처녀
         가장이면 다야?!
행선   죄송합니다. 근데 오늘 한 번만….

코치	(짜증) 아 니 새끼도 아니고 조카라며~! 됐고. 오늘부로 에이스고 뭐
	고 예외 없어. 너 가기만 해봐. 니 조카 죽으면 그때 보내줄게 내가.
행선	!! (노려본다. 어떻게 그런 말을…)
코치	뭐, 째려보면 어쩔 건데? 둘 중에 하나만 하라구~! 조카야 운동이야,
	택해!
행선	(보다가 이 악물고) 그럼… 그만두겠습니다 핸드볼. (돌아서 나가는)
코치	저게 씨… 야! 너 지금 가면 영구제명이야! 다신 이 바닥에 발 못 들
	여! 알아?!!
영주	(쫓아나가 행선 잡으며) 행선아. 왜 이래 너. 어쩔려구.
행선	(담담하게) 어차피 이렇겐 길게 못 버텨 영주야. 난 여기까지야. (가는)

S#13. (과거) 식당 주방 (D)

국가대표 트레이닝복에 앞치마 메고 식당 주방에서 일하는 행선,
야무지게 나물 무치며 시간 확인한다.
해이 데리러 가야 하는데… 마음이 바쁜.

S#14. (과거) 유치원 앞 (D)

유치원 하원 시간. 가방 메고 입구에 나와 있는 일곱 살 해이.
"엄마~" 하며 안기는 친구들 부러운 표정으로 보는데.
"해이야~~" 하며 달려온 행선. 앞치마 멘 채 뛰어온 듯 헉헉거리는.

행선	(헉헉) 미안 해이야. 많이 기다렸지 이모. 나올라 그러는데 손님이 막
	몰려와서.
해이	(대답 없이 홱 앞장서 가버리는)

S#15. (과거) 거리 일각 (D)

앞서 걷는 해이 쫓으며 달래는 행선.

행선	남해이 삐졌냐? 이모 늦어서 삐진 거야? 좀 봐주라 야. 이모도 먹고 살기 힘들다. 너 아이스크림 사줄까? 떠먹는 거 있잖아, 비싼 거. (하는데)
해이	(휙 돌아본다. 두 눈에 눈물이 그렁그렁한 채) 이모….
행선	(!!) 해이야… 너 왜 그래…? 어린이집에서 뭔 일 있었어…?
해이	(금방이라도 눈물 터질 듯) 나 이모한테 그냥 엄마라고 그러면 안 돼…?
행선	(해이가 어떤 상처를 받았는지 알 듯하다. 보다가 툭) 그래라. 안 될 게 뭐야.

S#16. (과거) 유치원 앞 (D)

14신과 같은 하원 상황.

행선 "해이야!" 부르면 "엄마~!!" 하고 환하게 웃으며 달려오는 해이 모습에서 화이트아웃되며.

(E) 쉭, 쉭. (줄넘기 소리)

S#17. 다시 현재/ 국가대표 반찬가게 앞 (N)

어둠 속에서 '쉭쉭' 소리를 내며 줄넘기하고 있는 행선.

땀이 비 오듯 하는데도 성이 안 차는지 이단뛰기를 막 시작하는데…

이때 가게에서 나오는 영주.

영주	야야, 그만해 이제. 셀프로 기합 주냐? 그만안.
행선	(괴로움을 떨쳐내려는 듯 더 이 악물고 이단뛰기 하는)

S#18. 치킨집 야외테이블 (N)

치킨집 야외테이블에 앉아 생맥주 마시고 있는 행선과 영주.

| 영주 | 좋다 야. 가끔 일찍 문 닫고 땡땡이치자. 어차피 손님도 없는데 이 시 |

간엔.

행선　…에효…. (한숨이 절로 나온다)

영주　그만하라니까 좀. 뭔 자책을 그렇게 지구력 있게 하냐 넌.

행선　…너무 한심해서 그래. 난 진짜 몰랐어 해이가 학원 땜에 스트레스 받는지. 것도 모르고 내 딸은 사교육 체질 아니라고 계 탔다 그러고, 남의 딸 일등 축하나 하고 자빠지고. 아… 나 왜 이렇게 둔하니 영주야 진짜.

영주　야, 모를 수도 있지. 말 안 하는데 어떻게 아냐? 관심법을 쓰는 것도 아니고.

행선　눈치를 깠어야지. 원래 속 내보이는 애가 아니잖아. 그때두 그렇게 맘고생을 해놓구… 다 괜찮아진 줄 알았어. 적응 잘하고 있다고, 잘 해내고 있다고… 나 편한 대로 생각했어 먹고사는 게 바빠서…. (보며) 내가 너무 아등바등 사나…?

영주　아등바등 사는 게 뭐가 문젠데. 아등바등 안 살아 문제지.

행선　꼴갑이잖아. 지만 뭐 별난 인생 산다고.

영주　야! 니 인생이 안 별나면 그럼, 누구 인생이 별나냐? 아픈 동생에, 언니가 버린 조카에! (울컥) 솔직히 모유만 안 먹였지 니가 엄마나 다름 없이 응? 니가 왜 국대까지 달고 운동을 관뒀는데. 누구든 너한테 돌만 던져봐 그냥. 내가 확 조져버릴라니까.

행선　(피식) 나 좀… 심쿵했다 방금?

영주　진심이야 기지배야. 다 너처럼은 못해. 나 너 진짜 존경해 진짜진짜.

행선　(한숨) 존경 받을 자격이 있나 싶다. 너무 부족해.

영주　(위로하는) 야 엄마라고 실책이 없을 수 있냐? 만회를 하면 되지. 지금이라도 해이 마음 헤아리고 서포트 해. 치맛바람 확! 제대로 휘날려 주라고.

행선　가능할까?

영주　가능하지. 맘을 안 먹어서 안 한 거지 못해서 안 한 거야? 아니잖아~

행선 (영주 말 듣다 보니 갑분 용기가 뻐렁치는) 그럼! 까짓거 별거야? 내가 이 동네 짬바가 몇 년인데 말야. 학교랑 학원이랑 좀 들락거리면 되는 거 아냐? 인포멘션인지 메이션인지 거 좀 모으고, 응? (의욕 샘솟는 모습에서)

S#19. 치열 펜트하우스 거실 (N)

식탁 위에 싹싹 긁어 먹은 빈 도시락이 보이고.
그르렁그르렁 얕은 코골이 소리 따라 카메라 무빙하면
거실 소파 위에서 곤히 잠들어 있는 치열.
포만감과 깊은 수면에 그 여느 때보다 평온하고 행복해 보이는 표정 인데.
이때 테이블 위에 놓인 휴대폰에 징~ 문자벨 울린다.
비추면 '내일 오전 10시 상담예약입니다. – 조가연 신경정신과' 안내 문자인.

S#20. 다음 날/ 더프라이드 학원 외경 (D)

실장(E) 해이 어머님?

S#21. 더프라이드 학원 상담실 (D)

의기양양했던 모습은 어디 가고 풀 죽어 눈치 보는 행선.
깐깐한 인상의 중년 여성 상담실장(이하 '실장')에게 상담 받고 있다.

실장 (안경 치켜올리며) 제가 웬만해선 이렇게 말씀 안 드리는데… 엄마가 진짜 너무하셨다.

행선 …….

실장 (해이 성적표 보며) 조금만 밀어주면 전교 일등 할 애를 어떻게 이렇게 방치를….

행선	(팩폭 당한, 얼른) 그래서 이제라도 팍팍 좀 밀어주려구요. 수학은 이 학원 일타강사님이 젤루 유명하시다구 듣긴 했는데….
실장	네, 최치열 강사님이요. 그래도 운 좋으셨네. 마침 다음 강의가 내일 등록이거든요.
행선	아 진짜요? 내일이요?
실장	근데 아실지 모르겠지만, 등록이 쉽진 않을 거예요. 제가 커뮤니티 하나 알려드릴게요. 스카이맘점넷이라고, 거기서 등록 팁이랑 입시 정보 좀 캐치하세요. 모르긴 몰라도 아마 이 동네 엄마들 지금, 전운이 감돌걸요 낼 등록 때문에?

S#22. 브런치 카페 (D)

모여 앉아 있는 수아모와 단지모, 다른 엄마 둘.
수아모 노트북으로 학원 홈페이지 보고, 단지모는 생맥주 홀짝거리는.

단지모	아니, 퍼펙트엠 미친 거 아냐? 영어를 최치열이랑 등록을 붙여놓으면 어쩌겠다는 거야 대체?
수아모	맞불 작전이지 뭐. 내 정보에 의하면, 퍼펙트엠이 계속 최치열 빼올라 그랬는데 꿈쩍도 안 하니까 작정하구 등록일을 붙인 거래. 영어 일타는 지들이 더 유명하니까.
단지모	진짜? 헐. (맥주 마시곤) 여기, 생맥 350 하나만 더요.
수아모	고만하지. 그러다 낼 못 일어난다. 자기 술 때문에 인생 망했다며. 스물두 살에 술기운에 열 살 많은 단지 아빠랑 사고쳐서….
단지모	에헤이~ 언니. 티엠아이 티엠아이. (쉿~ 검지 입에 대며 눈치 주고)
수아모	(피식) 어쨌든 난 영언 과외 돌리더라두 최치열 꺼에 올인할 거야, 무조건.
단지모	아… 난 영어도 고민인데. 단지 아빠한테 연차를 내라 그러구 양쪽 다 붙어? 아님 하난 알바를 살까 나두? 선재 엄마한테 좀 알아봐야

겠다. (톡 치는)

#. 화면 인서트
"선재 엄마, 줄서기 알바 연결 좀 플리즈~"

S#23. 로펌 사무실 (D)

선재모, 사무실 책상 앞에 앉아 서류 검토하고 있다.
문자벨 울리자 확인한다. 이내 폰 엎어버리고 일에 몰두하는 선재모.

비서 (노크하고 문 열고 들어와) 변호사님, 이거 검토 좀 해주셔야 될 거 같은데.

선재모 놓구 가요. (하다) 아, 나 저녁회의 캔슬 좀 시켜줄래요? 내일 중요한 일정이 있어서 일찍 좀 들어가봐야 될 거 같애.

닥터(E) 진짜 우셨다고?

S#24. 신경정신과 진료실 (D)

닥터에게 상담 받고 있는 치열. 간만에 눈이 반짝, 생기 있는 표정이다.

치열 네 울었어요. 펑펑.

닥터 (신기하단 듯) 밥도 한 그릇 뚝딱 하시고.

치열 네, 뚝딱. 이거 무슨 싸인이죠? (걱정) 조울증 같은 건가?

닥터 음… 그렇다기보단 최치열님은 정상을 지켜야 한다는 강박, 불안에 섭식장애와 수면장애를 겪는 건데, 일단 먹을 수 있는 음식을 찾았다는 게 희망적인 거 같은데? 그 도시락 먹을 땐 구역질, 그딴 것도 없었던 거지?

치열 네 전혀. 속도 편했고, 약도 안 먹고 곯아떨어졌어요.

닥터 그 여학생은… 여전히 불쑥불쑥 등장하고?

치열	네, 뭐 그건. 그랬다 안 그랬다⋯.
닥터	좋아요. 일단은 좋은 시그널 같으니까 좀 지켜보자고. 이게 일시적인 현상인 건지 아니면 뭔가 정서적으로 변화가 시작된 건지. (웃어 보이는)
치열	(안심하는 표정 되며 고개 *끄덕끄덕*한다)

S#25. 치열 차 안 (D)

본인 강의 모니터링 겸 들으며 가는 치열.
어제 간만에 든든하게 먹은 데다 의사한테도 좋은 얘기를 들어 기분이 좋다.

치열	(제 강의 들으며 추임새 넣는) 오케이, 답은 2! 명강이다~! (듣고) 아 참 말 잘해. 저건 고3 수업에 또 써먹어야지. (만족한 표정으로 운전해 가는 모습에)
조교들(E)	안녕하세요? / 오셨어요?

S#26. 치열 연구소 (D)

치열 들어서자 일제히 인사하는 동희와 조교들.

치열	(하이텐션) 어, 좋은 아침~ (효원 보며) 야! 너 애기, 효진이. 머리 짤랐구나 그치?
효원	효원이요 선생님. 머린 지지난주에 짤랐구요.
치열	(개의치 않는) 그래? 지금 딱 좋네 자연스럽고, 응? 좋다. 테스트지 하나 갖다 줘 효진아. (기분 좋게 사무실로 들어가는)
효원	아⋯ 기운 빠져. 진짜 포기다 포기. 나 효진이 할랜다 그냥.
조교1(연경)	그래도 오늘 기분 좋으신데요 선생님? 하루 쉬면서 산삼이라도 드셨나?

조교2(서진) 그니까. 나 집 어디 카메라 돌아가나 두리번거렸잖아. 거의 강의 때 텐션이셔. 소름.

조교3(현수) 저기, 기분 좋으실 때 휴가 얘기 좀 해봄 안 되나? 겨울방학부터 쭉 달렸잖아 우리.

동희 (보며) 시즌 투 개강 앞두고 어떻게 휴가 얘길 꺼내. 정 받고 싶으면 시즌 투 시작하고 내가 말씀드릴게 적당한 때. (하곤 치열 커피 챙겨 들어가는)

효원 말 꺼내기도 전에 까였다 야. 누가 동희빈 아니랄까봐.

조교1(연경) 동희빈?

효원 장희빈을 능가하잖아. 선생님 옆에 딱 붙어서 딴 사람 접근도 못하게.

조교1/3(연경/현수) 야, 찰떡이다 동희빈. / 잘하면 승은도 입을 거 같애. (웃는)

S#27. 치열 연구소 내 사무실 (D)

치열, 기분 좋게 앉는데… 동희 들어와 책상 위에 커피 놓는다.

치열 어, 땡큐. (커피 한 모금 마시면)

동희 (프린트물 건네며) 이따 입시 토크 콘서트 6시 시작이구요, 예상 질문집니다.

치열 어. (받아 눈으로 스캔하는)

동희 협회분들이 엄청 좋아하세요. 돈돈 하는 최치열이 행사에 협조해줄 줄 몰랐다고.

치열 누굴 수전노로 아나. 난 돈을 밝힌다기보단 우선순윌 따지는 거야. 내 시간은 소중하니까. 이건 행사 취지가 좋잖아. 무료로 누구나 들을 수 있고.

동희 알죠 전. (하는데)

치열 (프린트물 내리며) 아 지 실장. 어제 나한테 준 그 도시락, 보니까 국가대표 반찬가게라고 써 있던데 그게 가게 이름인가?

동희	네, 반찬을 직접 셀렉할 수 있어서 인기가 좋던데… 괜찮으셨어요?
치열	어, 먹을 만하더라고. 이따 한번 가보자 끝나고.
동희	직접 가시게요?
치열	어, 셀렉할 수 있다며 반찬. 내가 한번 골라보지 뭐.
동희	(의외라는 듯) 진짜 괜찮으셨나봐요. 최치열 1분이 얼만 줄 아냐고, 먹는 거에 쓰는 시간도 아까워하시면서. 저 지금 완전 뿌듯한데요 선생님?
치열	의사가 챙겨 먹으래잖아. 내 1분이 아무리 소중해도 내 몸만 하겠냐? (하곤) 토크 콘서튼 어떻게, 저번보다 좀 무겔 잡을까? 한 번씩은 빵 빵 터뜨려줘야지? 그치?

S#28. ACC 컨벤션 센터 앞 (D)

'제2차 입시 토크 콘서트 – 일타강사 최치열 QnA' 플래카드 붙어 있고.
치열 실물 크기 입간판 세워져 있는. 학생들과 학부모들 들어가는 모습 보이고.

S#29. ACC 컨벤션 센터 소강당 (D)

50여 명의 학생과 학부모가 모여 있는 소강당.
카메라로 live 녹화 중이고.
치열과 MC가 무대 위 의자에 앉아 있고. 관중석에 있는 학생과 학부모에게 질문 받고 대답해주는 방식으로 토크 콘서트 진행 중이다.

치열	(마이크 들고) …이상, 답변이 됐을까요? 자 다음 질문 받겠습니다.
학부모1	(마이크 들고) 안녕하세요. 고2 딸아이 둔 엄만데요 선생님. 애가 시험 때 늘 시간이 부족해서 문젤 다 못 풀더라구요. 평소 공부할 땐 거의 다 맞는 앤데… 어떻게 하면 좋을까요?

치열   네, 시간 배분 중요하죠. 질문 주신 어머니 따님은 상위권 친구니까
      난이도가 극악인 킬러 문제들, 21번, 29번, 30번을 풀 수 있도록 시간
      을 확보하는 게 관건일 거 같네요. 킬러 문항은 문제당 15분에서 20분
      은 고민해야 하기 때문에, 나머지 문항을 40분 안엔 끊어야 알잘딱깔
      센입니다. (이내) 아, 알아서 잘하고 딱 깔끔하고 센스 있게! 란 뜻인
      데… 죄송합니다. 제가 애들이랑 수업을 하다 보니까 어휘기 좀….

관중   (웃음소리)

치열   평소 공부할 때도 타이머를 꼭 앞에 두고 풀어보라고 하시구요.

MC   네. 그럼 이번에는 학생 한번 가볼까요? 질문하실 분 손!

학생1 (손 들고, 마이크 받곤 사투리) 저 쌤 너무 팬이라서 대구에서 학교 째고
      왔거등요. 쌤 시그니처 한 번만 보여주시면 안 돼요? 인강에서만 봐
      가지고.

치열   아… (괴롭다는 듯 미간 잡고) 아무리 그래도 이런 자리에서 발차기
      는… (하다 갑자기 일어나 발차기 빡!) 해야지, 학교까지 째고 왔다는데.
      (하곤 웃으며) 뭐, 시그니처 댄스도 해줘? 댄스? (해 보이면)

학생들/학부모들   (꺄르르 웃고) / (재밌어하는)

무대 아래서 보고 있는 동희와 조교 효원.

효원   쌤 보면 참 경이로워요. 평소엔 그렇게 까칠하고 움직이는 거 질색하
      시는 분이…. (끄덕끄덕) 쌤은 진짜 제가 본 최고의 자낳괴세요.

동희   자낳괴?

효원   자본주의가 낳은 괴물이요. 다 돈 벌겠다고 저러시는 거잖아요.

S#30. **국가대표 반찬가게 앞 (N)**
       어느새 짙은 어둠이 깔린 밤이다. 오가는 손님도 없는 반찬가게 앞.

행선(E)   다시 한번 거듭 강조하지만…!

S#31.   국가대표 반찬가게 (N)
출정 앞둔 장군처럼 비장한 표정으로 재우와 영주에게 당부하는 행선.

행선   (진지하게) 내일은 우리 김 이사와 남 부장의 협조가 아주 절실한 날이
        야! 우리 해이가 원하는 일타강사의 수업을 들을 수 있느냐 없느냐는,
        두 사람의 협조와 내 노력, 그리고 1%의 운에 달려 있다고 봐 난.
영주   (o.l) 아 본론만 빨리 얘기해. 뭘 협조해야 되는데 우리가.
재우   (뭐든 하겠다는 의지로 끄덕끄덕)

S#32.   국가대표 반찬가게 앞 (N)
가게 앞에 와 서는 치열의 차.
토크 콘서트를 마친 치열이 뒷좌석에서 내린다. 동희도 내리고.

치열   여기야? (가게 보며) 국가대표 반찬가게. 가겐 쪼꼬맣네 생각보다.
동희   근데 알차요. 들어가세요.
치열   (앞서 들어가려다가 안에서 열변하고 있는 행선을 본다. !!! 멈칫 놀라 뒷걸
        음질 치며 보면 행선 앞에 재우도 있다. 바로 휙 돌며) 야, 가자가자. (내빼
        듯 차 쪽으로)
동희   (영문 몰라) 왜요, 왜요 선생님. (쫓아가는)

S#33.   치열 차 안 (N)
허겁지겁 뒷좌석에 올라타는 치열. 동희 운전석에 타고.

치열   하! 무슨 이런… 진짜, 저기가 저 여자네 가게였어? 하 참…. (다시
        보면)

동희   (영문 몰라) 왜 그러세요 선생님. 무슨….

치열   지 실장. 저 여자, 아니 저 사장에 대해서 아는 대로 좀 읊어봐.

동희   아… 블로그에 단골들이 풀어놓은 걸 보면 전 핸드볼 국대 출신이구
       요, 남편은 필리핀에서 태권도 사업인가 하고, 역시 선출인 친구랑
       같이…

치열   (o.l) 그래, 어쩐지… 핸드볼 선출. 그래서 그렇게 빨랐이.

동희   아시는 분이세요? 어떻게….

치열   아니 내가… (하다 동희에게도 말하기 쪽팔리다) 아 됐어 묻지 마, 잊고
       싶은 과거야. 됐고, 이 집은 끊어. 다신 오지 마 지 실장. 알았지? 출발
       해 얼른.

동희   (영문 모른 채) 아 네. (출발하며 본다. 대체 무슨 일이 있었길래… 갸웃하는)

S#34. 국가대표 반찬가게 (N)

일장연설 하던 행선. 바깥쪽 보며.

행선   …근데 저 차는 뭐니? 손님이야 도둑주차야? (일어나 나가는)

S#35. 국가대표 반찬가게 앞 (N)

행선   (치열 차 보며) 저기요! 여기 주차하면 안 되시거등요?!

행선이 나오자 허걱~ 고개 숙이는 뒷좌석의 치열.
동희가 치열의 재촉에 못 이겨 쌩하니 시동 걸고 출발해 간다.

행선   아… 얌체같이. 어디 남의 가게 앞에 주차를 할라고… 쯧. (들어가는)

S#36. 국가대표 반찬가게 (N)

행선   (들어오며) 영주야, 우리 '손님 외 주차금지' 이딴 거 붙여야 되는 거

아냐?

영주   건 나중에 하시고, 전략이나 마저 짜. 그래서 널 어쩐다고?

행선   아. (바로 진지, 휴대폰 보며) 스카이맘점넷에 의하면, 10시 등록 시작
인데 최소 7시엔 줄을 서야 안심이래거든? 그러니까 낼은 오픈 시간
을 좀 늦추고, 영주가 내 대신 장 보고 반찬 준비 좀 해주고. 재우는
옆에서 영주 좀 도와주고.

재우   (난감한 듯) 아… 근데 나 8시에 산책하고 카페 가서 와플 먹어야 되
는데. 8시 알바생 권진경씨가 굽는 와플이 12시 알바생 소현영씨가
굽는 와플보다 열 배는 맛있거든.

행선   내일 하루만 패스해라 좀. 누나가 시간당 9천 원 줄게.

재우   …….

행선   만 원. 그 이상은 안 돼.

재우   콜. (하고 손 올리면)

영주   (오 고순데? 하이파이브 해주는)

S#37. 치열 펜트하우스 (N)

결국 다른 가게에서 사온 고급 장어 도시락 식탁에 놓고
맛없는지 밥 한 알 한 알 깨작거리며 세고 있는 치열.

치열   …아 맛있다… 먹을 만하네 이것도…. (말은 그렇게 하지만 맛없다) 내
가 아무리 맛있어도 그 집은 다신 안 간다 내가. 절대로. 네버. (하는데
또 읍~ 구토가 인다. 도시락 보며) 하아…. (한숨 내쉬곤 짜증난 듯 벌떡 일
어난다)

도시락 들고 주방으로 가 음식물처리기에 부어 넣고 버튼 누르는 치열.

치열   (보며) 기곈 잘 돌아가네. 깔끔해 아주. 냄새도 안 나고. (그렇지만 배는

고프다. 입맛만 버렸다는 듯 허탈한 표정으로 입 쓱 닦는 모습에)

S#38. 선재집 거실 (N)

선재, 집에 들어서는데…

식탁에서 안주도 없이 소주를 잔에 따라 마시는 선재모 보고 흠칫, 놀라는.

선재	엄마….
선재모	(살짝 취한) 어~ 우리 선재 왔구나. 늦었네?
선재	조교 쌤한테 문제 좀 물어보느라고… (소주병 보고) 많이 드셨어요?
선재모	아니 쪼끔. 낼 등록 땜에 일찍 일어나야 되는데 너무 잠이 안 와서. 한 잔만 더 하고 들어가 잘 거야.
선재	그만하세요… 꿀물 타드릴게요. (선재모 지나쳐 가 물 끓이고 꿀 꺼내는)
선재모	(그런 선재 가만히 보다가 일어나 다가가 뒤에서 안는다)
선재	(뜻밖의 포옹에 당황)
선재모	…….
선재	…….
선재모	…선재야… 엄만 너밖에 없는 거 알지…? 너까지 잘못되면… 엄마 진짜 죽어….
선재	……. (안긴 채 뭐라 대답 못하고 시선, 제 방 옆방 쪽을 향하는)
선재모	(포옹 풀고) 됐어 들어가. 공부해.
선재	네. (하곤 뭐라고 더 하려다, 그냥 제 방으로 들어가 문 닫는)
선재모	(잠시 문 닫힌 선재방 옆방을 보곤, 찬장을 열어보는데 접시 위에 아무것도 없다. 지갑에서 오만 원짜리 한 장을 꺼내 다시 접시 위에 올려두고 방으로 들어가는)
(diss)	모두 잠든 듯 조용하고 껌껌한 거실.

잠시 후, 방문 여는 소리 나고.

찬장을 열어 접시 위의 오만 원권을 집어가는 손.

조심스럽게 현관문 열리는 소리. 이내 탁, 하고 닫히는.

(E) 요란한 알람 소리.

S#39. 다음 날/ 기상 몽타주 (D)

#. 행선집 행선방

알람 소리에 벌떡 일어나는 행선. 알람 끄고 얼른 옷부터 갈아입고.

#. 수아집 거실

옷 입고 방에서 나오는 수아모, 키 챙기다가 "아냐, 주차 힘들어. 안 돼." 차 키 놓고 나가고.

#. 선재집 안방

숙취에도 어느새 일어나 풀메이크업 마친 선재모, 가방 들고 나간다.

#. 치열 펜트하우스 침실

안대 이마에 올린 채 침대에 멍하니 앉아 있는 치열. 이렇게 밤 꼴딱 새운 듯하다.

뭔가 생각하다가 안 되겠는지 벌떡 일어나 옷 갈아입는.

S#40. 임페리얼 아파트 단지 내 (D)

빠른 걸음으로 나가는 수아모와 단지모.

단지모   (푸석푸석) 아… 술이 안 깨. 미치겠네. 이천에서 멈췄어야 되는 건데.
수아모   그러게 마시지 말라니까. 하여튼 중간이 읎어 자기는. (하다 폰 보고) 어머, 벌써 백 명 되간다는데 줄이?

단지모 진짜? 아우 잠도 없나봐 사람들이~ (더 빨리 걸어가다) 웩~ (또 숙취가
몰려든다. 입 막고 가보려다 도저히 안 되겠는지 뻑해서 돌아가는)

수아모 (보며) 왜 저래 진짜. (외면하곤 서둘러 가는)

S#41. **행선집 거실 (D)**
트레이닝복 차림으로 준비 마친 행선.
서둘러 신문지와 생수 챙겨 쌕에 넣고 나가 신발 신다가 아차!
무릎으로 기어 들어와 테이블 위 휴대폰 집어 들고 다시 현관으로 기
어가는.

S#42. **국가대표 반찬가게 앞 (D)**
쌕 메고 서둘러 건물에서 나오는 행선.
몸 한번 풀고, 바람막이 점퍼 후드 야무지게 쓰고, 앉아서 운동화 끈
고쳐 매는.

행선 (끈 묶으며 off) 그래. 난 예전의 남행선이 아냐. 해이의 입시를 위해 발
로 뛰고, 죽으라면 죽는 시늉도 하는 열혈 엄마로 거듭날 것이야. 오
늘은 그 창대한 날의 시작이다. 난 오늘, 해이의 일타 등록을 해내고
만다. (끈 꽉 조여 매고 on) 돼쓰!! (일어서는데)

치열(E) 저기요.

행선 (고개 들다 치열 보며) 악 깜짝야!! (뒤로 물러서는)

치열 (모자 눌러쓰고 선글라스까지 끼고 행선 앞에 고개 숙인 채 서 있는)

행선 (경계하며) 뭐… 뭐예요?

치열 저… (음성변조까지 하고, 가게 문 가리키며) 가게 문 언제 여나요?

치열 손가락 따라가 보면,
내려진 셔터 앞에 "오늘 오전 쉽니다" 붙어 있는.

행선	(손님이었어? 이렇게 일찍…) 아 네. 개인 사정이 있어서 오늘 좀 늦게 열 건데… 이따가 들러주세요. 죄송합니다. (하고 가려는데)
치열	(다리 툭 내밀어 행선 앞 가로막으며) 이따 언제요? 몇 시요?
행선	예? (아 맘 바쁜데…) 아 한… 12시쯤…?
치열	(제 목소리로 툭/o.l) 쯤이라 그럼 애매… (아차! 자각하고 다시 톤 낮춰) 애매하잖아요. 12시 정각이요, 아님 12시 전? 후?
행선	(빨리 가야 되는데…) 글쎄요. 제가 일이 언제 끝날지를 정확히 모르겠어서.
치열	(맘에 안 든다. 모자 더 꾹 눌러쓰며 맘에 안 든다는 듯) 원래 오픈 시간은 고객과의 약속인데, 뭔 사정이길래 참.
행선	아, 죄송은 한데 자주 이러진 않거든요. 그럼 제가 바빠서. (가려는데)
치열	(o.l) 아 결론은 내주고 가죠. 12시에 와요? 12시 반에 와요?
행선	(짜증난다) 12시요 12시! 12시엔 천지가 개벽을 해도 문 열 테니까, 그때 와주세요 됐죠? (하곤 또 치열이 잡을까, 후다닥 뛰어가는)
치열	(뛰어가는 행선 보며) 빠르긴 진짜 빨라…. 아 밤 꼴딱 샜더니 배고파 죽겠는데…. (다시 문 닫힌 가게 보며 입맛 다시는)

S#43. 거리 (D)

이미 학원을 향해 가는 엄마들. 걸음 서두르는데.
잰걸음으로 걸어가는 행선. 엄마들 앞서고…
그런 행선을 의식한 듯 빠르게 걷기 시작하는 엄마들.
행선 역시 경쟁이 붙자 경보하듯 걷다가 이내 쌩~ 앞서 뛰어가는.
점점 더 가속도가 붙으며 전력으로 뛰어가는 행선.
킥보드 탄 학생도, 자전거 탄 청년도, 심지어 치열 새 광고판이 떡하니 붙은 버스도… 쌩 다 앞질러 뛰는.

S#44. 더프라이드 학원 앞 (D)

헉헉거리며 뛰어오는 행선.
학원 앞에 시작도 보이지 않는 긴 줄이 서 있다.

행선   (헉헉…) 와씨… 뭐가 이렇게 많아. (눈대중으로 대충 세어보곤) 간당간
          당한데 이거. 아~ 아까 그 썬글라스만 아녔어도 열댓 명은 더 제꼈을
          텐데. 에이, 재수 옴이나 붙어라 오늘, 썬글라스! (쯧, 혀 차는)

S#45. 치열 연구소 내 사무실 (D)
이른 출근해 사무실로 들어오는 치열.
태블릿PC로 문제 확인하며 의자에 앉는데, 발라당 엎어지는.

치열   (아프다) 아 엉치야… 아…. (울상 짓는)

S#46. 더프라이드 학원 앞 (D)
신문지 깔고 앉아 초조하게 기다리는 행선.
고개 내밀어 앞쪽 보면 저 앞쪽에 선재모와 조금 뒤쪽에 수아모도 보
인다. 불안한 표정으로 연신 중얼중얼 앞쪽에 선 사람 수 세어보고.

(컷)   몇 시간 경과한 상황.
          앉아 꾸벅꾸벅 졸던 행선, 화들짝 놀라 깬다.
          휴대폰으로 시간 확인하면 9시 58분이다.
          으~~ 기지개 켜고 스트레칭 하는데
          줄 서 있던 학부모들이 웅성웅성한다. 보면 학원에서 직원이 나온.

직원   (앞쪽에서) 번호표 배부 시작하겠습니다~!
행선   !! (긴장해서 똑바로 서는)
직원   (앞줄 사람부터 차례대로 번호표 배부 시작하고)

√ 100

행선   (초조한 얼굴로 앞 상황 살피며) 아… 나까지 와야 되는데… 제바알…
          (손 모아 기도하는… off) 하나님 부처님 그리고 우리 조상님… 이 남행
          선 하늘을 우러러 한 점 부끄럼 없게 살았습니다. 앞으로도 쭉~ 사회
          에 도움이 되는 그런 사람이 될게요. 웬만하면 고운 말만 쓰구요, 폭
          력 절제하구요, 술도 안… 아니 덜 먹고, 뒷담화도 줄이고, 아까 그 썬
          글라스 저주한 것도 취소하고… 그저 선한 맘으로…

          행선 앞에 남녀 두 사람 남았는데, 직원 손에 번호표는 딱 두 장이다.

행선   (눈 부라리며 off) …살기는 개뿔, 텄어. 글렀어. 어떻게 하늘은 나한테
          이딴 복 하나를 안 줘? 간만에 해이한테 뭐 좀 해줘볼라 그랬더니 낸
          장, 나한테 왜 이러는 건데. 신이 있긴 있는 거냐구~!

          드디어 두 장 중 한 장의 번호표, 앞앞의 여자에게 먼저 건네지는데…
          여자, 뒤의 남자와 함께 빠진다. 부부가 같이 줄 서 있었던 모양.
          결국 직원, 남은 한 장의 번호표 행선에게 내미는.

행선   (표정 환해지며 off) 있다… 신은 있어어~~!!! (만세 동작 하면)

          (M) 환희의 송가 류 울려 퍼지며
          꽃가루가 비처럼 하늘에서 쏟아져 내리는. (C.G)

S#47.   **우림고 외경 (D)**
          (E) 수아 폰 벨소리/해이 폰 벨소리 간발의 차로 울리는.

S#48.   **우림고 2-1 교실 (D)**
          쉬는 시간. 각자 자리에서 통화 중인 해이와 수아.

수아	어 엄마, 등록했어? 어~ 수고했어. 이따 픽업하러 올 거지? 어. (전화 끊는데)
해이	진짜? 진짜 등록했다구 최치열 꺼를?!
수아	(뭐? 해이 보는)
해이	대박! 진짜 고마워 엄마, 땡큐. 어 이따 봐~ (전화 끊는)
선재	(듣고) 잘됐디 남해이. 앞으로 같이 듣겠네 수업. (하곤 손 올린다)
해이	오예, 오예. (좋아라 하며 하이파이브 한다)
수아	…뭐야, 남해이…. (짜증 확 나는)

S#49. 국가대표 반찬가게 앞 (D)

썼던 모자에 선글라스 낀 치열.
다시 가게 쪽으로 쓱 와 안쪽을 들여다본다.
영주가 혼자 반찬을 진열하고 있다.

치열	… 오 사장 없네. (두리번 주변 확인하곤 얼른 가게 들어가는)

S#50. 국가대표 반찬가게 (D)

딸랑, 소리와 함께 치열 들어오고.

영주	(보며) 어서 오세요~ (치열 복장 보고 !!) 아… 반찬 사시게요?
치열	아뇨. 도시락 좀.
영주	아 예… (하다) 저기 혹시… 연옌이세요?
치열	예? 아 아뇨. 제가 눈병이 좀 나서. 큼. 저기서 고르면 되나요?
영주	예 골라보세요. 저기 도시락통 있어요.
치열	(도시락통 들고 반찬 진열된 쪽으로 가 스캔하는데)

이때, 개선장군처럼 문 열고 들어오는 행선.

행선	영주야!
치열	(헉~! 행선 보곤 얼른 몸 돌려 등 쪽만 보이게 철벽 치는)
영주	(보고) 어, 어떻게 됐어? 성공? 성공성공?
행선	(씩~ 웃으며 브이자 해 보이면)
영주	오~ 했구나! 추카해 남 사장~!! (행선과 특유의 하이파이브 하는)
치열	(뭘 성공했길래… 행선 힐끗 보며 반찬 골라 집는)
행선	진짜 아슬아슬하게 성공했다 진짜. 나 요새 일진 안 좋았잖아. 갑자기 재우 아팠지, 재우 폰 박살났는데 드럽게 비싸서 고쳐주지도 못했지.
치열	(박살났어? …건 몰랐다, 뜨끔한 표정)
영주	그래. 폰은 좀 그랬어. 그거 산 지 얼마 되지도 않은 거잖아.
행선	안 됐지 일 년두. 내가 다 용서해도 그 폰 도둑놈은 절대 용서 못한다 내가. 잡히기만 해봐 냉장, 아주 (두 손 들고) 그냥그냥 아우~
영주	(받아서) 오장육부를 쫙 뽑아서 이렇게 돌돌돌 해가지구 팍! 팍! 수타를 쳐서 대창 국수를 말아버려 그냥.
치열	! (듣도 보도 못한 과격한 표현에 눈 똥그래져 보면)
행선	그럼. 아주 눈깔을 똑! 뽑아가지구 당구도 한껨 치자고 쌈박하게.
영주	좋고.
치열	(헉~ 이 여자들 뭐야, 얼음 된 채 곁눈질하는데)
행선	(그제야 등 돌린 치열 보고) 어머, 손님도 계신데 내가… (치열 향해) 죄송해요. 그냥 농담한 거예요 저희끼리. (하다 ?! 치열 자세히 보는)
치열	?? (시선 느끼고 힐끗 보면)
행선	(알아보고) 아 맞구나. 아침에 오셨던….
치열	아 예…. (행선 힐끗 보곤 고른 도시락 들고 영주에게 가 내미는)
영주	네, 기본 세 가지에 스페셜 하나 고르셔서… 만이천 원입니다. (포장해주는)
행선	(그런 치열 보며) 저기, 오늘은 제가 너무 급한 일이였어서. 늦게 문 연

죄로 뭐 하나 넣어드릴게요. 잠깐만요. (반찬팩 집으려는데)

치열 아뇨. 아뇨, 필요 없습니다. (하곤 얼른 영주한테 카드 받는)

영주 저기 그럼 회원가입이라도 하고 가세요. 마일리지 적립해드리는데 천 포인트 모으면 천 원 할인 들어가거든요. 여기. (가입 카드와 펜 내밀면)

치열 아…. (펜 받아 힐끔 행선 눈치 보고 '지동희' 이름 쓰곤 제 핸드폰 번호 적는)

S#51. 한강변 – 치열 차 안 (D)

한강변에서도 인적 드문 구석진 일각.

치열, 차 안에서 가부좌 틀고 앉아(좌석 뒤로 확 밀어) 거치대에 둔 폰으로 제 강의 영상 모니터하며, 맛있게 도시락 먹는.

치열 (눈으론 영상 보며) 음 맛있어. 신선한데 뭔가 예전에 먹어본 맛 같기도 하고, 암튼 깔끔해 아주 뒷맛이. (또 집어 먹으려다가 멈칫하곤) 아니 이렇게 맛있는데 장사가 잘 안 돼? 왜 휴대폰을 살 돈이 없어? (마음 쓰인다) 아… 거 되게 신경 쓰이네. 박살은 또 왜 나가지구 참. (하면서도 반찬 또 입에 넣고 우걱우걱 먹는)

S#52. 국가대표 반찬가게 (D)

행선, 열심히 저녁 반찬 세일 공지 쓰고 있는데

영주, 비타민드링크제 들고 오는.

영주 어이. (하곤 드링크제 던지면)

행선 (착, 받고) 나이스 캐치! 쌩유~ (따서 마시는)

영주 (역시 드링크제 마시며 힐끗) 야 근데, 아까 그 손님. 썬글라스.

행선 (드링크제 탈탈 털어 넣곤) 어.

영주 계속 너 힐끗거리더라? 엄청 노골적으로?

행선	진짜? 왜?
영주	왜는 이 연애고자야. 너한테 꽂혔으니까 그렇겠지.
행선	얘가 또 무슨… 야 말도 안 돼….
영주	왜 말도 안 돼. 너한테 반했다니까 그 남자. 내가 그런 쪽으로 빠삭하잖냐.
행선	빠삭하긴, 맨날 썸만 타다 끝나는 주제에. 야 그리구… 나 남편 있는 유부녀로 만든 게 누군데. 해이 아빠 필리핀에 있다며. 태권도 사업 한다며. 동네방네 떠들구 다녔잖아 니가 장사 초기에~
영주	야 그건… 여자들이 자꾸 뒤에서 쑤근거리니까, 너 미혼모 아니냐고.
행선	그래두 그렇지, 어쩜 눈 하나 깜짝 안 하구 그렇게 잘 지어내. (영주 흉내) 얘 남편이 필리핀에서 태권도 사업 하거든요. 국대커플인데 연애할 때 죽네사네 유난했어요 진짜. 같은 남씨잖아 남편도. 천생연분이지 뭐, 호호호….
영주	그래서 쏙 들어갔잖아. 미혼모 소문.
행선	아 몰라. 그러니까 남잔 갖다 붙이지도 말라구. 대외적으론 나 유부녀니까.
영주	야 대외적으로나 그렇지 솔직히… (살짝 작게) 너 아직 처녀딱지도 못 뗀….
행선	(거칠게 손으로 입 막으며) 안 닥칠래? (살벌하게) 요사한 입 함부로 놀리면, 아주 고통스런 죽음이 널 기다리고 있을 것이야… 알아?
영주	(입 막힌 채로 고개 끄덕끄덕하는)
행선	장사나 하자고. 나 돈 벌어야 돼, 해이 학원비 댈려면. (종이, 테이프 들고 나가는)

S#53. 국가대표 반찬가게 앞 (D)

가게 유리에 "저녁 반찬 마감 세일, 8시부터" 붙이는 행선.
학교 다녀온 해이, 엉덩이로 행선의 엉덩이를 툭 치는.

행선	(보며) 뭐야. 언제 왔어?
해이	방금. (쭈뼛거리며) 고마워. 고생했어 오늘.
행선	뭐, 아… 등록? 그게 뭐라구. 됐어 야.
해이	(주머니에서 비닐 포장된 마카롱 하나 꺼내 쓱 내밀며 머쓱하게) 비싸서 영주 이모 껀 못 샀어. 먹구 들어가. 이거 좋아하잖아 엄마.
행선	오 마카롱~ (받곤 좋아라 웃는)

(컷)	가게 앞턱에 나란히 앉은 행선과 해이. 행선, 마카롱 맛있게 먹는.

행선	음~ 달다 달어. (해이에게 내밀며) 너도 한 입 먹어.
해이	됐어. 난 싫어 단 거.
행선	맞어. 넌 어려서두 단 거 잘 안 먹었어. 그 나이 때 그러기 참 힘든데. (보며) 솔직히 말해봐. 싫어한 게 아니라 이 썩을까봐 안 먹은 거지? 그럼 치과 가야 되구 치과 가면 또 나 돈 쓰니까. 그래서 그런 거 아냐?
해이	미화시키지 마. 그 정도로 조숙했던 건 아냐.
행선	아냐?
해이	네, 아닙니다 어머니.
행선	아님 말구. (먹으며) 나 아까… 까딱하면 등록 못할 뻔했다? 그게 참 별세계더라. 아깐 학원 등록 것만 붙여주면 별짓 다 할 거 같더라니까. (웃는데)
영주	(문 확 열고) 야! 니들 뭐 해? 안 들어와?
행선	(놀라서 남은 마카롱 얼른 입에 집어넣고 입 꾹 다무는)

S#54. 수아모 차 안 (D)

수아모 운전해 가는데, 조수석에 탄 수아 샐쭉해 있다.

수아모	(힐끗 보곤) 우림고 전교 일등 방수아씨? 오늘은 또 왜 이렇게 저기압

이실까.

수아   (삐죽) 엄마, 남해이 최치열 강의 등록한 거 알아?

수아모   어, 아까 등록 줄에 있긴 하던데. 웬일루 학원을 다 끊더라? 그렇게
            버티더니?

수아   엄마가 정보 공유한 거야?

수아모   최치열 께 공유하고 말게 뭐 있어, 세상 사람 다 아는 일탄데. 왜?

수아   아 몰라 짜증나 진짜.

수아모   니가 더 잘하잖아. 왜 걜 신경 쓰고 그래, 반찬집 딸을.

수아   몰라. 그냥 걔가 싫어.

수아모   왜 싫은데? 걔 무던하니 괜찮지 않아?

수아   몰라. 없는 애가 있는 척 하는 게 싫어. (하곤 떠올리는)

            #. 회상 플래시백
            수업 중인 교실.

수아   선생님! 저 수행평가 날짜 좀 바꿔주시면 안 돼요? 시험기간에 걸려
            서 준비 힘들 거 같은데.

교사   글쎄. 바꿔줄 친구가 있을까? 다들 마찬가질 텐데. (하는데)

학생들   ……. (다들 조용… 시선만 오가는데)

해이   (손 든다) 선생님. 제가 바꿔줄게요~ 빨리 해치워버릴래요 전.

수아   (해이 본다. 바꿔준다는데 진 거 같은 이 기분… 짜증나는)

            다시 현재. 쎄한 표정으로 창밖 보는 수아 얼굴에서.

S#55. 더프라이드 학원 외경 (N)

치열(E)   자 우리 시즌 원 수업은 여기까지. 그동안 고생했다.

√ **107**

S#56. 더프라이드 학원 강의실 (N)

치열, 학생들 보며 마무리 멘트 하는.

치열   개학이랑 맞물려서 힘들었을 텐데, 잘 따라와 줘서 고맙고. 틀린 문제, 부족한 챕터들 복습 잘 하고. 시즌 투도 다들 등록했지?

학생들   네~ (하는데)

맨 앞자리 앉은 여학생3(1부 40신의), 유난히 크게 "네~!!" 외치며 생글거리고.

치열   (식겁해 외면하곤) 지금까지 시즌 원, 최치열강이었습니다. 또 보자 얘들아. (나가는)

여학생들   (선물 들고 일제히 쫓아 나가는데)

동희   (들어와 막으며) 어, 나한테 줘. 선생님한테 전달할게. 꼭. (선물 대신 받는)

S#57. 더프라이드 학원 주차장 (N)

서둘러 주차장으로 나오는 치열. 동희, 선물 안아 들고 따라오는.

치열   와. 그 스토커 시즌 투도 등록했나봐. 돌겠다 진짜.

동희   실장님한테 말해서 블랙리스트 올릴걸 그랬나봐요. 며칠 수업 안 나오길래 잘됐다 싶었는데, 너무 방심했어요.

치열   맨 앞에만 안 앉아도 덜 끔찍할 텐데. (한숨 쉬다가) 아, 지 실장 바로 퇴근해. 오늘은 내가 운전해 갈게.

동희   왜요? 피곤하실 텐데 제가…

치열   (o.l) 아냐, 전혀 안 피곤해. 그냥 내가 운전할게. 운전하고 싶어서 그래.

동희   예, 그럼 이거. (종이백 건네며) 부탁하신 최신 휴대폰이요.

치열   어 땡큐. (받는)

동희	폰 바꾸시게요? 번호도 한 번 더 바꿀까요?
치열	아, 아니 됐어. (괜히) 너무 열심히 하지 마 응? 가 쉬고. 낼 보자~ (차에 타는)

S#58. 치열 차 안 (N)

시동 걸고 동희에게 손 들어 보이곤 여유 있게 출발하는 치열.
학원 주차장을 나서자마자 몸 바짝 세우곤 서둘러 속력 높이고 가는.

S#59. 거리 (N)

통화하며 걸어가고 있는 1부 40신의 여학생3.

여학생3	어, 당근 등록했지. 계속 맨 앞에 앉아서 우리 쌤 당황하는 얼굴 봐야지. 당황하면 엄청 귀여운 거 알지? 엄마? 야 당근 모르지, 우리 엄마 겁나 바쁘잖아. 아 나 막 기대돼. 이러다 진짜 치열 쌤이랑 결혼하는 거 아… (하는데)

이때, 어디선가 날아와 여학생 이마를 탕! 치는 무언가.
여학생3, 정신 잃고 쓰러지고. 그 옆으로 또르르… 구르는 쇠구슬.
구르고 굴러 배수구 속으로 쏙 떨어진다.

S#60. 국가대표 반찬가게 (N)

남은 반찬 정리하는 행선. 러닝 복장의 영주 퇴근 준비하며.

영주	쏘리. 먼저 갈게~ 오늘 내 썸남도 오는 날이라 꼭 가야 되거등. 간다~ (나가는)
행선	제발 연결이나 좀 되라 좀. 고생했어. 낼 봐~ (웃으며 정리하는데)

딸랑, 소리와 함께 누군가 들어오는.

행선   왜, 뭐 놓고… (하며 보면 치열이다) 아… 오셨어요…?

치열   (휴대폰 종이백 들고) 끝났습니까 벌써?

행선   아 막 끝낼려고 했는데… (다시 풀며) 골라보세요. 하나 더 팔면 저야
       좋죠. (웃는)

(컷)   치열, 도시락통 들고 반찬 고르고… 행선, 계산대에서 치열 힐끔 보는.

치열   (도시락 다 고르고 와 내밀면)

행선   (포장해주며) 만이천 원인데 만 원만 내세요. 끝손님이시니까.

치열   아 괜찮은데. (카드 내미는)

행선   (계산하곤 카드 내민다) 여기. 포인트 적립도 해드렸어요.

치열   (카드와 도시락 받곤… 행선 힐끗 보는)

행선   (영주에게 들은 게 있어 치열이 신경 쓰인다. 괜히 머리 귀 뒤로 넘기는데)

치열   저기, 이거… (종이백 내밀며) 친구가 매장을 해서 남아도는 거라고…
       원래 손이 좀 크거든요 개가. 이 가게 회원 된 기념으로 하나 쓰시라
       고… 그럼. (후다닥 나가는)

행선   저기 저 손님… (하다 백에서 박스 꺼내 보는데 최신 휴대폰이다) !!! (놀
       라는)

S#61. 다음 날/ 국가대표 반찬가게 외경 (D)

영주(E)   내가 뭐랬어 내가~?!!

S#62. 국가대표 반찬가게 (D)

빈 도시락통 잔뜩 쌓아 주방에서 나오는 행선.
영주 역시 빈 도시락통 쌓아 같이 나오며 호들갑 떠는.

영주	백퍼랬잖아. 너한테 관심 있는 거 맞다고~!!
행선	아 모르지. 진짜 남아돌아서 준 건지.
영주	(놓으며) 말 같은 소릴 해라 이 남행선아. 남아돌아서 이걸 너 줬다고? 백만 원도 넘는 최신 휴대폰을?
행선	그럴 수도… 있지 않나…?
영주	야 이 연애고자야~ 빠져도 아주 푹 빠진 거라니까? 뇌물공세도 단계가 있지, 진도를 봐. 완전 KTX잖아! 폰을 선물한다는 건 널 구속하고 싶다, 이거라고~
행선	아 고만해. 뭔 말두 안 되는 소릴… 아 돌려줄 거야 난.
영주	야 왜 돌려줘, 생각해서 준 건데.
행선	아 됐어, 지금 때가 어느 땐데…. 해이 입장은 생각 안 하니? 돈은 안 벌어?
영주	그런 거 다 접고 니 맘만 들여다보면… (사뭇 진지) 그럼 어떤데?
행선	뭐?
영주	연애하고 결혼도 하고… 그렇게 살고 싶은 맘 없어? 해이 엄마 말고 여자 남행선으로.
행선	(잠시 멈칫하다) 있지 나도. 연애도 하고 결혼도 하고. 나 대학원도 가보고 싶어. 공부해 자격증 따서 애들도 가르치고. 흐흥. (흐뭇한 듯 웃다가) 근데 일단은… 해이 대학부터 딱 보내고, 우리 재우 지 살게 기반도 좀 마련해주고, 그러고 나서.
영주	잃느니 죽지. 다 늙어서 언제.
행선	걱정 마, 너보다 훨훨~ 더 행복하게 살 거니까. (하다) 야, 나 옷에 육개장 텄다. 옷 좀 갈아입고 오께. 정리하고 있어. (나가는)

S#63. 행선집 안방 (D)

옷 갈아입은 행선. 나가려다가 잠깐 화장대 앞에 앉아 거울 본다.
일하느라 바빠 가꿀 새 없었던 제 모습이 고대로 비춰 보이는.

영주(E)	연애하고 결혼도 하고… 그렇게 살고 싶은 맘 없어? 해이 엄마 말고 여자 남행선으로.
행선	(서랍에서 헤어롤 꺼내 앞머리에 말아본다. 화장대 위 립스틱도 집어 바르고 거울 보니, 생기 있어 보이는 게 좀 나은 듯도 하다. 그러다 이내 멈칫, 현타가 온 표정으로 헤어롤 다시 풀고 티슈로 립스틱도 지운다. 다시 원래의 모습으로 돌아간 거울 속 자신 보며) 그래 일하자… 돈 벌자 행선아. (일어서 나가는 모습에)
종렬(E)	이건 $x=1$에서의 우극한이니깐 1

S#64. 우림고 2-1 교실 (D)

수학 수업 중인 종렬. 판서하며 문제풀이 중이고.
아이들 지루한 표정으로 듣고 있다.

종렬	(아이들 눈맞춤 없이 단조롭게 설명해가는, 두번째 식 $\lim\limits_{x \to -1} f(x)$ 가리키며) 이건 $x=-1$에서의 (그래프에 -1보다 왼쪽에서 오는 화살표 표시하면서) 좌극한이니깐 3 그래서 답은… (하다 수아 본다)

수아, 팔로 책 가린 채 고개 푹 숙여 문제 풀고 있다.
종렬, 수아 쪽으로 조용히 다가가고…
아이들 일제히 종렬과 수아에게 집중하는.
종렬, 수아 앞으로 가 풀고 있던 교재 획~ 낚아채 올리면 '최치열 심화 시즌 1'이다.
종렬 표정 싸늘해지고… 수아, 아씨 걸렸네… 짜증스런 표정.

S#65. 우림고 교무실 (D)

수아 서 있고, 종렬, 치열 교재 들고 훈계하는.

종렬	방수아! 넌 선생님에 대한 최소한의 예의도 없냐?! 수학시간에 학원 교재나 풀고 말야. 학교에선 학교 수업에 집중해얄 거 아냐!!
수아	(뚱하게) 다 아는 거라서요. 중딩 때 다 풀어본 거예요.
종렬	(자존심 상해, 치사하게 나가는) 그래서, 이번 6모 다 맞았어? 수학 다 맞았냐고? (교재에 박힌 최치열 얼굴 들이대며) 얘가 안 가르쳐주디? 그래서 틀렸어? 어?!!
수아	얘가 아니라, 최치열 선생님이신데요….
종렬	(버럭) 그럼 난 뭔데? 얜 선생님이고 난 뭐, 담탱이냐?! (씩씩…) 한 번 만 더 내 교실에서 얘 교재 풀거나, 얘 필통, 노트, 이딴 거 눈에 보이게 하면… 그땐 진짜 부모님 호출이야. 알았어?!!
수아	(어쩔 수 없이) …네….
종렬	벌점 10점이야. (교재 툭툭 치며) 이건 일주일 압수고.
수아	(인사도 않고 입 나온 채로 쌩하니 나가는)
종렬	저런…! 전교 일등을 하면 뭐하냐고. 기본적인 예의를 못 배웠는데. 쯧….

곁에서 지켜보던 선생님1, 선생님2, 가는 수아 쪽 보며.

선생님1	난 진짜 이럴 때마다 상대적 박탈감 들어요. 힘들게 임용고시 준비할 때만 해도 내가 생각한 교사 위상은 이게 아니었는데.
선생님2	우리도 경각심이 좀 필요하긴 해. 학원 강사들만큼 연구 안 하잖아요 솔직히.
종렬	(날카롭게) 게을러서 안 합니까? 할 시간을 안 주잖아요 우리한테. 각 종 공문에 수업지도안에, 비품보고서까지… 반성보단 개선이 먼접 니다. (하곤 가방 들고 나가는)
선생님1	…맞는 말이긴 한데… 쫌 예민하시다. 그치?
선생님2	질투지 자격지심인지…. (치열 교재 사진 치며) 실력 말고 비주얼. (하

고 웃는)

S#66. 대형 서점 입구 (D)

치열   …어, 나 지금 서점 왔는데… 왜 걔 있잖아, 키 크고 맨날 헬스 가는
       애기. 걔가 말한 개념서가 뭐였지? 끊고 문자로 좀 보내줄래? 어. (끊
       고 들이기는)

S#67. 대형 서점 (D)

치열, 둘러보다 수학 개념서를 집는데 동시에 잡는 손. 보면 종렬이다.

종렬   !! (보고 놀라는)

치열   !! (역시 놀란다. 보며) 전종렬…?

종렬   (시니컬하게) 용케 알아는 보네. 나야 뭐, 아침저녁으로 버스에 박힌 니
       얼굴 보니까. 방금도 보다 왔고. 필통에, 텀블러에, 별거 다 팔더라?

치열   어… (말 돌린다) 어느 학교에 있어? 혹시 우림고?

종렬   궁금은 하냐? 근처에 있으니까 언제 밥 한번 먹자, 이따위 소린 안 했
       음 좋겠다. 너랑 엮이는 거에 아주 트라우마 있는 사람이니까 난.

치열   (뼈 있는 말에 종렬을 본다)

종렬   (계속 하는) 근데 버는 거에 비해 편치만은 않나봐. 좀 말랐네, 돈 없어
       노량진 고시식당에서 하루 한 끼 먹을 때보다. 돈 쫓아 꿈도 쓰레기
       통에 처넣고 해선 안 될 짓까지 하면서 치열하게 살았는데, 왜 막상
       벌고 보니까 별게 없냐?

치열   (보며) 그때 그 일은… 진짜 몰랐다 난.

종렬   (안 믿는다는 투) 몰랐어? 아 몰랐구나. 그래서 쌩까고 전화도 안 받고.

치열   종렬아. 그건… (하는데)

종렬   (o.l) 시끄럽고. (서늘하게) 결국 그 일 때문에 애가 죽었어. 이후로 그
       집안은 풍비박산이 났고. 최소한의 양심의 가책은 받고 살아라, 제

발. (가려다가) 아, 너 영석이 모친상 문자도 씹었다며? 애들이 나쁜
새끼라고 엄청 욕하더라. 오래 살겠어. (하곤 쌩하니 가버리는)

치열   (가는 종렬 보며 굳은 표정에서)

S#68. 치열 차 안 (N)

운전해 가는 치열. 뜻밖의 만남에 생각이 많은 얼굴인데.
이때, 치열의 차 앞으로 뛰어드는 여학생.
순간 놀라 끼익~!! 급브레이크를 밟고.
고개 들어 치열 보는 여학생, 원망스러운 얼굴의 수현이다.

치열   !! (놀라 다시 보면)

여학생   (수현이 아니다) 죄송합니다…. (고개 숙이고 급히 길 건너가고)

치열   하아…. (한숨 내쉬고 다시 출발해 가는)

종렬(E)   결국 그 일 때문에 애가 죽었어. 이후로 그 집안은 풍비박산이 났고.
최소한의 양심의 가책은 받고 살아라, 제발.

치열   (쓸쓸한 표정. 종렬로 인해 묻어뒀던 어두운 기억이 자꾸 떠오르는)

#. 회상 플래시백 1

교재 들고 치열을 향해 뛰어오는 수현.
헉헉…거리며 "쌤… 나 또 모르는 거 있는데."
씩 웃는 모습에서 화이트 아웃!

#. 회상 플래시백 2

고개 푹 숙인 채 떨리는 목소리로 "쌤…"하곤 고개 드는데.
절망 어린 눈에 눈물 그렁그렁한 모습에서 화이트 아웃!

#. 회상 플래시백 3

누군가에게(조교 시절 모셨던 강사) 따지는 치열.
"이럴려고 연락처 알아보신 거예요? 이건 아니잖아요! 이러면 안 되는 거잖아요!!"

착잡한 표정의 치열, 운전하며 한 손으로 마른세수를 한다.
잊고 지냈는데… 종렬로 인해 되살아난 수현의 기억에 한없이 가라앉는다.
신호에 걸리자 잠시 생각하다, 유턴해 차를 돌리는.

S#69. **납골당 내 (N)**

무거운 표정으로 걸어오는 치열. "정수현"이라 새겨진 유골함 앞에 선다.
유골함 앞에는 가족사진―환하게 웃는 수현과 수현 남동생 성현(중학생), 수현모의 모습이 담겨 있는―이 놓여 있고.
치열, 사진 속 수현을 한참 보는데… 앞쪽에 방금 놓고 간 듯한 꽃다발이 놓여 있다.
그래도 아직 수현이를 기억해주는 누군가가 또 있구나… 그나마 위안이 되는 표정에서.

S#70. **국가대표 반찬가게 앞 (N)**

가게 안, 불 꺼지고.
행선, 가게에서 나와 문 잠그고 셔터까지 내리곤 주변 두리번거린다.

행선 (치열을 기다린 듯…) 안 오네 오늘은. 빨리 돌려줘야 될 거 같은데. (하다) 아~ 나 남한테 상처 주는 말 잘 못하는데 어뜩해. (하곤 옷 탁탁, 털며 집으로 올라가는)

잠시 후, 미끄러지듯 와 가게 앞에 서는 치열 차.

치열, 차에서 내려 셔터 닫힌 행선네 가게를 허무한 표정으로 바라본다.

오늘은 뭔가 어긋나는 하루인가….

이내 포기한 듯 천천히 다시 차에 타는 치열. 차 출발하고…

그렇게 멀어지는 치열의 차 부감으로 f.o /f.i

S#71. 다음 날/ 거리 (D)

한 손에 와플 들고 먹으며 걸어오는 재우.

먹다가 보도블록 사이에 핀 풀도 보고, 따릉이도 한번 만져보고, 즐거운 산책길이다. 그러다 버스 정류장 전광판에 뜬 "수학은 최치열강" 홍보 영상 보는.

재우	어…! (영상을 한참 쳐다본다) 어어… 나 저 사람 어디서 봤는데… 분명히 봤는데, 어디서 봤지…? 아 분명히 본 사람인데 최치열강… (갸웃하는 표정에)
해이(E)	엄마, 나 간다~ 이모 갔다 올게~

S#72. 국가대표 반찬가게 (D)

행선과 영주, 아침반찬 진열 중인데 교복 차림의 해이 문 열고 인사하는.

영주/행선	어~ / 벌써 가? 삼촌은?
해이	산책. 카페 들러서 또 8시 알바생 권진경씨 와플 먹겠지 뭐. (하곤) 엄마, 나 오늘부터 학원 시작인 거 알지?
행선	알지 그럼. 엄마 이제 군기 바짝 들었거든?
해이	학교 끝나고 바로 갈 거야. 아 그리구… (들어와 손목쿠션 행선 손에 쥐

√ **117**

	어주곤) 손목 많이 쓰잖아. 끼고 하라구. 나 간다~ (쌩하니 나가는)
행선	(쿠션 보고 뿌듯한, 문 열고 몸 내밀어) 강의 잘 들어 해이야~~ 또 듣고
	싶은 거 있음 말하구. 엄마가 다 등록해주께~~ (하곤 문 닫으면)
영주	차… 엄마들 땜에 사교육이 어쩌구 할 땐 언제구, 태세전환이 너무
	심한 거 아냐?
행선	(힛) 내가 선수 때도 공수전환이 좀 빨랐지. (손목에 손목쿠션 차며) 야
	어때? 메달보다 좋아 보이지? 너 이런 거 한 번도 못 해봤지? (자랑하
	는데)

이때, 벌컥 문 열리며 와플과 휴대폰 손에 든 재우 들어오는.

재우	(다짜고짜) 누나! 있잖아 저거… 저거 누구지…?
행선	뭐가 누군데. 머리꼬리 짜르지 말고 알아듣게 얘길 해.
재우	아니 저거… 버스 전광판… 분명히 어서 봤는데… 아 누구지 진
	짜…?! (머리 싸매면)
영주	쟨 또 아침부터 뭘 보고 저렇게 횡설수설이래?
행선	모르지. 또 하루죙일 또 저거구 있게 생겼네. (하곤 바깥쪽 기웃, 살피는)
영주	(알아채고 툭 치며) 그 남자 어제 결국 안 왔지?
행선	어. 갖고 있기 찝찝해서 빨리 주고 싶은데… (하다 !! 뭔가 생각난 듯 회
	원카드를 뒤적인다. 제 휴대폰 꺼내 번호 입력하곤 한 글자 한 글자 정성 들
	여 문자치는)
치열(E)	정신 안 차릴래?! 당장 오늘 스타튼데 이거 어쩔 거야?!!

S#73. 치열 연구소 (D)

막 도착한 교재 수백 부 쌓여 있고, 조교들 컴퓨터로 수정 중이다.
몇 명은 모여 교재 확인하고, 나머지 조교들은 정오표를 오리고 있
는 중.

치열	(잔뜩 예민한 채 교재 들고) 빼라고 한 문제는 들어가고, 넣으라는 건 안 들어가고! 누가 맘대로 에딧팅 한 거야 대체?!
동희	최종적으로 주신 코멘트가 반영이 안 된 거 같습니다. 제가 체크 했어야 했는데….
치열	인쇄 다시 해.
조교들	!!
치열	(시계 보고) 지금 넘기면 강의 시작 전까지 맞출 수 있어?
조교1(연경)	요즘 개강 시즌이라 인쇄소들 다 바쁠 텐데….
조교2(서진)	(붙이고 있는 정오표 보이며) 수정본 뽑아서 붙이고 있는데요… 적당히…
치열	(o.l) 적당히 뭐, 덕지덕지 다 오려 붙이게? 이건 오타 오류 수준이 아니잖아!
동희	인쇄 다시 하겠습니다. 안 되면 제가 충무로 쪽도 알아볼게요.
치열	인쇄 넘기기 전에 다른 오류 없는지 확인해. 한 번 말고 두 번, 세 번, 확실하게! (하고 들어가려는데 띠딩~ 문자벨 울린다. 폰 꺼내 보면)
행선(E)	(낭창낭창한 톤으로) 이른 장마가 오려나요, 바람이 촉촉하네요. 오늘 가게 꼭 들러주시면 좋겠어요. 국가대표 반찬가게 사장 남. 행. 선.
치열	뭐야 이건 또… 아…. (고개 절레절레 흔들며 사무실로 들어가는)

S#74. 더프라이드 학원 앞 (D)

선재와 함께 걸어오는 해이. 학원 앞에 선다.

선재	드디어 학원 첫날이네. 기분이 어때?
해이	뭐 그냥… (하다 솔직하게) 실은 좀 설레. 기대도 되고.
선재	(진지하게) 첫 수업 때 돌아가면서 자기소개하고 노래하는 건 알지?
해이	죽을래. (장난스럽게 목 조르며) 너나 노래해. 너나너나.
선재	아아. (장난스럽게 웃으며 같이 들어가는)

S#75. 더프라이드 학원 복도 (D)

선재와 해이 들어오는데… 선재 휴대폰 벨 울린다. 보면 '엄마'다.

선재   (보고) 먼저 들어가. 나 통화 좀. (하곤 받으며 구석으로) 네 엄마….
해이   (모든 게 신기하다. 두리번 강의실 찾는)

S#76. 더프라이드 학원 강의실 (D)

조교들, 칠판 세팅과 마이크 세팅에 분주하고.
해이, 혼자 들어와 앞쪽에 앉아 문제 풀고 있는 수아 옆에 앉으며.

해이   방수아 안녕?
수아   (힐끗, 뚱하게) 거기 니 자리 맞니? 아닌 거 같은데.
해이   ? (보면)
다른학생 (해이 앞에서 왜 내 자리 앉아 있냔 표정으로 보고 서 있는)
해이   (당황해 얼른 일어나면)
선재   (뒤따라 들어오다, 상황 보고) 너 자리 안 맡았구나. 첫 수업이니까 내
       자리에 앉아. 뒤에선 쌤 잘 안 보여.
해이   아냐 됐어. 맞다… 자리 맡아야 되지. 깜빡했다. 그냥 뒤에 앉을게.
선재   그냥 앉아라 좀. 팅기지 말고.
해이/수아 됐어. 나 앉은키 크거든? 괜찮아 진짜. (뒤쪽으로 가고) / (흥! 놀고 있네
       들, 하는 표정)

S#77. 더프라이드 학원 외경 (N)
치열(E) 두 식을 곱한 게 3이니까 하나는 1이고~

S#78. 더프라이드 학원 강의실 (N)

200여 명 학생이 꽉 찬 강의실.

해이, 머리 하나는 더 튀어나온 앞사람 때문에 강단의 치열 잘 보이지도 않는다.

최대한 치열 보며 수업 받으려 고개 좌로 우로 내밀며 열심히 받아적는다.

치열   다른 하나는?

학생1   0

치열   (학생1에게) 어, 그냥 지금 집에 가면 돼. 안녕.

학생들/해이 (웃음 터지는) / (웃는)

치열   3이잖아. 그럼 결국 기울기가 1일 때 곡선과 직선이 접해야 되는 거니까 (그래프 그리면서) 그래프를 이렇게 그리면 되잖아. 이걸 식으로 적으면 어떻게 되겠어? $f(x)-x=x^3+px^2+(q-1)x=x(x^2+px+(q-1)$ (이거 칠판에 씁니다) 맞지? (하고 학생들 쪽 보는데)

남학생   (중간쯤에 앉아 슬쩍 폰 들고 동영상 보고 있는)

치열   (정면 보며 진지하게) 여러분… 난 여러분한테 바라는 게 딱 하나 있어. 뭘까? 수학 만점? 아니. 점수 향상? 건 내 강의 열심히 따라오면 되는 거고. 나는, 여러분들이 나보다 치열하길 바란다. 난 너희가 잘 됐으면 좋겠어. 그래서 밥도 못 먹고 잠도 안 자고 연구해, 아주 치열하게. 하나라도 더 알려주고 싶어서 맘이 급해. 아주 똥줄이 타. 내 강의가 좀 빠르다는 불만들이 있던데, 그래서 그래. 난, 여러분이 나만큼 이 시간이 간절하고 치열하길 바란다. 나 정도는! 똥줄이 타길 바래.

해이   (치열의 말에 감동한 듯 눈 반짝거리며 보는)

치열   그래서 결론은… (여유 있는 미소 짓다가) 딴짓하지 말라구 가운뎃줄에 너! (하곤 특유의 발차기 날리는)

학생들   와아~ / 시즌 투 첫 발차기 나왔다~ (웃고)

해이   (이게 그 시그니처 발차기구나… 웃으며 재밌어하는)

S#79. 국가대표 반찬가게 외경 (N)

해이(E) 대박이야 엄마.

S#80. 국가대표 반찬가게 (N)

행선과 영주 슬슬 마감 준비하고,

재우 매상 영수증 똑바로 펴서 각 맞춰 챙기는데.

살짝 업된 해이, 옆에서 쫑알쫑알 치열 예찬이다.

해이 진짜 강의 텐션 장난 아냐. 왜 별명이 최치열강인지 알겠어. 풀이도 귀에 쏙쏙 박히고, 재미도 있고. (흉내 내는) 막 이렇게 발차기도 하고.

행선 어~ 수업을 재밌게 하네 선생님이.

해이 근데 내가 오늘 젤 감동한 포인트는… 진정성. 사람이 은근 멋있더라. 카리스마도 있고. 여러분이 나만큼 간절하고 치열하길 바란다. 크.

영주 얘 완전 빠졌네. 잘생겼구나?

해이 글쎄, 너무 멀어서 얼굴은 잘 못 봤는데… 괜찮아 전체적으로. 훈남 스탈?

행선 응~ (하다) 근데 왜 멀리 앉았어. 가까이서 들어야 수업을… (하다 !! 그제야 깨닫는다) 맞다, 자리! 자리 맡아야 되는 거지 그거? 아… 내가 등록에만 정신이 팔려가지구… 어떻게 그걸 까먹냐? 아… 이 돌대가리 진짜.

해이 아 됐어. 장사도 바쁜데 뭘 자리까지….

행선 아냐. 앞으로 엄마가 진짜 신경 쓸게 진짜. 이왕 듣는 거 앞에서 들어야지. (하는데)

재우 (영수증 넘기며 암산하다) 아 까먹었다. 아….

영주 야. 너 또 그 누구지 생각했지. 내놔. 오늘 정산 나한테 넘겨 너.

해이 누구지가 뭔데 이모?

영주 몰라. 밖에서 뭘 봤는데 기억이 안 난대. 죙일 누구지누구지, 노랠 부른다 아주.

해이　삼촌 또 꽂혔구나. (웃곤) 그럼 전 올라가 씻겠습니다. 충성. (기분 좋게 나가는)

영주　쟤 기분 엄청 좋은가봐. 저렇게 수다 떠는 거 첨 봐.

행선　그러게. 우리 딸도 애는 애네. (미소 짓는데)

재우　으…. (기억이 안 나 괴롭다. 머리 쥐어뜯으며) 아 누구지… 왜 기억이 안 나 왜….

행선　(버럭) 야!!! 너 그 누구지 한 번만 더 하면 내쫓아버릴 거야 진짜! 한 번만 더 해?! (쯧, 혀 차곤 바깥쪽 본다. 이 남자는 언제 오려나…)

S#81.　더프라이드 학원 복도 (N)

원장에게 잡혀 있는 치열. 연신 시계 들여다보고.
원장 기분 좋은 듯 떠들고 있다.
동희는 교재 여분 들고 옆에서 대기하고.

원장　아~ 역시 우리 최치열강, 시즌 투 첫 수업 반응이 뭐 기가 막혀요 아주.

치열　아 네. (마음 급하다. 문 닫을 텐데…)

원장　(휴대폰 들고 열공닷컴 댓글 읽는) 봐봐, 벌써 댓글이 아주 히야… 역시 최치열, 실망시키지 않음. 최치열 안 들어서 재수한 듯. 치열이 형 믿고 갑…

치열　저기, 제가 좀 급한 일이 있어서요. 남은 건 지 실장 편에. (하곤 획 가버리는)

동희　저기 선생님. (당황한 표정. 따라가지도 못하고 원장 보면)

원장　(눈 끔뻑거리다) 마저 읽을까…?

S#82.　국가대표 반찬가게 (N)

행선과 영주, 남은 반찬들 정리하고…

재우 남은 도시락통 거두며 정리하는데.

이때 딸랑, 소리와 함께 모자에 선글라스 낀 치열이 뛰어 들어온다.

치열	아직 안 끝났죠?! (아차, 목소리 변조해) 도시락 사려고 급하게 왔는데.
행선	아…. (드디어 왔구나…)
영주	지금 막 정리하고 있는 중이긴 한데… (하고 행선 눈치 보면)
치열	(역시 행선 눈치 본다. 처분만 기다리는 학생처럼… 착하게… 다소곳이…)
행선	(눈짓으로 다시 풀자…)
영주	(그래… 다시 풀며) 예, 그럼 골라보세요. 재우야. 거기 도시락.
재우	(도시락통 집어 치열에게 건네는)
치열	(변조) 예… 감사합니다. (도시락통 건네받는데)
재우	(통 주곤 갸웃한다)

치열, 반찬 고르는데… 행선, 휴대폰 박스 들고 조심스럽게 다가서는.

행선	저… 저기요.
치열	에? (행선 보면)
행선	잠깐. 저랑 얘기 좀….
치열	아… 얘기하세요. 무슨….
행선	(심호흡하곤) 저기, 마음은 진짜 고마운데… (휴대폰 돌려주며) 못 받겠어요. 제가 개인적으로 좀 복잡하고, 또 아직은 일에 집중하고 싶고….
치열	예?? (무슨 말인지 이해 안 되는)
행선	그러니까 제 말은… 그냥 좋은 사장과 고객 관계로 남았으면 좋겠다 그런… (하는데)
재우	(치열 얼굴 앞으로 훅 제 얼굴 들이밀며 뚫어져라 보는)
치열	!! (놀라 흠칫하고)
행선	(당황해) 재우야, 너 뭐하는 거야. 그럼 실례야. (하는데)

재우	(보며) 호랑이….
치열	?!! (놀라 재우 보면)
재우	맞죠? 그그… 그 버스에 그…! 맞아, 이 사람이야! 호랑이!!
행선	???
치열	(당황해) 아… 아니 사람한테 호랑이라니… (오버하는) 아 기분이 좀 나빠서 입맛이 떨어지네. 오늘은 그냥 가야겠다. (서둘러 나가려는데)
행선	(치열 팔 잡는다)
치열	(놀라 보면)
행선	(전광석화와 같은 솜씨로 치열의 모자를 쳐내는)
치열	!!! (너무 놀라 얼음 되는데)
행선	(주저 없이 손으로 선글라스를 벗긴다)
치열	!!! (얼굴 그대로 드러난 채 눈 똥그래지면)
영주/재우	(놀라고) / 맞네, 맞잖아 누나~
행선	(미소) 와… 그러네. 우리 완전 구면이죠? 왜 막 추격전도 하고, 폰도 던지시고.
치열	(들켰구나…)
행선	와~ 어쩐지. 아니 왜 밤이나 낮이나 모자에 썬글라스까지 끼고 오나 했더니… 다 이유가 있었네요 그쵸? 변장을 한 거예요. 맞죠? (흥분해 따지면)
치열	아… 그땐 사소한 오해가 좀 있어가지고… 저도 내내 맘엔 걸렸습니다. 그래서 새 핸드폰도 사드린 거고.
행선	네~?? 하… (그런 줄도 모르고 난… 무안하고 그래서 더 화나는) 아니 핸드폰만 새 걸로 사주면 다예요? 사람이 실수를 했으면 사과가 먼저지~!!

S#83. **국가대표 반찬가게 앞 (N)**

바깥쪽 누군가의 시선에서 본 가게 안 상황.

행선, 치열 팔 잡은 채 삿대질하며 따져대고. 치열 쩔쩔매는 모양새.

S#84. 국가대표 반찬가게 (N)

치열   아니 일단 진정부터 좀 하시고. 네, 사과드릴게요. 미안하구요. (새 휴대폰 다시 계산대에 올려놓으며) 이거 어쨌든 내 실수에 대한 보상의 의미로 드리는 거니까 받으세요. 됐죠? 그럼. (서둘러 나가려는데)

행선   아니, 잠깐만! 잠깐만요~! 은근 기분 나쁘네 진짜. 이렇게 신상폰 들이밀면 내가 고마워해야 되는 거예요? 왜 폰으로 해결할라 그래요? 폰 살 돈은 있어요 나도!

치열   (보며) 없다면서요. 수리비 비싸서 고치지도 못하고.

행선   (당황) 아니 그건… 들었어도 못 들은 척 해야지 무슨 사람이. (열 받아) 그래요. 나 수리비 비싸서 못 고쳤어요. 그러는 그쪽은 그럼, 그렇게 돈이 많아요? 대체 뭐하는 사람인데? 얼마나 있는데 돈이?!!

치열   (놀라) 그걸 내가 왜 까요, 언제 봤다고!! (하곤) 어쨌든 난 보상했고, 이만 가보겠습니다. 번창하십쇼. (하고 다시 나가려는데)

행선   (잡으며) 잠깐만요! 나 저거 못 받아요! 아니 안 받아요. 가지고 가요!!

치열   아 이거 놉시다 좀! 그냥 가지시라구요~!!

행선   아 안 받는다고 아저씨! 가져가라고~!!! (팔 잡은 채 휴대폰 들이미는데)

이때, 탕!! 하는 소리와 함께 가게 통유리를 뚫고 날아오는 쇠구슬.

뚫린 자리 중심으로 와지직 금이 가며 유리가 깨지는.

반사적으로 몸 숙이는 치열!

행선, 본능적으로 재우 감싸고! 영주 뒤로 자빠지고!

바닥에 또르르… 굴러가는 구슬.

경악하며 바라보는 치열과 행선의 모습에서… 2부 엔딩.

chapter
3

비호감이

호감이 되는

경우의 수

S#1.　**국가대표 반찬가게 (N)**

탕!! 소리와 함께 통유리를 뚫고 날아오는 쇠구슬.

뚫린 자리 중심으로 와자작~ 금이 가며 유리가 깨지고.

너무 놀라 얼음 된 치열, 행선, 재우, 영주.

행선　(순간 재우 안고 몸 낮추며, 폭탄 터질 것처럼 다급하게) 다들 엎드려!!!

치열　(재빠르게 낮은 포복 자세하고)

영주　(역시 바닥에 납작 엎어지는)

또르르… 바닥으로 쇠구슬 하나가 굴러가고

추가 공격 없이 정적이 흐르자

일동, 미어캣처럼 일제히 고개를 쑥 내민다.

아직 경계의 눈빛 가득한 모습에.

S#2.　**파출소 외경 (N)**

불빛 환한 파출소 외경에 타이틀 뜨며…

일타 스캔들 chapter 3. 비호감이 호감이 되는 경우의 수

행선(E)　(흥분한) 이건 살인미수나 다름없다니까요~?!

S#3.　**파출소 (N)**

순경에게 흥분해서 진술하는 행선.

치열도 그 옆에 모자 꾹 눌러쓰고 앉아 있다.

행선　아니 비껴갔길래 망정이지 누가 맞기라도 했으면… 아우. (생각하기
　　　도 싫다) 이거 보통 일 아니에요 이거. 어떤 사이콘지는 모르겠지만,
　　　이딴 것들은 더 큰 사고치기 전에 민중의 몽둥이이신 경찰분들이 잡

아 족치셔야지···

치열　(한심하다는 듯/o.l) 지팡이겠죠. 민중의 지팡이.

행선　(확 째리며) 몽둥이나 지팡이나, 애니웨이!

치열　(수준하곤··· 고개 저으며 외면하는데)

순경　(쇠구슬 들고 살피며) 그럼 두 분은, 그냥 사장님과 손님 관계신 거죠?

치열　네, 뭐···.

행선　아니 근데 또 그런 것만은 아닌 게. (치열 힐끗 째리며) 엄밀히 말하면 가해자와 피해자기도 하거든요. 이 총각이 제 동생 휴대폰을 훔쳐서 토끼시는 바람에···

치열　(발끈/o.l) 이 총각이라뇨 아주머니!

행선　(역시 발끈) 아주머니라뇨 이 아저씨가 진짜! (씩씩거리면)

치열　(순경 보며) 그건요 순경님. 사소한 오해가 좀 있었고, 도의상 배상도 한다 그랬고. 근데 이분이 거절을 하셔서. (행선 보며) 그거 망가진 폰 보다 더 신상이거든요?

행선　하··· 이봐요 또 이래. 실술 했으면 진정성 있게 사과부터 해야지, 옙 따하고 최신 폰 던져주면 뭐 어머나 감사합니다, 그래야 돼요? 낸장, 사람을 뭘루 보구.

치열　하··· 예 그럼 진정성 있게 사괄 드릴게요. 죄송해요, 죽을죌 졌어요. 됐죠?

행선　이것 봐, 아주 깐족깐족, 사람 약 올리는 재주가 있다니까요 이분이?!

치열　예, 재주라니 칭찬으로 받겠습니다~ (받아 치는데)

순경　(책상 치며) 아 그만. 말쌈은 따로 나가서 하시구요! (행선에게) 혹시 사장님 주변에 누구 짚이는 사람 없어요? 불만이나 뭐 원한을 살 만한···

행선　아~뇨. 제가 이 동네 장사가 만 사 년쩬데, 진짜 원만하게, 최대한 좋은 게 좋은 거다 그런 마인드로 운영을 해왔거든요.

순경　(떨떠름) 글쎄요, 여태까지 옆엣 분이랑 그렇게 싸우시고··· (하는데)

치열	(진지하게/오.) 저기, 경관님. 저 잠깐만…. (일어나 구석 쪽으로 가는)
순경	(진술하다 말고 뭐 하나… 일단 따라가면)
치열	어쩌면… (작게 속삭) 제가 타깃이었을 수도 있습니다….
순경	예? 그게 무슨….
치열	(고뇌하듯 미간 잡고) 아… 이거 어떻게 말씀드려야 하나… 실은 제가 그런 위치에 있는… 주변으로부터 견제를 좀 받는, 유명인이거든요. 이를테면… 밖에만 나갔다 하면 사진 찍히고, 걸 또 인터넷에 올리고 내가 뭘 했니 안 했니 지들끼리 떠들고. 아니 한번은 내가 (입 벌리며) 이렇게 하품을 했는데, 걸 초고화질로 확대해서 올린 담에 (입 끝 가리키며) 여기 침 흘렸다고, 근데 그게 진짜 침이 아니거든요. 직전에 커피 마셔서 살짝 물기가 있는 건데… (하다 북 치고 장구 치듯) 다 유명센 거죠. 세상에 이름이 나면 필연적으로 수반되는 고통들.
순경	(영문 모르겠단 표정으로) 혹시… 누구신지?
치열	입시하는 자녀분 있으시면 백퍼 아실 텐데… (작게) 최치열강이요. 일타강사.
순경	(전혀 모르는) 최치… 뭐요? (하는데)

이때, 연락 받고 뛰어 들어오는 동희.

동희	선생님~~ (다가서면)
치열	어, 지 실장~~ (엄마 만난 아이 같은 표정으로 동희 보면)
행선	(앉아서, 저 둘은 대체 뭔 관계야? 의혹 가득한 표정으로 보는)

S#4.   **파출소 앞 (N)**

앞서 나오는 행선. 뒤쪽 한번 쳐다보고는 흥! 먼저 가고.
뒤이어 치열과 동희가 함께 나온다.

동희	(걱정된다는 듯 보며) 괜찮으세요 선생님?
치열	어. (말은 그렇게 하지만 이제야 긴장이 풀린 듯 휘청, 기쁜 숨 몰아쉬는)
동희	(얼른 그런 치열 잡고) 심호흡, 깊게 심호흡하세요. 후… 하….
치열	(말 잘 듣는) 후… 하… 후우… (하곤 동희 보며) 편의점에 청심환 있으까…?

S#5.   **치열 차 안 (N)**

동희 운전하고, 치열 뒤에 앉아 액상 청심환 쭉 마신다.
치열 옆에는 행선에게 줬던 신상 휴대폰 박스가 올려져 있는.

동희	그동안 국가대표에 쭉 가셨던 거예요? 말씀하시지, 제가 사다드리면 되는데.
치열	(등받이에 기대며) 쪽팔리잖아… 가지 말라고 그렇게 큰소릴 쳐놓구. 반찬도 직접 고르고도 싶고… (하다 다시 일어나 앉으며) 야 쇠구슬 쏜 거 혹시 그 스토커 아냐? 갑자기 안 보이는 게 이상하잖아. 아니면 최치열라짱나? 아냐. 그런 악플러는 뒤에서나 활동하지 이럴 깡은 없을 텐데. 아님 퍼펙트엠? 차 원장 원래 구린 짓 많이 하잖아.
동희	글쎄요… 일단 좀 쉬세요. 얼굴이 아직 창백하세요.
치열	그럴까…? (다시 등받이에 기대고) 아… 아깐 너무 놀라서 진짜. 민방위도 끝나가는데 포복자세가 절로 나오더라. (눈 감는다. 생각하기도 싫은)

S#6.   **치열 펜트하우스 복도 (N)**

휴대폰 박스 들고 집 쪽으로 걸어오던 치열.
집 앞으로 거의 다 와서 멈칫, 하곤 주변을 두리번거린다.
혹시 또 저를 노린 자가 있을까…
벽에 몸을 붙이고 슬금슬금 현관 쪽으로 가는데

센서에 의해 복도등이 팍! 켜지자

치열   (화들짝) 아 깜짝이야. 아씨. (호흡 고르곤) 후우…. (얼른 현관 앞에 붙어
         누가 볼세라 손으로 가리곤 띡띡, 버튼 누르곤 전광석화와 같은 스피드로 안
         으로 들어가 문 쾅! 닫는다. 이내 걸쇠 걸리는 소리 덜거덕!)

S#7.   **치열 펜트하우스 거실~안방 (N)**
        무서워서 불이란 불은 환하게 다 켜두고, TV까지 켜둔 거실.
        카메라 팔로우해 들어가면 안방 불도 역시 환하게 켜져 있고.
        치열, 침대 옆에 침낭 깔고 누워 있다.
        잠이 안 오는지 눈이 말똥말똥하다.

        #. 회상 플래시백
        전회 마지막 신. 행선 가게 통유리창 와장창 깨지던.

치열(off) 그렇게 유리가 와장창 무너질 정도면, 속력과 가속도를 감안했을 때
         최소한 10미터 전방의 거리에서 쐈다는 얘긴데… 각도상 위에서 내
         려꽂힌 거 같진 않아. 만에 하나, 달리는 차에서 쐈다면… CCTV 있
         는 주변 가게에 쇠구슬이 날아가는 화면 정돈 남았을 수도 있고, 그
         럼 방향과 각도를 이용해 위치를 특정할 수 있을지도….

         애벌레처럼 데굴데굴 구르며 생각이 생각의 꼬리를 무는 치열 모습
         에서.

S#8.   **다음 날/ 국가대표 반찬가게 앞 (D)**
        인부 두 명 가게 유리 갈고 있고… 행선, 영주, 재우 나와서 보는.

행선	아… 마른하늘에 날벼락도 아니고, 이게 뭔 일이냐 진짜.
영주	이럴 줄 알았으면 지난주에 유리 청소나 하지 말걸. 경찰은 뭐래?
행선	수사가 쉽진 않을 거 같대. 하필 요 방향으론 CCTV도 없어서. (하다) 아 몰라몰라. 그 호랑이하고만 엮이면 뭐가 깨져 암튼. 폰 깨지고, 유리 깨지고, 돈 깨지고.
재우	(듣다 불쑥) 누구, 최치열강?
행선	호랑이 얘기하는데 최치열강이 왜 나와 또? 고만해라, 누나 예민하다 오늘.
재우	아니 그게 아니라 그 버스에 최치열강이 호…
행선	(o.l) 아 고만하라구 좀. 야 너 산책이나 가. 가 와플 먹구 와 성가셔.
영주	(얼른 가는 게 좋겠다, 재우 툭툭 치면)
재우	(입 삐죽) 호랑이가 최치열강인데…. (혼잣말하며 가는데)
인부	(유리 다 끼웠다. 행선 보며) 다 됐습니다 사장님.
행선	아 예, 고생하셨어요. 얼마죠? 혹시 카드 결제도 되나요?
인부	그럼요. 시공비까지 해서 백 이만 팔천 원인데, 백 이만 원에 해드리겠습니다.
행선	(!!) 백… 백 이만…. (충격에 비틀하는)

S#9.   **국가대표 반찬가게 (D)**

충격받은 채 들어오는 행선, 의자에 털썩 앉는다. 영주 따라 들어와

영주	멘탈 잡아라 남 사장. 이번 달은 진짜 돈 깨지는 달인가봐.
행선	(멍한 채) 내가 돈이 마르고 피가 마른다 진짜. (하다가 울 듯한 표정 되며) 이럴 줄 알았으면 어제 그 폰이라도 넙죽 받을걸. 그놈의 자존심이 뭐라고 냅장….
영주	그러게. 나도 어제 너 사과 어쩌구 할 때 꼴깝 떤단 생각을 살짝 하긴 했다.

√ 133

행선	(아쉽다…) 다시… 갖고 오진 않겠지…?
영주	너 같음 오겠니? 선의를 그런 식으로 무시당했는데?
행선	야 선의는 무슨, 지가 지은 죄가 있으니까 그런 거지! 넌 가끔 진짜 누구 편인지 모르겠더라 애가? 무조건 남자 편이지, 그치?
영주	것두 아니라곤 못해. 난 남자가 좋다. (하다) 야, 건 그렇구 너 가야 되지 않아?
행선	돈 벌어야지, 가긴 어딜 가?
영주	학원에 줄 서러 간다며. 헤이 자리~
행선	(헉~ 시계 보곤) 맞다. 아 이 정신머리. (앞치마 풀며) 갔다 올게, 가게 좀~ (나가는)
영주	뛰어라 남행선. 고고~~

S#10. 국가대표 반찬가게 앞 (D)

행선, 가게에서 뛰어 나오는데
치열, 가로등 위 올려다보며 CCTV 설치 유무 체크하고 있다.

행선	! (치열 보곤 잠시 멈칫)
치열	! (역시 행선 보곤) 저기요, 이 동넨 CCTV가 왜 이렇게…
행선	(무시하고 치열 지나쳐 뛰어가는)
치열	…없냐고 물어볼라 그랬는데 가버렸네? 응, 그럴 수 있지 바쁘면. 그럴 수 있어. (고개 끄덕이지만 무안하다. 리모컨 키 딱 누르며 차 쪽으로 가는)

S#11. 학원 근처 거리/ 치열 차 안 (D)

행선 빠른 속도로 뛰어가는데
순간, 행선 옆을 지나치며 바닥에 고여 있던 물을 훅 튀기는 치열의 차.

행선   아 차거… (휙 쪄려본다. 차 안 운전자가 치열임을 확인하고) 저…. (오기
가 생긴다. 운동화 앞코를 바닥에 톡톡, 치곤 전속력으로 달리기 시작하는)

룸미러 힐끗 보던 치열. 놀라 표정 굳는다.
빠른 속도로 다가오는 행선,
어느새 치열의 차와 동일선상에서 달리며 쪄려보고.
치열, 경쟁심에 우씨… 속도 높인다.
행선을 앞서가는데 이때 신호 바뀌고.
어쩔 수 없이 멈춰 서는 치열.
이 틈을 타 행선, 다시 치열 차를 앞서가며 놀리듯 씩 웃고.
괜히 약 오르는 치열. 손으로 핸들 쾅 치는!

S#12. 더프라이드 학원 앞 (D)

길게 늘어서 있는 줄.
행선, 줄 맨 끝 쪽에 서곤 헉헉… 숨 고르는데 운동화 끈이 풀어졌다.
주저앉아 풀어진 운동화 끈 매는데 이때 들어서는 치열의 차.
줄 서 있던 엄마들 "최치열 최치열…""맞네. 어머 차 째끈한 거
봐…" 웅성거리고,
행선, 최치열? 하고 일어서는데… 치열 차 이미 주차장 쪽으로 사라
졌다.

행선   아… 또 못 봤네. 우리 최쌤 실물 한번 보고 싶은데. (아쉬워하는 표정
에서)

S#13. 몽타주 (D)

#. 국가대표 반찬가게

치열 들어오는데, "나 갔다 올게~"하곤 치열 툭 치고 나가는 행선.

행선 돌아보며 "아 죄송해요." 하곤 나가고, 치열 아프다. 찡그리며 째려보고.

#. 더프라이드 학원 앞

뛰어와 줄에 합류하는 행선. 헉헉… 숨차하며 손가락으로 앞에서부터 인원 세어보고.

#. 국가대표 반찬가게

치열, 고른 도시락 내밀면 행선 새침한 표정으로

"스페셜에 국 하나 추가하셔서 14,500원 계산하실게요. 카드 꽂으실게요."

치열, 힐끗 행선 보곤 "근데 계산하실게요~ 꽂으실게요~ 하면, 건 누굴 높이는 문법일까요? 나? 아니면 카드?"

무안해 얼굴 벌게지는 행선. 치열 손에 든 카드 빼앗아 거칠게 카드기에 긋는.

#. 더프라이드 학원 앞

뛰어와 줄에 합류하는 행선. "앗싸, 오십 번대!" 주먹 쥐어 보이고.

#. 더프라이드 학원 강의실

중간 정도 자리에 앉아 눈 반짝거리며 치열 수업 듣는 해이.

여고괴담 점프컷처럼 툭! 툭! 툭! (맨 앞자리까지 온다 - 시간 경과의 느낌으로)

S#14. **다음 날/ 우림고 외경 (D)**

S#15. **우림고 2-1 교실 (D)**

칠판에 '1학기 기말고사' 적혀 있고.

학생들 열심히 시험 문제 푸는. 해이도 자신감 있게 마킹해 내려가고.

S#16. 우림고 앞/ 수아모 차 안 (D)

대기 중이던 수아모 차에 올라타는 수아.

수아모   고생했어 딸. 시험은?

수아   (태블릿PC 켜며) 딴 건 잘 봤구. 영어가 살짝 걸리는데, 일등급은 나올
거야.

수아모   그럼 됐지 뭐. 잘했어 수고했어. (기분 좋다. 차 출발시키며) 하루 쉬면
좋은데, 바로 학원이라 좀 그렇다 그지? 그래두 어뜩해. 쫌만 더 고
생하자. 니 기나긴 인생에서 입시는 순간이구 학벌은 영원한 거잖아.
알지?

수아   (단어장 보며) 어. 근데 학원 짜증나 요새. 특히 수학.

수아모   왜, 강의가 별루야?

수아   아니, 레벨 차이가 너무 나. 왜 그딴 거까지 풀고 있어야 되는지 모르
겠어.

수아모   하긴. 너 같은 최상위권이 떨거지 애들이랑 섞여 듣는 건 시간 낭비
인 경향이 있지. 학원 말야… 겨울방학 때 시작하는 의대 올케어반,
여름방학으로 땡기자구 해볼까?

수아   (반짝) 그게 가능해?

수아모   그럼. 엄마 이래봬두 니네 원장도 무시 못하는 인플루언서야~ 몰라?

원장(E)   아이고~~ 수아 어머님, 오랜만이십니다~!

S#17. 더프라이드 학원 원장실 (D)

마주 앉아 차 마시는 원장과 수아모.

원장	(아부하는) 스카이맘점넷에 올리시는 글은, 제가 잘 보고 있습니다.
수아모	네 뭐 저는, 이해관계 따져 물 흐리기보단 팩트에 입각한 정보만을 공유하니까. 그런 차원에서, 건의할 게 하나 있어서 왔는데요 원장님.
원장	예예, 말씀하세요 수아 어머니.
수아모	12월에 시작하는 의대 올케어반 말인데요. 그게, 여기 더프라이드 학원 간판 프로그램이잖아요. 7명 소수정예에 일타강사를 붙이는 게 엄청난 메리트라. 우리 수아도, 그거 때문에 제가 더프라이드 보낸 거구.
원장	(어깨 올라가) 그렇죠. 우리 더프라이드의 프라이드라고 할 수 있죠. 제가 아주 불도저처럼 개원 초기부터 밀어붙였…
수아모	(o.l) 알죠, 다 원장님 공인 거. 그런데 생각해보니까… 겨울방학부터면 좀 늦는 감도 있고, 다른 학원도 그런 프로그램은 다 하고 있잖아요. 차별화가 좀 되려면 올케어반을, 이번 여름방학으루 땡겨서 오픈하면 어때요?
원장	예? 아 그건… 간단한 문제가 아닌데… 선생님들 스케줄을 다 맞춰놔서 참…
수아모	(o.l) 추진만 해주시면, 다음 시즌이랑 여름방학 특강까지 엄마들 여론몰이는 제가 확실하게 할게요. 영어랑 국어는 퍼펙트엠에 계속 밀리시잖아. 안 그래요?
원장	(그렇긴 하다. 솔깃하는 표정에)

S#18. 더프라이드 학원 강의실 (N)

맨 앞에서 눈 빛내며 수업 듣는 해이.
옆자리 수아는 해이 의식하며 수업 듣는.

치열	(칠판에 띄워놓은 문제 가리키며) 자, 이 문제. 복잡한 삼차함수 문제지만 쉽게 답 나오는 문제야. 어떻게 접근하면 좋을까?

학생들	…….
치열	아~ 나 또 킹받네. 아무도 없어? 진짜? (하며 둘러보는데)
해이	경계를 잘 살피면 되지 않을까요?
치열	(해이 보고) 어떻게?
해이	두 함수가 접할 때 교점 개수가 변하는 걸 이용하면 답 나올 것 같아요.
치열	(흡족한 표정으로) 나이스. (손 들어 가까이 대면)
해이	(하이파이브 한다. 기분 좋은)
수아	(그런 두 사람 보며 또 못마땅하다. 질투에 표정 일그러지는)

S#19. 더프라이드 학원 복도 (N)

수업 마치고 나오는 치열과 동희.

치열	(만족스런 도취) 아 오늘 수업 찢었다.
동희	네 찢으셨어요. 근데 선생님, 열공닷컴도 찢으신 거 아세요?
치열	열공닷컴? 왜?
동희	아까, 앞에 학생이랑 하이파이브 하셨잖아요. 질투난다, 쌤 건들지 마라, 나라면 손 안 씻는다, 난리났어요. 실검 1위가 하이파이브고.
치열	그래? 의도대로 됐네.
동희	노리셨어요?
치열	그럼, 한 번씩은 이런 이벤틀 해줘야 또 애들이 기를 쓰고 대답하지. 아까 그 친구가 기특하게 잘 대답하기도 했고.
동희	아 역시. 선생님은 계획이 다 있으셨구나. (웃고) 식사는요? 또 국가 대표?
치열	어, 가다 들러야지. 사장이 좀 틱틱은 거려도 잘 먹히니까. 반찬 고르는 재미도 있고. (하다) 야 문 닫겠다. 바로 퇴근해, 나 간다~ (서둘러 가는)

S#20. **국가대표 반찬가게 (N)**

손님 없고 장사 마무리 직전의 가게.

영주는 정리, 재우는 영수증 보며 정산하고.

행선, 대야에 물 받아놓고 창문 청소용 브러시로 창 닦는.

행선   …이놈의 미세먼지 땜에, 아으 이 꾸정물 봐. 이거 어뜩해 이거.

영주   (보녀) 냅둬. 곰방 또 드러워질걸 뭐하러.

행선   (획) 이게 얼마짜리 유린데. 마르고 닳도록 닦아서 천년만년 쓸 거거
       든?! (다시 닦는)

S#21. **국가대표 반찬가게 앞 (N)**

행선, 물 담긴 대야 들고 나와 가게 앞에 착~ 뿌리는데

행여 가게 문 닫을까 잰걸음으로 오던 치열이 정면으로 물대포를 맞
는다.

치열   !! (놀라 얼음 되면)

행선   (헉~!! 치열만큼 놀란)

치열   (쫄딱 젖은 채 이게 뭔 짓이냐는 표정으로 행선 보면)

행선   어머. 어뜩해…. (이번만은 명백한 제 잘못이다. 어쩔 줄 모르는)

치열   ……. (천천히 손 들어 얼굴 물 털어내는)

S#22. **국가대표 반찬가게 (N)**

수건으로 머리 터는 치열.

영주와 재우 보고 있고, 행선, 재우 옷 들고 머쓱하게 서 있는.

행선   (보며) 그러게 왜 하필 그 타이밍에 그쪽으로 오셔가지구….

치열   (멈칫. 째려보면)

행선	큼. (할 말 없다) 어쨌거나 미안해요… 내가 좌우를 더 살폈어야 되는데….
치열	그거 지금 진정성 있는 사괍니까?
행선	(화도 못 내고) 예, 진정성 있게 사과드릴게요. 이번엔 제 잘못이에요. 죄송해요.
치열	(그제야 다시 젖은 옷 닦아내는)
행선	(힐끗 보곤) 벗어요. 드라이어로 말려드릴게. (옷 주며) 잠깐 이거 입고.
재우	어! 그거… 내 옷 중에 젤 비싼 건데… 2020년 4월 27일 신우백화점 강남점에서 누나가 낮술하고 기분 좋아서 생일선물 미리 준다고 사준 거. (하며 옷 잡으면)
행선	재우야. 잠깐만 빌리자. 지금은 상황이 상황이잖니? (당긴다)
재우	아…. (그래도 싫다… 버티는)
행선	(눈 부라리곤 재우 손등 탁, 치면)
재우	(할 수 없이 손 놓는데)
치열	(시크하게) 됐습니다. 남의 옷 안 입어요 전.
행선	잠깐이면 돼요. 괜히 젖은 옷 입고 에어컨 쐬구 감기 걸리지 마시구요. (카운터 밑에서 드라이어 꺼내며) 벗어요 얼른. 우린 안 볼 테니까. (고개 돌리면)
치열	됐다구요. 그냥 간다구요. (나가려는)
행선	(잡으며) 그러구 어딜 가요? 10분, 아니 5분이면 되겠다. 말려드릴게요 금방~ 여기서 벗기 뭐하면 안쪽에서 갈아입으시던지.
치열	(옷 움켜잡으며) 아 왜 이래요, 내가 괜찮다는데. (실랑이 하는데)
해이(E)	선생님!!

행선, 치열 잡은 상태로 치열과 함께 동시에 돌아본다.

| 해이 | (놀라) 선생님이 어떻게 여기…?! (요상한 광경에 눈 똥그래져서 보면) |

치열	!! (해이 알아보고 놀라는)
행선	!! (역시 상황파악 안 돼) 선생님이라니… 누가…?
해이	최치열 쌤 엄마~ (작게) 학원 수학 일타 쌤.
행선	!!! (너무 놀라 저도 모르게 입 벌어졌다가, 슬그머니 치열 옷 움켜잡았던 손 놓는)

S#23. 국가대표 반찬가게 앞 (N)

황망한 표정으로 가게에서 나오는 치열.

얼른 주차해놓은 제 차에 오르고 도망치듯 떠나는.

S#24. 국가대표 반찬가게 (N)

#. 폰 영상 인서트

1부의 치열 학원 홍보 영상 재생되고 있는.

화면에서 줌아웃하면 해이가 튼 영상을 행선, 영주, 재우 머리 맞대고 보고 있고.

영상 종료되자, 멘붕된 채 털썩 의자에 주저앉는 행선.

행선	…말도 안 돼. 아니 어떻게 그 호랑이가, 아니 그분이 최치열일 수가 있어? 내가 그 호랑이, 아니 그분한테 뭔 짓까지 했는데…. (끔찍하다. 눈 질끈 감으면)
해이	진짜 놀랍긴 하다. 폰 도둑놈이라고 욕을욕을 하던 사람이 치열 쌤이었다니.
영주	(폰 들여다보며) 해이야… 근데 이거 진짜 같은 사람 맞아? 여기서 봤을 땐 되게 없어 보였는데 사람이. (보며) 어머어머, 이 카리스마 봐. 유머두 넘치구.
행선	해이야. 쌤 성격 어때? 소심해? 막 뒤끝 있고 그럴 거 같애?
해이	아니. 그럴 분은 아닐 거 같은데.

영주	모르지 그건. 알고 봐도 이 잔망쟁이랑 그 손님이랑 같은 사람이란 게 연결이 안 되는데. 이중인격일 수도 있고. 본캐 부캐 따로 있는 스탈일 수도 있고.
행선	잠깐, 그럼 회원 이름은? (회원 명단 보며) 봐, 지동희잖아. 최치열이 아니고.
해이	실장님 이름으로 등록하셨네.
영주	실장? 아… 그 병약미. 그분 이름이었구나. 이름도 내 스탈이네.
행선	아 진짜 미치겠다. 아니 왜 최치열을 몰라봤을까, 학원 앞을 그렇게 지나다녔으면서. 어쩐지 첨부터 내가 뭔가 낯이 익더라니.
재우	그래서 말했잖아 내가. 호랑이가 최치열이라고.
행선	니가? 언제?
재우	이 유리 간 날. 가게 앞에서.
행선	(생각난다. 보며) 그게 그 소리였다구?
재우	(거봐 맞지? 의기양양하게 고개 끄덕끄덕하는데)
행선	(급발진, 재우 멱살 잡으며) 그렇다고 그럼, 말을 해야지 새끼야! 걸 너 혼자 알고 있니? 그러고도 니가 핏줄이야? 어?!
재우/해이/영주	(켁켁거리고) / 아 엄마~ / 야야, 애 죽겠다. (행선 말리고 난리인)

S#25. 치열 펜트하우스 거실 (N)

도망치듯 현관문 열고 들어오는 치열.
신발 날리듯이 벗어던지고 바로 주방으로 가 냉장고 문 열어보곤, 아 차 또 까먹었다 생수! 깨닫고 또 수도에 대고 물 벌컥벌컥 마신다.

| 치열 | (이제야 갈증이 가신 듯 손등으로 입 쓱 닦은) 아… 어떻게… 그 사장이 내 수강생 엄마였을 줄이야… 나이가 그렇게 보이진 않던데…. (걸어와 소파에 털썩 앉는다) …이거 이러면 상황이 달라지는데… 내가 너무 방심했어. 한 번쯤은 의심을 해봤어야 했는데…. 혹시 스카이맘점 |

넷 이런 데다 또 글 올리는 거 아냐? 최치열이 폰을 훔쳤네 가식덩어리네….

그러고 보니 걱정된다. 바로 폰 꺼내 스카이맘점넷에 들어가 보는데.

#. 화면 인서트
'최치열 개 같음…' 게시글 제목 보이는.
치열, 놀라 얼른 클릭해보면
강의 중인 치열 얼굴 사진과 귀여운 강아지 사진 비교해놓고 '닮았죠? 넘 귀욤'

치열 (안심) 아씨… 식겁했네. (신고버튼 누르려다… 보고) 뭐, 귀엽긴 하네.
   (추천 누르는)

S#26. 행선집 욕실 (N)
수건으로 머리 싸매 올리고 양치질 중인 행선.

행선 (칫솔질하며) 아 몰라. 알고 그런 것도 아니고 뭐… 피차 오해한 거잖아. 쌤쌤이지. (하다 멈칫, 표정 굳으며) 아냐… 위치가 다르잖아 그쪽은 갑이고 우린 을이고. 어떻게 같냐고 입장이~ (걱정되는 표정에)

#. 회상 플래시백
1부 56신에서 '도둑새꺄아~~' 하고 치열에게 달려드는 행선
2부 82신에서 치열 잡던 행선
3부 21신에서 치열에게 물대포 날리던 행선

행선 (입에 있던 거품 탁, 뱉고) 아… 물대포까진 날리지 말았어야지… 해이

한테 미운털이라도 박히면 어뜩하냐고. (한참 생각하다) …그래. 자책골 넣으면 만회골 너야지 책임지고. 내가 해결해야 돼, 내가. (뭔가 미장한 표정에)

동희(E)　수강생 학부모였다구요? 국가대표 사장님이?!!

S#27. 다음 날/ 치열 차 안 (D)

동희 운전하고, 뒷좌석에서 폰으로 계속 스카이맘점넷 새로고침 하는 치열.

동희　와… 진짜 동안이시네요. 상상도 못했어요 수강생 학부몰지는.

치열　난들 상상했겠니. 그 상황에 그 집 딸, 왜 그 하이파이브… 걔가 딱 들어서서 엄마! 그러는데… 와… 진짜 등골이 오싹하드라 내가.

동희　남해이 학생이요. 시즌 투부터 수강했는데… 성실해요. 테스트 성적도 상위권이고.

치열　그러니까. 애는 똘망똘망하드만, 모녀가 하낫두 안 닮았어.

동희　(힐끗 보며) 근데 뭐 하세요?

치열　혹시 모르잖아. 그 사장이 인터넷에 또 최치열을 고발합니다 이런 글 올릴지.

동희　그럴 분은 아닐 거 같던데.

치열　그래? 진짜 아닐까?

동희　네. 아닐 거라고 세 번 말해드려요?

치열　응 해봐.

동희　아닐 거예요 아닐 거예요 아닐 거예요. (하는데)

동시에 치열 휴대폰 벨 울린다. 보면 '02-6359-○○○○' 번호와 함께 밑에 '국가대표 반찬가게입니다. 행쇼~' 문자 함께 뜨는.

치열	(!) 뭐야, 국가대폰데? 뭐지? 왜지? 왜 전화했지?
동희	받아보세요.
치열	크흠. (목 가다듬고 톤 깔아 휴대폰 받는다) 네 최치열입니다.
행선(F)	(세상 깍듯) 아 안녕하세요 선생님? 저 국가대표 반찬가게 사장인데요, 해이 엄마. 딴 게 아니라… 바쁘시겠지만 혹시 잠시, 좀 들러주실 수 있으신가 해서….
치열/동희	(뭔 일이지? / 시선 주고받는)

S#28. 국가대표 반찬가게 앞 (D)

동희 대동하고 반찬가게 앞으로 다가서는 치열. 긴장한 표정 역력하다.

치열	아… 아무래도 예감이 안 좋아. 생각해보니 그냥 넘어갈 일이 아니다, 오해고 뭐고 남의 휴대폰을 갈취했으면 도둑놈 아니냐? 고소하겠다, 이러는 거 아냐? 아니면 지금이라도 맞짱을 한번 뜨자거나. 국대 출신이라 내가 발릴 수도 있을 거 같은데.
동희	그렇게 되면 제가 이대일로 싸워드릴게요 비겁하게.
치열	오케이. 약속했다. 후우…. (심호흡하곤 정면 보고 가게 문 확 여는)

S#29. 국가대표 반찬가게 (D)

치열 문 열자마자, 보고 오버스럽게 뛰어나가 문 잡아주는 행선.

행선	(환대) 어머나~ 선생님 오셨어요~~ 들어오세요 들어오세요~~~
치열/동희	(얼떨떨한 채 들어오고) / (따라 들어오는)
영주/재우	오셨어요 선생님? / 안녕하세요? (행선에게 교육 받은 듯 90도로 인사하는)
행선	(굽신굽신) 바쁘신데 오라가라해서 죄송해요 선생님. 딴 게 아니라 제

가 선생님께 드릴려고 살짝, 준비한 게 좀 있어서….

치열   (행선의 저자세에 긴장이 풀리며 살짝 어깨 펴지는) 아 네… 뭘…?

(컷)   형형색색의 구절판에, 잣가루 뿌린 떡갈비, 다채로운 꼬치와 표고버 섯전, 속을 꽉꽉 채운 통오징어찜에, 대나무통에 담긴 오곡밥, 학 모 양으로 자른 사과와 연꽃 모양으로 담은 딸기까지… 몇 개의 찬합에 나누어 담겨 있는.

치열   (입 떡 벌어져서 보면)

행선   (설명하는) 요건 구절판이구요… 요건 숯불에 구운 떡갈비, 꼬치, 표 고버섯전. 요기 요 통오징어찜은 내장까지 먹는 게 뽀인튼데, 싱싱한 물오징어로 했으니깐 걱정 마시구 식사로 드셔도 좋구 수업 마치시 구 와인에 안주로 드셔두 좋구요.

치열   아… 이걸 다 어떻게….

행선   왜 이걸 못 드세요? 죙일 서서 강의하시는데 이 정돈 먹어주셔야지. 가만 보면 너무 마르셨어요. (동희 보며) 그죠 살 좀 찌셔야겠죠 우리 최쌤.

동희   네… 그런 편이시죠. (웃는)

치열   (딱 보니 반감은커녕 잘 보이고 싶어 하는 듯하다. 긴장 사라지며 어깨 살짝 펴는) 아 내가 원래 슬림한 체형이라 그렇지… 그렇게 허약한 편은 아닌데.

행선   아 그죠. 보긴 딱 좋으세요. 원래 좀 마른 듯한 체형이 옷발이 잘 살잖 아요. 호호.

영주/재우   (대놓고 알랑 떠는 행선을 어이없다는 듯 보는)

치열   어쨌거나 감사하고… 실례 많았습니다 그동안. (인사하면)

행선   아우, 아뇨아뇨. 실례는 제가 더 많았죠. 정말 죄송했어요~ (고개 숙여 인사하는)

치열   아닙니다 저야말로. (다시 숙이고)

행선   아니에요 제가 훨씬~ 훨씬 더 죄송해요~~ (더더 숙이는)

영주/재우/동희   (둘이 뭐하는 건가… 벙찐 채 보는)

S#30. 국가대표 반찬가게 앞 (D)

치열 차 나가고.

행선, 앞쪽에서 "오라이~ 오라이~"하며 오버스럽게 교통정리를 한다.

반대쪽에서 차 한 대 오자 요란한 수신호 해 보이며

행선   스톱~ 스톱 스토옵~~!! (스톱시키곤 치열 차 보며) 오라이 오라이~~

    (안내하는)

S#31. 국가대표 반찬가게 (D)

가게 유리 통해 교통정리 하는 행선 바라보는 영주와 재우.

영주   재우야. 니네 누나 공수전환은 언제 봐도 참 경이롭다. 선수 때도 저

    걸 참 잘했어.

재우   근데 최치열강한테 갑자기 왜 저렇게 친절해 남행선 누나?

영주   (재우 어깨에 손 얹으며) 재우야. 인간세계도 말야… 결국 야생이랑 똑

    같거든? 약육강식 알지? 최치열이 강자라, 약자인 니 누나가 먹이를

    바치는 거야. 일종의 조공.

재우   우리 누나도 약자는 아닌데…. (갸웃하면)

영주   자식 앞에 부모는 다 약자란다….

재우   (다시 보다가) 와… 누나 머리가 땅에 닿을 거 같애. 완전 유연해….

행선, 멀어져가는 치열 차를 보며 연신 90도로 인사해대는.

치열 차 안 (D)

운전하며 백미러로 90도 인사하는 행선 힐끗 보는 동희.

치열은 뒷자리에 특식 도시락 한가득 안고 기분 좋게 앉아 있는.

동희   선생님 괜히 걱정하셨나봐요. 너무 호의적이신데요 사장님?

치열   (기분 좋은) 그러게, 사람이 생각보다 그렇게 꽁하진 않네. 역시 국가
       대푠 아무나 되는 게 아냐. (하다) 아 근데 이거 진짜 받아도 돼? 알잖
       아. 나 학부모한텐 사탕 한 봉지도 안 받는 거.

동희   알죠. 근데 도시락 값을 드리겠다니까 너무 화를 내셔서.

치열   내 말이. 그 여자가, 아니 그 어머니가 그렇다니까? 화나면 엄청 무서
       워 엄청.

동희   해주신 성의를 봐서 이번 한 번은 그냥 받으셔도 괜찮을 거 같아요.
       앞으로 계속 단골하시면 되잖아요.

치열   그렇지? 그래, 단골 괜찮네.

동희   어떻게, 괜찮다고 세 번 해드릴까요?

치열   아냐 됐고. 나도 답례를 하지 뭐. 백화점에서 선물세트 좀 보내. (도시
       락 치며) 애들이랑 저녁은 이걸로 먹음 되겠다. (기분 좋은데)

동희   (휴대폰 벨 울린다. 블루투스로 받는) 네 부장님. 네. 네… 아 네, 전달하
       겠습니다. 네…. (보며) 저희끼리 먹어야겠는데요? 원장님이 저녁 사
       신대요. 중요한 일이라고 빠지면 안 된다고, 선생님 강의 없으신 거
       알고 일부러 오늘로 잡으셨대요.

치열   아 하필…. (싫다. 아쉬운 듯 도시락 보며) 내 꺼 남겨놔. 안 먹고 올 거니
       까. 꼬옥.

S#33. **고깃집 외경 (N)**

S#34. **고깃집 룸 (N)**

거의 다 먹어가는 불판. 원장과 치열, 그 외 학원 강사 세 명 더 있다. 치열은 고기에 손 안 대고 연신 시계만 본다. 행선의 특식을 다 먹을까 초조한.

원장   (치열 살피며) 최 선생. 왜 안 먹어? 여기 한우 좋아. 투뿔이야 좀 먹어봐.

치열   아. 전 다른 계획이 좀 있어시. 드십쇼.

원장   그래? 이거 비싼 거라 다 먹어야 되는데. (한 점 집어 먹곤 눈치 보며) 저기, 내가 이렇게 우리 학원에 핵심인 일타 쌤들을 모신 건, 제안할 게 하나 있어선데….

강사1/2/3 (E)   의대 올케어반을요?

(컷)   모두 얘기 들은 분위기. 치열, 뜬금없이? 하는 표정으로 원장 보는.

원장   갑작스러운 건 아는데… 학부모님들 요청도 그렇고, 나도 시기에 대한 문젠 계속 고민해왔던 터라. 아니 그렇잖아요? 다른 학원들 죄다 일제히 고3 올라가는 시기에 프로그램 가동하는데, 거기 스텝 같이 하는 게 뭔 의미가 있냐고. 차별화가 안 되잖아~

강사1   그래도 무리 아닐까요? 일 년 스케줄 맞춰놓은 게 있는데.

원장   건 조절해야지 당연히. 내가 싹 다 정리할게. 선생님들이 동의만 해주면.

강사2/3   아무리 그래도 이렇게 급하게…. / 그니까요. 저는 분원 강의까지 있어서. (곤란해하는)

원장   어차피 올케어는 일곱 명 소수정예로 가는 거니까, 멤버 구성 딱 해놓는 게 여러모로 낫지 않을까 해서. 아니 정 싫으면 나도 강요는 못 하는데…. (치열 눈치 보는데)

치열   (고개 끄덕이며, 가볍게) 그러시죠.

원장   (흔쾌한 수락에 놀라) 그러자고? 그러니까 땡겨 가자고 올케어를?

치열	어차피 커리큘럼은 준비되어 있는 거고. 레벨테스트 문제 뽑는 게 좀 바쁘긴 한데 불가능한 건 아니니까. 아, 그럼 학부모 설명회도 레벨 테스트 볼 때 동시에 같이 가면 되겠네요. 따로 시간 잡는 것도 쉽진 않을 테니까.
원장	오~ 역시 우리 최 선생은 울 학원의 브레인이야. (신난) 콜! 그럼 그렇게 하는 걸로~!
강사1/2/3	(우리 의견은 중요치 않구나… 짜증나는 표정으로 치열 보는데)
치열	(정색하며) 대신 칠판 바꿔줘요.
원장	어?
치열	강의실, 법랑칠판으로 바꿔달라구요. 봐둔 모델 있어요. 링크 보내드릴게요.
원장	(당황) 아~ 칠판안~? 그래, 전에 한번 얘기해서 나도 안 알아본 건 아닌데… 근데 그게 일반 칠판보다 두 배가 비싸드라구. 또 시공도 다시 해야 되고 번거로워서.
치열	번거롭죠. 올케어 땜에 시간표 바꾸는 것도 번거롭고. 테스트 문제 뽑는 것도 번거롭고. 세상에 안 번거로운 일이 있나요? (시위하듯 눈빛 쏘면)
원장	(흠칫해) 그럼에도 불구하고 할 건 해야지 그럼. 바꾸자구 법랑칠판. 하하.

S#35. 고깃집 홀 (N)

원장, 계산하고 카드 돌려받고 강사들과 함께 나가고.
화장실 갔다 나온 치열 뒤따라 나가려는데.

동기1(E)	저기 최치열 아냐? 치열아~!
치열	? (돌아보면)

홀 한 켠에 종렬과 치열의 대학동기1, 2가 고기에 소주 마시고 있는.

치열   (어색하게 다가가는) 어… 오랜만이다.

동기1   야~ 이게 얼마 만이냐? 영광이다 야. 연옌이나 다름없는 분을 이렇
          게 영접하고.

동기2   그러게. 근 십 년간 애 얼굴 본 거 우리가 유일할걸?

치열   어머니 상 때, 못 가봐서 미안하다. 방학특강 때라 수업이 풀이어서.

동기2   아냐. 바쁘면 그럴 수도 있지. 뭐해 앉아. 간만에 한잔하자 야.

치열   (차마 거절 못하고) 어… 그래…. (종렬 힐끗 보곤 어쩔 수 없이 앉는)

종렬   (못마땅한 표정에)

(컷)   종렬과 동기1, 2 사이에 어색하게 앉은 치열. 대화에 못 끼고 고기만
          깨작거린다.

동기1   그렇게 영끌해서 아파틀 샀는데, 실패야. 아무래도 상투잡은 거 같애.

종렬   투자보단 실거주 목적 아냐? 니 결혼할려고 산 거라며?

동기1   겸사겸사지 인마. 잔금 넣자마자 프러포즈했는데… 날짜 다가올수
          록 답답~허다 뭔가. (하다 치열 보며) 아, 너무 우리 얘기만 했나? 치열
          이 넌, 결혼 계획은 없냐?

치열   난 뭐… 일이 바빠서.

동기2   얘가 뭣하러 결혼을 하냐. 그 정도 벌면 혼자 자유롭게 사는 게 낫지.
          야 내가 저번에 기사에서 봤는데 너 뭐 연봉이 백억 막 그렇다며, 진
          짜냐?

치열   (대화에 끼워주니 은근 좋은) 아니. 그것보단… 되지 더.

동기1/2   와씨… 대박. / 진짜 성공했다 야. 예전에 애 없이 살았을 때, 그땐 어
          깨도 좁아 보였는데, 겁나 넓어졌어 어깨도. 이래서 사람은 성공을
          하고 봐야 돼, 안 그냐?

종렬	뭘 똑같구만.
동기1	야 너 건물도 여러 개리며? 지금 사는 덴 어딘데?
치열	그냥 여기 근처. 애매럴드.
동기1	아아… 연예인 많이 사는 데 거기. 너 혹시 펜트하우스냐?
치열	아 뭘 자꾸 그런 얘길… (하다 슬쩍) 맞아.
종렬/동기2	(못마땅한데) / (신나) 야 우리 구경 좀 가자. 나 거기 엄청 궁금했는데 사는 사람이 있어야지 주변에. 펜트하우스면 겁나 넓겠구만.
동기1	그래. 동기모임 한번 거기서 열자. 돈 많은 친구 둬서 뭐해, 그럴 때 써먹지.
치열	그래 뭐, 봐서. (하는데 휴대폰이 울리고) 아 나 잠깐 전화 좀. (일어나는)

S#36. **고깃집 화장실 (N)**

치열, 간만의 친구들과의 자리에 긴장 풀려 유쾌하게 거울 보며 전화 받는.

치열	어, 그냥 니네끼리 먹어. 나 지금 우연히 친구들을 만나서. 이 반응 뭐지 이거? 난 뭐 친구 만나면 안 되냐? 짜식이. (하곤 기분 좋게) 그래, 맛있게 먹어라. 낼 보자. (전화 끊고, 손 씻는)

S#37. **고깃집 홀 (N)**

화장실 쪽에서 나온 치열, 자리로 가려다 멈칫하는.

동기1	야 근데 최치열 쟨, 앉으란다고 또 앉는다? 난 그냥 갈 줄 알았는데.
동기2	새끼 좀 띄워주니까 지 자랑하는 거 봐라. 아우 짜증나. 완전 술맛 떨어져.
종렬	지들이 먼저 판 깔아주곤.
동기2	적당히 눈치껏 해야지 적당히. 애가 옛날엔 순진하니 참 인간적이었는

데 완전 재수 됐다 저거? 걍 고기 값이나 내주고 빨리 갔음 좋겠다 야.

동기1   지금 가면 안 되지 소고기 더 먹어야지. 이런 물주 잡기가 쉽냐? 더
          시켜 더.

치열   ……. (잠시 보다가… 그대로 뒤돌아 입구 쪽으로 가는)

입구 계산대에서 카드 내미는 치열.

치열   저쪽 테이블, 계산 좀 해주세요. 소고기 몇 인분 추가해서. (친구들 쪽
          한 번 보곤, 쓸쓸한 표정으로 카드 받아 그대로 나가는)

S#38. 치열 연구소 앞 복도 (N)

엘리베이터에서 내린 치열. 연구실 쪽으로 걸어가며.

치열   (애써 자위하듯) 역시, 소모적이야 저런 모임은. 술 마시며 건강 버려,
          쓸데없는 얘기로 시간 버려. 이래서 동기모임을 안 나가는 거야 내
          가. (하곤 연구실 보며 간다. 내가 있을 곳은 역시 여기야… 안도하는 표정으
          로 문 열려는데)

조교1(연경, E)   진짜 환상이다. 선생님 안 계시니까 더 맛있다 진짜.

조교2(서진, E)   그러게. 솔직히 선생님 계시면 이렇게 못 먹지 불편해서. 캔맥도
          어림없고.

동희(E)   오늘 하루만이다 진짜. 다신 안 돼 니들.

조교들(E)   아 알았어요. / 일단 오늘은 즐겨요~ / 짠~ 짠~~ (업된 분위기)

치열, 멈칫한 채 차마 들어가지 못하고 서 있다.
본인이 들어가면 즐거웠던 이 분위기에 찬물을 끼얹는 셈이 될 게 뻔
하다.
결국 다시 손잡이 놓고 돌아서 가는 치열.

나는 어디에도 끼지 못하는 불편한 존재가 되어버린 건가… 싶어 씁쓸한.

S#39. **거리 (N)**
도시의 밤 속으로 빨려 들어가듯 달리는 치열 차.
멀어져가는 모습에 f.o/f.i

S#40. **다음 날/ 국가대표 반찬가게 앞 (D)**
가게 앞에 백화점 택배 차량 서 있고.

S#41. **국가대표 반찬가게 (D)**
배송기사에 의해 줄줄이 들어오는 갈비세트, 굴비, 과일 등등.
행선과 영주, 재우 어안이 벙벙해 보고 있다.

행선 　　이게 다 뭐야… 이거 우리 집에 오는 거 맞아요? 오배송 아니에요?

배송기사　아… (주소 확인하는) 국가대표 반찬가게, 맞죠? 보내신 분은… 최치
　　　　열님이신데.

행선 　　어머, 최치열 쌤이요?

배송기사　예, 마지막으로… 이거까지요. (내민다. 휴대폰 박스다)

행선 　　어머어머. 세상에. 어머. (보면, 박스 위에 포스트잇이 붙어 있다)

#. 메모 인서트
"진정성 담아 보냅니다. 이번엔 받아주시길 – 최치열"

영주/재우　와… 부잔 부잔가 보다. 선물 스케일이 다르네. / 이 폰 내 꺼지? 그치
　　　　누나? (좋은)

행선 　　어머 나 감동 먹었나봐. 막 울컥해 지금. 왜 이렇게 멋있니 사람이.

√155

(하며 주머니에서 폰 꺼내 문자치는)

S#42.   치열 연구소 내 사무실 (D)
출근해 들어오는 치열. 동희 따라 들어오며.

동희   올케어반 얘긴 들었어요. 근데 정말 칠판 땜에 오케이하신 거예요?

치열   그럴 리가. 안 그래노 애들 레벨 차이가 심해서 고민이었어. 최상위권 애들은 따로 수업하는 게 더 효율적이기도 하고. 간만에 원장이 타이밍 맞춘 거지.

동희   아… 그럼 바로 신청 받고 레벨테스트 진행되는 건가요?

치열   어. (하는데 휴대폰 문자벨 울린다. 보면 "진정성 있는 선물 너무 감동이에요 선생님. 감사합니당~~^^ – 국가대표 사장 남행선" 눈으로 읽고 마음 바빠 폰 접으며) 문제 내고 설명회 준비하려면 오늘내일 밤 새야겠다. 간만에 좀 달리자?

동희   넵. 그거야 뭐 저희 전공인데요. (웃는 모습에)

단지모(E)   어머! 올케어반 공지 떴어 지금~~

S#43.   브런치 카페 (D)
수아모, 단지모와 다른 엄마들 폰 보며 흥분한 분위기.

단지모   (보며) 어머, 진짜루 땡길래나봐. 바로 접수 받는다는데?

수아모   그럴 거랬잖아 내가. 원장이 엄청 혹하더라니까?

단지모   멋지다 언니. 어떻게 학원 수업 하날 통째로 들었다 났다 하냐? 추진력 끝내줘 진짜.

수아모   뭘, 이건 내 힘이라기보단 수아임당의 영향력이지.

단지모   아 그거나 그거나. 수아임당이 언니고 언니가 수아임당인데 뭐.

엄마1   그나저나 레벨테스트가 내일이면 너무 바튼 거 아닌가? 준비할 시간이 없잖아.

엄마2   그러게. 진수 형 때는 새끼과외도 붙이고 그랬는데.

수아모   평소 실력으로 보란 거지 뭐. 애들 실력 파악하는 덴 그게 더 공정하
         잖아? 준비하고 벼락공부하고 그런 거보다. (자신만만한 표정)

(컷)   말은 그렇게 했지만 걱정되는 표정으로 카페 구석으로 오는 수아모.
         엄마들 쪽 눈치 보며 휴대폰 꺼내 누군가에게 전화 거는.

S#44.   로펌 엘리베이터 앞 (D)
         선재모, 엘리베이터 기다리는데 휴대폰 벨 울린다. 보면 '수아 엄마'다.

선재모   (전화 받는) 네, 여보세요?

수아모(F) 아 네, 장 변호사님. 더프라이드 의대 올케어반 공지 뜬 거 봤어요?

선재모   아뇨 아직.

수아모(F) 여름방학 때 연대요. 레벨테스트 바로 내일이고. 힘 좀 썼어 내가.

선재모   아… 그러셨어요? (그래서 어쩌라고… 짜증나는데)

수아모(F) 그래서 말인데 혹시… 그… 레벨테스트 족보 좀 구할 수 있을까? 선
         재 엄마, 아니 장 변호사님이 워낙 정보력이 좋으시잖아. 어차피 선
         재랑 수아는 올케어반 들어갈 가능성이 크니까 지금부터 서로 정보
         공유를 하면…

선재모   (o.l) 글쎄요, 그럼 전 어떤 정보를 공유 받을 수 있죠?

수아모(F) 아 그건… 일단 이 올케어반을 내가 땡긴 거니까….

선재모   그건 저만 공유 받은 게 아닌데요. 테스트까진 각자도생해야 되지 않
         을까요? 그럼, 제가 좀 바빠서. (단호하게 전화 끊는다. 잠시 생각하다 선
         재에게 전화하는) 어. 너 의대 올케어반 땡겨진 거 알아? 레벨테스트
         내일이래. 엄마가 족보 구할 테니까, 이틀 바짝 준비하자. 이거 놓치
         면 우리 플랜 다 꼬여. 알지? (하는데)

이때, 띵! 엘리베이터 도착해 문 열리고… 타려는데 선재부가 혼자
타 있다.

선재모   (멈칫, 이내 휴대폰 끊으며 싸늘한 표정으로 타는)

S#45. 로펌 엘리베이터 안 (D)

선재모   (쳐다보지도 않고) 집에는 안 들어오니?

선재부   (무표정) 상관없잖아. (하곤) 양 대표님이 다담주쯤에 식사 한번 하
재, 부부동반으로. 그러자고 했어. (하곤) 아, 그리고 아버지 생신, 내
일 7시 호라이즌 호텔이야.

선재모   (내일? 하필…) 못 가 우린.

선재부   (보며) 뭔 소리야? 미루고 미뤄서 내일 하기로 한 거 아냐.

선재모   선재는 학원 레벨테스트 있고, 난 설명회 가야 돼. 갑자기 땡겨졌어
일정이.

선재부   (하…) 넌 진짜… 니 인생에선 자식 대학 말곤 중요한 게 없냐?

선재모   어. 일단 지금은 없어. 선재 입시가 우선이야.

선재부   니 그 집착 땜에 나도, 애들도 숨 막혀 미칠 거 같애. 희재가 왜 그렇
게 됐는데?!

선재모   (버럭) 여기서 걔 얘기가 왜 나와? (하는데 띵, 문 열리고 다른 사람들이
탄다. 이내 표정 관리하며 까딱, 인사하고 앞만 보는)

선재부   (역시 표정 관리하고 앞쪽 보는)

S#46. 국가대표 반찬가게 (D)

행선, 막 나가는 손님 배웅한다.

"감사합니다~ 맛점들 하시고 또 오세요~~"

영주가 자동으로 비타민 드링크제 가져와 또 던지는.

행선	(자연스레 받고) 와… 진짜 메뚜기 떼가 휩쓸고 지나간 거 같애. 후우.
영주	아귀찜이 반응이 좋네. 매출 좀 있겠어 오늘. (의자 앉아 음료 마시는)
행선	(의자에 앉아 음료 따서 마시곤, 휴대폰 꺼내며) 보자… 오늘은 스카이맘 점넷엔 또 뭐가 올라와 있나…. (하며 눈으로 스캔하는데)

#. 화면 인서트

'더프라이드 학원 의대 올케어반 조기 개강' 게시글 올라와 있는.

행선	의대 올케어반? 이건 또 뭐래…? (집중해 읽는 표정에)
해이(E)	의대 올케어반?

S#47. 우림고 계단 일각 (D)

옥상으로 올라가는 계단 일각에서 행선과 통화하는 해이.

행선(F)	어, 니네 학원에서 젤 유명한 프로그램이래. 댓글 보니까 엄마들이 난리가 났드라고. 내일 레벨테스튼가 그런 걸 하나 보던데… 너두 한번 해볼래?
해이	나? (뜻밖이다) 그거 꽤 비쌀 텐데 국영수라.
행선(F)	야 됐어, 돈 생각은 하지 말구. 내가 알바를 뛰어서라도 해줄라니까.
해이	아냐 됐어. 수학만두 무린데… 난 필요 없어.
행선(F)	왜 필요가 없어? 이거 합격만 하면 의대까지 아주 고속도로 하이패스라두만. 이 동네 난다긴다하는 애들 다 테스트 본다는데, 너도 해봐야지.
해이	왜 이래 낯설게. 모의고사도 백점 만점인 줄 알던 남행선씨 어디 가셨어?
행선(F)	(비장한) 이제 그 몹쓸 에미는 잊어. 나 예전의 남행선 아냐. 이왕 이렇게 된 거 대한민국 사교육의 열혈맘으로 한번 거듭나 볼라니까.

(하는데)

해이   (수업 종 울리자) 엄마, 나 수업. 기말 문제풀이란 말야. 일단 끊어.

행선(F) 어, 그럼 하는 걸로 알고 신청한다~~ (툭, 전화 끊는)

해이   (끊고) 참 중간이 없어 우리 남행선씬. (서둘러 교실 쪽으로 가는)

S#48. 우림고 2-1 교실 (D)

영어 선생님, 시험지 보며 기말고사 문제풀이 중인.

선생님   자, 이 문제는 도표와 일치하지 않는 내용을 찾는 거였지? 쭉 읽어보
면, 정답은 4번. Regarding posted email addresses, the percentage of
2012 was three times higher than that of 2006. 됐죠? 넘어간다~

수아   (맞았다. 의기양양) 네~ (하는데)

해이   (손 든다) 선생님. 지문 3번에서요, percent는 백분율을 나타내는 용어
아닌가요? 여기선 percent point가 맞는 표현인 거 같은데. 그래프에
서 해석할 수 있는 건 백분율이 아니라 백분율간의 차이잖아요.

선생님   아… 그래…? (지문을 자세히 다시 본다)

해이   그럼 3번과 그래프 내용이 일치하지 않는 거니까 3번도 정답이 될
거 같은데.

선생님   글쎄… 이건 논란의 여지가 좀 있을 거 같아서. 다른 선생님들하고
얘길 해봐야 될 거 같은데. 일단 4번만 정답으로 하고 넘어가고.

해이   (갸웃하며 시험지에 체크하고 다음 문제로 넘어가는데)

수아   (살짝 불안하다. 저것이! 해이 째려보는)

S#49. 치열 연구소 건물 외경 (N)

S#50. 치열 연구소 사무실 (N)

조교들과 회의하는 치열. 레벨테스트와 설명회 준비로 긴장되고 분

주한.

치열	레벨테스트 문항은 효진이가 최종 취합해서 나한테 가셔와. 미직분 문항 최소화하고, 기하벡터는 범위에서 제외시키고. 선행을 얼마나 했는지를 보는 게 아니라 얼마나 정확히 아는지가 포인트가 돼야 돼, 알지?
효원	전 효원이지만 뭐, 넵!
치열	지 실장은 설명회 프로그램 좀 짜자. 어차피 올케어반은 애들 학사나 입시제도 따라 변동 가능성이 크니까 너무 디테일하게 커리큘럼을 풀진 말고, 컨셉과 차별화 지점을 강조하는 게 나을 거 같고.
동희	네, 알겠습니다. (체크하는)

S#51. 국가대표 반찬가게 (N)

영주, 남은 반찬팩 정리하는데…
행선, 문밖 내다보다가 다시 문 닫으며.

행선	…이상하네. 이 시간쯤에 오시는데 보통. 왜 안 오시지? 문자에 답도 없고.
영주	누구, 일타 쌤?
행선	어. 아까 내 문자가 이상했나? (휴대폰 꺼내 확인한다) 아닌데. 별거 없는데. 아 오시면 제대로 인사할려고 길게도 안 보냈는데.
영주	정 궁금하면 전화 한번 때려보던가.
행선	그러까? (휴대폰 열어 꾹 전화 누른다. 통화대기음 들으며 기다리는)
동희(F)	여보세요.
행선	아 네 선생님.
동희(F)	아 아뇨. 저 선생님 아니라 실장인데요 지동희.
행선	아 실장님. 여기 국가대표예요. 아니 너무 과분한 선물을 받아서, 오시

√ **161**

	면 인사드리구 도시락도 특으로 드릴라 그랬는데 오늘 안 오셔서요.
동희(F)	아 네, 오늘 저희가 비상이라 너무 바빠서요. 아무래도 밤새야 될 거 같습니다.
행선	어머나 그러시구나. 그럼 식사는…?
동희(F)	대충 빵으로 때웠어요. (하곤) 네? 아 네 선생님, 잠깐만요. (행선에게) 저기, 저 얼른 뭐 좀 뽑아야 해서요. 담에 뵙겠습니다. 그럼. (얼른 끊는)
행선	아우 되게 바쁜 모양이네.
영주	바쁘대?
행선	어, 저녁도 빵으로 때웠다는데? 아니 아무리 바빠도 그렇지 한국인은 밥심인데 빵쪼가리가 무슨 끼니가 된다고. (하곤 잠시 생각하다) 잘 됐다. 안 그래도 너무 고가의 선물을 받아서 맘에 걸렸는데 야식 좀 해다드려야겠다 저걸로.
영주	배달 가겠다고? 이 밤에?
행선	어차피 밤 샌다잖아. 실장이 주고 간 명함 있지? 거기 주소 있을 거야 봐봐. (하곤 바쁘게 다시 주방으로 들어간다)

S#52. 행선집 해이방 (N)

해이 공부하는데, 징~ 문자 진동 울려서 보면 선재다.

#. 인서트

'레벨테스트 족보야. 너도 신청했다며. 보라고 - 선재'

해이	오… 이선재 쩌는데? (좋아라 하는데 징~징~ 족보 사진 연이어 도착하고)

S#53. 선재집 선재방 (N)

선재, 프린트물 사진 찍어 해이에게 전송하는데
문 빼꼼 열고 선재 공부 잘하고 있나 확인하던 선재모,

훅 들어와 폰 빼앗는.

선재   ! (놀라서 보면)

선재모 (폰 보며) 너 뭐해 지금? 족보 찍어 보낸 거야? 해이한테?

선재   네. 해이도 낼 시험 보는데 이런 게 처음이라서….

선재모 그게 너랑 무슨 상관인데? 얘 니 경쟁자야. 올케어는 딱 7명 뽑는다
       구. 근데 이런 고급 정볼 넘겨? 그러라고 족보 구한 줄 아니?

선재   엄마. 해이는 친구잖아요…

선재모 (o.l) 친구가 어딨어 입시에?! 정신 좀 차려 이선재. 걔 너 이용하는
       거야. 호구 잡는 거라구. 것두 모르구 바보같이 여자애한테 홀딱 빠
       져서…

선재   (울컥해/o.l) 그만 좀 하세요 제발!! (보며) 엄만 대체 어디까지… (하다
       울컥해서) …엄만 대체 내가 어떤 사람이 되길 바래요…?

선재모 뭐?!

선재   난 가끔 엄마가… 무섭고 소름 끼쳐요. (하곤 책상에 앉아 고개 푹 숙이
       고 공부한다)

선재모 (아들의 독설에 더 뭐라 못하고 씩씩거리며 보다… 돌아서 나가는)

S#54. **선재집 거실 (N)**

       선재방에서 나오는 선재모.
       냉장고에서 소주병 꺼내 병째 벌컥벌컥 들이켜는데
       딸깍, 선재방 옆방 문이 열린다.
       선재모 보면, 방에서 나오는 검은 후드티 뒤집어쓴 남자.
       선재의 형 희재다.
       희재, 선재모는 본 척도 않고 고개 숙인 채 현관 쪽으로 가는.

선재모 (냉하게) …어디 가니 이 시간에….

희재	(들은 척도 않고 그냥 나가고 현관문 소리 나게 쾅!! 닫는)
선재모	(두 아들에게 다 외면받고 심장이 아프다. 다시 소주 들이켜며 아픔을 달래 보는)

S#55. 대로변 (N)

다다다다~ 요란한 스쿠터 소리와 함께 헬멧 쓰고 날리는 행선.

스쿠터 뒤에는 열댓 개 도시락이 실려 있다.

행선, 능수능란하게 막혀 있는 차들 사이를 비켜가며 내달리는 모습에.

(E) 끼익~

S#56. 치열 연구소 건물 앞 (N)

건물 앞에 도착해 서는 행선.

스쿠터에서 내려 헬멧 벗어 걸곤, 주머니에서 명함 꺼내 보며 건물 본다.

행선	와아~~ 건물 한번 위풍당당하네. (도시락 내리며) 여윽시, 우리 일타 쌤의 위엄은. 머찌다 최치열~

S#57. 치열 연구소 내 사무실 (N)

조교 효원과 문제 검토하며 잔뜩 예민한 치열.

치열	문항 순서가 이게 최선이야? 애들 담력 테스트하는 것도 아니고, 웬 킬러문항을 죄다 전진배치 해놨어? 14번은 3년 전 레벨테스트 문제 랑 거의 똑같고 말야. 시중에 족보 돌고 있는 거 몰라? 아무리 급해도 재탕은 안 한다. 딱 질색이야 나.
효원	죄송합니다. 바로 수정할게요. (나가고)
치열	(잔뜩 예민한 채 테스트지 프린트물 검토하는)

S#58. 치열 연구소 앞 복도 (N)

양손에 도시락 바리바리 들고 연구소 앞 도착하는 행선.

행선   (문패 살피며) 여긴가…? (살피다, 문 옆에 안면 인식 보안기기 보고) 오…
           지문도 아니고 안면 인식이야? 엄나, 신기해라. (얼굴 들이대 보곤) 잠
           깐. 일하는데 방해되면 안 되니까아. (조심스럽게 문 옆에 도시락 놓고
           휴대폰 꺼내 문자하려는데)

이때, 문 열리며 동희와 조교 효원이 나온다.

행선   (보고) 아 깜짝아.

동희   (역시 놀라) 아… 사장님. 여긴 어떻게….

행선   그냥 문자 드리고 갈라 그랬는데… 아니 식사도 거르고 일하신다 그
           래서 제가 맘이 너무 안 좋아서요. 잘 먹고 죽은 귀신이 때깔도 좋다는
           데. (하다 당황) 아니아니, 먹고 죽어라 이런 뜻은 절대절대 아니구요.

동희   아 네, 근데 이러지 않으셔도 되는데…. (난감하다. 이걸 받아야 되나)

행선   다 쌤이 보내주신 재료로 만든 거예요. 부담스러워 마세요. (도시락
           들어 내민다)

동희   아…. (어쩌야 할지 난감해하며 일단 받는데)

치열(E)   지금 뭐하는 거야?

행선   (보면, 막 문 열고 나오던 치열이 행선 보고 서 있다) 아 선생님! (반색하며
           설명하는) 제가 도시락 좀 싸가지고 왔어요, 선생님 식사해가며 일하
           시라고. 그냥 놓고 갈라 그랬는데 마침 실장님이 나오셔가지구…

치열   (o.l/동희 보며 버럭) 지 실장 너 미쳤어?!

행선   !! (놀라서 본다)

치열   우리 테스트 문제 뽑고 있어 지금!! 연구실에 수강생 학부모가 들락
           거리면 어쩌자는 건데. 문제 유출이라도 되면 니가 책임질 거야?!!

동희	죄송합니다 선생님. 제가 부주의했습니다. (하는데)
행선	(o.l/당황) 아 저기요. 뭔가 오해를 하신 거 같은데… 실장님이 절 부르신 게 아니구 제 발로 온 거거든요. 전 그냥 도시락만 놓구 가려구… 진짜 꿈에두 테스트 그딴 건 생각 못하고 그냥 식사는 하시고 일하셨으면 해서.
치열	(짜증/o.l) 알았으니까 가세요. (도시락 들려주며) 이것도 가져가시구요.
행선	저기, 제가 뭘 잘 몰라시 또 실술 한 거 같은네… 선 쇠송하구요. 근데 음식은 잘못 없으니까 그냥 이건… (내미는데)
치열	(버럭) 가시라구요 그냥 좀!! 그게 도와주는 겁니다. (하곤 들어가는)
동희/효원	(행선 눈치 보며 고개 까딱하곤 얼른 따라 들어가고)
행선	(얼굴 붉으락푸르락 무안한 표정에)
행선(E)	(씩씩) 내가 진짜 무안하고! 쪽팔리고! 억울해서 진짜~~

S#59. 국가대표 반찬가게 (N)

연구소 싸갔던 도시락 펼쳐놓고 먹고 있는 행선, 영주, 재우.

행선	(씩씩거리며) 아니 난 그냥 너무 비싼 걸 받았으니까 보답하는 맘으로 웅? 안으로 들어간 것도 아니고 그냥 밖에다 살포시, 두고만 올라 그런 거 아냐. 근데 뭔 사람을 스파이로 몰구 아연질색을 하구 말야 낸장….
영주	이 와중에 미안한데 아연실색 아니니?
행선	(버럭) 아 애니웨이! 내가 보면 뭐 알기나 하냐구, 수학은 바본데 거의.
영주	아 알았으니까 고만해. 테스튼가 땜에 예민한가부지 그 일타 쌤이.
행선	아무리 예민해도 그렇지, 대놓고 그렇게 무안을 줘야 돼? 아으… 내 첫인상이 맞았어. 아주 못됐고 이중이야 사람이. 어떻게 하룻새 그렇게 철벽을 치니?
영주	야 시끄럽고. 나 도저히 더는 못 먹겠다. 기브업. (젓가락 놓는)

재우   (눈치 보며) 나도 배 터질 거 같애 누나. 그만 먹으면 안 돼?

행선   그럼 어떡해? 이 아깐 걸 다 버려?

영주   (다시 젓가락 든다) 그럼 난… 채소 위주로 먹을게. 다시 다욧트 시작
        했단 말야.

재우   (역시 어쩔 수 없이 먹으며) 근데 누나. 코끼리도 채식동물인 거 알지.
        고길 안 먹는데도 많이 먹어서 몸집이 큰 거야. 코끼린 최대 300키
        로까지 먹거든. 근데 배설은 그중에 50키로밖에 안 해. 그럼 나머지
        250키로는…

영주   (o.l, 입에 나물 문 채) 야! 너 지금 나더러 코끼리라는 거야?!

재우   (고개 푹 박고 먹기만 하는)

행선   아 먹기 싫음 냅둬. 혼자 다 먹어버릴라니까. (음식 쑤셔 넣으며 분 삭
        이는)

S#60.   거리 (N)

        고개 푹 숙인 채 하염없이 거리를 걷던 희재.
        고개 들어 편의점 간판 확인하곤 안으로 쓱 들어간다.
        잠시 후, 검은 봉지를 들고 나오는 희재.
        다시 어딘가로 발걸음을 재촉하고.

S#61.   주택가 골목 (N)

        인적 없는 으슥한 골목길로 접어드는 희재.
        경계하듯 주변을 곁눈질하며 계속 걸어 들어가는데
        이때 '야옹~' 길고양이 소리가 나고,
        순간 획 돌아보는 희재의 살기 어린 눈빛에서.

S#62.   다음 날/ 선재집 거실 (D)

        교복 입은 선재, 제 방에서 나와 그냥 가려다 안방 앞으로 가는.

선재   엄마… 저 학교 가요.

대답이 없자 이상한 느낌에 살짝, 안방 문을 열어보는데
침대에 누워 있는 선재모, 한쪽 팔 늘어져 있고.
옆엔 수면제 약통과 소주병이 있다.
"엄마~!!" 놀라 뛰어 들어가는 선재 모습에서.
(E) 구급차 사이렌 소리

S#63. 더프라이드 학원 앞 (D)

'더프라이드 학원의 프라이드! 의대 올케어반 오픈' 현수막 펄럭이고.
'레벨테스트 시험장', '학부모 설명회장' 위치를 안내하는 공고도 보
인다.

S#64. 더프라이드 학원 복도 (D)

강의실마다 다니며 '1고사실' '2고사실' 등 표지판과 좌석배치도, 위
치 안내 화살표 등 붙이며 분주하게 움직이는 직원들 모습.

S#65. 우림고 2-1 교실 (D)

종렬 조례하는데, 선재 빈자리 걱정스럽게 보는 해이.
수아는 무선이어폰 꽂고 달달달 생명과학 외우며 레벨테스트 준비
하는.

종렬   이상, 수업 준비들 하고. (해이 보며) 해이야, 혹시 선재 무슨 일인지
         아니?
해이   아뇨… 연락 받은 건 없는데요….
종렬   그래? 웬일이지 이 녀석이…? (걱정하며 전화 걸어보는)
단지   (해이 보며 입 모양으로만 무슨 일이야…?)

해이   (고개 저으며 걱정스런 표정에)

S#66. **병원 병실 (D)**
       선재모 침상에 누워 있고. 그 옆에서 의사 설명 듣는 선재.

의사   수면제를 술이랑 과하게 드셨어요. 위세척 다 했고 수액 놨으니까,
        깨어나시면 그냥 가시면 됩니다. 최대한 안정 취하시고요. (나가는)
선재   네 감사합니다. (인사하곤 잠든 선재모 보며 미안하고… 안타깝고…)

S#67. **국가대표 반찬가게 (D)**
       빌려 입은 양 어색한 정장 입은 행선. 불편한지 몸을 들썩이며 들어
       선다.

영주   (보고) 넌 고 차림새는 컨셉이 무어냐?
행선   오늘 해이 학원 의대 올케어반 학부모 설명회거든. 드레스 코드를 모
        르겠어서, 그냥 클래식하게 맞춰봐써. 어때?
영주   어. 그렇게 입고 가믄 스파이 취급은 절대 안 당할 거 같다.
행선   아… 어젯밤 일 생각하니까 또 기분 따운되네. 그래도 가야겠지? (헬
        멧 찾아 쓰며) 나 pc방 배달 갔다 바로 학원으로 간다. 가게 좀 부탁해.
영주   (위아래로 훑어보며) 거따가 헬멧 쓰니까 진짜 요상하게 언밸런스하다.
행선   이런 걸 전문용어로 뭐라 그러는지 알아? 어제 티비에서 봤어. 믹스
        앤매치.
영주   미친년매치 아니고?
행선   (눈 부릅뜨고 째려보는)

S#68. **도로/ 치열 차 안 (D)**
       줄지어 서 있는 차들 제자리걸음하듯 아주 조금씩 이동 중인 도로 위.

운전대에 앉은 치열, 동희와 통화하며 답답해 넥타이 푸는.

치열   (블루투스로 통화 중이다. 짜증난) 사거리에서 사고났나봐. 꼼짝을 안

　　　　 한다 주차장처럼. 차 버리고 뛰는 게 빠르겠는데?

동희(F)   어쩌죠? 하필 첫 순서신데. 순설 좀 바꾸자고 해볼까요?

치열   갑자기 되겠어 그게? 어떻게든 맞춰볼게. (결심한 듯 핸들 휙 꺾는)

S#69.   갓길 (D)

갓길에 차 세워두고 내리는 치열.

빠른 걸음으로 걷다가 안 되겠다, 뛰기 시작하는.

어느 정도 달렸을까… 숨 차 멈춰 선 채 헉헉거리곤… 다시 속도 줄

여 뛰는데. 옆에서 뭔가 덜덜덜거리는 소리.

보면, 다름 아닌 스쿠터 탄 행선이다.

치열   !! (놀라면)

행선   (새침하게) 왜 여기 계세요…? 나 지금 설명회 들으러 가는 길인데.

치열   (헉헉 뛰며) 나도 가는 중이거든요?

행선   (보조 맞춰가며) 그러구 학원까지 뛰시게요? 가다가 장렬히 전사할 거

　　　　 같은데… 퀭하니 밥도 제대로 못 드신 거 같고. 그러게 드시면서 하

　　　　 시라니까….

치열   (대답할 기운도 없이 헉헉대다… 결국 다시 멈춰 선다)

행선   (멈추고, 힐끗 보며) 어뜨케… 태워드려요? (여분의 헬멧 쓱 내미는)

치열   (자존심이 있지… 헉헉…) 아뇨… 됐어요….

행선   그렇게 가단 시간 못 맞춰요. 버티지 말고 그냥 타죠? 상황이 상황이

　　　　 니까 태워드린다는 거예요. 나도 웬만해선 누구 안 태워요 밥줄이라.

치열   …헉… 헉…. (숨 고르며 갈등한다. 타? 말어?)

행선   아 알겠어요. 그럼 계속 뛰시든가. (하고 헬멧 거두려는데)

치열	(바로 헬멧 낚아채 쓰며 올라타는)
행선	(풉, 웃음 참고) 그럼, 출발합니다~~ (발 올리는)

S#70. 도로 (D)

스쿠터 뒤에 치열 태운 행선.
꽉 막힌 도로 요리조리 피하며 빠르게 달리는.

치열	(공포에 질려 행선 정장 재킷을 꽉 움켜잡고) 아아~~ 속도 좀 줄여요 좀~!!
행선	(업된) 그럼 늦거든요? 꽉 잡으십쇼~!! (더 속도 높이는)
치열	아악~~!!

S#71. 더프라이드 학원 1고사장 (D)

해이, 옆으로 세 자리 떨어진 선재의 빈 좌석 보며 불안한 표정.
곧 시험이 시작될 시간이다.
바깥 동향 살피며 다시 휴대폰으로 전화 걸어보는데.

선재(F)	(받는) 어, 나야.
해이	(작게) 야 이선재! 너 어떻게 된 거야? 전환 왜 안 받구… 지금 어디야~?

S#72. 더프라이드 학원 근처 거리 (D)

선재	(빠르게 걸으며) 어, 엄마가 아파서 병원에 가느라고. 지금 가는 길이 긴 한데… 한 5분은 더 걸리겠는데, 아무래도 시간 못 맞추겠지?

S#73. 더프라이드 학원 1고사장 (D)

이때 시험지 든 감독관 고사장으로 들어서고.

해이   (보며) 내가 어떻게든 해볼 테니까 뛰어와. 포기하지 마라, 이선재. (끊는)

감독관   테스트 시작할 테니까 핸드폰 전원 끄시고 제출하세요.

S#74.   더프라이드 학원 앞 (D)

치열 태운 행선의 스쿠터 미끄러지듯 학원 앞에 도착하고.

행선   세~~~이프!!! (게임에 이겼을 때마냥 뿌듯한 표정인데)

치열   (얼굴 하얗게 질려 있다. 내리다 휘청하는)

행선   (보며) 먼저 들어가세요 얼른. 힘들게 왔는데 지각하면 억울하잖아요.

치열   (맞다. 헬멧 주고 들어가려다가 멈칫, 뒤돌며) 고맙습니다. 오늘. (뛰어 들어간다)

행선   치… 고마운 줄은 아네. (삐졌던 맘은 좀 풀렸다. 스쿠터 대고 저도 내리는데)

선재   (휑하니 학원으로 뛰어 들어가는)

행선   ! (보고) 어. 쟤 선재 아냐…? (무슨 일이지 싶은)

S#75.   더프라이드 학원 1고사장 (D)

핸드폰 수거하는 감독관, 해이 앞에 서 있고.

해이   (핸드폰 못 찾는 척하며 시간 끄는) 아, 폰이 여기 있었는데… 죄송해요… 어딨지…?

영민   (뒤쪽에서 짜증내는) 아씨, 뭐하는 거야~!!

학생들   (일제히 영민 보는)

영민   저걸 왜 기다려요~ 개민폐잖아요, 그냥 퇴장시켜요~!!

감독관   (틀린 말은 아니다. 해이한테 뭐라 하려는데)

이때, 문 벌컥 열리고 선재가 들어온다.

해이 (선재 보곤, 핸드폰 꺼내 건네며) 찾았어요 핸드폰. 죄송합니다. 죄송합
니다….

선재 (헉헉거리며 자리에 앉고, 해이 본다)

해이 (눈 맞추고, 잘 봐라 눈짓하는)

S#76. **더프라이드 학원 설명회장 (D)**

막 설명회가 시작된 행사장.

행선, 살짝 문 열고 조심조심 들어와 앉고.

무대 위 치열, 급하게 뛰어온 흔적 없이 카리스마 넘치게 얘기 중인.

수아모, 단지모, 이미 앉아 있고.

치열 한마디 한마디에 집중한 엄마들 눈이 반짝인다.

치열 …문이과 통합으로 한차례 혼란이 있었는데. 수학은 문이과 구별이
여전하다고 보시면 됩니다. 네, 선택과목이 있죠. 몇몇 학교를 제외
하고는 자연계열은 기하나 미적분을 필수로 선택하도록 하고 있습
니다. '필수'로 '선택'을 하라니, 말장난인가요.

일동 (웃음 터지는)

치열 의대 가려면 미적분이 유리할까 기하가 유리할까, 표점이 뭐가 잘 나
오나, 이런 질문들 갖고 오셨을 텐데. 뭘 선택하든, 수학은 만점 맞아
야 합니다, 최상위권 의대 가려면요. 그 말은 곧, 절 선택하시면 된단
얘기죠.

일동 (환호성과 박수 터지는)

행선 (저 사람이 저렇게 위트 있고 똑똑했나… 새로운 모습에 치열을 다시 보는)

S#77. **치열 연구소 내 사무실 (N)**

채점 완료된 레벨테스트 시험지 넘겨보고 있는 치열.

동희	(들어와) 선생님. 차 주차해놨어요 주차장에.
치열	어 땡큐.
동희	아까 어떻게 시간 맞춰 오신 거예요? 진짜 학원까지 뛰어오셨어요?
치열	아니. 지나가던 폭주족한테 신세 좀 졌어.
동희	네?
치열	있어, 그런 게. (하곤) 난이도가 좀 있었을 텐데, 결과가 나쁘지 않네.
동희	그래요? 29번에서 꽤 헤맨 거 같던데 애들이.
치열	대체로 그런데, 응용력을 잘 발휘한 애들도 꽤 있어. (시험지 들어 보이면)

#. 시험지 인서트

'남해이' 이름 옆에 점수 92점, 쓰여 있는.

S#78. 다음 날/ 국가대표 반찬가게 (D)

행선, 영주, 재우, 만들어놓은 반찬팩 부지런히 진열하는데
행선 휴대폰 문자벨 띵~ 울린다. 주머니에서 폰 꺼내 확인하면.

#. 문자 인서트

'남해이 학생 더프라이드 학원 의대 올케어반 합격을 축하합니다.'

행선	꺄아악~!!! (괴성 지르는)
재우/영주	(반찬팩 떨구며) 아 깜짝야. / (놀라) 왜왜왜. 왜왜. 무슨 일이야?
행선	영주야. 재우야. 우리 해이 합격해때에 의대 올케어반~~~
재우/영주	진짜 누나? / 우와 웬일이야. 축하한다 행선아. 어뜩해에~~ (좋아라 하고)

행선/재우/영주　애들아~~ (얼싸안고 팔짝팔짝 뛰며 기뻐하는)

S#79. 우림고 복도 (D)

'방수아 학생 더프라이드 학원 의대 올케어반 합격을 축하합니다.'
수아, 합격문자 확인하며 기분 좋아 웃는데.

해이(E)　어 나도 문자 받았어! 몰라, 얼떨떨해 아직.

수아　? (보면)

해이　(행선과 통화 중인) 어, 선재도 됐대. 대박이지 엄마. 내가 올케어반이
　　　라니.

수아　(뭐야? 쟤도 됐다구? 좋았던 기분이 확 가라앉는)

S#80. 우림고 계단 (D)

들뜬 표정의 해이와 단지, 선재, 수다 떨며 계단 올라가는.

단지　올케어반은 만렙들만 되는 건데 베프 둘이 붙다니, 내가 키운 보람이
　　　있다 니들을.

선재　(웃으며) 네, 키워주셔서 감사합니다~

해이　(단지 힐끗 보며) 근데 키워준 거 맞아? 어째 지만 큰 거 같은데 내가
　　　보기엔.

단지　어쭈 반항하나? 죽는다 남해이. (해이한테 잽 날리며 장난하는)

해이　야 씨. (피하다가) 어어어~ (중심 못 잡고 허우적대며 계단 밑 쪽으로 넘어
　　　지려는데, 누군가 그런 해이를 받친 듯 15도 정도 경사에서 그대로 멈춘다)

선재/단지　?! (놀라서 보면)

뒤에서 올라오던 건후.
반사적으로 한쪽 다리 훅 들어 해이 등을 받치고 있는.

해이	(뒤 돌아본다. 놀라 멍한 상태…)
건후	(발 뻗은 채 무심하게) 나… 언제까지 이러고 있어?
해이	(놀라 얼른 자세 고쳐 똑바로 선다. 그러곤 힐끗 건후 보는데)
선재	(건후 알아보고) 야 서건후!
건후	(선재 본다. 누군가? 하고 보다가) 아…! 아, 아, 너 그 임… 임, 임…
선재	아니 이…
건후	스톱! 내가 맞출게. 내가 맞출래. 이…재중? 이재천??
선재	아니 이선재. 우리 일이학년 다 같은 반이었는데.
건후	그러게. 이름이 평범하네. 아님 내가 못 외웠을 리가 없는데.
선재	(어이없다) 근데 너 훈련 중인 거 아냐? 그래서 등교 안 하는 걸로 알았는데.
건후	어 맞아. 근데 아냐 오늘부터. (하곤) 교무실 이쪽 맞지? (오른쪽으로 가려는)
선재	아니 저쪽. (왼쪽 가리키면)
건후	(방향 바로 틀어 왼쪽으로 가며, 허세 넘치게 손 들어 보인다. 고맙다는)
단지	누구야 쟤? 아는 애야?
선재	우리 반이잖아. 아이스하키부.
단지	아 맨날 비어 있던 그 자리? 캐릭터 재밌네. 어… 매력 있어. (보는)
해이	(호기심 어린 표정으로 역시 건후 가는 쪽 보는데)
선재	(뭔가 발견하고) 근데 어쩌냐 남해이. 너 등….
해이	어? (옷 끌어당겨서 보면, 건후 신발자국이 그대로 찍혔다) 아 낸장…. (울상 되는)

S#81. 동네 밤 전경 스케치 (N)

S#82. 치킨집 야외테이블 (N)

야외테이블에 앉아 마른안주에 생맥주 마시는 행선과 영주.

영주	(툴툴대는) 난 또 거하게 쏜대서 어디 좋은 데라두 델꾸 가나 했네.
행선	야 이해해. 나 진짜 허리띠 바짝 졸라매야 돼. 돈 들 일이 태산이야 앞으로.
영주	오케, 인정. (짠 부딪치고) 거듭 축하한다 남 사장!
행선	땡큐. (하곤 꿀꺽꿀꺽 마신다) 크…. (맛있고… 기분 좋고…) 영주야. 이게 참 묘하다? 아니 너도 알다시피 난 해이 공부엔 별로 욕심 없잖아. 대학 잘 가면 좋고 덜 가도 어쩔 수 없고. 지 인생 지가 사는 거니까. 근데 말야… 이게 올케어반인가에 덜컥 붙었다고 하니까, 진짜 막 뿌듯하고, 하늘을 날아갈 듯이 기쁘고, 왜 우리 힘들게 4강 올라가서 막판에 역전승으로 우승 땄을 때… 그때 감정 비스무리한 게 막 뻐렁쳐 오르면서, 막 욕심 같은 게 생긴다? 뭐니 이거?
영주	(쥐포 씹으며) 우리 엄마도 나 핸드볼 그렇게 반대하더니, 국대 되니까 현수막 걸어쌌고 동네잔치 열드라.
행선	그러게. 엄마 맘이란 게 진짜 이런 건가. (웃음 지으며 잔 드는데)

이때 지나가던 영민, 주머니에서 담뱃갑 꺼내 하나 남은 담배 꺼내고 껍질 구겨 휙 던지는데 행선 쪽으로 날아간다.

행선	(맞고) 아. (떨어진 담뱃갑 보곤, 영민 쪽 본다)
영민	(힐끗 보곤) 아씨, 뭐야. (그냥 지나가는)
행선	(일어나) 어이 학생! 쓰레길 엇다 던지는 거야? 딱 봐두 학생 같은데 이딴 거나 피구 말야! 니네 엄마 아시니? 아셔~?!! (소리 지르는데)
영주	(행선 툭 치며) 야 냅둬. 저딴 애들 잘못 건드리면 클나 너, 워워워!
행선	아으. 성질 같아선 진짜. (툭툭, 손 터는)

S#83. 치킨집 근처 거리 (N)

영민, 휴지통에 몇 모금 핀 담배 버리는데 휴대폰 벨 울린다.

보면 '엄마'다.
표정 굳는 영민. 방금까지 건들대던 모습 어디 가고 잔뜩 쫄아 전화 받는.

영민   네 지금 독서실이에요… 죄송해요 엄마….

S#84. **영민모 차 안 (N)**
기사 운전하고, 고급스런 복장의 영민모 뒷자리에서 영민과 통화하는.

영민모   (냉담, 깐깐하게) 그러게 꼼꼼하게 제대로 준비하랬지. 됐어. 넌 가만 있어. 엄마가 알아서 해결할 거니까. (전화 끊고, 곰곰이 생각하더니 어디론가 다시 전화 거는) 아 네, 안녕하세요 원장님….

S#85. **국가대표 반찬가게 앞 (N)**
치열, 황당한 표정에서 줌아웃하면
셔터 내려져 있는 국가대표 반찬가게.
셔터 위에 종이가 한 장 붙어 있다.

#. 인서트
'집안 경사로 일찍 문 닫습니다요 - 국가대표 사장'

치열   또 신났구만 이분. 아니 문을 닫으면 닫는다고 문자라도 좀 해주던 지… 이거 먹을려고 칭일 굶었구만 참. (그래도 왜 기분 좋은지 알 듯해 제 기분도 나쁘진 않다. 피식 웃으며 돌아서는)

S#86. **국가대표 반찬가게 근처 거리 (N)**
거나하게 취한 행선, 영주와 어깨동무하고 걷는.

행선	(기분이 날아갈 것처럼 좋다) 영주야~ 영주야영주야 내 친구 영주야 아~~
영주	(역시 살짝 취한) 아 또 왜에~
행선	내가 오늘 기분이 너무 조타 진짜. 나 이렇게 행복해도 되냐? 내가 부족한 게 뭐야 어? 똑똑한 딸내미 있지, 성실하고 차칸 동생 있지, 세상에 둘도 없는 절친, 의리파 우리 김영주 옆에 있지. 내가 너 지인짜 좋아하는 거 알지? 어? 그쥐? 알쥐??
영주	이거이거 취했네 또. (뭔가 생각난 듯) 아 나 기억났어. 우리 우승 따고 회식 때, 딱 요로케 취해가지구 니가 두당 열 번씩 뽀뽀세례 했던 거. 지금 딱 그 텐션이야.
행선	(영주 허리 꼬옥 껴안으며) 아 진짜야~ 너 진짜 좋아해 나. 진짜아.
영주	아 알았다고. 알았으니까 일절만 하라고.
행선	아… 진짜 좋아하는데 진짜. (하는데)

가게 쪽에서 치열이 걸어오고 있는 모습이 보인다.

행선	어! 어어….
치열	(오다가 역시 행선을 본다. 멈칫해 보는데)
행선	(너무 반갑다. 업된 채) 선생님~ 선생니이임~~ (손 마구 흔드는)
치열	!!
행선	최치열 선생니이임~~!! (손 흔들다가 치열을 향해 달려가는)

치열, 달려오는 행선 보며 무슨 일이지? 어리둥절한데.
행선, 업된 채 달려와 치열을 번쩍 안아든다.

치열	!!! (허공에 들린 채 놀라 눈 똥그래지고)
행선/치열	너무 감사해요~~ 제가 선생님 지인짜 좋아하는 거 알죠~?!! (하다

가 휘청하고) / 어어. 어어어. (비틀거리다 함께 넘어지는 모습에서 스틸되며… 3부 엔딩)

등차수열의

반란

치열 주상복합 외경 (N)

(E) 촤~~ 샤워기 물소리 들리다 툭 끊기고.

S#2. **치열 펜트하우스 안방 (N)**

샤워 마치고 뽀송뽀송한 얼굴로 침대 옆 침낭 속에 들어가
태블릿PC 보며 게시판 모니터 중이던 치열.
문득 몇 시간 전 상황이 떠오른다.

#. 회상 플래시백

3부 엔딩 상황. 치열을 번쩍 안아 올리던 행선.

들썩거리는 침낭. 흐느끼는 건가… 싶은데
옆으로 휙 돌아누우면, 숨넘어가게 킥킥거리며 웃고 있는 치열이다.

치열   아 진짜 미치겠다. (계속 킥킥대며) 아니 어떻게… 간만에 스킨십이 또
       뭐 이런… (킥킥) 아니 본인은 또 술 깨면 얼마나 민망하겠냐고. 아 웃
       겨. 너무 웃겨 너무우~~ (침낭째 데굴데굴 구르며 웃는)

S#3. **행선집 행선방 (N)**

개구리 모양으로 사지를 뻗치고 자고 있는 행선.
컥~ 소리와 함께 눈을 번쩍 뜬다. 숙취에 산발인 모습 그대로.

S#4. **행선집 주방 (N)**

휘청거리며 나오는 행선. 주방으로 가 생수를 병째 입에 들이붓는데.

#. 회상 플래시백

3부 엔딩 상황. 뛰어가 격렬하게 치열을 포옹하던 행선/치열을 번쩍

안아 올리던 행선.

행선　　푸악~~ (놀라 물을 내뿜는다)

눈만 끔뻑끔뻑. 술 먹고 대체 뭔 짓을 한 거야 내가…?!
너무 놀라고 감당 안 돼 식탁의자에 그대로 주저앉는 행선.
괴로움에 제 머리 쥐어뜯으며 점점 더 산발이 되어가는 모습에

S#5.　　다음 날/ 국가대표 반찬가게 외경 (D)

타이틀 뜬다. 일타 스캔들 chapter 4. 등차수열의 반란

S#6.　　국가대표 반찬가게 (D)

영주, 반찬팩 진열하고 있고.
행선은 그 옆에서 숙취해소제 들이켜곤 지끈지끈한 듯 머리 누르는.

영주　　(보며) 괴롭지? 아주 지끈지끈하지? 머릴 딱 망치로 뽀갰으면 좋겠지?
행선　　(째려본다. 뭘 묻냐 얄미운 것…)
영주　　그러게 알딸딸하니 기분 좋을 정도로만 마시지, 너무 오바한다 했다
　　　　어제. 지가 이팔청춘인 줄 아나, 너 이제 이십 대 슈퍼루키 아니거든?
행선　　아 안다고. 일절만 하라고 나도 후회하고 있다고.
영주　　(보며) 어제 일은 어떠케… 기억은 나시구?
행선　　(다시 떠올리니 괴롭다) 아… 차라리 기억이라도 안 났으면.
영주　　(놀리듯 브리핑) 아 어제 밤 열시 반경에 어머님께서 주취 상태로 귀
　　　　가 중, 요 가게 횡단보도 앞 보도에서, 저 멀리 일타강사 최치열 슨생
　　　　이 다가오는 걸 보고 느닷없이 괴성을 지르며 달려가서는 그분을 번
　　　　쩍 안아 올리고…
행선　　(o.l) 아 고만하라고. 지금 안팎으로 충분히 고통스럽거든?

영주	쯧쯔쯔… 내가 다 부끄럽더라. 그 일타 쌤 벙찐 얼굴을 니가 봤어야 되는 건데.
행선	(보며) 나 어쩌지? 며칠 가게에 나오지 말까? 아님 주방에만 짱박혀 있어? 그분 얼굴을 어떻게 봐 쪽팔려서~~ (울상 짓는데)

이때, 가게 문 앞에 치열이 들어서는 게 보인다.

행선	(놀라) 으악. (하곤 진열대 뒤쪽으로 숨는)
치열	(들어온다)
영주	(행선 쯔쯔… 곁눈질하곤 치열 맞는) 어서 오세요 선생님. 일찍 오셨네요.
치열	네. (두리번 보고) 사장님은, 아직 안 나오셨나봐요.
영주	(거짓말은 못하겠고) 아. 예. 뭐….
치열	(끄덕끄덕하곤 도시락통 집어 반찬 스캔하는데)

순간 요란하게 울리는 행선 휴대폰 벨.

영주/치열	!! (놀라 행선 쪽 보고) / ?? (소리 나는 쪽 보는)
행선	(전화벨 계속 울리자 들켰다… 어쩔 수 없이 머리부터 올리며 전화 받는) 네, 수아 언니. 웬일이세요? 아아… 올케어반 엄마들 모임이요? 그럼요 참석해야죠. 네, 그럼 이따가. 네네. (끊곤 치열 보며 뻔뻔하게) 어머, 오셨어요 선생님? (미소 짓는)
치열	(웃음 참으며) 어떻게… 속은 괜찮으신지.
행선	속이요? (계속 뻔뻔, 모른 척 모드로) 아 그럼요, 제 속은 아주 멀쩡합니다만. 왜 어제 뭐, 무슨 일 있었나요? (영주 보며) 뭔 일 있었니 영주야?
영주	(헐… 하는 표정 짓고)
치열	(쌩깐다 이거지? 웃음 참고) 됐습니다. 기억 안 나시면 말구요. (도시락

통 들고 스캔하다가 행선 보며 놀리는 톤으로) 아, 제가 지인짜 좋아하는 거 알죠?

행선   네? (놀라서 보면)

치열   아. 이 우엉조림이요. 제 최애 반찬입니다. (하곤 우엉조림 집는다)

행선   아 네. 우엉조림. 아… 난 또…. (당황해 귀까지 빨개지는)

S#7.   **치열 차 안 (D)**

국가대표 반찬가게에서 멀어져가는 치열. 룸미러로 가게 쪽 보며.

치열   (계속 킬킬) 아 웃겨. 저 아줌마 왜 이렇게 웃기냐 진짜. 아 나 너무 웃었어 배 아플라 그래. 씨… (하는데 전화벨 울린다. 블루투스로 받는) 어 지 실장.

동희(F)   선생님. 원장님이 좀 보시자는데… 시간표 조정 땜에 그러시나봐요.

S#8.   **더프라이드 학원 강의실 (D)**

진이상 수업 중인데, 열댓 명의 학생들이 빠진 듯 드문드문 앉아 있다.

진이상   (심기 안 좋은 채) 자 이 문제 다들 이해했나? 이해했지?

학생들   (별 반응 없다)

진이상   오케, 오늘 강의 여기까지. 그럼 우리 언제 만나? 담주에. (하는데)

학생들   (반응 없이 우르르 일어나 나가는)

진이상   (머쓱. 기분 안 좋은 채 마이크 끄고 교재 챙기는데, 휴대폰 진동벨 울리고 받는) 어 양 실장, 왜. 뭐? 아씨, 보자보자 하니까 진짜 씨!! (열 받은)

S#9.   **더프라이드 학원 원장실 앞 복도 (D)**

치열, 원장실 앞으로 걸어오는데 안에서 흥분한 목소리가 들린다.

진이상(E)   원장님 저한테 왜 이러세요 진짜~! 저더러 최치열 자리 들어가라구
            요? 그럼 수강생은요? 퍼펙트엠 일타랑 붙는 자린 거 다 아는데, 저
            쪽박 차라고 기도하세요??

원장(E)   아 그럼 어뜩해. 누구든 하긴 해얄 거 아냐.

진이상(E)   그게 왜 저냐구요 하필~! 저더러 죽으란 거잖아요 이건~~!!

            문 벌컥 열고 나오는 진이상. 치열, 세게 닫히려는 문 얼른 잡으면.

진이상   (치열 보며) 순발력까지 좋네. 좋겠어 아주. (비아냥거리곤 툭, 치고 가는)

치열   (가볍게 한숨 쉬곤 원장실로 들어가는)

S#10. 임페리얼 아파트 외경 (D)

엄마들   반가워요~! / 반갑습니다~! (잔 부딪치는 소리)

S#11. 수아집 거실 + 주방 (D)

            식탁 위에 수아모가 준비한 고급 안주(카나페, 치즈 등)와 캔맥주, 음
            료수 있고.
            수아모는 음료수캔, 다른 엄마들은 캔맥주 부딪친다.
            이런 자리가 처음인지라 어색한 듯 낀 행선도 한 박자 늦게 캔맥주
            부딪치고.

수아모   (음료수 들고) 난 이따 수아 델러가야 돼서. (미소로) 너무 급하게 호출
            한 거 아닌가 했는데, 다들 와주셔서 고마워요. 입시란 게 한시가 아
            깝기두 하구, 또 우리나 애들이나 맞출 건 빨리 맞추고 파악하고 그
            러면 좋을 거 같아서.

엄마1/2   아니에요. 저희야 감사하죠. / 안 그래도 모여야 했는데.

행선   아. 빈손으로 오기가 뭐해서…. (가방에서 잡채와 양념게장, 전 등등 팩

√186

꺼내는) (눈치 보며) 맥주랑은 좀⋯ 안 맞나요?

엄마3   아냐. 그런 게 어딨어. 어머 너무 맛있겠다. 나 다여트 중인데 해이 엄
       마 땜에 살찌겠다 오늘.

행선   (좋아해주니 긴장이 좀 풀린다) 아우, 뺄 데가 어디 있다구. (농담 슬쩍 해
       보는) 앞으로 이 모임 땐 고무줄 바지 입고 오세요. 제가 꽉꽉 찌게 해
       드릴게요.

엄마들   어머, 진짜? / 그래야겠다. 호호⋯. (웃는)

수아모   (관심 행선에게 쏠리자 못마땅. 얼른 화제 돌리려) 근데 또 선재 엄만 늦
       네. 워킹맘들은 꼭 티를 내 이렇게. 안 되면 시간 안 된다고 얘길하지
       맞출 텐데. (하는데)

이때 울리는 초인종 소리.

행선   어, 선재 엄마 왔나봐요. 제가 나갈게요. (얼른 나가 문 열어주는)

엄마1/2 참 재밌어 해이 엄마. / 그러게요. 싹싹하면서도 시원시원해 아주 사
       람이.

수아모   (괜히) 장사하려면 그런 성격 아니래두 그런 척 해야지, 돈 벌기가 쉬
       워? (하는데)

선재모   (들어온다) 안녕하세요? 죄송합니다 좀 늦었어요.

엄마들   어서 와요 선재 엄마. / 안녕하세요? (인사하는)

수아모   큼. 스케줄 다 짜고 뒤풀이 시작하니까 딱 오시네. 재미없는 거 다 끝
       났는데.

선재모   (가방 내려놓으며 자리 앉는) 그러셨어요?

수아모   어떻게, 맥주? 아니면 와인 같은 것만 마시나 우리 장 변호사님은?

선재모   아뇨. 맥주 할게요. (잔에 맥주 콸콸 따르며) 후래자 3배 가야죠. (하곤
       잔 들어 거침없이 꿀꺽꿀꺽 마시는)

수아모/행선 ! (놀라는 표정) / (오~ 멋있다~ 하는 표정에)

우림고 2-1 교실 (D)

쉬는 시간. 해이 근처 자리로 모여 수다 떠는 해이, 선재, 단지.

맨 뒷자리에 엎드려 자고 있는 건후 보이고.

단지 (건후 보고) 근데 서건후 쟨 학교에 자러 오나봐. 팔도 안 저리나 쾽
일?

해이 (힐끗 보며) 경기하런 이제 안 가는 건가?

선재 어. 어깨 부상이 심한가봐. 아예 하킬 못할 수도 있나 보더라.

해이 진짜? 초등학교 때부터 했다며, 심란하겠다 쟤도. (다시 힐끗 보는데)

선재 (그런 해이가 살짝 신경 쓰인다. 보는데)

이때, 학생1 뛰어 들어오며.

학생1 야. 영어 25번 3번도 정답으로 해준대~ 선생님들끼리 합의 봤대~

해이 (기쁜 표정) 진짜? 그럼 복수정답인 거야?

단지 앗싸 개이득. 나 3번 찍었는데. (하며 좋아라 하는데)

수아 (벌떡 일어나) 그런 게 어딨어? 말도 안 돼. (하곤 자리에서 나와 신경질
적으로 해이 툭 치곤 밖으로 뛰쳐나가는)

S#13. 우림고 교무실 (D)

영어 선생님한테 컴플레인 하는 수아. 잔뜩 독이 올랐다.

수아 부당해요 선생님! 아무리 애매한 데가 있어도, 그 와중에 정확히 4번
고른 사람이 있는데, 3번 고른 사람이랑 같은 점수를 받는 게 이게 말
이 돼요?!

선생님 건 그런데 수아야. 출제하신 선생님도 오류를 인정했고. 이미 회의에
서 그렇게 하기로 얘기가 끝나서 어쩔 수가 없어. 채점도 그렇게 끝

났고.

수아　　벌써 끝났어요? 그럼 일등급 컷은요? 컷이 몇 점 올라갔는데요?

선생님　어. 그게….

S#14.　수아집 거실 (D)

엄마들, 불편한 표정에서 줌아웃하면…

선재모가 이미 짠 스케줄표 지적하고 있다.

선재모　…올케어반 커리큘럼에 국어 콘텐츠가 다른 과목에 비해 부실한 거
　　　　아닌가. 학원에 건의를 하든지, 별도로 보강을 더 하든지. 아, 그리고
　　　　중간 기말에 빠지는 날도 너무 많네요. 틈 없이 바짝 조여야지 애들
　　　　긴장이 안 떨어지죠.

수아모　늦게 와서 참 왈가왈부 말이 많네. 그리고, 우리도 애들 공부라면 징
　　　　그렇게 시키는 엄마들인데, 선재 엄만 좀 심하다. 그렇게 애 잡지 마.
　　　　큰일 나 그르다가.

선재모　(불쾌하다. 노려보면)

행선　　(눈치 채고) 에이, 선재야 워낙 잘 따라오니까.

수아모　것도 모르는 거야. 우리 수아처럼 찡찡대는 애들이 건강한 거지, 그
　　　　렇게 고분고분 말 잘 듣는 애들이 사골 크게 친다니까. 왜 그 사건 있
　　　　잖아. 십 년 전인가? 왜 이 동네서 학원과외 뺑이치던 여자애 자살하
　　　　고, 그 동생이 지 엄마 밀어 죽이고.

행선　　(놀라) 예? 지… 진짜요…?!

엄마2　근데 그거 증거 불충분인가로 그냥 무죄 받지 않았었나?

수아모　아니, 결과는 그랬는데. 정황상은 그게 아니었대. 걔가 앙심 품고 지
　　　　엄말 베란다에서 밀어버렸다는데 뭐. 그때 수사한 경찰관한테 들었
　　　　다니까 내가.

선재모　(비웃듯) 한국 형사법원 무죄율이 1%도 안 되는 건 혹시 아세요? 무

	죄 확정된 피고인을 범죄자 취급하는 거… 무지하고 위험한 겁니다.
수아모	(충격) 무지…? 지금 나한테 대놓고 무식하다고 한 거야? (열 올라) 선재 엄마 사람이 참 무례하구나? 아님 사회성이 부족한 거야 뭐야?!
선재모	(피식 웃는)
수아모	뭐야, 웃어?!
선재모	아니 사회생활 안 하는 분한테 그런 말 들으니까 좀 웃겨서요.
수아모	(발끈) 이 여자가 진짜 보자보자 하니까!
행선	(말려보려는) 에이, 왜 그래요 좋은 자리에서. 선재 엄마도 그만…
수아모	(버럭/o.l) 야 너!! (흥분한) 나보다 나이 한 살 어리지? 반말 깔게. 너 변호사라고 좀 떠받들어주니까 다른 엄마들이 우습니? 뭐, 사회생활 안 하는 분? 고깟 일 좀 한다고 늦게 나타나서 지적질만 하곤, 니가 뭔데 날 무시해? 나 수아임당이야~ 여기 엄마들이 니 편 들을 거 같니 내 편 들을 거 같니? 누가 더 쎄나 한번 해봐? 어? 해볼까~?!! (소리 지르는데)
선재모	(가소롭다는 표정으로 수아모 본다)
수아모	왜 말이 없어. 너 계속 나 무시 까는 거지. 대답 안 해?! (다그치면)
선재모	(가볍게 입술 움짝거리며 소리로만) 퉤.
일동	(순간 너무 놀라 스톱, 정적 흐르고)
수아모	(폭발하는) 야아아~!!!! (발악하듯 달려들면)
행선	(수아모 몸으로 막아보는) 아 언니! 진정해요~~
수아모	(행선 밀쳐내며) 비켜, 씨!!!! (발버둥 치다가 행선 얼굴 할퀴는)
행선	아~!!! (볼 잡은 채 고개 숙이고)
수아모	(놀라서 멈칫하는)

S#15. **수아집 앞 (D)**

노기 띤 표정으로 나오는 선재모.
볼에 2센티 정도의 상처가 생긴 행선 뒤따라 나오며.

행선	에이 선재 엄마, 이러고 가면 어뜩해요~ 앞으로 안 볼 사이도 아닌데.
선재모	안 볼 거라서요 전. (하곤 쌩하니 가버리는)
행선	아 선재 엄마! 아…. (다시 안쪽 보는)

S#16. 수아집 거실 (D)

생수 꿀꺽꿀꺽 들이켜는 수아모.
다른 엄마들은 다 가고, 남은 행선만 선재모 보내고 다시 들어온다.

행선	언니 풀어~ 언니가 리더잖아요 우리 올케어반 모임에.
수아모	(씩씩) 아 됐어, 리더는 개뿔. 이렇게 무시당하는 리더가 어딨니?
행선	그래도 언니. 애들 첫 수업하기도 전에 이런 분열이 일면 어뜩해요? 그러지 말고…
수아모	(o.l) 아 됐다니까?! 짜증나니까 자기두 가. 나 수아 픽업 가야 돼. 아가 좀 제발~~ (짜증스럽게 미는)

S#17. 수아모 차 안/ 학교 근처 (D)

운전해 가는 수아모, 화가 안 풀려 혼자 중얼거리는.

수아모	…지가 똑똑하면 얼마나 똑똑하다고, 사람을 깔보구 말야… 내가 족보 때부터 알아봤어 내가. 재섭서 진짜. (툴툴거리며 차 세우는데)

이때, 마침 수아가 다가와 뒷좌석에 올라탄다.

수아모	수아야, 지금 나오는… (하는데)
수아	(타고 문 닫자마자) 나 어뜩해에~~!!! (악에 받쳐 통곡하는)
수아모	(놀라) 수아야! 왜 그래! 뭔 일이야? 어? 어머어머, 얘가 왜 이래 왜.
행선(E)	와 진짜… 초딩들도 그렇게 원색적으로 싸우진 않겠더라….

S#18. 국가대표 반찬가게 (D)

의자에 앉은 영주 거울 받쳐주고,
행선도 앉아 거울 보며 제 볼에 연고 바른다.
옆에선 재우가 밴드 들고 서 있는.

행선　　아니 다 큰 성인들이 말야, 것도 무려 올케어반 엄마란 사람들이… 아, 화나니까 이성이고 지성이고 없더라니까. 진짜 아우…. (고개 저으면)

영주　　그래서. 누가 이겼는데?

행선　　아 누구랄 것도 없어. 배웠단 사람이나 완장질 해먹는 사람이나, 쌈박질할 땐 다 그냥 유치하두만. 수아 언닌 막 흥분해서 대포 쏴대고. 선재 엄만 요러구 꼬나보고 있다가 퉤. 이거 하나로 결승포 날리고.

영주　　진짜? 선재 엄마가 완전 위너네.

재우　　와 재규어 같다. 재규어는 한 방에 확 죽이거든 원래.

행선　　(연고 닫으며) 이렇게 그냥 모임 좋냐는 거 아닌지 몰라 애들 수업도 시작하기 전에. 저 언니들 저래놓고 어디 서로 얼굴 보겠어? (하는데)

딸랑, 문소리와 함께 해이가 상기된 표정으로 들어온다.

해이　　다녀왔습니다~

행선/영주/재우　　어 왔냐? / 해이 왔어? / 해이 안녕?

해이　　(업된) 엄마. 나… 이번 기말고사 수학 일등급이다?

행선　　진짜? 수학은 맨날 간당간당 이등급 나왔었잖아. 와 잘했네 잘했어~~

S#19. 행선집 주방 (D)

해이, 식탁 앞에 앉아 있고.
행선, 서서 빨간 키위 해이 앞 접시에 썰어주는.

해이	다 치열 쌤 덕이야. 내신 대비 완전 꼼꼼하게 해주셨거든. (키위 집으며) 어, 키위가 빨갛네. (먹는) 음~ 완전 달다.
행선	그치? 레드키위가 비타민이 엄청 많대. 특별 서비스다 너 오늘.
해이	땡큐. (하곤 진지하게) 근데 엄마. 나 갑자기 막 욕심이 생겨.
행선	무슨 욕심?
해이	나 진짜 죽어라고 공부해서, 수능 전국 일등 한번 해볼까봐.
행선	야 무슨 전국 일등까지… 그냥 적당히 잘해, 욕심 내지 말고. 응?
해이	아냐, 내볼래. 그래서 뉴스에도 막 나가고 그럴 거야. 혹시 알아? 누가 우연히 볼지.
행선	(멈칫, 짐작되는 바는 있지만) 누구?
해이	있잖아. 나 버린 사람.
행선	(뭐라 말이 안 나온다. 보면)
해이	그게 복수가 될진 모르겠지만. (머쓱하게 웃곤) 나 저녁 때 엄마표 찜닭 먹고 싶다.
행선	그래 좋아, 해줄게 엄마가. (하곤 남은 키위 집어 해이 먹여주는)
수아(E)	(우는) 아 짜증나 진짜아~~

S#20. 수아집 수아방 (D)

침대에 엎어져 우는 수아, 옆에서 수아모가 절절매며 달래고 있다.

수아모	수아야~ 영어 일등급 한번 놓친 거 가지구 뭘 세상 끝난 거처럼 그래 ~ 딴 건 다 일등급 떴잖아. 어차피 넌 정시가 더 주력이구.
수아	(빽!) 원래 일등급이었는데! 흑… (터져 나오는 울음에 숨넘어가며) 근데 남해이 땜에….
수아모	그 반찬집 딸내미…? 걔가 또 왜?
수아	걔 땜에 이등급으로 미끄러진 거란 말야! 걔가 문제제기하는 바람에 답이 중복처리 돼서, 등급 컷이 2점이나 올라갔다구우~~

√ 193

수아모	어머어머, 걔는 왜 밉다밉다 하니까 더 미운 짓만 한다니 점점?
수아	아 몰라~ 꼴 보기 싫어 죽겠어 진짜아~ 같은 반인 것도 짜증나는데, 걔랑 올케어반까지 어떻게 같이 들어어. 스트레스 받아 죽을 거 같애~~
수아모	뭔 그런 말을 해 수아야. 죽을 거 같다니~ 그러지 마, 엄마 간 떨어져 진짜.
수아부	(물 들고 들어온다) 수아야. 그만 울고 물 좀 마셔. 자자.
수아	(울기만)
수아부	자꾸 울면 탈수돼. 마셔 응? 미지근하게 데웠어 아빠가. (갖다 대는데)
수아	아 됐어. 싫어. (물컵 밀쳐내는)

그 결에 컵 기울어지며 물이 바닥에 쏟아지고.

| 수아부 | 아 이거 참. (손에 묻은 물 털어내면) |
| 수아모 | 그러게 싫다는 애한테 왜. (짜리곤 티슈 뽑아 바닥에 물 닦아내는데 휴대폰 벨 울린다. 이 와중에 누구야? 주머니에서 폰 빼 보는데 모르는 번호다. 짜증스럽게 받는) 네 여보세요. 누구세요? |

S#21. 영민집 정원 (D)

압도적인 위세가 느껴질 만큼 으리으리한 집 정원.
테라스에서 우아하게 차려입은 영민모와 차 마시는 수아모.

수아모	(대저택이 신기해 스캔하면서도, 나름 도도한 표정 유지하는)
영민모	원장님과 통활 했는데, 우리 영민이가 의대 올케어반 들어가려면 수아 어머님 의견이 중요하다고 해서 이렇게 실례를 무릅쓰고 모셨습니다.
수아모	아 네… 제가 인플런스가 좀 있어서. (기죽지 않으려 어필하는)

√**194**

영민모	우리 영민이가 레벨테스트 당일에, 교실에 거슬리게 하는 애가 하나 있어서 시험에 집중을 못했대요. 결코 실력이 부족한 애가 아니거든요. 내신, 수능 전 과목 다 더프라이드 학원 프로그램 따라 준비해왔구, 의대 올케어반도 당연히 합격할 거라 생각했는데… 많이 당황스러운 상황입니다. 수아 어머님이 기존 어머님들 의견만 좀 모아주시면, 영민이도 같이 공부를 했으면 하는데….
수아모	(잠시 뭔가 생각하다) 글쎄요… 의대 올케어반이 딱 일곱 명으로 정해진 덴 이유가 있는 거 아닐까요? 인원을 늘리는 건 좀… 아니지 않나 싶은데.
영민모	(이 여자 뭐지? 찻잔 내려놓으며 불편한 표정 짓는데)
수아모	아드님이 새로 들어오더라두… 일곱 명 인원은 유지하는 방향이면 또 모를까.
영민모	(솔깃) 저야 뭐, 그럼 더할 나위 없겠지만… 어떻게….
수아모	안 그래도 우리 애들이랑 수준이 맞을지 걱정이 되는 학생이 하나 있거든요….
영민모	(오호라, 하는 표정에서)

S#22. 국가대표 반찬가게 주방 (D)

정성을 다해 찜닭 요리하는 행선.
양념장 만들고/닭 넣어 조리고/맛있게 끓는 찜닭.
행선 간 보곤.

행선	크… 내가 끓였지만 죽인다. 한 김에 저녁때 좀 내다 팔아? (하다) 에이, 아냐. 이걸 얼말 받아 닭 값도 안 나오지. 아쉽지만 우리끼리 먹다 죽…(하다 문득 치열이 생각나는)기는 많이 아쉬운데…? (하곤 빈 도시락통 꺼내는)

S#23. 치열 연구소 내 사무실 (D)

치열, 사무실로 들어오는데… 문자 벨이 띵~ 울린다. 보면.

행선(E) 선생님, 해이가 기말고사에서 수학 일등급을 받아서 제가 특식을 준비했어요. 강의 마치시고 늦게라도 꼭 들르셔요. 국가대표 사장 남행선.

치열 남행선… 이름도 참… 다워. (피식, 웃곤 '국가대표 남행선 사장' 저장하는데)

동희 (커피 들고 들어오는) 선생님, 샷 추가했습니다.

치열 아… 나 오늘은 커피 안 마실래. 지 실장 마셔.

동희 강의 전에 늘 드시잖아요. 그래야 텐션 끌어올릴 수 있다고.

치열 어. 근데 오늘은 웬만하면 공복을 유지하려고. 텐션 충분해 아주. (기분 좋은)

S#24. 임페리얼 아파트 입구 (D)

영민집에서 돌아오던 수아모, 아파트 입구로 걸어가는데
마침 저쪽에서 걸어오는 선재모를 본다.

수아모 ! (개싸움 이후 처음 보는지라 분노가 가라앉지 않았다. 미간 찌푸리는)

선재모 ! (역시 봤다. 무시하고 그냥 지나쳐 가려는데)

수아모 잠깐만요.

선재모 (멈칫, 서서 수아모를 본다. 왜 또 시비냐는?)

수아모 …아까는… (마음에 없는 사과하려니 쉽지가 않다. 심호흡하곤) 아까는 내가 너무 흥분했어요. 물론 장 변호사님이 내 화를 돋군 탓도 있지만.

선재모 지금 뭐하자는 거예요? (사과를 하는 거야 시비를 거는 거야?)

수아모 어쨌든 그 일은 그 일로 묻고… (보며) 나랑 차 한잔 안 할래요?

선재모 ? (이건 또 무슨 시추에이션이야? 싫은)

S#25. 브런치 카페 (D)

창가에 마주 앉아 커피 마시는 수아모와 선재모.

수아모 (설득하는) …해이는 최치열 쌤 강의 한 번 들은 거 외에는 학원 커리큘럼 따라온 게 전혀 없잖아요. 선행 진도만 봐도 우리 애들이랑 한참 차이가 나는데, 한 명이 뒤처지면 다른 애들한테 방해될 건 뻔하고. 영민이란 애는 들어보니까 성적도 우수할뿐더러 중학교 때부터 더프라이드 학원 코스를 아주 착실히 따라왔고, 어머님도 워낙에 훌륭한 분이라 여러모로 애들한테 보탬이 될 거 같기도 하고.

선재모 (수아모 빤히 보다) 그러니까. 지금 해이를 밀어내고 영민인가 하는 그 애를 밀어넣는 데 동의해달라, 이 말씀이신가요?

수아모 아니 그렇다기보다… (하다 보며) 네 맞아요. 결과적으론 그런 얘기네요. 근데 이건 우리 수아만을 위한다기보단…

선재모 (o.l) 아뇨. 저는 그런 데 동참하고 싶은 맘이 없습니다. 엄마들 동의를 구하는 거 보면 학원에서 확신을 갖고 있는 일도 아닌 거 같고, 애초에 공지에서도 그런 제한조건은 못 본 거 같고, 그거 표시광고법 위반 여지도 있어 보이거든요. 저는 그냥 안 들은 걸로 하죠. (하고 단호하게 일어서는)

수아모 아니, 선재 엄마…. (당황해 따라 일어서는데)

일어선 선재모의 눈에, 카페 통창 밖으로 해이와 선재가 지나가는 모습이 보인다.
무슨 얘기를 하는지 연신 환하게 웃고 장난치며 지나가는.

선재모 ……. (해이 옆에서 미소 짓는 선재가 낯설고 불안하다…)

수아모 ? (선재모가 왜 그러나 싶은)

선재모 (잠시 보다가, 이내 수아모를 보곤 다시 자리에 앉는다)

수아모	(뭔 상황이지? 다시 자리에 앉으며 선재모 보면)
선재모	(똑바로 보며) 그래서⋯ 뭘 어떻게 하실 건데요? (동참하겠다는 표정)

S#26. 더프라이드 학원 외경 (N)

S#27. 더프라이드 학원 강의실 (N)

열강히는 치열. 특식 믹을 생각에 평소보다도 한 톤 업된 모습이다.
맨 앞자리에 해이와 선재 나란히 앉았고, 근처 자리에 수아도 보인다.

치열	(그래프 그려놓고) a_{10}(에이텐)의 값이 최대가 되려면 그래프가 최대한 오른쪽으로 쏠려 있어야겠지? 그럼 (식 쓰면서) $\lvert a_6 \rvert = 2 < \lvert a_5 \rvert = 3 < \lvert a_8 \rvert = 12$ 이렇게 값이 나오니까 a_{10}(에이텐)은 뭐가 된다? (쓰면서) $a_{10} = a_6 + 4 \times 5 = 22$ 답은 22가 된다. 오케이? 이해됐지? (대답 약하자 보며) 어, 볼륨이 왜 이래 이거. 섭 끝날 때 됐다고 기운이 없어? 쌤이 또 기운 좀 넣어줘?
학생들	네~ (기대하는 눈빛으로 보면)
치열	아 이거 수능 전날 정돈 돼야 보여주는 건데. (하며 나이키 동작 해 보이는)
학생들	와~~ (나이키 동작은 첨이다. 환호하면)
치열	(힘차게) 오케이, 그럼 오늘 수업은 여기까지. 모르는 문젠 조교 쌤들한테 확실하게 질문들 하고! 지금까지 최치열강이었습니다. 잘 가 애들아~~ (나가는)
학생들	(질문 있는 친구들 우르르 나가고)
선재	(나란히 앉은 해이 보며) 질문 없어 넌?
해이	(교재 넣으며) 어, 오늘은. 올케어 가면 치열 쌤한테 직접 질문도 할 수 있겠지?
선재	그치. 소수정예니까.

해이	와… 설렌다.
선재	뭐야. 너도 최치열빠 된 거야?
해이	어. 첫 수업 듣고 바로. 풀이가 너무 깔끔해. 수능까지 쭉~ 치열 쌤만 믿고 가려고.
선재	인제 올케어반도 붙고, 아주 성덕이다? (웃는데)

이때, 해이 폰 문자 진동벨 울리고.
해이, 자연스럽게 주머니에서 휴대폰 꺼내 내용 확인하다… !!! 정색하며 굳는.

S#28. 치열 차 안 (N)
특식 먹을 기대감에 휘파람 불며 운전하는 치열.

치열	(기분 달뜬) 대체 뭘 해줄려고 문자까지 보내? 특식. 특식… 장언가? 아 난 장어보단 쭈꾸미 쪽이 더 좋은데. 아 배고파배고파배고파~~ (입맛 다시며 서둘러 가는)

S#29. 국가대표 반찬가게 앞 (N)
치열, 근처에 차 세우고 가게 쪽으로 걸어오는데, 행선이 뛰어 나온다.

치열	(보고) 어 사장님. 나 지금… (하는데)
행선	(치열 본척만척하고 그냥 휙 지나가 버리려는)
치열	(반사적으로 행선 팔 잡고) 어디 가요? 나더러 특식 준다고…
행선	(휙 째려본다. 눈에 화가 잔뜩 어려 있는)
치열	왜, 왜…?
행선	(노기 어린) 건 제가 묻고 싶은 말인데요. 일단 좀 놔보세요. 가서 알아봐야겠으니까. (치열 손 뿌리치곤 뛰어가는)

치열   하… 뭐야. 본인이 특식 어쩌구 오라구 바람 넣어놓군. (어이없는 표정
      인데)

      이때, 치열 휴대폰 벨 울린다. 보면 '지 실장'이다.

치열   (받는) 어 지 실장. 왜.
동희(F) 선생님, 의대 올케어반 명단에 변동이 생긴 거 같은데요?
치열   무슨 변동? (미간 찌푸려지며)
행선(E) 그게 대체 뭔 소리냐구요~?!

S#30. 더프라이드 학원 창구 (N)
      행선, 정 실장에게 흥분해서 따지는.

행선   바로 어제 합격 통보받고 오늘 올케어반 엄마들 모임까지 했는데!
       아니 갑자기 탈락이라뇨? 에?!
정실장   아뇨. 일단 흥분을 좀 가라앉히시구요 어머니….
행선   흥분 안 할 수가 없는 상황이잖아요. 학원이 장난이에요? 공부가 장
       난이냐구요?!
정실장   네네. 실수가 좀 있었던 거, 저희도 인정합니다. 근데 저희 규정상 올
       케어반 담당하실 일타강사님들의 수업을 올수강한 학생들에 한해서
       만 자격이 주어지는 거라…
행선   (o.l) 그게 무슨 규정인데요? 어디서 툭 떨어진 규정인데요? 첨에 공
       지할 땐 그런 얘기 없었잖아요. (휴대폰 열어 모집 게시글 보여주며) 보
       세요! 등록요건. 고등학교 2학년 재학 중인 자로, 당원 레벨테스트를
       통과한 자! 이 두 개밖에 자격요건이 없는데 왜 갑자기 그런 규정이
       튀어나왔는데요~?!
정실장   어머님. 학원의 규정을 일일이 다 공지에 기재할 순 없는 거잖아요.

이건 기본 같은 거구요, 그리고 저희가 뭐 국가기관도 아니고, 공교
육하는 학교도 아니구요, 어디까지나 개인 사업장이잖아요? 어떤 학
생을 선택하냐 하는 건 전적으로 학원 재량인 건데….

행선 하… 재량이요? 와 이건 힘들게 딴 금메달 도로 뺏는 거랑 다를 게 없
네. 어려운 시험 치르게 하고, 합격 통보까지 다 하곤 다짜고짜 취소
라니…. 이렇게 큰 학원에서 이딴 식으로 일을 처리해도 돼요? 이따
구로 재량을 쓰면 되냐구요~?!! (흥분하는데)

선재와 함께 문의하러 왔던 해이, 행선을 보고 멈칫해 서는.
울분과 흥분에 따지고 있는 행선의 모습이 가슴 아프다….

S#31. 행선집 거실 (N)

행선이 씩씩거리며 들어서고 해이 뒤따라 들어오자
방 안으로 들어갔다 도로 나왔다 안절부절못하던 재우, 딱 멈춰 선다.
재우 눈치껏 얼른 생수통 가져와 행선에게 훅 내밀면.

행선 (벌컥벌컥 생수 들이켜는)

해이 (그런 행선 보며 애써 담담하게) …나 괜찮아.

행선 (먹다 말고 힐끗 해이를 본다. 괜찮긴 뭐가 괜찮아…)

해이 (애써 웃으며) 아 괜찮아 진짜. 첨부터 부담스럽다 그랬잖아 의대 올
케어반. 내가 언젠 뭐 학원 의지해가면서 공부했나? 수학 하나로 됐
어. 그거면 돼 나는 진짜. 그러니까 엄마 괜히 흥분하고 그러지 마.

행선 야, 그래도…

해이 (o.l) 생각해봄 이름부터가 맘에 안 들어. 올케어가 뭐냐 올케어가. 촌
스러 진짜. 엄마 나 진짜 괜찮으니까 신경 쓰지 마. 알았지? (하곤 방
으로 들어가는)

S#32. **행선집 해이방 (N)**

방에 들어온 해이. 바로 책상 앞에 앉아 책 편다.

살짝 방문 열어 해이를 훔쳐보는 행선. 이 와중에도 공부하려는 해이
가 안쓰러워 나오는 한숨을 집어삼키곤 조용히 다시 문 닫고.

이내 어깨를 들썩이는 해이.

결국 무너지듯 책상 위에 확 엎어져 터져 나오는 울음을 삼키며 우는.

S#33. **다음 날/ 더프라이드 학원 외경 (D)**

치열(E)   그런 조건은 처음 듣는데요 전.

S#34. **더프라이드 학원 원장실 (D)**

대화하는 치열과 원장.

치열   대체 언제부터 있었던 조건입니까 그게?

원장   언제부터는 기본이지. 아니 그동안은 우리 학원 커리큘럼을 따라왔
        던 애들만 합격이 됐었다고요. 근데 그 학생은, 최쌤 강의 한 달 들은
        거밖엔 암것두 없잖아. 최 선생도 우리 올케어반 수업 난이도 알죠?
        커리큘럼 다 들은 걸 전제로 수업을 진행하는데 어떻게 다른 학생하
        고 진도를 맞출 수가 있겠냐고, 안 그래요?

치열   선수강이 필요한 학생이 있으면 인강으로 보충을 하도록 하든가, 자
        료를 제공하는 식으로도 얼마든지 커버할 방법이 있습니다. 레벨테
        스트 통과할 정도의 실력이면 뭐든 가능하죠. 근데 이제 와 등록 취
        소를 한다는 건… (하는데)

원장   아 최 선생~~ (읍소하는 표정으로 치열을 본다) 나, 비즈니스 하는 사람
        이야. 어쩔 수 없는 상황이 있다고 나도. 이번 한 번은 그냥 최 선생이
        넘어가주라 좀. 응?

치열   (잠시 원장 보다가 흔쾌히) 오케이, 오케이.

원장	(안도하는) 아휴… 고마워 최 선생 진짜… 내가 이 은혜는…
치열	(o.l) 나두 빠질래요 그럼. 그 학생이랑 같이.
원장	(놀라) 빠지다니… 뭐, 뭐를. (눈 똥그래지며) 올케어를??
치열	네 안 할래요. 제가 원래 적폐, 뭐 구리고 이런 거 딱 질색이라.
원장	아니 적폐라니… 말이 심하다 최 선생. 이건 그냥 어쩔 수 없는…
치열	(o.l) 상황이 있겠죠 뭔가 원장님 입장에선. 근데 전 강사잖아요, 원장님이 아니고. 일단 찝찝해서 싫구요! 그런 식으로 인원 조작할 거면 왜 밤새워 테스트진 만들고 왜 애들 시험은 보게 했는지 납득 안 돼서 싫구요! …재미없어요 이런 상황. 그냥 저 빼고 하세요 그럴 거면 올케어. (하곤 나가는)
원장	(쩔쩔매는) 이, 이봐. 최 선생…! (당황해 쫓아나가는)

S#35. 더프라이드 학원 복도 ~ 엘리베이터 앞 (D)

화난 채 뚜벅뚜벅 걸어가는 치열. 원장 그 뒤로 쫓아 나오며.

원장	아 왜 이래~ 최치열 없는 올케어반이 말이 돼? 요새 좋았잖아 우리. 입시 토크 콘서트 해서 협회에 내 면도 세워주고, 응? 엄마들 난리나 이거~ 공고에도 수학은 최치열이라고 떡 박아놨는데, 이러면 사기예요. 법에 걸린다고.
치열	(가며) 그럼 공고에 제 이름 떡 박을 때, 더프라이드 학원 커리큘럼을 따라온 학생만 가능하다는 조항도 떡 박았어야죠. (엘리베이터 버튼 누르는)
원장	일단 진행하자. 응? 추후에 생기는 문제는 추후에 생각하고… 내가 책임질 테니까…
치열	(o.l) 제가 것두 되게 질색이거든요. 추후의 문젠 추후에 생각하는 거. 원장님이 생각 바꾸시는 게 제 생각 바꾸는 것보다 빠를 겁니다. (문 열리자 타는)

원장	(급하니 위협모드로) 최 선생 이거 계약 위반인 거 알지?! 법무팀 불러
	요 나 진짜!!
치열	그러시죠. 법정에서 봬요 그럼. 바이. (닫힘 버튼 누르는)
원장	최 선새에에엥~!! (하는데 엘리베이터 문 닫히고)

S#36. 치열 연구소 사무실 (D)

자리에 털썩 앉는 치열. 동희 따라 들어와.

동희	뭐라세요 원장님? 얘기 잘 되셨어요?
치열	아니. 만만치 않더라.
동희	그럴 것 같았어요. 저도 부장님 통해 알아봤는데, 얘기 끝난 거 같더
	라구요 벌써.
치열	그래서 나도 못하겠다고 했어, 올케어.
동희	예? 아 그렇게까지….
치열	이건 공정하지 않아. 무슨 속사정인진 알 수 없고 알고 싶지도 않지
	만, 예외는 또 다른 예외를 낳고 특혜는 또 다른 특혜를 만들어. 일조
	하고 싶지 않아 난.
동희	그렇긴 한데… 그럼 다른 올케어반 학생들한테까지 피해가 가는 건
	데….
치열	학원도 그걸 모르지 않아. 그런데도 내 요구가 안 받아들여지면, 그
	건 비리가 분명하다는 인정인 셈이지. 보자고, 원장이 어떤 결정을
	하나.
동희	(보며) 또 나오셨네요. 언행불일치.
치열	뭐?
동희	학생 개개인 신경 못 쓴다, 대의가 뭔 소용이냐 하시면서… 은근 맘
	쓰시잖아요.
치열	맘 쓰는 게 아니라 고까워서 그래, 원장 하는 짓이. (하다) 너 또 쓸데

없이 sns에 올리고 그러지 마라. 학생을 우선시하는 최치열 미담 어쩌고.

동희 저 sns 안 하는데요.

치열 그래? (갑자기 꾸짖는) 근데 넌 왜 sns도 안 해. MZ 아냐 너?

S#37. 행선집 거실 (D)

마음 안 좋은 행선, 팔 걷어붙이고 집안 청소 들어간.

커튼 뜯어내고 / 침대보도 뜯어 나와 세탁기에 돌리고 / 청소기 돌려대는.

S#38. 행선집 해이방 (D)

청소기 밀고 들어오는 행선.

청소기 작동 멈추고 휴지통 비우기 위해 드는데, 밤새 울었는지 휴지통에 눈물 닦은 휴지가 가득하다. 속상한 맘 애써 누르고 휴지통 비우기 위해 가지고 나가는.

S#39. 우림고 운동장 (D)

남녀 혼합 피구 경기 중인 해이 반 학생들.

선재, 해이, 단지, 다른 여학생 두 명과 함께 같은 편 내야에,

수아는 남학생 두 명과 상대편 내야에,

건후는 수아 편 외야에서 하는 둥 마는 둥 주머니에 손 꽂고 서 있다.

수아, 몸 사리며 공만 요리조리 피해 다니고

선재, 무의식적으로 여학생들 뒤로 보내 지켜주는데

해이는 멍하니 계속 다른 생각에 빠져 있다.

선재 (공 잡곤 해이 보고) 남해이! 너 뒤로 와! 멍 때리다 공 맞는다~

해이 (별 의욕 없이 선재 옆쪽으로 천천히 가서 서고)

선재, 수아가 더 가깝지만, 차마 못 던지고 더 먼 남학생에게 던져 아 웃시킨다.

여학생들	와~ (박수 치며 좋아라 하고)
수아	(어쩔 수 없이 굴러온 공 잡는데, 멍하니 서 있는 해이가 눈에 들어온다)
해이	……. (다시 멍… 다른 생각 하느라 수아 못 보고)
수아	(그런 해이 향해 있는 힘껏 공을 던지는)
해이	(얼굴에 정통으로 공 맞고) 아!! (코 부여잡고 고개 숙이는)

수아, 깜짝 놀라고. 아이들 해이한테 뛰어가 "어떡해!" "피 나나봐!" 웅성거리고.

해이	(코 잡은 손 사이로 코피가 뚝뚝 떨어지는)
선재	(급하게) 누구 휴지 있는 사람! (하곤 해이 고개를 뒤로 젖히려는데)
건후	그러면 안 돼. (하곤 빠르게 해이 코 위 누르곤 고개를 아래로 숙이게 한다)
선재	……. (능숙한 건후의 처치에 일단 뒤로 물러나는)
건후	(해이한테) 목에서 피 맛 나면 얼른 뱉어.
해이	(코 눌린 채로) …괜찮아….
건후	(괜찮다는 해이 말에 침착하게 꾹 눌러 지혈하는)
수아	(오 제법이네? 흥미로운 표정으로 보고)
단지	(반한) 개설레 서건후… 야 코 좀 때려봐. 나도 코피나 나게~ (호들갑 떠는)
선재	(이 상황이 뭔가 불안하다. 걱정스럽게 해이 보면)
해이	(건후에게 코 잡혀 있는 이 상황이 어색하고 부끄럽다. 건후 힐끗 보며 신경 쓰는)

S#40. 국가대표 반찬가게 (D)

수아모와 단지모, 반찬 몇 팩 손에 집어 들곤 건성으로 다른 반찬 스
캔하고.
영주, 재우 있는데… 다운된 표정의 행선 들어오는.

단지모 어, 오네 해이 엄마.

수아모 자기야. (눈치 한 번 보곤) 해이 소식 들었어. 아니 어떻게 그럴 수가 있
       어? 첨부터 규정이 그렇다고 말을 해주든지, 내가 다 속상한 거 있지.

행선   (쓸쓸) 네 뭐.

수아모 근데 이 와중에 좀 미안하긴 한데… 그 올케어반 엄마들 톡방 좀 나
       가주면 안 될까? 이제 정보 공유도 해야 되는데 자기가 있으면 좀 껄
       끄러울 것도 같고 해서….

행선   (당황) 아… 네 알겠어요, 그럴게요. (하는데)

수아모 아니, 이왕이면 지금… 새로 들어올 학생 엄마 초대도 해야 되고.

행선   (잠시 수아모 보다가 휴대폰 꺼내 톡방 열어 삭제한다) 됐죠? (주방으로 들
       어가는)

수아모/단지모   어 고마워. / 너무 속상해 마 해이 엄마. 단진 문턱에도 못 갔잖아.

재우   (그런 두 사람이 얄밉다. 반찬팩들 획 낚아채며) 안 살 거면 놓으세요. (다
       시 진열하는)

수아모/단지모   ! (황당한)

S#41. **국가대표 반찬가게 주방 (D)**
       주방으로 들어온 행선.
       냉장고에서 재료들을 꺼내 올려놓고, 앞치마 메다가 멈칫한다.
       아무리 생각해도 이대로 물러서는 건 아닌 것 같다.
       앞치마 도로 풀어 던지듯 팽개치곤 뛰쳐나가는.

영주(E) 행선아! 너 어디 가~? 남행선~~!!

S#42. 우림고 2-1 교실 (D)

코에 휴지 끼고 있는 해이 주변에 앉아 위로하는 선재와 단지.

선재 괜찮아? 진짜 보건실 안 가도 돼?

해이 어. 괜찮아….

단지 야 아까 서건후 진짜 쩔지 않았냐? (모션까지 하며) 해이 코를 그냥 훅 누르고! 휙 숙이고! 어떡해… 일 났네… 나 서건후 좋아하네….

선재 축하한다. 잘해봐. (웃곤 해이 쪽 보는데)

해이 아. 나 요새 왜 이러냐 진짜. 올케어반 탈락에, 빵수아한테 코까지 깨지고. (하곤 벌떡 자리에서 일어나면)

선재 어디 가게?

해이 (재활용 박스 쪽으로 가며) 재활용 당번이기까지 하다 내가. 오늘 나보다 불행한 사람 있으면 내가 천 원 준다. (박스 들고 나가는)

선재 같이 가줄까? (일어서려는데)

해이 아니. 혼자만의 시간이 필요한 듯. (하곤 나가버리는)

S#43. 우림고 교정 일각 (D)

해이 박스 들고 가는데, 박스 바닥 쪽이 찢어지며 재활용 쓰레기가 쏟아진다.

해이 (멈칫하곤, 쏟아진 재활용 쓰레기들을 본다. 눌렀던 감정들이 훅 터져 나오는) …낸장…. (우유팩과 음료캔 발로 꽉꽉 밟으며) 대체 나한테 왜 이러는 거야? 왜?! 대체 왜?!! 아오~ (밟고) 성질 좀 안 내고 살게 해주라! (밟고) 재활용은 밟아서 넣으라고! (밟고) 밟아서! 지구 개무시하냐고!! (씩씩거리며 다시 주워 담아 가는)

해이 지나가고 나자 벤치에 누워 있다 몸 일으키는 건후.

건후   (찼던 캔 주워 가는 해이 뒷모습 보며) 성깔 있네, 반장…. (재밌단 듯 피식
         웃는)

S#44. 더프라이드 학원 외경 (D)

행선(E)   그러니까 원장님 좀 만나뵙게 해달라구요~~

S#45. 더프라이드 학원 원장실 앞 (D)

원장실로 들어가려던 행선, 직원 두어 명에게 제지당하고 있는.

부장   아니 지금 안에 안 계시다니까요?

정실장   다음에 다시 약속 잡고 오세요 어머니. 이러시면 저희가 곤란해요~

행선   곤란해요? 지금 진짜 곤란한 건 저예요. 학원 재량이라면서요. 이 학
         원에서 젤 높은 사람은 원장님이잖아요. 그러니까 원장님이랑 얘기
         만 좀 하게 해주세요. 왜 만나지도 못하게 해요? 그럼 난 누구랑 이
         문젤 얘기해야 되는데요?!

부장   저 알겠습니다. 어머님 뜻 알겠고, 원장님 오시면 전달하고 연락드릴
         테니까 오늘은 이만 가시고…

행선   (지르는/o.l) 연락 안 줄 거잖아요!!

부장/정실장   (멈칫, 보면)

행선   (톤 다운) …안 줄 거잖아요… 연락. 아니에요? (보다가 주저앉는다) 저
         여기서 기다릴게요. 원장님 오실 때까지 기다릴 테니까 가서 일들 보
         세요.

부장   아…. (하곤 저쪽에 서 있는 젊은 남자 직원 두 명한테 눈짓하면, 젊은 직원
         들, 다가와 범죄자 연행하듯 행선 양팔 잡고 들고 나가는)

행선   (끌려 나가며) 왜 이래요? 뭐하는 거예요? 아 이거 놔요 쫌~!!!

S#46. 국가대표 반찬가게 (D)

나가는 손님 배웅하는 영주.

재우 비뚤어져 있는 반찬팩 다시 바로 정리하는데.

영주   재우야. 누나한테 전화 좀 다시 해봐. 대체 어딜 간 거야 장사도 안
               하고.

재우   어. (폰 꺼내려다 멈칫) 근데 왜 누나 안 하고 맨날 나한테 시켜?

영주   아니 내가 해도 되지. 되는데… (말문이 막힌다) 야! 시키면 그냥 시키
               는 대로 좀 하지… 너 많이 컸다 남재우? 옛날엔 누나 무섭다고 눈도
               제대로 못 치켜뜨던 게 말야… 너 요새 내가 너무 오냐오냐 했나부
               다. 날 잡아 한 따까리 하까?

재우   (멀뚱멀뚱 본다) 나 옛날에도 누나 안 무서웠는데.

영주   안 무서웠어?

재우   어. 무섭긴 남행선 누나가 무섭지. 남행선 누나 확 돌면 또라이 되잖아.

영주   그치. 걔가 확 돌면 완전 또라이 미친개 되지. 인정. (하는데)

이때, 문 벌컥 열리고 성큼성큼 들어서는 행선.

재우/영주   누나! / 야 남행선! 너 대체 어디 갔다가… (하는데)

행선   (무시하고 계산대 뒤로 가 홍보용 확성기 찾아 들고 다시 나가는)

영주   야 건 뭐하게? 또 어디 가는데~?

행선   (대답도 없이 획 나가버리고)

재우/영주   누나~! / 야 남행선! 남 사장!! (표정에서)

행선(E)   (확성기 소리로) 아아… 안녕하세요 여러분.

S#47. 더프라이드 학원 앞 (D)

확성기 들고 학원 앞에서 1인 시위 중인 행선.

행선	…저는 한 고등학생의 엄마이자 이 동네에서 작은 반찬가게를 하는

행선 　…저는 한 고등학생의 엄마이자 이 동네에서 작은 반찬가게를 하는 사람입니다. 일단 시끄럽게 해서 너무 죄송하구요… 근데 도저히 가만히 있을 수만은 없어서요 제가. 다른 게 아니라, 의대 올케어반의 레벨테스트를 보고 합격통지까지 한 제 딸을! 갑작스런 규정을 핑계로 일방적으로 합격취소를 하곤 만나주지조차 않는 더프라이드 학원 강.준.상. 원장님께! 저는 정식으로 학부모 면담을 요청합니다! (크흠. 목청 가다듬고) 원장님, 저 좀 만나주세요! 세상에서 젤 더럽고 치사한 게 줬다가 도로 뺏는 겁니다! 첨부터 주지를 말든가 아님 납득할 만한 설명을 해주시던가… (하는데)

이때, 학원 앞쪽에 서는 원장 차. 차에서 원장 내리는데
나가던 학생 둘 "안녕하세요?" "원장님 안녕하세요?" 인사한다.

행선 　!! (얼른 원장 쪽으로 다가서며) 원장님…?

원장 　(보며) 아 예. 누구신지…?

행선 　저 남해이 학생 엄만데요… 잠깐 얘기 좀…

원장 　(귀찮은/o.l) 아 제가 바로 회의가 있어서. 죄송합니다 나중에. (얼른 들어가는)

행선 　(따라 들어가며) 저기요 원장님. 지금 저 피하시는 거죠? 그죠?!

S#48. 더프라이드 학원 로비 (D)

원장 잰걸음으로 행선 피해 들어오고, 행선 따라 들어오는.

행선 　(쫓아가며) 왜 피하시는데요? 뭐가 곤란하신 거죠 지금, 그죠?? (몰아붙이면)

원장 　아, 그런 거 아닙니다. 왜 이러세요 진짜.

행선 　아니면 뭔데요? 납득을 시켜주세요~ 왜 제 딸 합격이 뒤집힌 건데

요? 예?!

원장   아 그건. (빠른 걸음으로 가며 행선 돌아보고) 제가 다시 연락드리라고
하겠습니다. 그러니까 지금은 돌아가시고… (하는데)

이때, 반대편 출입구에서 카트에 인쇄물 잔뜩 싣고 오던 기사
앞쪽 안 보고 종종걸음 치던 원장 미처 못 보고 부딪힌다!
악~~ 소리와 함께 넘어지는 원장.
동시에 대량의 프린트물이 공중으로 흩어지며 날리고 – slow
멍한 채 그 모습 보는 행선과 기사.
나비마냥 나풀나풀 날리던 종이들 하나, 둘, 바닥에 떨어지는데.

원장   으~~ (팔을 다친 듯 부여잡고 괴로워하는)

S#49.   **병원 앞 (N)**
잔뜩 부은 얼굴로 반깁스한 채 병원에서 나오는 원장.
대기해 있던 원장의 차, 픽업 위해 문 앞으로 미끄러지듯 와 서고.

S#50.   **원장 차 안 (N)**
원장   (통화하는, 짜증 묻은 톤으로) 그래서, 그 아줌마는 간 거야 어쩐 거야??
부장(F)   아직 학원 앞에 있습니다. 원장님 뵙고 간다고. 본인도 당황스러운
지, 원장님 괜찮으시냐고 계속 묻나보더라구요 데스크에.
원장   하… 병 주고 약 주고 여러 가지 하시네. (하곤) 차라리 잘됐어. 경찰
에 신고해버려 바로, 업무방해로. 여차하면 과실치상 이것도 추가해
보고.

S#51.   **더프라이드 학원 복도 (N)**
부장   (원장과 통화하며 걸어가는) 경찰 신고까지요? 지금요?

원장(F)	지금 아니면 그럼, 가고 나서 할래? 알아서 명분을 만들어주잖아 그
	아줌마가! 업무방해에, 원장이 상해 입는 데 원인 제공을 한 학부모
	학생을 무서워서 어떻게 받냐고 우리가. 블랙리스트에 올려버려 이
	참에, 남핸지 동핸지⋯ 이름 뭐야 개?
부장	남해이 학생이요. 것도 괜찮은 방법이네요 블랙리스트.
원장(F)	여론을 그렇게 조성해버려. 필요하면 게시판에도 이니셜 써서 올려
	버리고.
부장	네 원장님. (하며 가는데)

엘리베이터 앞에 등 돌리고 서 있던 치열, 부장 가는 쪽을 돌아본다.

치열	(다 들었다) !! (멈칫하는 표정에서)

S#52. 더프라이드 학원 앞 (N)

행선, 확성기 손에 쥔 채 심란한 표정으로 학원 앞에 서 있다.
일을 이렇게 만들려던 건 아닌데⋯ 난감해하며 서 있는데, 빗방울이
들기 시작한다. 손 펴서 빗방울 확인하는 행선. 하늘 한 번 올려다보
고, 어째야 하나 망설이는데⋯.
이때, 큰길가 쪽으로 경찰차가 와서 선다.
행선, 미처 못 보고 그냥 서 있고
경찰차에서 경찰 두 명이 내리며 학원 입구 쪽을 보는데
순간, 행선의 팔을 낚아채는 누군가! 치열이다.

행선	어어~~ (뭐라 얘기도 못한 채 강한 힘으로 잡아끄는 치열에게 끌려가는)

S#53. 거리 일각 (N)

비를 피할 수 있는 일각으로 행선을 끌고 온 치열.

비는 계속 흩뿌린다.

행선   (치열 손 홱 뿌리치며) 이거 좀 놔요 좀! (보며) 뭐하는 거예요 지금?!!

치열   아 내가 진짜 남 일 껴드는 거 딱 질색인데, 답답해서 진짜… 아니 사람이 왜 이렇게 무모해요?! 이렇게 접근해서 될 일이라고 생각해요 이게?!!

행선   그럼 어쩌라구요~ 그냥 포기해요?? 그래도 내가… (목소리 떨린다) 내가 엄만데…?

치열   (안타까워서) 이기는 수를 썼어야죠 그럼! 계란으로 바위 치길 할 게 아니라!!

행선   (씩씩… 감정 격해진 채 보면)

치열   (역시 안타까움으로 격해) 아니면 그냥, 그냥 좀 있어보죠! 내가 지금… 하아… (답답하다. 보며 낮은 톤으로) 댁에 따님 올케어뿐 아니라 다른 수업도 수강 못해요 이제. 블랙리스트에 올랐다구요, 알아요…?!

행선   …블랙… 리스트요…?

치열   학원에 그런 게 없겠어요? 별별 학부모, 별별 학생이 다 있는데?

행선   ……. (멍하다)

치열   (저 역시 마음이 안 좋다)

행선   (그 비 맞으며… 계속 멍한 채) 그러니까… 우리 해이가 이제, 그냥 선생님 수업도 못 듣는다구요? 내가 오늘 학원 앞에서… 이런 짓을 해서?

치열   (무언의 긍정이다. 한숨 내쉬면)

행선   ……. (억울하고, 속상하고, 눈물 그렁그렁해진다) 와… 참 무서운 사람들이네. 아무리 학원이래도, 그래도 애들 가르치는 덴데. 사람을 들었다 놨다 그러곤, 납득시켜달랬더니 블랙리스트… 와 너무한다… 너무해 진짜….

치열   (행선 눈물에 당황해) 아 그러니까 왜… 내가 이래서 아는 사람을 안 만드는 건데. 신경 쓰이게 진짜.

행선	(o.l/싸늘하게) 알겠습니다. 신경 안 쓰이게 할게요.
치열	(행선의 싸늘한 톤에 흠칫해서 보면)
행선	그만하죠 뭐. 거기 다녀서 성적은 오를지 모르겠는데, 딴 건 배울 게 없어 보이네. 저도 딱, 보내기 싫어졌어요 그 학원엔. (하곤 획 돌아 처벅처벅 가는)
치열	(내 말은 그런 뜻이 아닌데… 쓸쓸한 표정으로 행선의 가는 뒷모습을 그저 보는)

그렇게 행선을 보는 치열과 등 돌리고 걸어가며 멀어지는 행선.
빗줄기 점점 거세지며… 두 사람 모습 길게 부감으로.

S#54. 다음 날/ 국가대표 반찬가게 외경 (D)
어제 내린 비로 유난히 모든 시야가 선명하고, 화창한.

S#55. 국가대표 반찬가게 (D)
입 꾹 다문 채 계산대와 진열대 빡빡 닦는 행선.
영주와 재우, 그런 행선 눈치 보며 눈빛 주고받는다.

영주	(슬쩍 말 시켜보는) 야, 파리도 미안해서 못 앉겠다. 고만 닦아라 좀.
재우	누나 지금 한 시간 18분째 그것만 닦고 있어. 팔 안 아파? (걱정스럽게 보는)
행선	(대답 없이 계속 닦기만 하는데)

이때 가게 전화 울리고, 영주 전화 받는.

영주	네 국가대푭니다. 네 그럼요, 30개 이상은 배달되죠. 아 서른두 개요? 네, 어디신데요? 더프라이드 학원 상담실이요?

행선   ! (더프라이드? 보는)

영주   네 한 삼십 분 걸립니다. 그럼 상담실로 갖다드리면… (하는데)

행선   (영주 전화 낚아채) 저기요. 주문 안 받습니다. 다른 데서 시켜 드세요.

아뇨, 더프라이드 학원엔 안 판다구요. 사장인 제 재량입니다, 이유

묻지 마세요. 끊겠습니다. (하곤 쾅! 거칠게 전화기 내려놓는)

영주/재우   (행선의 퍼런 서슬에 찍 소리 못하고 눈짓만 주고받는데)

행선, 테이블 밑에서 종이와 매직 꺼내 단호한 표정으로 뭔가 적는다.

S#56. 치열 차 안 (D)

동희 운전하고, 뒤에 앉아 교재 들여다보며 가고 있는 치열.

저만치 국가대표 반찬가게 건물이 보인다.

행선(E)   참 무서운 사람들이네. 아무리 학원이래도, 그래도 애들 가르치는 덴

데. / 알겠습니다. 신경 안 쓰이게 할게요.

치열   (행선의 말이 계속 마음에 얹힌다. 동희 보며) 잠깐 세워봐 지 실장. 국가

대표 앞에.

S#57. 국가대표 반찬가게 앞 (D)

차에서 내린 치열과 동희, 가게 쪽으로 다가서다 멈칫한다.

출입문 옆 통유리에 대문짝만 하게 써 붙인 종이가 보이는.

#. 인서트

'더프라이드 학원 관계자에겐 반찬 및 도시락을 판매하지 않습니다.

(학생, 학부모 제외) – 국가대표 반찬가게 사장 남행선'

동희   (당황해) 아 뭘 이렇게까지….

치열	······.
동희	(치열 보며) 제가 들어가서 얘기 좀 해볼까요? 그래도 선생님은 남해 이 학생 다시 올케어에 붙이려고 애쓰셨는데…
치열	(o.l) 됐어… 가자. (돌아서 가는)
동희	(보고 안쪽 한 번 보다가 치열 따라 쫓아가는)

S#58. 더프라이드 학원 외경 (N)

S#59. 더프라이드 학원 강의실 (N)

시즌 투 마지막 강의를 마무리하는 치열.
기분 썩 좋진 않지만 표정 관리하며 담담하게 말하는.

치열	시즌 투 다들 고생하셨습니다. 다음 시즌 쓰리에서… (해이 보고 멈칫하는) 다시 만날 때까지 컨디션 관리 잘하길 바랍니다. 입시는 장기전입니다. 나는 여러분이 그 긴 싸움에서 꼭 이기길 바랍니다. 지금까지 시즌 투, 최치열강이었습니다~
학생들	감사합니다~ (합창하고)
치열	(해이 시선을 피해 얼른 나가는)
해이/선재	(쓸쓸한 표정으로 그런 치열 보는) / (위로하듯 해이 어깨 툭툭 쳐주고)

S#60. 더프라이드 학원 강의실 복도 (N)

치열과 동희 같이 가는데… 수아와 여학생 두 명이 쫓아온다.

수아	쌤~
치열	(멈칫해 돌아보면)
수아	쌤, 올케어 안 하신다는 거 사실 아니죠? 그냥 헛소문이죠?
여학생1	(울먹) 안 하시면 안 돼요. 저 쌤 땜에 올케어 신청한 거란 말이에요~

여학생2	쌤, 제발 저희 버리지 마세요~ 네?! (간절한 표정으로 보는)
치열	(아이들을 보니 또 마음이 약해진다) 그래, 알겠는데… 생각 좀 해보자. (가려는데)
수아	(그런 치열 앞을 막아선다) 아뇨. 약속해주세요 쌤. 저 이번 올케어에 제 인생 걸 거예요. 목숨 걸고 할 거고, 목표 대학 갈 거예요. 왜 한 명 땜에 저흴 버리려고 하세요?
여학생1/2	(수아 옆으로 와 같이 막아서며) 저희 너무 절실해요 쌤~ / 약속해주세요, 제발요~~
치열	(아이들의 간절함에 착잡하다. 그래, 니들한텐 죄가 없는데… 싶은)
동희	(그런 치열 표정 살피며 내심 하겠구나… 다행이다… 싶은)

S#61. 치열 연구소 (N)

장어덮밥과 피자, 샐러드, 스파게티 등 잔뜩 펼쳐져 있는 테이블.
조교들 둘러앉아 있고, 동희가 사무실 쪽에서 다운된 치열 끌고 나온다.

동희	나오세요, 오늘 커피 네 잔밖에 안 드셨잖아요. 전에 먹을 만하다고 하신 장어덮밥이랑 이거저거 다 시켰어요.
조교들	오세요 선생님~ / 장어가 엄청 싱싱해요~~
치열	(이렇게까지 권하니 어쩔 수 없이) 아 알았어. 알았다 먹자. (앉는)
동희	(옆에 앉아 젓가락 꺼내 치열 손에 쥐어주는)
치열	(젓가락 들고 장어덮밥 한 젓가락 떠먹는다. 애써 꼭꼭 씹어 넘기곤, 이번엔 화덕피자를 한 조각 집어서 먹는. 씹으며) 어 화덕이라 좀 다르네. 맛있다.
동희	(잘 먹는 치열 보며 좀 안심하는 표정인데)

S#62. 치열 연구소 화장실 (N)

결국 속 게워낸 듯 물 내리는 소리 들리고, 창백해진 얼굴로 나오는 치열.

물 틀어 입 씻고 손등으로 쓱 닦으며 거울 본다.

그동안 좋은 컨디션 찾아가고 있었는데… 이래저래 마음이 쓰리다.

S#63. 몽타주 (D)

#. 치열 차 안

운전해 가는 치열. 애써 시선 안 주고, 국가대표 반찬가게 앞을 그냥 훅 지나치고.

#. 치열 연구소 내 사무실

책상 앞에 앉아 문제 푸는 치열.

책상 위에 아이스 아메리카노 빈 잔이 세 개, 반쯤 먹은 잔이 하나 놓여 있다.

동희 들어와 테이블 위에 햄버거 슬쩍 놓고 가려는데, 점심때 사둔 초밥도 손도 안 댄 채로 그대로 있다. 걱정스런 표정 짓곤 초밥 들고 나가고.

#. 더프라이드 학원 강의실

치열	PQ의 기울기가 −1이니깐 P, Q는 $y = x$ (와이는 엑스) 대칭이지? 그럼 P를 이렇게 두면 (점 P 옆에 P(k, 2^{k-1}) ← 이렇게 쓰면서) Q는 이렇게 둘 수 있지. (점 Q 옆에 Q(2^{k-1}, k) 쓰면서) 그대로 대입해서 계산하면 $k = 4$ 나오고 (하는데)
학생1/2	쌤 졸려요~ / 시그니처 한 번만 보여주세요. 발차기.
치열	졸려? 아직 수업 반밖에 안 왔는데 벌써 졸리면 안 되지…. (하며 발차기 하는데 비틀, 발이 반도 안 올라간다)
학생들	(실망했다는 듯) 에이~~ (하곤) 한 번 더! 한 번 더! (합창하는데)
치열	(기운이 딸린다) 됐어… 그냥 가자. (강의) 자, $k = 4$니까 P의 y좌표는 8.

이해됐지?

학생들   (평소와 다른 치열 텐션에 당황, 표정 주고받는)

#. 치열 연구소

날선 표정으로 조교들 세 명 세워놓고 잔소리하는 치열.

치열   내가 미리미리 체크하랬지? 힘들게 문세 뽑아놓고 이렇게 삐끗하면,
       첨부터 다시 할래? 어? 다시 하고 싶어? (하곤 문 옆 화분 보고) 이건 또
       왜 여깄는 거야? 왔다 갔다 하는데 걸리적거리게! 에이. (발로 훅 차곤
       나가버리는)

조교1/2(연경/서진)   …저거, 삼 년 전부터 저기 있었던 거 아냐? / (끄덕끄덕)

동희   (발로 화분 안쪽으로 쭉 밀며 걱정스런 표정)

#. 치열 연구소 내 사무실

늦은 밤. 혼자 남아 보드 한가득 문제 풀고 있는 치열.

몰두해 문제 푸는데 순간, 보드 위 그래프의 원이 행선네 돈가스로
보인다. - C.G

순간 저도 모르게 보드펜으로 돈가스를 확 찍는데! 그냥 그래프의
원일 뿐이다.

치열   (그런 자신이 어이없어) 하… 하하… 하하하하…. (자학적으로 웃어대는
       모습에)

치열(E)   제가 미쳤나봐요 선생님.

S#64.   **신경정신과 상담실 (D)**

눈에 띄게 수척한 치열, 닥터에게 상담 중인.

치열	그깟 도시락 좀 못 먹는다고 무기력해지고 예민해지고 막 헛것까지 보이고… 저 미친 거 맞죠? 무슨 금단증상도 아니고, 하.
닥터	글쎄… 단순히 그 도시락 때문일까?
치열	? (무슨 소린가 보면)
닥터	내 생각엔 마음의 불편함이 더 큰 거 아닐까 싶은데. 부당함을 바로잡지 못한 거에 대한 자책감? 학생들이 애원하는데 그 올케어 수업을 안 할 수도 없고. 그래서 계속 자신한테 화가 나 있는 상태? …뭐 워낙 올곧은 성격이시니까.
치열	(진짜 그런 건가? 가만히 생각해보는)

S#65. 우림고 외경 (D)

종렬(E)	절댓값이 어떻게 풀리는지에 따라서 구분해보면…

S#66. 우림고 2-1 교실 (D)

종렬, 앞에서 수학 수업하고 있는.

종렬	1번 식에서 근이 2개, 2번 식에서 근이 1개 나와야 되겠지? 치환해서 정리하면 n은 9보다 크고 16보다 작으니까 합은… (하는데)

이때, 벌컥 뒷문 열리고 들어서는 건후. 고개 까딱하곤 자리에 앉는데.

종렬	(보다가) 누가 앉으래? 나가.
건후/일동	(멈칫, 보는) / (일제히 건후에게 시선 쏠리고)
종렬	너 오고 싶을 때 아무 때나 놀러오는 게 학교야? 나가 서 있어 자식아!!
건후	(잠시 보다가 다시 복도 쪽으로 나간다)
해이	(걱정스럽게 건후 보는)

S#67. 우림고 2-1 앞 복도 (D)

뒷짐 지고 서 있는 건후. 종렬 그 앞에 서서 나무라는.

종렬   학교를 다닐 거야 안 다닐 거야? 둘 중에 하나 결정해.

건후   …….

종렬   안 다닐 거야? 그럼 정식으로 절차 밟고.

건후   …아뇨.

종렬   다닐 거야? 그럼 다른 애들처럼 제 시간에, 제대로 와 앉아 있어. (하곤 진지하게) 너 운동 못할 수도 있단 거 알아. 받아들이기 힘든 거 이해하는데… 방황은 짧았으면 좋겠다. 너 이제 열여덟이얀마. 선택할 수 있는 길이 무궁무진하다고, 알아?

건후   …….

종렬   앞으로 어떻게 살지, 뭘 해야 할지… 진지하게 한번 생각해봐. 그게 시작이다. (어깨 툭툭, 치고 가는)

건후   후…. (종렬의 진심 어린 충고에 생각이 많아진다…)

S#68. 치열 연구소 (D)

복합기 바쁘게 돌아가는 분주한 연구소. 치열 들어오면.

동희   (보고) 오셨어요?

치열   어. (조교들 보고) 올케어 교재는? 여섯 시까지 가능한 거 맞아?

조교1(연경)   네, 가능할 거 같아요. 다시 확인해보겠습니다. (얼른 전화 거는)

치열   테스트 채점은? 몇 명 갈 거야?

조교2(서진)   일단 제가 가고….

치열   한 명으론 안 돼. 논술 문제 있어서 꼼꼼하게 봐야 해. 두 명 더 붙어.

조교2(서진)   넵. 알겠습니다. 상진이랑 종서랑 갈게요.

치열   오케이. 그리고 지 실장, 나 좀 봐. (하고 사무실로 들어가려다 비틀, 벽

잡는)

동희   (부축하며) 괜찮으세요?

치열   (괜찮다 손짓하곤 들어가는)

동희   (걱정스러운 표정으로 따라 들어가는)

S#69. 치열 연구소 내 사무실 (D)

치열   (따라 들어오는 동희 보며) 애들 테스트 볼 때 나도 들어가서 볼 거니까, 좀 일찍 출발하자. 어떻게들 푸는지 과정을 볼 필요가 있을 거 같아서, 그게 소수정예 메리트고. 그리고… (하는데)

동희   알겠으니까 선생님, 일단 쉬세요. (주머니에서 영양제 꺼내 내밀며) 이거 좀 드시구요. 이러다 올케어반 수업 시작도 하기 전에 쓰러지시겠어요.

치열   난리나지 그럼 엄마들. 건강관리 안 하고 뭐했냐, 애들 학습 계획에 지장 생긴다… (보며) 알았어. 마실게 줘봐. (동희 내민 영양제 받아 입에 털어 넣는)

닥터(E) 내 생각엔 마음의 불편함이 더 큰 거 아닐까 싶은데. 부당함을 바로잡지 못한 거에 대한 자책감? 그래서 계속 자신한테 화가 나 있는 상태?

치열   (닥터 말이 맞다. 나는 지금 마음이 불편하다… 생수 마시며 생각하는)

S#70. 국가대표 반찬가게 (D)

행선, 핸드폰으로 스카이맘점넷 들어가 이것저것 살피다가 멈칫한다.

#. 인서트

'최치열강 카페 직찍' 게시글 클릭해보면, 치열이 카페에서 아이스 아메리카노를 사 들고 나오는 모습 찍힌.

행선   ……. (여전히 잘 먹고 잘 사는구나… 왠지 서운한데)

영주	(캔커피 들고 다가서며) 야, 그 일타 쌤 말야… 쥐가 풀방구리 드나들듯 오더니 막상 안 오니까 좀 허전하고 그렇다? 그 병약미 실장님도 보고 잡고.
행선	(얼른 폰 접는)
영주	(캔커피 내밀며) 해이 땜에 속상한 맘은 이해하는데… 그래도 그 학원 쪽 사람들한테 우리 음식 안 파는 건 좀 졸렬한 거 아닌가 싶다. 밑에 사람들은 뭔 죄냐? 안 그래?
행선	(캔 따 마시며) 그럼 어뜩해… 내가 가진 무긴 것밖에 없는데.
영주	해인. 다시 혼자 공부하는 거… 괜찮대?
행선	원래 티 내는 애가 아니잖아. 힘들겠지 아무래도.
영주	(보며 위로하는 톤) 간만에 이따 끝나고… (잔 꺾는) 일잔 할까?
행선	됐다. 너 오늘 댄스 동호횐가 뭔가 간다며.
영주	니가 원하면 빠지지 또 내가.
행선	아냐. 가서 썸남이랑 또 썸이나 타. 너라도 행복해야지. (웃어 보이는)

S#71. 우림고 복도 (D)

매점에 다녀오는 듯 해이는 우유, 선재 단지는 음료수 들고 걸어오는.

단지	그러고 보니까 오늘부터 올케어반 시작이네 이선재. 와 떨리겠다.
선재	떨리긴. 그냥 공부하는 건데.
단지	그래도 다르지. 빵수아 같은 애들 여섯 명이랑 공부하는 건데. 으… 안 봐도 답 나와 그 반 분위기. 해이라도 있으면 그나마… (하다 아차, 하는 표정으로 해이 눈치 보면)
해이	아 뭐~ 왜 또 내 눈치 봐.
단지	아냐. 내가 언제 눈치 봤다구… 나 화장실 좀 갔다 가께. (얼른 화장실로 가는)
선재	(해이 보며) 내가 교재 공유할게. 풀어보고 모르는 건 물어봐.

해이	됐어. 반칙하는 거 같아서 별루야. (하곤 가는)
선재	(그런 해이가 맘 쓰인다. 따라가는)

S#72. 우림고 2-1 교실 (D)

해이와 선재 들어오는데
해이, 휙 지나가는 반 친구 피하다가 우유를 건후 책상 위에 쏟는다.
이때 건후 화장실 갔다 들어오다 보는.

해이	(건후 보고 당황) 아 미안. 잠깐만. (휴지 찾는데)
선재	(주머니에서 휴지 꺼내며) 여깄어. 내가 닦을게.
해이	아냐 줘. (휴지 빼앗아 책상 위 깨끗이 닦곤 건후 보며) 쏘리. (가려는데)
건후	어이 반장.
해이	(응? 돌아보면)
건후	(해이 앞으로 훅 다가와) 공부는 어떻게 하는 거냐?
해이	(뜻밖의 말에) 어?
건후	(똑바로 보며) 나 공부 좀 가르쳐줘라… 반장.
아이들	(오~ 흥미진진하다는 표정으로 건후와 해이를 보고)
수아	(앤 또 왜 남해이한테 공불 가르쳐달래? 하는 표정으로 보고)
선재	(이게 무슨 상황이지? 신경 쓰이는 표정으로 건후를 보는)

S#73. 더프라이드 학원 외경 (N)

S#74. 더프라이드 학원 소형 강의실 (N)

수아, 선재, 영민 외 네 명의 학생 둘러앉아 있고.
치열 문제 풀이하고 있는 - 의대 올케어반 첫 수업 중이다.

치열	오케이, 그럼 다음 문제 한번 보자. (짧게 한숨 후~ 쉬고 칠판 지우는데

다크서클이 한가득이다. 피곤한…) $n = 1, \cdots, k-1$인 경우는 $a_n a_{n+1} S_n$이 음수이고 $n = k$인 경우는 $a_n a_{n+1} S_n$이… (집중이 잘 안 된다. 살짝 사이가 뜨면)

선재/수아 (선생님이 왜 그러시지…? 보는)

치열 (집중하고) 자, 그러니까 보면, $a_n a_{n+1} S_n$이 음수니 양수니.

수아 양수.

치열 오케이. 양수지. 그러니까 결국 $a_n a_{n+1} S_n < 0$을 만족하는 n이 9개려면… (살짝 어지럽다) 잠깐, 미안. (똑바로 보며) m = 10… (앞쪽 다시 보며) 아니 11이고,

영민(E) (짜증 섞인 혼잣말로) 뭐야… 왜 첫 수업부터 절어….

치열 (말 멈추고 영민 보는) 뭐라고?

영민 (건들건들) 아뇨. 그냥 혼잣말한 건데요… 올케어반이래서 기대 겁나 하고 왔는데….

치열 (냉정하게) 기대에 부응 못해 유감인데, 근데 넌 수업을 하는 선생님에 대한 최소한의 존중부터 좀 배워야 될 거 같다. 이… (출석부 보며) 영민?

영민 아 뭐래~ 학교 선생님도 아니면서 뭘 자꾸 가르칠라 그래, 짜증나게 ~~ (펜을 노트에 팍, 신경질적으로 던지면)

순간, 교실 분위기가 얼어붙는다. 학생들, 긴장해 치열 눈치 보는.

치열 (영민 보며 싸늘한 톤으로) 내 수업이 맘에 안 들면 지금이라도 나가라. 괜히 다른 친구들 수업까지 방해하지 말고.

영민 (반항심 가득한 표정으로 그런 치열 노려보는)

치열 (물러서지 않는다. 강한 눈빛 쏘는)

영민 (맞서다가 결국 진다) 씨×. (거칠게 가방 집어 들고 나가버리는)

치열 (무슨 일이 있었냐는 듯 다시 차분하게) 자, 풀이 계속 간다… m이 11이

면 $S_{10} < 0$, $S_{11} > 0$ 이어야 하니까….

S#75. 치열 연구소 앞 주차장 (N)

차에서 내리는 치열. 입 꾹 다문 채 아무 말도 않는다.
따라 내리는 동희, 치열 눈치 보며.

동희 그 친구가 딴 강사님들 시간에도 트러블이 꽤 있었더라구요. 매사에
불만도 많고, 말도 험하고. 그런 애들이야말로 블랙리스트에 올라야
되는 건데 참.

치열 그러니까. 걔 자리 말야….

동희 ? (보면)

치열 (보며) 원래 남… 뭐야, 그 친구가 앉아 있어야 될 자리잖아. 맞지?

동희 그죠. 남해이 학생 대신 들어온 친구니까.

치열 그래. 그 친구였으면 진짜 열심히, 눈 반짝거리면서 수업 받았을 텐
데. (하곤 뭔가 결심한 듯) 지 실장, 나 먼저 갈게. 정리하고 퇴근해. (급
하게 다시 차에 타는)

동희 (어리둥절해) 어디 가시는데요 선생님~?

치열 (문 닫고 차 출발시키는)

S#76. 편의점 (N)

영민, 친구와 옆에서 라면 먹으며 주변 의식 않고 떠든다.
그 옆쪽으로 후드 눌러쓴 희재, 고개 푹 숙인 채 컵라면 먹고 있는.

영민 아 진짜, 겁나 재섭어 ××. 지가 일타면 다냐고? 별것도 아닌 게 진
짜. 내가 소비잔데 품질이 구리면 항의할 수 있는 거 아냐? 지가 뭔데
나를 나가라 마라야 씨. 울 엄마한테 다 이를 거야. 최치열이 나 쫓아
냈다고 씨.

친구	열공닷컴에다 폭로해버려. 조회수 터지겠다 야.
영민	그래버릴까 씨. 아 올케어 싫어. 최치열 수업 듣는 것도 싫고.
친구	그렇게 싫으면 빼달라 그래 그냥 엄마한테.
영민	그게 되면 했겨 새꺄. 울 엄마 겁나 무서워. 한번 맘먹으면 안 되는 것도 되게 하는 사람이라니까? 붙었던 애도 짜르고 나 집어는 거봐 올케어에.
친구	헐… 걘 좀 황당했겠다?
영민	힘없으면 당하는 거지 뭐. 그러니까 무조건 출세는 해야 돼. 남한테 짤리는 인생 말고 울 엄마처럼 짜르고 사는 인생 돼야 된다니까.
희재	(라면 뜨다 말고 멈칫, 곁눈질로 영민 본다)
영민	(눈 마주치는데, 희재의 기세에 슬쩍 시선 피하고 라면 먹는)
희재	(역시 시선 깔곤 다시 라면 깨작거리는)

S#77. 거리 ~ 더프라이드 학원 앞 (N)

편의점에서 나와 어두운 거리를 걷는 영민.

누군가 뒤쫓아 오는 듯한 느낌에 멈칫, 뒤돌면 아무도 없다.

아닌가… 갸웃하며 다시 걷는 영민. 어느새 더프라이드 학원 앞이다.

순간 담배 생각이 간절한 영민. 주머니에서 슬쩍 담배를 꺼내 보고는, 차마 대로에서 피울 수는 없어 두리번거리며 학원 뒤쪽 주차장으로 걸어 들어가는.

S#78. 더프라이드 학원 주차장 (N)

차가 거의 빠져나간 학원 뒤편 주차장으로 걸어온 영민.

후미진 곳으로 가 다시 담배를 꺼내는데…

순간 영민 앞쪽으로 쇠구슬이 휙~ 빠르게 지나가는.

영민, 깜짝 놀라 담배 떨어뜨리는데… 또 다른 쇠구슬이 날아와 영민 이마를 슥 스치고 떨어진다. 이마에 바로 붉은 상처가 생기고.

영민   !!! (놀라 얼음 됐다가 이내 쇠구슬 주워 보곤) 아 씨… 어떤 새끼야?!!!
       (학원 건물 올려다보곤 얼굴 벌게져 학원으로 뛰어 들어가는)

S#79. **국가대표 반찬가게 앞 (N)**
       끼익~ 하고 와 서는 치열의 차.
       치열이 차에서 내려 국가대표 반찬가게를 향해 성큼성큼 걸어 들어
       간다.
       (E) 딸랑 가게 문 열리는 소리

S#80. **국가대표 반찬가게 (N)**
       행선 홀로 영업 마무리 중인데, 치열 들어서는.

행선   어서 오세… (요… 하려다가 멈칫. 일어나 보면)
치열   오랜만입니다, 사장님.
행선   큼… 웬일이세요? 아시다시피 저희 가겐 더 이상 더프라이드 학원
       손님은… (하는데)
치열   (o.l) 수업합시다.
행선   에? (뭔 소린가 해서 보면)
치열   따님 수업, 다시 시작하자구요.
행선   그게 뭔 소리예요…? 학원에서 다시 우리 해이… 받아준대요?
치열   아뇨.
행선   그럼 그게 무슨….
치열   나랑 따로 수업해봅시다. 개별적으로.
행선   (!!) 개별적이라면… 그럼 우리 해이를… 개인과외를 해주신다구요?
       선생님이?!
치열   (긍정의 표정으로 손을 내민다. 공생을 제안하는)
행선   (얼떨떨한 채 치열 손을 잡는다. 일타강사가 개인과외를 해준다니…)

치열   (보며) 대신, 조건이 있습니다.

행선   조건이요?? (눈 똥그래져 치열 보는)

S#81. 더프라이드 학원 복도 (N)

1부 프롤로그 상황.

비상등만 켜진 적막한 학원 내 복도.

가방 한쪽 어깨 메고 교재 손에 든 채 쫓기듯 뛰어가는 영민, 겁에 질린 표정이다.

결국 복도 끝 창문 앞까지 몰린 영민, 황급히 내다보면 창밖은 주차장이고.

거친 숨 내뱉다 인기척 느끼고 뒤돌아보곤 동공 커진다.

창 쪽으로 뒷걸음질 치는 영민.

S#82. 더프라이드 학원 앞 (N)

(E) 쿵 하는 소리와 함께

"꺄악~~" 엄마 차 타려던 여학생, 쿵 소리에 뒤돌아보곤 비명 지르고.

바닥에 쓰러진 영민의 머리에서 붉은 피가 서서히 새어 나온다.

영민 손에 쥐고 있던 쇠구슬이 흘러 데구르르 흘러가며… 4부 엔딩.

X와 Y의
비밀 확률 분포

S#1.   더프라이드 학원 앞 (N)

(E) 쿵 하는 소리와 함께

"꺄악~~" 하는 여학생의 비명소리 들리고.

바닥에 쓰러진 영민의 머리에서 붉은 피가 서서히 새어 나온다.

영민 손에 쥐고 있던 쇠구슬이 흘러 데구르르 굴러가고….

S#2.   국가대표 반찬가게 (N)

치열   수업합시다.

행선   에? (뭔 소린가 해서 보면)

치열   따님 수업, 다시 시작하자구요.

행선   그게 뭔 소리예요…? 학원에서 다시 우리 해이… 받아준대요?

치열   아뇨.

행선   그럼 그게 무슨….

치열   나랑 따로 수업해봅시다. 개별적으로.

행선   (!!) 개별적이라면… 그럼 우리 해이를… 개인과외를 해주신다구요?
        선생님이?!

치열   (긍정의 표정으로 손을 내민다. 공생을 제안하는)

행선   (일타강사가 개인과외를 해준다니… 얼떨떨한 채 치열 손잡는데)

치열   (바로 놓으며) 대신, 조건이 있습니다. (결연한 표정에서)

(E) 경찰차 사이렌 + 응급차 사이렌 소리

S#3.   거리 (N)

다급하게 달려가는 여러 대의 경찰차.

그 뒤로 응급차 역시 사이렌을 울리며 도로 위를 가르는 모습 부감

으로 타이틀 뜬다….

일타 스캔들 chapter 5. X와 Y의 비밀 확률 분포

국가대표 반찬가게 (N)

미니테이블 앞에 마주 앉은 치열과 행선.

기싸움하듯 진지하게 서로를 보는.

치열   (행선 보며 off) 하… 이 여잘 믿고 진짜 가도 되나… 신중함과는 거리
       가 먼 캐릭턴데… 최치열이 개인과외한다 소문이라도 났다가는…
       젠장, 손까지 떨리네…. (손 꽉 쥐는)

행선   (치열 살피며 off) 달밤에 귀신마냥 떼꾼하니 와선 뭐하는 거래…? 정
       신 바짝 차리자. 똑똑하고 머리 잘 굴러가는 인간들 조심해야 돼. 최
       치열이 개인과외라니… 말이 안 되잖아…. (침 꼴깍 삼키는데)

치열   (보다가 드디어 입 떼는) 첫째, 과외비는…

행선   (놀란 듯 다급하게/o.l) 저기 잠깐만요! 과외비 얘기하기 전에 혹시 쌤
       이 오핼 하셨을 수도 있겠다 싶어서 미리 밝힐 게 있는데요….

치열   ? (보면)

행선   제가 이 가게 사장인 건 맞는데… 그… 사장이라고 하면 왠지 그럼
       여기 건물준가? 하는 오해를 할 수도 있잖아요? (손사래 치며) 아니거
       든요. 건물이 오래돼서 시세보다 좀 싸게 월세로 있는 거구요, 제가
       원체 재료를 아끼지 않다 보니까 남는 게 그닥… 일단 제 사정을 정
       확히 아셔야 적정선에서 과외비 레고가 가능할 거…

치열   (말 끊는) 레고는 장난감이구요, 네고겠죠. (하곤) 과외빈 안 받아요
       한 푼도.

행선   에? 아 그럼… (못 알아듣겠다는 듯 보면)

치열   학원법이란 게 있어서 교습비를 받는 개인과외는 교육감에 신고를
       하게 돼 있어요. 신고 없이 돈 받으면 불법입니다.

행선   아… 그런 법이 있어요? 와 역시 똑똑한 사람들은 법도 똑똑하게 잘
       만드네. 좋네요. (하다 다시 보며) 그럼, 돈 말고 원하는 게 뭐예요 저
       한테?

치열	그쪽 본업이요.
행선	본업?
치열	도시락이요. 다시 나한테 팔아요 하루 두 번. 아침 겸 점심 도시락은 그날 만든 반찬으로 구성해 집으로 배달, 저녁은 내가 강의 끝나고 가져가는 걸로.
행선	(얼른) 그럼요. 근데 팔다뇨. 공짜로 드려야지. 배달도 무료로 해드리구.
치열	아뇨. 도시락 값, 배달료, 다 낼 겁니다. 것도 일종의 경제적 이익이라 안 돼요.
행선	그래두… 그럼 제가 너무 뻔뻔한 거 아닌가 싶은데.
치열	그런 면이 없잖아 있지만, 불법 탈법 편법 딱 질색이라. 뭐 그냥 내 끼니를 전담해준다 그런 개념으로 생각하면 될 거 같은데. 일종의 전속 셰프 같은…?
행선	(끄덕) 선생님이 그렇게 말씀하신다면이야… 네, 그리구요. (집중해서 보는)
치열	둘째, 수업 일정은 무조건 나한테 맞춰요. 평일에 저녁수업 한 타임만 있는 날, 일과 마치고 삼십 분 정도 수업하죠. 교재 회의나 밤샘 작업이 있을 땐 패스, 주말엔 수업이 풀이라 불가. 장소는 내 사생활도 있고 최적의 동선을 생각해… 그쪽 집에서.
행선	좋아요, 콜. 다 큰 딸내밀 남자 혼자 사는 집에 보내는 것도 그러니까.
치열	(빠직) 무슨 뜻입니까?
행선	아니 그냥 그렇다구요. 넘어가고, 또 있나요?
치열	큼. (보며) 셋째. 이 부분이 가장 중요한 건데…
행선	(긴장해서 보면)
치열	철저한 비밀유지! (보며) 난 사교육계의 영향력이 그쪽이 짐작하는 것보다 아주, 훨씬, 대단한 사람이에요. 최치열이 개인과외를 한다? 알려질 경우, 대한민국 입시판이 발칵 뒤집어진다구. 동거가족까지야 어쩔 수 없지만, 그쪽 친구한테도 발설하지 마요 절대로. 나도 우

리 지 실장한테도 비밀로 할 테니까.

행선   아… 그렇게까지….

치열   그렇게까지가 아니라니까요. 다시 말해요? 난 사교육계의 영향력이…

행선   (o.l) 알아요. 알아는 들었는데… 그렇게까지 하면서 해일 봐주시겠다는 이유가, 진짜 도시락 때문만이라구요? 제가 이해력이 딸리는 편은 아닌데 납득이 좀….

치열   도시락 때문, 맞아요. 내 조건은 여기까집니다, 남…행순 사장님.

행선   행선이요, 남행선. 호남선 아니구요.

치열   아… 남행, 선 사장님.

행선   (잠시 보다가) 알겠어요. 전 콜이에요 그럼. (치열 손 턱 잡으며) 감사해요 쌤.

치열   (손 슬그머니 빼며) 근데 혹시… 팔고 남은 음식 좀, 있어요?

(컷)   행선이 내온 밥과 반찬 허겁지겁 먹는 치열.
        체면이고 뭐고 볼이 터져라 넣고 열심히 먹는다.
        행선, 그동안 많이 못 먹었구나… 안쓰러운 표정으로
        물 챙겨주고 행여 체할까 등도 툭툭 두드려주는 모습에.

S#5.   더프라이드 학원 앞 (N)
        경광등이 번쩍거리는 경찰차와 구급차 학원 앞에 서 있고.
        경찰들이 분주하게 폴리스 라인을 치고,
        그 안쪽으로 보이는 영민 시신 위에는 하얀 천이 덮여 있다.
        지나가던 사람들 무슨 일인가 웅성거리며 모여들면.

경찰1   이쪽으로 오시면 안 돼요. 가세요~ 가세요 가세요~ (팔로 사람들 막는)

그런 경찰1 발에 툭 차이는 쇠구슬, 또르르 굴러가고….

그 쇠구슬을 집어 드는 손. 다름 아닌 검정 후드티 뒤집어쓴 희재다.

무표정한 희재, 주머니에 쇠구슬을 집어넣으며 돌아서는 모습에.

해이(E)　　치열 쌤이? 진짜?!!

S#6.　　**행선집 거실 (N)**

딸기가 가득 담긴 접시를 두고 둘러앉은 행선, 해이, 재우.

해이　　(믿기지 않는다는 듯) 진짜 따로 봐주신다고? 나만??

행선　　(딸기 먹으며) 그렇다니까. 왜, 안 믿겨? (주머니에서 주소 적힌 쪽지 내밀며) 도시락 배달해주기로 하고 쌤 집 주소도 받았는데?

해이　　(보고도 안 믿는다) 헐… 말도 안 돼. 치열 쌤한테 과외라니.

행선　　그 말도 안 되는 일을 되게 한 사람이 누구? (손으로 자기 가리키면)

재우　　(딸기 먹다 얼른) 남행선 누나.

행선　　(만족스럽게) 그르치! (포크로 딸기 집어 해이 앞에 놔주며) 진정하고 먹어 해이야, 삼촌 다 먹기 전에. 진짜 달아 진짜. 과즙이 풍부한 게 진짜 맛있어.

해이　　(얼떨떨한 표정으로 받아먹으며) 일타 쌤들은 진짜 과외 같은 거 안 하는데.

행선　　엄밀히 말하면 과외도 아냐. 일종의 재능교환? 암튼 이거 절대 발설하면 안 된다. 우리와 그 쌤만의 비밀이야. 특히 재우 너. 영주한테도 입도 뻥긋 하지 마. 알았어?

재우　　(고개 끄덕끄덕하는데)

행선　　아 얘 불안한데… 봐봐, 내가 영주야. (영주 흉내 내는) 재우야. 방금 니네 집으로 들어간 사람, 혹시 그 일타 쌤 아니니? 그 쌤이 왜 니네 집을 가?

재우	(해맑게) 어, 해이 과외하러…
행선	(허벅지 찰싹 때리며) 야이씨 말하지 말랬지. 비밀이라니까. 딱 잡아 떼야지. 누나가 잘못 본 거다, 노안 온 거 아니냐? 안과 검사 좀 해봐라….
재우	(다시 고개 끄덕끄덕하며) 누나가 잘못 본 거다. 안과 검사 해봐라….
행선	그러취. 자 나도 각별히 조심을 할 테니까, 니들도 최선을 다해 협조해. 해이의 입시와 무궁한 앞날을 위해, 응? 자 모아. (손 내밀면)
재우/해이	(얼른 행선 손 위에 손 포개고) / (마지못해 손 올리고) 어이, 어이!! (각오 다지는)

S#7. 행선집 행선방 (N)

행선, 막 잠자리 이불 펴고 불 끄려는데
똑똑 소리와 함께 문 열리고, 해이가 제 베개를 들고 들어선다.

해이	엄마, 나 오늘 합방 요청.
행선	웬일이래. 좀 컸다고 같이 자재두 튕기더니. (씩 웃으며 이불 툭툭) 이리 오시죠.
해이	(와 자리 잡고 누우면)
행선	(불 끄고 해이 옆에 눕곤) 음… 오랜만에 같이 누워보는군. 어색하고 좋네 아주.
해이	(장난인 줄 안다) 난 안 어색한데 하나두. 근데 내가 많이 크긴 컸나봐. 예전엔 이렇게 누워도 이불이 이만큼 남았었는데.
행선	그치. 많이 컸지. 세월이 참… 빠르긴 빨라. (하다 모로 누우며) 근데 오늘은 공포영화도 안 봤고 밖에 천둥번개도 안 치는데 왜? 뭐 할 말 있어 나한테?
해이	아니. (하다 보며) 엄마, 솔직히 말해봐.
행선	뭘?

해이	치열 쌤 과외 말야. 진짜 과외비 안 내고 하는 거 맞아? 아무리 생각해도 고액과외가 아니곤 이해가 안 돼. 혹시 담보 같은 거 잡힌 건 아니지? 설마 엄마, 사채…?
행선	아냐~ 그냥 해주겠다고 한 거 맞아, 도시락 파는 조건으로. 그 쌤이 입이 짧아서 먹는 거에 애를 먹나 보더라고. 너 엄마 손맛 무시하는 거야 지금?
해이	아니 그런 건 아닌데… 너무 꿈같아서.
행선	그럼 그냥 즐겨. 넌 생각이 너무 많아. 우리 집 사람들은 대체로 생각이 없는데 참. 됐고, 그냥 잠이나 자. 엄마가 재워줄게. (손으로 해이 토닥토닥 해주는)
해이	…진짜 열심히 해야겠어. 이건 아무한테나 오는 기회가 아니잖아.
행선	(졸리다…) 어… 그럼….
해이	하늘이 공평한 건가? 불행을 하나 던지곤 또 슬쩍 행운을 건네잖아. 그치? (하는데)
행선	(쌕… 쌕… 손 멈추고 어느새 잠든)
해이	(보며 피식, 웃고 행선 이불 잘 덮어주고 잠 청하는)

S#8. 치열 펜트하우스 거실 (N)

삐리릭~ 문 열리는 소리와 함께 집으로 들어오는 치열.

소파 위에 털썩 드러눕듯 앉는다.

간만에 느끼는 포만감에 노곤하니 기분이 좋다.

제 배 툭툭 두드리며 포만감 만끽하다가 멈칫, 좀 전의 일 돌이켜보는.

#. 회상 인서트

전 회 마지막 신. 치열 "나랑 따로 수업해봅시다. 개별적으로."

치열	(갑자기 훅 현타가 온다) 아 괜히 오버했나… 최치열이 과외라니, 뭔 정

의의 사도 나섰다고…. (생각하다) 아냐, 나한테도 좋은 일이잖아? 섭
식해결이 얼마나 중요한데. 난 밥 먹고, 걘 공부하고, 윈윈인 거지.
(합리화하는) 그래 잘한 거야. (하고도 뭔가 불안하다) 잘한 거야, 잘한
거야, 잘한 거야…. (중얼거리며 방으로 들어가는)

S#9. 치열 펜트하우스 안방 (N)

들어와 침대에 다이빙하는 치열.
식곤증이 몰려와 눈꺼풀이 무거워진다.
"아… 나 씻어야 되는데…" 중얼거리며 까무룩 잠드는데….

(diss)   요란하게 울리는 휴대폰 벨소리에 눈 번쩍 뜨는 치열.
비몽사몽 중에 주머니에서 휴대폰 꺼내 발신자 보면 '지 실장'이다.

치열   (잠 묻은 목소리로) 어… 왜.
동희(F)   주무시는데 깨워서 죄송한데… 빨리 아셔야 될 거 같아서요.
치열   (또 일이 생겼구나. 몸 일으킨다) 무슨 일인데?

S#10. 다음 날/ 더프라이드 학원 앞 (D)

폴리스 라인 쳐져 있고, 제복 입은 경찰 한두 명이 지키고 있는 현장.
그 앞에 원장과 정 실장이 착잡한 표정으로 서 있고, 치열 역시 심란
한 표정으로 폴리스 라인 안쪽을 쳐다보고 있다.

원장   밤새 안녕이라더니… 이게 무슨 일이냐고 대체.
정실장   그러게요. 이 동네야 일 년에 몇 번은 수박 깨지는 소리 들리는 데라
지만, 아니 딴 데도 아니고 어떻게 학원 건물에서 참…. (보며) 휴강해
야겠죠?
원장   일단 들어가 의논해보자고. (전화벨 울리자 받으며 들어간다) 아 네, 서

기자님. 아니 학원 이름까진 안 되죠. 우리도 먹고살아야지…. (하며 들어가고)

정실장　(얼른 따라 들어가는)

치열, 착잡한 표정으로 영민이 떨어진 학원 건물을 올려다본다.

#. 회상 플래시백

4부 74신. 치열, 수업이 마음에 안 들면 나가라고 하고…
영민, 그런 치열 노려보다 욕하며 나가던.

치열　하아… (어제 일이 마음에 걸려 더 심란한데 휴대폰 벨 울린다. 받는) 여보세요….

송형사(F)　아 네, 저 강남서에 송이태 형사라고 하는데요… 최치열 강사님 되시죠?

S#11.　**더프라이드 학원 강의실 (D)**

치열 앞에 마주 앉아 있는 송 형사(남, 30대 후반)와 배 형사(남, 20대 후반).

송형사　어제 마지막 수업이 강사님 수업이었더라구요, 이영민 군이요.

치열　아 예, 맞습니다.

송형사　뭐 특별한 일은 없었나요? 평소보다 예민하다든지.

치열　네 좀, 수업 태도가 안 좋아서… 지적을 하긴 했습니다. 평소에 어떤지는 잘… 어제가 첫 수업이었고 대형 강의는 학생들이 많아서 파악이 안 돼서요.

송형사　아 예. (고개 끄덕끄덕하는데)

배형사　(훅 끼어든다) 그럼 강사님은, 어제 그 수업 마치고 바로 집으로 가셨나요?

치열	(표정 관리하며) 아… 아뇨. 근처 도시락 가게에 들렀습니다.
배형사	(집요하게) 그 시간에요? 그 도시락 가게 이름이 뭐죠? (폰에 적으려는데)
송형사	(뭘 그런 거까지 쓸데없이… 배 형사 흘겨보곤/o.l) 됐습니다. 시간 내주셔서 감사합니다. 또 여쭤볼 게 있으면 연락드리겠습니다. (수첩 접고 일어서는)

S#12. 더프라이드 학원 로비 (D)

엘리베이터 쪽에서 걸어 나오는 송 형사와 배 형사.

송형사	넌 좀 쓸데없이 파고들지 마 좀. 딱 봐도 전형적인 투신자살 사건이구만.
배형사	전형적인 게 어딨어요 사건에. 파고들 건 다 파고들어 봐야지.
송/배형사	아… 개성 넘치는 시끼. (고개 저으며 가고) / 아 같이 가요. (쫓아가는)

S#13. 단지모 차 안 (D)

속력 내 거칠게 운전하는 단지모.
가방 든 단지 옆에 앉아 발 동동거리는.

단지	(울상) 보충 전에 청소라고, 일찍 깨워달래니까 진짜.
단지모	미안미안. 쌤이 뭐라 그러면 엄마 입원했다 그래. 아니 그냥 죽었다 그래, 응? 미아안~~ (하는데 문자벨 징~ 울리고, 휴대폰 힐끗 보다) 꺄악 ~~~ (급브레이크 밟는)
단지	(놀라) 아 깜짝야. (단지모 보며) 왜, 뭔데 엄마. 왜, 왜, 왜에~~??

S#14. 우림고 교정 (D)

자루 하나씩에 집게 들고 청소 중인 선재와 해이.

선재, 뭔가 해이에게 궁금한 게 있는 듯 연신 해이 얼굴을 힐끔거리며 본다.

해이	(쓰레기 주우며) 방학특강에 청소까지, 진짜 너무하지 않냐 우리 학교. (하다, 보며) 아 뭐. 아까부터 왜 그러는데? 할 말 있음 하든지.
선재	아니, 어쩔 건가 해서.
해이	뭘.
선재	(힐끗 보며) 어제 서건후가 말한 거. 해줄 거야? (하는데)
건후(E)	그러게. 나도 궁금하네 해줄 건지.
해이/선재	? (어디서 나는 거지? 두리번거리는데)

앞쪽의 벤치에서 건후가 훅 일어난다.
벤치 뛰어넘어 두 사람 앞에 와 서고.

건후	(해이 보며) 왜 대답이 없냐 남해이?
해이	(보면)
건후	도와줄 거야 말 거야 내 공부.
해이	(보며) 뭘 어떻게 도와달라는 건데? 아니, 왜 나한테 도와달래? 정 공불 하고 싶으면 학원을 다니든지 아니면 과외 하는 게…
건후	(o.l) 일단 좀 테스트를 해보고 싶어서, 나를.
해이/선재	? (무슨 소린가 보면)
건후	이때까지 운동만 하구, 공부란 걸 해본 적이 없어서. 워밍업부터 한 번 해볼라구. 너무 본격적으로 각 잡고 시작했다가 또 엄마 실망시키기도 싫고.
해이	(그런 건후 빤히 보다가 툭) 그래, 하자.
선재	! (해이 보면)
해이	해보지 뭐. 대신 내 말 잘 들어야 돼 너. 휴지부터 먼저 줍구.

건후	오케이. 말 잘 들을게요 쓰앵님. (장난스럽게 휴지 줍는)
해이/선재	(피식 웃으며 자루 정리하고) / (의아하고 불안한 표정으로 해이 보는)

S#15. 우림고 2-1 복도 (D)

같이 걸어 들어오는 선재와 해이.

선재	(해이 보며) 너 진짜 괜찮겠어?
해이	뭐가?
선재	서건후 말야. 시간 뺏기면서 그럴 필요 없잖아. 니 공부하기도 바쁜데.
해이	(별일 아니란 듯) 괜찮아. 멘토링만 해줌 되는데 뭐. 방학이라 시간도 널널하고. 같이 하다 보면 내 공부도 될 거 같고.
선재	그래도… (하는데 휴대폰 문자벨 울린다. 꺼내서 보면)

#. 휴대폰 인서트

"학원 사정으로 오늘 올 타임 휴강합니다 – 더프라이드 학원"

선재	어, 무슨 일이지? 한 번도 이런 적 없는데.
해이	왜?
선재	오늘 학원 휴강한대. 올 타임. (의아한 표정 짓는데)
단지	(가방 멘 채 달려온다) 얘들아~~!! (선재와 해이 앞으로 와) 얘들아 얘들아. (헉헉…) 니들 알아? 학원에서 어제… (잔뜩 겁먹은 표정으로 헉헉… 가쁜 숨 몰아쉬는)

S#16. 국가대표 반찬가게 (D)

선반 위에 올려져 있는 작은 TV에서 나오는 뉴스 화면 c.u

앵커	지난밤 서울 녹은로에 위치한 한 대형학원에서 고등학교 2학년 남학

생이 투신 사망하는 사건이 발생해 경찰이 조사에 나섰습니다.

자료화면으로 모니터에 모자이크 처리된 더프라이드 학원 외경/폴리
스 라인에 둘러싸인 학원 주차장 쪽/주변 거리 풍경 등이 보여지며.

앵커(E) 학원 수강생이었던 A군은 수업을 마친 후, 곧바로 귀가하지 않고 주
변에서 머물다가, 모든 수강생과 직원이 빠져나간 어제 오후 11시
10분쯤, 이 학원 건물 6층에서 뛰어내린 것으로 전해졌습니다. 경찰
은 현장에서 유서는 발견되지 않았지만, 타살 혐의점은 없는 것으
로 확인되며, 유가족 등을 상대로 투신 동기를 조사 중이라고 밝혔
습니다….

화면에서 줌아웃하면 충격받은 듯한 표정으로 뉴스 보는 행선과 영주.

영주 어머어머 웬일이야. 저기 저거 더프라이드 학원 맞지? 건물 앞에 버
스정류장 있고. 어머 세상에, 아니 어린 게 얼마나 스트레스가 심했
으면… 아우 딱해….
행선 (충격에 대꾸도 못한 채 얼른 폰으로 스카이맘점넷 들어가는)

#. 휴대폰 인서트
스카이맘점넷이 영민의 소식으로 도배되어 있는.
"투신이 확실한 건가요? ㄷㄷ"
"그렇다네요. 올케어반 아이였나봐요… 평소에도 공부 스트레스가 심했다고 ㅜ"
"우리 아이도 그 학원 다니는데 너무 끔찍해요. 어쩌다 이런 일이…ㅜㅜ"

영주 뭐래뭐래. 맞지? 더프라이드 학원이래지?
행선 어… 올케어반 앤가봐.

영주	올케어면 그, 해이 합격했던 데? 어머 세상에. 더 남 일 같지가 않네 어쩜 좋아.
행선	(안타까운) 아… 뭐 이런 일이 다 있냐. 아 내가 다 심장이 벌렁거리네. 너무 불쌍하다 진짜. 그 부모는 또 어떻게 사니 남은 날을.
영주	그니까. 자식은 가슴에 묻는다는데… 아우 쫌만 더 버티지… 인생 길 구만 참.
행선	아 심란해. 진짜 딱해서 어쩌냐…. (제 일 아니지만 맘이 너무 안 좋은)

S#17. 한정식집 룸 (D)

대표 변호사 부부와 식사 중인 선재모와 선재부.

양대표	같이 밥 한번 먹기가 왜 이렇게 어려워. 우리 로펌 일은 장변 혼자 다 하는 거 같애.
사모	워낙 유능하잖아요 장변이. 우리 이변이 와이프 복은 있어 가만 보면.
선재부	(애써 미소 지으며) 그런가요? (선재모 보며) 그렇다는데?
선재모	(어색한 미소만 짓는)
사모	참, 아침에 뉴스 보니까 그 동네 또 시끄럽던데. 아니 고 시기만 잘 버티면 될걸 너무 안타까워 진짜. 입시 스트레스가 심하긴 심한가봐 애들이.
선재모	예 뭐, 아무래도… 워낙 치열하니까요 경쟁이.
사모	그래도 그 집은 애들 둘 다 잘 따라가잖아. 엄마 아빠 닮아 당연하겠지만 큰아인 아이비리그 잘 다니고 있지? 어디라 그랬드라?
선재부	아 그게… (말문 막히는데)
선재모	(o.l) 컬럼비아요. 커리큘럼 따라가기가 만만치가 않은가봐요. 통화할 때마다 앓는 소리예요 아주. (미소까지 지어 보이면)
선재부	(경멸스럽다는 듯 선재모 힐끗 보는)
선재모	(시선 느끼지만 무시하고) 저기, 저는 먼저 좀 일어나야 할 것 같은데.

$\sqrt{}$ **245**

둘째 학원 문제 때문에 학부모 모임에 잠깐 가봐야 해서요.

S#18. 브런치 카페 (D)

카페로 들어서는 냉정한 표정의 선재모.

안쪽 테이블에 이미 수아모를 위시한 올케어반 엄마들 모여 있다.

선재모	(자리로 가 앉으며) 늦어서 죄송해요. 선약이 있어서.
엄마1	(심각) 아니에요. 저희도 쫌 전에 왔어요.
엄마2	아니 이게 무슨 일이냐고 대체. 올케어반 수업 시작날에 하필… 아우.
엄마1	그러니까요. 소식 듣고 얼마나 심장이 벌렁거리던지… 진정이 안 돼 아직 난.
수아모	나도 그래요. 내 자식은 아니지만 이렇게 올케어로 엮인 것도 인연인데, 정말 끔찍하고, 안타깝고, 살을 에는 것처럼 쓰리고. (하다 표정 변하며) 근데 이럴수록 난… 휴강은 아니라고 봐. 애들도 어차피 알게될 텐데 얼마나 놀라고 무섭겠어요. 근데 수업까지 안 하면, 멘탈 더 흔들려요. 집에서 공부가 될 리도 없고.
선재모	그건 저도 동감이에요. 이럴 때 휴강하고 방치하면 애들은 더 동요하죠.
수아모	(선재모 힐끗 본다. 이 여자랑 웬일로 의견이 일치하나 싶은)
엄마1	그래두… 같은 반 애가 그렇게 됐는데 오늘 수업을 하는 건 좀….
선재모	하루이틀 수업 안 한다고 뭐가 달라지나요? 최대한 평소대로, 아무일 없었다는 듯이 다시 면학 분위길 잡는 게 낫다고 생각해요 전.
엄마2	(듣고 보니 맞는 말 같다) 그럼 어떡해요? 학원에선 벌써 휴강 문자 공지했던데.
수아모	(얼른) 건의해야죠 학원에. 정상수업하자고.
엄마1	근데 지금 학원 엄청 어수선할 텐데. 경찰도 왔다 갔다 할 거고.
선재모	(단호) 철수해 달래야죠. 최소한 애들 수업 때만이라도.

수아모   내가 얘기할게요. 올케어 엄마들이 뜻을 모았다고 하면, 원장도 어쩔 수 없을 거예요.

S#19. 치열 연구소 내 사무실 (D)
치열, 착잡한 표정으로 자리에 앉고. 동희, 태블릿PC로 기사 검색하며

동희   극단적 선택이 확실한가봐요. 뉴스까지 나오는 거 보면. (보며) 경찰은 뭐래요?

치열   그냥… 의례적인 조사라고. 직전이 내 수업이었으니까.

동희   (표정 살피며) 많이 놀라셨죠?

치열   ……. (마음이 무겁다) 오늘 전체 휴강이지? 나 일찍 좀 들어갈게. (하는데)

이때, 동희 휴대폰 벨이 울린다. 보고 얼른 받는.

동희   네, 부원장님. 네? 아 네… 네 잠깐만요. (떨떠름한 표정으로 치열 보는)

치열   ? (무슨 일이냔 표정)

동희   (보며) 저기, 올케어반 어머님들이 강력하게 오늘 정상수업 요구하신다고 선생님 의향 여쭤보시는데… 어쩔까요? 그냥 못하신다고 할까요?

치열   (너무들 한다 싶지만 이내 냉정하게) 아냐. 그냥 한다 그래. 입시생들은 데스게임 중이잖아, 수능 날로 제한시간이 정해진. 내가 그 목숨 같은 시간을 까먹게 할 순 없지.

동희   네. (다시 통화하는) 네 부원장님. 하시겠답니다….

치열   (복잡한 마음 누르며 태블릿PC로 수업 자료 체크하는)

수아모(E)   그래요? 치열 쌤이 오케이 하셨단 거죠?

S#20. 국가대표 반찬가게 (D)

수아모와 단지모 가게로 들어서고,

행선과 영주 "왔어요?" "어서 오세요~" 응대하는.

수아모 (통화 중인) 네 알겠어요. 고지해주세요 그럼. 네. (전화 끊으면)

단지모 (보며) 정상수업 한다구? 올케어반?

수아모 어. 엄마들이 하자는데 그럼 어쩔 거야. 분위기 이래도 공부할 애들은 해야지.

행선/영주 ! (기막히다는 표정으로 시선 주고받는다. 어쩌면 이럴 수 있지… 싶은)

(컷) 수아모와 단지모는 가고, 흥분해 성토하는 행선과 영주.

영주 …와 놀랍다 진짜. 아니 어떻게 그럴 수가 있지? 남의 자식은 죽든 말든 지 자식 공부가 더 중하다 이거 아냐. 진짜 사람이냐?

행선 (고개 저으며) 할 말이 없다 난. 이런 날까지 수업을 밀어붙일 줄은….

영주 아니 엄마들은 이기심에 그렇다 쳐. 애들은 무슨 죈데? 같이 수업 받던 애가 죽었는데 공부가 돼? 수업해야 되는 선생님은 또 뭔 죄고?

행선 그니까. 우리 치열 쌤 진짜 심란하겠다.

영주 (의아한 듯 보며) 우리 치열 쌤? 좀 과하다 너. 웬수 취급할 땐 언제고.

행선 (아차, 변명하듯) 야 지금 그런 거 따질 때니? 생판 남인 우리도 이렇게 싱숭생숭한데. 아으 진짜 공부가 뭔지 냉장…. (하곤 내빼듯 주방으로 들어가는)

S#21. 치열 차 안 (D)

치열 뒷좌석에 앉아 있고 동희 운전해 가는데…

치열 휴대폰 문자벨 울린다.

치열	……. (확인할 생각도 않고 무기력한 듯 그대로 있는)
동희	(룸미러로 치열 힐끗 보면)
치열	(그제야 느릿느릿 주머니에서 휴대폰 꺼내 문자 확인하는)

#. 문자 인서트

"선생님 괜찮으세요? 많이 심란하실 텐데 해이 수업은 다음 주부터 시작해도 괜찮습니다. - 국가대표 남행선 사장"

치열	……. (한숨 한 번 내쉬곤 경직된 표정으로 문자 답장 친다)

(E) 문자 알림벨 '띠리링~'

S#22. 국가대표 반찬가게 주방 (D)

행선, 얼른 폰 보며 문자 확인하면.

#. 문자 인서트

"아닙니다. 약속대로 내일부터 하죠. - 최철 쌤"

행선	…프로는 프로네. (휴대폰 닫으며) 근데 왜 문자에서 깊은 고뇌가 느껴지냐….
영주(E)	뭐라고?
행선	(폰 주머니에 넣으며) 아냐 그냥. 혼잣말. (밖으로 나가는)

S#23. 더프라이드 학원 외경 (N)

S#24. 더프라이드 학원 강의실 (N)

경직된 표정으로 앉아 있는 선재, 수아 포함한 올케어 아이들.

선재, 비어 있는 영민 자리를 힐끗 보고 무거운 표정 되는데…
이때 치열 들어온다.

치열   (역시 비어 있는 영민 자리 힐끗 보곤, 앞에 선다. 애써 아무 일 없다는 듯이)
       자, 우리 오늘 15번부터 풀이 들어가기로 했지? 한번 달려볼까?

(컷)   치열 평소보다 더 에너지 넘치게, 열정적으로 수업 중이고
       아이들 역시 집중하려 애쓰며 치열을 보고 있지만
       어쩔 수 없이 강의실에는 뭔가 무겁고 불편한 공기가 암묵적으로 흐
       른다.

치열   (점 A에 동그라미 치면서) 여기 있는 두 각을 알파라고 하면 크기가 같
       으니까 (BD, DC 이으면서) 이 두 선분의 길이도 똑같을 거야. 문제 조
       건에서 AB랑 AC를 3k, 4k로 두면 두 삼각형에서 뭘 쓸 수 있을까?
       (하다 잠시 멈춘다. 버거운 듯 호흡 고르며 아이들 보면)
아이들   (영혼 없는 눈으로 치열 보고 있고)
선재   (저도 모르게 한숨이 새어 나온다… 모두가 힘든 이 수업을 과연 해야 하는
       걸까…)
치열   (그런 아이들 기분 감지하고 애써 다시 목소리 확 높이며) 코!사!인! 법칙
       이겠지? (식을 씁니다: $\cos a = \frac{12 + 9k^2}{24k} = \frac{12 + 16k^2}{32k}$) 이 식을 정리하면? k는
       당연히 1이 될 거고 코사인 값은? 8분의 7이 되겠지!

S#25.   **치열 차 안 (N)**
       강의 때와는 다르게 다시 입 꾹 다문 치열, 시트에 등 기댄 채 창밖 보
       며 가고.
       룸미러로 치열 살피는 동희. 조용히 라디오 틀어 클래식 채널에 맞
       춘다.

잔잔한 클래식 음악이 차 안에 흐르고… 치열 그저 창밖만 보는.

(E) 띠리릭~ 현관문 소리

S#26. 치열 펜트하우스 거실 (N)

집으로 들어온 치열.

차 키를 툭, 소파 위에 던지고 바로 침실로 들어가는.

S#27. 치열 펜트하우스 침실 (N)

침대 위에 그대로 쓰러지는 치열.

몸은 천근만근인데… 도저히 잠이 올 거 같지가 않다.

다시 몸 일으켜 밖으로 나가는.

잠시 후, 생수병 든 채 약 입에 털어 넣으며 들어오는 치열.

물 마시고 약 넘긴 후 생수병 내려놓고 침대 옆 침낭에 기어 들어가
잠 청하는.

(diss) 　약을 먹었는데도 말똥말똥한 눈.

뒤척이다가 휴대폰 들어 시간 보면 새벽 5시 40분이다.

창 쪽을 보니 어느새 훤하게 밝아오는 아침. 결국 뜬눈으로 밤을 새
워버렸구나….

치열, 어차피 잠을 자긴 틀렸단 생각에 자리에서 박차고 일어나는.

S#28. 다음 날/ 동네 아침 전경 (D)

무슨 일이 있었냐는 듯 다시 시작되는 일상.

거리엔 이른 출근길의 차들 보이고…

편의점엔 아침 해결하는 직장인, 방학특강 가는 길에 뭔가 먹는 학생
들 북적이고…

도로 – 스쿠터 덜덜덜 타고 새벽시장으로 향하는 행선의 모습.

S#29. 새벽시장 (D)

정육코너 앞에서 돼지갈비살을 사는 행선.

상인   (고기 자르며) 이거 특상품이라 장사로는 수지가 안 맞을 텐데, 얼마나 줘?

행선   한 근만요 이모.

상인   엥? 반찬 해 팔려는 거 아니고?

행선   맞는데요, 오늘부터 스페셜하게 만들 도시락이 하나 있어서요.

상인   아이고, 국가대표 브이아이피가 있나보네?

행선   음… 그냥 브이아이피가 아니고 뷔뷔뷔뷔뷔아이피 정도? (싱긋 웃는)

S#30. 조깅로 (D)

트레이닝복에 후드 뒤집어쓰고 뛰고 있는 치열.
힘을 내 다시 하루를 시작해보고자 큰 맘 먹고 나왔다.
후, 후, 호흡하며 뛰는.

S#31. 치열 연구소 내 사무실 (D)

옷 갈아입고 출근한 치열, 간만의 운동에 지쳐 소파에 길게 뻗어 있는데…
벌컥 문이 열리고, 조교 효원이 프린트를 들고 들어선다.

효원   (소파에 늘어져 있는 치열 보고) 아 깜짝이야!

치열   (좀비처럼 부스스 일어나는)

효원   (보고) 쌤! 여기서 밤 새셨어요?

치열   아니… (제 빰 두드리며) 간만에 새벽조깅을 했더니 죽겠네. 아… 괜히 뛰었어. 몸이 땅으로 아주 꺼질 거 같애. (하곤 효원 보며) 일찍 왔네 효진이?

효원	효원이구요, 낮 강의 있으신 날은 저 원래 일찍 와요. (프린트 2부 내려 놓으며) 이건 오늘 재종강의 자료구요. 요건, 저녁 고3 강의 자료. 더 필요한 거 있으세요?
치열	없… (하다 뭔가 생각난 듯) 아 맞다… 과외 교재.
효원	네? 무슨 교재요?
치열	어? (시치미) 아냐 없어. 필요한 거 더 없다구.
효원	네. (나가려는데)
치열	저기 효진아. (제 컴퓨터 가리키며) 여기 내 컴퓨터 프린터 연결돼 있 던가?
효원	아마 안 돼 있을걸요? 인쇄는 늘 저희가 해드리니까.
치열	어 그렇지… 참 고마운 일이야. 늘 고맙게 생각하고 있어. 고마운 김 에… (카드 꺼내 주며) 가서 모닝커피 한잔 하고 와. 크루아상 이런 거 사먹어도 돼.
효원	(카드 받고) 오! 감사합니다 쌤~ (신나서 나가는)
치열	(문 쪽으로 붙어 효원 나가는 거 확인하는)

S#32.　치열 연구소 (D)

효원이 나가고 없는 빈 연구소.

치열, 후다닥 사무실에서 나와 나쁜 짓 하는 아이마냥 바깥쪽 살피고 켜져 있는 효원 컴퓨터에서 '올케어반 테스트 1차' 파일 인쇄버튼을 누르고, 잽싸게 공용 복합기에 가서 출력되는 프린트 챙기는 모습에서.

S#33.　우림고 2-1 교실 (D)

막 등교하는 선재.

아이들 반쯤 등교해 있고, 해이도 자리에 앉아 이어폰 꽂고 공부하고 있다.

선재, 해이 보곤 주머니에서 비타민 하나 꺼내 다가가려는데…

가방 멘 채 문제집 들고 해이 쪽으로 훅 오는 건후.
해이 옆쪽 자리에 앉아 있는 아이 툭 치며

건후   야. 나랑 자리 좀 바꾸자. (무선이어폰 놓으며) 딜?

아이   (앗싸 개이득~ 표정으로 이어폰 챙기고 가방 들고 일어나 건후 자리로 간다)

건후   (자리에 앉곤 책상째 들고 해이 쪽으로 확 붙는)

해이   ! (보며) 뭐야…?

건후   (보며) 공부를 향한 나의 의지? 딱 붙어서 너 괴롭힐려고. (하곤 수학 문제집 들이민다) 이건 대체 뭔 소리냐. 질문도 이핼 못하겠다 난.

해이   (눈으로 스캔하곤) 음… 이건 기본문젠데… (설마) 너… 파이는 알지?

건후   뭐, 와이파이?

해이   (놀라) 파이를 모른다고? 진짜?

건후   꼭 알아야 돼 내가?

해이   (작게 한숨 내쉬고) 파이는 원주율이야. 원의 둘레를 지름으로 나눈 값, 3.14. 이건 그냥 외워. 그럼 봐봐. 문제에 나와 있는 이 괄호 안에 꺼 있지…. (설명하는)

선재   (그런 두 사람 쳐다보며 제 자리에 조용히 앉는)

S#34. 우림고 남자 화장실 (D)

선재, 손 씻는데… 이때 들어오는 건후. 옆 세면대에서 세수하는.

선재   (힐끗) 할 만하냐 공부?

건후   (보곤) 아니… 자꾸 졸려. 해이가 찬물로 세수하고 정신 좀 차리래서.

선재   하나 궁금한 게 있는데… (보며 날카롭게) 왜 남해이야?

건후   (세수하다 말고 본다. 무슨 뜻이냐는 듯)

선재   하필 왜 해이냐고. 나도 있고 빵수아도 있는데.

건후   빵수아? 아… 그 잘난 척 하는 애? 난 첨에 걔가 반장인 줄 알았잖아 너무 나대서.

선재 말을 돌리네.

건후 (가볍게) 돌리긴 뭘 돌려 말이 홀라후프냐? (하곤 세수 한 번 더 하고, 젖은 얼굴로 올려다보며 훅) 너 남해이 좋아하냐?

선재 (움찔. 그러나 이내 단호하게) 어. 좋아해.

건후 아. (하곤 물 잠근다)

선재 (보며) 넌 대답 안 하냐?

건후 (보며) 글쎄… 나도 걔 좋아하나? (부러 물기 탁탁, 선재 쪽으로 털고 나가는)

선재 (저 자식이…! 빠직 노려보며 물 튄 곳 탁탁, 털어내는 모습에)

배형사(E) 그게 뭔 소리예요? 사건을 왜 벌써 종결해요?

S#35. 경찰서 형사과 (D)

송 형사를 따라 들어오는 배 형사, 영문 모르겠다는 표정이다.

송형사 못 들었어? 시신에 별다른 외상도 없고 타살 정황도 없고, 가족들도 부검을 원치 않는대잖아. 위에서 자살로 종결하랜다고 그냥.

배형사 아니 아무리 그래도 그렇지, 뭘 이렇게 빨리. 아무래도 좀 이상해요 전.

송형사 (귀찮다) 아 또 뭐가?

배형사 이영민 그 친구요. 죽을 결심한 애가 당일날, 그것도 투신하기 불과 몇 시간 전에 이런 사진 올리는 건 좀 아니지 않아요? (영민이 올케어 수업 직전 강의실에서 V까지 해 보이며 장난스럽게 찍어 SNS에 올린 사진 보여주는)

송형사 (힐끗 보곤) 맘을 숨긴 걸 수도 있지. 죽고 싶다고 올린 글도 많다며. 공부하기 싫다고.

배형사 거야 그냥 애들 다 하는 투정 같은 거구요, 막상 투신 당일엔 유서로 보이는 내용이 없어요. 그리구 더 이상한 건… (영민 시신 사진 보여주며) 이 사진이요, 이마에 상처. (다시 SNS 사진 보여주며) 여긴 없죠? (다시 시신 사진) 있잖아요.

송형사   (들여다보며) 뽀샵 했나보지 뭐. 애들 많이 하잖아.

배형사   죽을 맘 먹은 애가요? (사진 확대해보며) 이건 떨어지다 긁힌 상처도 아니에요… 뻘건 게 무슨 담배빵 같기도 하고. 암튼, 이거, 타살일 수 있어요. 촉이 온다구요.

송형사   (보며) 애 할아버지가 국회의원이랜다. 더 가십거리 되는 게 싫대 빨리 끝내달래. 니 촉이 쎄냐, 국회의원빨이 쎄냐? 덮으라면 덮어 좀. (하곤 자리로 가는)

배형사   아 진짜… 누가 덮밥 형사 아니랄까봐, 뭘 맨날 덮으래 진짜. (투덜거리면)

형사1   (듣다) 야 너무 그러지 마. 송 선배도 십 년 전까지만 해도 별명이 불도저였다.

배형사   선배가요?

형사1   그래. 왜 그 유명한 중학생 친모살해사건, 그때 송 선배가 그 중학생 아들이 존속살해한 게 틀림없다고 밀어붙여서 결국 기소까지 됐잖아. 사건이 워낙 자극적이라 신상 다 털리고, 패륜이라고 전 국민 분노로 들끓고, 대통령까지 나서서 지탄하고. 그랬는데… 하! 무죄가 딱 난 거야, 대법원에서.

배형사   아 기억나요… 워낙 유명한 사건이어서. 그게 선배 담당이었어요?

형사1   엄청 힘들어했지 그때. 자기 감만 믿고 수사했는데 결과가 그렇게 나왔으니. 덕분에 누나 엄마 다 죽고 혼자 된 불쌍한 애 살인자로 몬 악질형사 되고. 그때 이후로 사람이 무기력해졌지 점점. 대충 하고, 덮을 수 있는 건 덮고.

배형사   (그런 거였어? 송 형사 자리를 힐끗 본다)

자리에 앉은 송 형사. 무표정한 얼굴로 십 년 지난 사건 사본 파일을

보고 있다. (공식 기록이 아닌 자체적으로 정리해둔 것)

페이지 넘기면 아파트 단지 투신사건 현장 사진, 수현 동생(당시 중학생, 뒷모습인 채로)이 형사들에게 둘러싸인 채 현장 검증하는 사진 등등.

송 형사 파일 덮으면… 파일 표지에 "중학생 친모살해사건"이라 쓰여 있고…

잠시 보다가 맨 아래 서랍에 툭, 처박듯 집어넣는 모습에서.

S#36. **국가대표 반찬가게 (D)**

오늘따라 손님으로 붐비는 가게.

대여섯 명의 손님, 반찬 고르고 있고… 영주와 행선 손님들 상대하느라 바쁘다. 재우는 카운터에서 포장하는.

행선 (팩 들고 오며 바쁘게) 재우야 계산. 삼색나물 하나, 동태전 하나, 콩국물 한 통.

재우 (암산) 만 칠천 오백 원입니다! (카드 긁고 영수증 쫙 펴서 똑바로 내미는)

손님들/영주/행선 (나가고) / 안녕히 가세요~ / 가세요~ 담엔 동태전 꼭 해놓을게요~

영주 아, 오늘따라 유난히 정신이 없네. 너 금방 재벌 되겠다 야.

행선 그러게, 제발 좀. (하곤 영주 눈치 보며 연기하는) 아아… 나 근데 갑자기 배가. 영주야. 나 얼른 집에 좀 갔다 올게. 화장실.

영주 어 얼른 갔다 와.

행선 아… 전을 너무 집어 먹었나 아까. (하곤 재우한테 눈짓하고 얼른 나가는)

S#37. **행선집 거실 (D)**

행선 (후다닥 들어오며) 아… 오늘 첫 과외날인데, 시장 가느라 청소도 못했구만 손님이 왜 일케 많아 오늘따라. 빨리 치우자, 빨리빨리. (널브러진 수건과 옷가지 주워드는)

청소기 돌리고/물걸레로 바닥 닦고/소파와 쿠션 각 맞춰 정리하는
(화면 fast로)

(컷)   어느새 반질반질해진 집 안.
       행선, 마지막으로 방향제 쫙~ 뿌리고 냄새 맡곤 흐뭇해하는데…
       재우 들어온다.

재우   누나. 영주 누나가 누나 죽었냐고 가보… (하다 깨끗해진 집 보고) 와
       ~~ 깨끗해 깨끗해. 완전 깨끗해 우리 집~~ (신기하단 듯 박수 치는)

S#38. **더프라이드 학원 외경 (N)**
치열(E) 자, 오늘 수업은 여기까지!

S#39. **더프라이드 학원 강의실 (N)**
       대형강의 마무리하는 치열. 학생들 분위기 조용하고 경직된.

치열   (손 탁탁, 털며) 오늘 강조한 문제들, 꼭 한 번씩 더 체크들 해보고.
학생들   네~
치열   니들, 수학불안이라고 알아? 수학 문제만 보면 막 심장 뛰고, 겨땀 나
       고 그런 거. 수학불안은 일종의 심리학적인 증상인데, 수학 실력과는
       상관이 없다. (보며) 수학이 어렵다고 생각을 해서 그런 거야. 그 말인
       즉슨… 수학을 못해서 불안한 게 아니라, 불안하기 때문에 수학적 사
       고가 잘 안 되는 거라는 거다.

       모니터링 룸의 동희, 화면에 잡힌 치열 얼굴 좀 더 줌인해주는.

치열   사는 것도 마찬가지야. 인생은 어렵다, 힘든 거다, 헬이다, 이렇게 지

레 겁을 먹으면… 진짜 헬이 된다. 인생은 살 만하다, 좋은 거다, 힘든 건 잠시고 다 지나간다, 이렇게 마인드컨트롤을 하면 불안이 좀 덜해지겠지. (교재 들며) 그런 의미에서, 수학은 짱이다 삼창하고 끝내볼까?

학생들 (옅은 웃음소리. / "아 유치해요" "그건 아니에요~" 분위기 좀 풀어지는)

치열/학생들 자 수학은~! / 짱이다! 짱이다! 짱이다~! (합창하고 웃는)

S#40. 더프라이드 학원 복도 (N)

동희, 강의실에서 막 나온 치열에게 물티슈 내밀며.

동희 마지막에 좋던데요? 오늘 계속 분위기 경직됐었는데, 좀 풀리더라구요.

치열 (티슈 뽑아 손 닦으며) 좀 굳었더라고 애들이. 당연하지, 어제 이 건물에서 그런 일이 일어났는데. 요즘 애들 이기주의니 개인주의니 해도… 애들은 애들이잖아.

동희 쌤도 말만 독하지, 애들 엄청 생각하세요. 배고프시죠? 제가 운전할게요. 늦게까지 하는 맛집 하나 알아놨는데… (하는데)

치열 아냐, 됐어. 알아서 해결할게 지 실장 퇴근해.

동희 아… 그 집 진짜 반응 괜찮던데….

치열 담에 가자. 나 먼저 간다~ (손 들어 보이며 앞서 가는)

동희 (보며) 식사하세요 꼭~ 운전 조심하시구요~ (맘이 안 놓이는 듯 계속 보는)

(E) 딩동딩동~

S#41. 행선집 현관 앞 복도 (N)

어색한 표정의 치열, 행선집 앞에 서 있다.

기다렸다가 다시 벨 누르려는데.

문 벌컥 열리며 슬리퍼 한쪽 마저 못 신은 채 끌고 나오는 행선.

행선	(반가워 큰 소리로) 오셨어요 쌤~?
치열	(주변 의식하며) 쉿!
행선	아… (쉿! 따라 하곤 목소리 낮춰) …들어오세요. 들어오세요….
치열	(두리번거리곤 어색하게 안으로 들어가는)
행선	(맞다, 조심해야지… 치열처럼 두리번 바깥 살피곤 얼른 문 닫는)

S#42. 행선집 거실 (N)

행선 안내에 따라 들어오는 치열.

긴장한 표정의 해이와 호기심 가득한 표정의 재우 서 있는.

해이/재우	안녕하세요 쌤. / 안녕하십니까. (90도로 깍듯이 인사하는)
치열	(해이 보며) 어. (하곤 재우에게도 까딱, 인사하는)
행선	이렇게 살아요 저희. 새벽시장 갔다 바로 장사하느라고 집도 못 치우구 참.
해이/재우	(동시에 행선을 본다. 입에 침이나 바르고 거짓말을 하지…)
행선	(아랑곳 않고) 잠깐 소갤 하자면 조기가 제가 쓰는 안방이구요. 요긴 제 동생 방, 아 원래 다용도실이었는데 방이 모잘라서, 건물주한테 얘기해서 시멘트 작업이랑 도색 작업, 그것 다 제가 직접 우리 재우랑 해이랑… (하는데)
치열	(말 자르며/o.l) 그래서, 학생 방은 어디죠?
행선	아, 해이 방은 요기. (해이 방 가리키면)
치열	(까딱, 인사하고 들어가는)
행선	근데 쌤, 음료는 식혜가 좋을까요, 아님 수정과? 아 무가당주스도 있긴 한…

치열	(또 말 자르는/o.l) 물 주세요. (들어가는)
해이	(얼른 따라 들어가고)
행선	아 물. 남의 말을 참 싹둑싹둑, 잘 짤라 드시네. (머쓱하게 주방으로 가는)
재우	(들어간 치열 쪽 보며) 오늘은 호랑이 안 입고 왔네. 멋졌는데 호랑이. (아쉬운)

S#43. 행선집 해이방 (N)

방 가운데 개다리소반 하나가 떡하니 놓여 있고.
미리 켜놓은 오래된 선풍기는 끽, 끽, 이상한 소리를 내며 돌아가고
있는.

해이	(설명하는) 책상이 좀 작아서, 이게 날 거라고 엄마가.
치열	아. (어색하게 개다리소반 앞에 앉는다. 자세가 불편해 양반다리를 했다가 다리를 옆으로 뺐다가 결국 양반다리로 앉는데… 끽, 끽, 소리에 선풍기를 본다. 신경 쓰이는)
해이	(눈치 채고) 저희 집에 에어컨이 없어서… 끌까요? (하곤 잽싸게 선풍기 끄는)
치열	큼… 그럼, 시작해볼까. (가방에서 프린트물 꺼내 올려놓는데)

이때, 행선 물 담긴 컵을 쟁반에 받쳐 들고 조신하게 들어와 놓으며.

행선	어머, 해이야 선풍긴 왜 껐어? 선생님 더우실 텐데. (다시 켜려는데)
치열	됐어요. 소음 때문에 방해됩니다.
행선	아. 그럼 부채라도 부쳐드릴까요 제가? 수업하시는 동안 옆에서.
치열	?! (짜증난다는 표정으로 보곤) 저기요 호남선 사장님.
행선	남행선이요, 남행선! 호남선 아니라고 미리 말씀드렸건만 참.
치열	예 남행선 사장님. (보며) 혹시 제 별명이 뭔지 아세요?

행선 글쎄… (알랑 떨듯) 수학왕? 슈퍼스타?

치열 땡. 1조원의 남자. 이 몸으로 1년에 1조원의 경제적 가치를 창출한다구요. 즉, 하루는 약 27억, 한 시간은 1억, 1분은 약 170만 원의 가치가 있다는 뜻이에요. 근데 제가 지금 이 집에 발을 들인 뒤로 남행…

행선 (이 정도 되니 좀 빡친다) 선, 선! 착할 선!

치열 네, 남행, 선씨가 의미 없는 질문과 불필요한 농담으로 소비한 시간이… (시계 보고) 적어도 5분은 되니까… 벌써, 850만 원어치 해 드셨네요.

행선 아니 저는 첨 오셨으니까… (반박하려다, 해이가 하지 말란 듯 고개 젓자 멈칫) 예, 그럼 전 시간 더 안 해먹고 이만 사라질게요. (나가는데 부러 문 살짝 열어놓는)

치열 ?? (행선과 눈 마주치면)

행선 아니, 선풍기도 끄시고 답답하실까봐. (열어놓은 채 얼른 가는)

치열 (못 말린다는 표정 짓곤 해이 보며) 자 그럼, 문제부터 한번 풀어볼까? (하는데)

해이 저기 쌤. 뭐 하나만 질문 드려도 돼요?

치열 (뭐냐는 듯 보면)

해이 쌤 말씀대로, 쌤이 저 삼십 분만 봐주셔도 5천만 원인 셈인데… 근데 저 왜 봐주시는 거예요? 저희 엄마 도시락은 만 원도 채 안 되는데.

치열 계산 빠르네. 금방 늘겠어. (피식 웃곤) 가격과 가치는 다른 거잖아. 난 그 도시락에 그만큼의 가치를 부여한 거고, 너도 내 시간을 그렇게 만들어주길 바래.

해이 (보면)

치열 난 무조건 최선을 다할 거니까. 5천만 원 이상의 결과를 끌어내보라고. 오케이?

해이 (그렇게 말해주는 치열이 고마워 싱긋 웃고) 네. 알겠습니다.

치열 (프린트물 보며) 자, 이건 수 I 범위 테스트진데, 일단 쭉 한번 풀어보자.

S#44. 행선집 거실 (N)

수업 끝나고 해이 방에서 나오는 치열과 해이.

행선 주방 쪽에서 뛰어와

행선   끝나셨어요? 잠깐만요, 도시락 다 됐어요. (다시 주방으로 가다) 참 해
이야, 넌 치킨 시켜 오늘 치킨데이잖아. 삼촌 영화 고르느라 바쁘다.
(가는)

치열   (해이 보며) 치킨데이는 뭐야?

해이   아, 치킨 먹으면서 삼촌 좋아하는 영화 보는 날이요. 일주일에 한 번,
삼촌이 젤 좋아하는 날이에요.

치열   (별게 다 있네… 하는 표정인)

S#45. 행선집 현관 앞 복도 (N)

도시락 들고 치열 따라 나오는 행선, 문 슬쩍 닫곤 궁금한 듯.

행선   어뜨케… 해인 잘 따라갈 거 같은가요?

치열   예 뭐, 워낙 총명해서.

행선   다행이네요, 쌤이 어렵게 기회 주신 건데. (하곤) 아 그리고… 어젠 힘
드셨죠. 아니 제가 다 화가 나더라구요. 애들도 그렇고 선생님도 감
정의 동물인데 어떻게 그런 날까지 수업을 강행해요? 진짜 거기 엄
마들도 너무하고 학원도 너무…

치열   (보며/o.l) 저기요 남행…

행선   (얼굴은 웃지만 이 악물고) 선이요.

치열   …선 사장님. 제 감정은 제가 알아서 할 테니까 신경 쓰실 거 없구요.
얘기가 나왔으니 말인데 그 어머니들도 그렇지만 그쪽 머릿속도 참,
너무 꽃밭인 거 아닙니까? 아니 입시생이 무슨 치킨데이… 그런 식
으로 해선 앞서가는 애들 못 따라잡아요. 제 수업 성과 제대로 보려

면 어머니부터 정신무장을 다시 하시는 게 좋을 것 같구요. 그리고…

행선 ? (얼빠진 채 또 뭐, 보면)

치열 그쪽하고 전략적인 파트너십을 하나 맺었다고 해서, 너무 친한 척 안 해줬으면 좋겠습니다. 내가 그렇게 선 넘는 거, 딱 질색이라. (행선 손에서 도시락 뺏어들고 가는)

행선 (제대로 한 방 맞았다. 재수 없다는 듯 보며) 하… 아니 왜 저렇게 못됐게 해 말을, 사람이. 말은 뚝뚝 짤라 먹고. 남의 이름을 막 개명시키고. 해이 과외만 아니면 아으. (주먹 들어 한 대 쥐어박는 시늉하곤 들어가는)

S#46. 행선집 거실 (N)

어느새 조명 세팅하고, 영화 볼 준비 중인 재우와 해이.
행선 들어오면.

해이 엄마, 치킨은 허니 콤보 하나랑 후라이드 하나 시켰어.

재우 빨리 와 누나. 일단 시작하자. 오늘은 다큐멘터리 사자의 일생 볼 거야!

행선 또? 그거 벌써 다섯 번은 본 거 아냐? (자리 잡아 앉곤 해이 힐끗 보며) 근데 해이야. 너 치킨데이… 공부하는 데 방해되니?

해이 (쿨하게) 아니. 그럼 내가 안 하지. 한 번씩 머리 식히고 괜찮아.

행선 (표정 밝아지며) 그지? 거봐, 알지도 못하믄서… 냄장. (치열 떠올리며 눈 야리는)

S#47. 한강변 (N)

한강 일각에 차 세워놓고, 차 문 열어놓고 앉아 도시락 먹는 치열.
먹는 중에도 거치대에 폰 꽂고 열공닷컴 모니터링 하는.

치열 (맛있다) …음… 역시 그 여자가 머리는 꽃밭이래도 음식은 좀 해.

이런 게 진정한 재능교환이지. 응 맛있어. (먹으며 커뮤니티 내려 보다… '최치열라짱나'의 "최치열 오늘 강의 개오바" 제목 글 보곤…) 아 시끼 또… 암튼 내 강의 모니터링은 젤 열심히야. 너 신고! (신고 버튼 누르는 모습에서)

S#48. 다음 날/ 카페 앞 거리 (D)
재우, 새 폰으로 맹수 동영상 보며 걸어가다 단골 카페로 들어가는.

S#49. 카페 (D)
재우 들어와 카운터 쪽으로 다가서다가 멈칫한다.

알바생	(친절하게) 주문하시겠습니까? (하는데)
재우	(당황) 아… 어… 저기, 권진경씨는 안 계십니까? 9시부터 12시까진 권진경씨가 알바하는 시간인데….
알바생	아, 권진경씨는 저녁타임으로 바꾼 걸로 알고 있는데.
재우	(낭패다…) 아… 난 권진경씨가 구운 와플을 먹어야 되는데… (당황한 표정 짓다가) 그럼 권진경씨는 몇 시부터 알바를 하시는데요?

S#50. 국가대표 반찬가게 주방 (D)
동태탕 보글보글 끓고 있고.
스텐 도시락통에 이미 만들어놓은 밑반찬들 담고 있는 행선.

행선	…영주 오기 전에 얼른 갖다줘야 되는데. (시계 확인하며) 재우 앤 왜 안 와. 와플 포장해서 오라니까 오늘은. (하며 서둘러 담는데)
영주(E)	뭐야, 이 도시락은? (고개 쑥 들이민다)
행선	(화들짝) 아 깜짝아!! 아 놀래라… 너 왜 이케 일찍 와? 미라클 모닝 동호회는?

영주	말도 마. 미라클 모닝하려다 물미역 될 뻔했다야. 못해못해 몸이 안 따라. (하다) 근데 그건 뭐 도시락이냐니까? 어디 소풍 가냐?
행선	(당황) 아… 아 이거? 어… (머리 굴리다) 어 이거 재우 꺼.
영주	재우?
행선	어. 걔가 산책 나가서 도시락을 까먹고 싶다 그래서… 참 바라는 것도 많지 걔는, 동생이 아니라 아주 웬수야. 이번엔 밖에서 먹는 도시락에 꽂혔나봐. 하하…. (하는데)
재우	(들어온다) 누나, 권진경씨가 알바를 바꿔서 와플은 못 사고… 어, 영주 누나 왔네.
행선	(딴소리 할까봐 얼른/o.l) 저기 재우야! 도시락 다 쌌어.
재우	도시락? 무슨….
행선	(재우 팔 잡아끌고 나가며) 나가자. 너 산책 가서 도시락 먹는다며. (하곤 영주 보며) 나 잠깐 시장 좀 갔다 올게. 무를 깜빡하고 안 사갖고 와서.
영주	(행선 나가자 장바구니에서 무 들어 보이며) 이건 뭐지? 배춘가? (갸웃하는)

S#51.   **치열 주상복합 앞 (D)**

덜덜덜~ 치열 주상복합 앞에 도착해 서는 행선의 스쿠터.

헬멧 쓴 행선, 스쿠터에서 내려 도시락 들고 안으로 들어가는.

S#52.   **치열 펜트하우스 복도 (D)**

행선	(두리번 현관 쪽으로 가며) 와… 으리으리하구만 아주. 돈이 많긴 많은 가봐. (현관 앞으로 가는데 어제 가져간 빈 도시락통 걸려 있다. 빼내 통 흔들어보며) 처 드시긴 다 드셨나보네. (새 도시락 걸어놓곤) 암튼 정 안 가. 아주 재섭어 사람이. (하곤 현관문에 밀착해 귀 대보며 집 안 기척 살핀다) 아직 안 일어났나…? (다시 물러서고) 쳇. (괜히 발로 문 한 번 툭, 차는데 생각보다 소리가 크게 난다. 놀라 얼른 줄행랑치는)

잠시 후, 삐리릭~ 문 열리며 방금 일어난 듯 머리 까치집 한 치열이
얼굴 내민다.
두리번 복도 살피곤 문고리에 도시락 발견, 빼내 들고 다시 문 쾅.

S#53. 치열 연구소 복도 (D)

변신하듯 말끔한 차림의 치열, 출근길이다.
어제 저녁에 오늘 아침까지, 든든히 먹어 그런지 얼굴에 윤기가 돈다.
좋은 기분에 허밍으로 노래까지 흥얼거리며 씩씩하게 연구실 앞으
로 걸어오는.

S#54. 치열 연구소 (D)

치열, 문 열고 들어서는데 멈칫… 뭔가 분위기가 싸하다.
동희와 효원이 대치하듯 서 있고, 다른 조교들도 눈치 보고 있는.

효원　　(억울한 듯) 아 저 진짜 아니라니까요~~

동희　　너 진짜… 빤히 기록이 다 있는데 이럴 거야? 솔직하게 말해 지금이
　　　　라도.

치열　　(다가서며) 무슨 일이야?

동희　　아 선생님, 그게… (효원 한 번 보곤) 올케어반 문제가 유출된 정황이
　　　　있어서요.

효원　　아 저 진짜 아니에요 선생님. 아 미치겠네 진짜.

동희　　설명을 해봐 그럼. (복합기 가리키며) 여기 니가 어제 아침에 올케어반
　　　　테스트지 출력한 기록이 있잖아. 왜 이미 수업도 다 한 테스트지를
　　　　출력한 거냐고. (몰아붙이면)

치열　　!! (당황해 눈빛 흔들리며… off) 아뿔싸. 기록이 남는 걸 깜빡했다. (난감
　　　　한 표정. 눈치 보곤 일단 내빼듯 슬쩍 사무실 쪽으로 들어가는데)

동희(E)　좋아, 그럼 입구 쪽 CCTV를 보자. 출입은 확인될 테니까.

효원(E)	네, 제발 그렇게 하세요. 저도 도둑 누명 쓰곤 여기서 일 못할 거 같으
	니까.
치열	!! (CCTV까지? 놀라 돌아보는)

동희, 컴퓨터 이래저래 눌러 CCTV 영상 재생시키려는데
다다다 달려오는 치열, 재생 중단 버튼 누르고! 영상파일까지 삭제해
버린다.

동희/조교들	!! (벙쪄서 치열 보면)
치열	…이렇게까지… 할 일이냐고… 이게. 가… 같은 식구끼리 말야… (변
	명하듯 둘러대곤 무안하다… 동희 보며) 지 실장. 나 좀 보자. (얼른 들어
	가는)
동희	(의아한 표정으로 따라 들어가는)

S#55. 치열 연구소 내 사무실 (D)

치열	(뒤따라온 동희 돌아보며) 그냥 넘어가라 지 실장, 이미 수업한 거잖아.
동희	그렇긴 한데… 교재 보안은 선생님이 젤 민감해하시는 부분이잖아요.
치열	물론 그렇지. 그런데… 보안문제보다 더 중요한 게, 난 그렇다. 우리
	팀웍이라고 본다 동희야. 내 문제 몇 개 유출되는 게 그게 뭐가 그렇
	게 중요하니? 우리 팀의 신뢰! 단합! 그런 게 더 중요하지. 그리고 효
	진이가 저렇게까지 억울해하는 거 보면…
동희	효원이요.
치열	어 효원이. 그게… 단순한 기계오류일 수도 있는 거잖니? 생각보다
	이 기계라는 게 완벽하지가 않아요. 오작동이 있기 마련이거든.
동희	? (근거도 설득력도 없다. 평소와 다른 치열의 논리에 의아해 보는)
치열	그러니까 내 말은… (동희 어깨 툭툭 두드리며) 너라도 좀 유연성 있게
	응? 애들이 얼마나 깝깝하겠어. 나 깐깐하지 너 나 못지않지. 숨 좀

쉽게 해줘라 좀 애들.

동희 (이해는 안 되지만) 네, 알겠습니다. 그럼 이번 껀은 그냥… 넘어갈게요.

치열 그래. 그렇게 하고… (지갑에서 카드 꺼내 동희 준다) 이따 회식해 애들
이랑. 쟤 누구냐, 효원이? 기분도 좀 풀어주고. 아끼지 마 너. 백만 원
이하로 쓰면 죽어.

동희 (살짝 어리둥절해) 아 네. 그럼 선생님도 같이 가시죠. 회식한 지 꽤 되
셨잖아요.

치열 나? 아 나는… (갑자기 힘없는 척하며) 오늘 컨디션이 좀 안 좋아서.

동희 안 좋으세요? (좋아 보이는데…)

치열 어, 머리도 아프고 일찍 가 쉬는 게 좋을 거 같애. 애들이랑 맘껏 나
쐬면서 유대감을 좀 다져봐. (하다) 쌍욕은 하지 말고. (어색하게 웃
어 보이는)

동희 네. (하면서도 뭔가 이상하다. 일단 카드 주머니에 챙겨 넣는)

S#56. 저녁 거리 인서트 (N)

어둠이 깔린 동네. 번쩍이는 건물 네온 불빛들, 오가는 차들….

S#57. 국가대표 반찬가게 앞 (N)

셔터 내려진 국가대표 반찬가게 앞.

치열의 차 반찬가게 앞에 서는가 싶더니 다시 전진해 일이십 미터 앞
쯤에 서고.

이때 행선 집 쪽에서 나온 재우, 신나게 어디론가 가고.

모자 눌러쓰고 차에서 내리는 치열, 경계하듯 두리번거리곤 행선 집
으로 들어가는.

S#58. 카페 (N)

경쾌한 발걸음으로 카페로 들어서는 재우.

"어서 오세요~" 하던 알바생 진경(유니폼 가슴에 이름표 붙어 있는) 표정 굳는다.

옆에 있던 남자 알바생에게 눈짓하면, 남알바생 재우 보며 인상 험해지는.

재우   (그런 분위기 전혀 감지 못하고, 해맑게) 안녕하세요 권진경씨.

권진경   (떨떠름) 네에… 오셨어요…?

재우   저 생크림 초코시럽 와플이랑 디카페인 아이스 아메리카노요, 저희 누나가 밤에 커피 마시면 잠 못 잔다고 먹지 말랬거든요. 디카페인은 괜찮아요. (카드 내밀면)

권진경   아… 네…. (카드 받아 결제하며) 디카페인 아이스 아메리카노 하나. (하곤 와플 기계 앞으로 가 와플 굽는)

재우   (권진경씨 와플 먹을 생각에 기분 좋다. 손가락 까딱까딱하며 기다리는데)

남알바생 (그런 재우 째려보며 아메리카노 뽑는)

재우   (그 사실 모른 채, 이제나 저제나 고개 빼고 와플 언제 되나 보는)

권진경   (와플에 생크림과 초코시럽 발라 종이에 싸서 내미는) 생크림 초코시럽 와플 하나, 먼저 나왔습니다~

재우   감사합니다~ (너무 반가워 서둘러 받다가 초코시럽을 진경 블라우스에 묻힌다) 앗 묻었다. 죄송합니다 권진경씨. 어떡해…. (당황해 손으로 묻은 시럽 닦아내려 하면)

권진경   어마! (놀라 피하며) 뭐하는 거예요 지금?!!

재우   (더 놀란) 아니 난, 난 그냥. 나 땜에 초코시럽이 거기 묻어서. (하는데)

열 받은 남알바생, 뛰어나와 다짜고짜 재우 멱살 잡는.

남알바생 너 뭐야 새꺄! 무슨 개수작이야?!

재우   개수작 아니고 난 그냥 초코시럽이…

남알바생	(o.l) 시끄러!! 너 스토커지? 하루도 안 빠지고 내 여친 알바 시간에만 와서 똑같은 와플에 음료 시키고. 너 뭐하는 새끼야? 뭐하는 놈이야 대체?!! (먹살 흔들면)
재우	(아프다. 너무 당황해) 아아~ 나 뭐하는 새끼 아니고 남재운데… 아 아 파. 아파요~~ (하며 남알바생 떠미는데)
남알바생	(뒤로 나자빠지며 우당탕탕, 테이블과 함께 넘어진다)
권진경	(놀라) 준우야~!! (나와 남알바생한테 뛰어가고)
재우	(놀라 얼굴 하얗게 질린 채, 손 바들바들 떨며 보는)

S#59. 행선집 거실 (N)

과외 마치고 해이 방에서 나오는 치열. 해이 따라 나오고.
2미터 전방에서 도시락 들고 있는 행선.

치열	프린트 혼자 풀어보고, 막히는 거 있으면 체크해놓고.
해이	네 선생님. (하는데)
행선	고생하셨습니다 선생님. (그 자리에서 힘겹게 손 뻗어 도시락 가방 내미는)
치열	(요상한 포즈 보며) 뭐하는 겁니까 지금…?
행선	아, 선 안 넘어가려구요. 아침에 하셨듯이 이건 드시구 문고리에 걸 어놓으세요. 도시락통이 많지가 않아서 재활용해야 되니까.
치열	(참… 중간 없다. 받으며) 알겠습니다. 그럼. (나서는)
행선/해이	안녕히 가세요, 선을 지켜야 돼서 멀리 못 나가요. / (민망한 듯 행선 툭, 치곤) 안녕히 가세요 선생님. (인사하는데)

이때, 행선 휴대폰 벨이 요란하게 울린다.

행선	(주머니에서 꺼내 받는) 네 여보세요.
경찰(F)	네. 남재우씨 누나 되시는 남행선씨 맞으시죠?

행선   (또 무슨 일이지? 표정 경직되며) 네 맞는데요. 무슨 일로….

S#60. 국가대표 반찬가게 건물 앞 (N)

행선, 급하게 나오고 해이도 따라 나온다.
행선 세워놓은 스쿠터 쪽으로 가고.
치열도 나와 주차해놓은 차 쪽으로 가는.

해이   엄마. 나도 같이 가.
행선   (헬멧 쓰고 스쿠터 타며) 됐어. 넌 집에 있어. 가서 엄마가 전화하께.
해이   ……. (그게 나을 수도 있겠다. 걱정스럽게 보는데)
행선   (시동이 걸리지 않는다. 맘은 급한데…) 아… 얘가 또 왜 이래, 하필 지금.
       (다시 시동 걸어보지만 역시 걸리지 않는) 미치겠네 진짜. (계속 돌려보는데)

치열 차, 막 출발해 움직이는데… 행선, 치열 차 앞을 훅 가로막는다.

치열   !! (놀라 차창 내리면)
행선   (다가서) 죄송하지만 저 좀 태워주세요. 파출소까지만. 시동이 안 걸
       려서 그래요 저 꼬물 스쿠터. 가시는 길이잖아요~ (간절하게 보면)
치열   (거절할 수도 없고… 성가신 표정에서)

S#61. 치열 차 안 (N)

치열 운전해 가고.
조수석에 탄 행선, 초조한 듯 계속 손을 폈다 오므렸다 한다.
그런 행선을 힐끗 보는 치열.
심란한 행선의 맘 헤아려 아무 말도 안 시키는.

S#62. 파출소 앞/ 치열 차 안 (N)

치열 차 파출소 앞에 와 서고, 급하게 문 열리며 행선 내린다.

행선   감사합니다 선생님, 감사합니다~ (문 닫곤 서둘러 파출소 안으로 뛰어
       들어가는)

       치열, 들어가는 행선을 보고, 출발하려고 기어 변환하는데
       조수석에 행선의 휴대폰이 떨어져 있다.

치열   (!!) 아 참…. (진짜 손 많이 간다… 짜증스럽게 행선 들어간 쪽 보는)

S#63. 파출소 내 유치장 (N)
수갑 찬 채 왔다 갔다 하는 재우. 벽에 머리 콩콩 박으며 불안해하는데.
이때, 경찰과 함께 행선이 뛰어온다.

행선   재우야!
재우   (멈추고 행선 보며) 누나~~ (울 듯한)
행선   (감정 누르고 침착하게) 괜찮아? 다친 덴 없고? (빨개진 이마 보며) 이만
       또 왜 그래? 너 또 열나는 거 아냐? 응? 열나? 왜 그렇게 빨개?
재우   (고개 젓는다… 열은 안 난다는)
행선   (애써 감정 추스르며) 누나가 금방 끄내줄게. 좀만 기다려, 알았지?
재우   (눈물 그렁그렁한 채 고개 끄덕끄덕하는 모습에)
행선(E) 죄송합니다. 정말 죄송합니다~

S#64. 파출소 안 (N)
알바생 진경과 팔꿈치 상처 난 남자 알바생 씩씩거리며 앉아 있고.
행선 그 앞에서 굽신거리며 사과 중이다.

행선   많이 놀라셨죠? 제가 더 잘 케어를 했어야 하는데 가게 하느라 바빠
            서…. (차분하게) 실은 제 동생이, 아스퍼거라고… 자폐 스펙트럼이
            좀 있는 친구거든요.

권진경/남알바생   ?! (그런 줄은 몰랐다… 보는)

이때 치열, 행선 휴대폰 들고 두리번거리며 들어오다 멈칫하는.

행선   (최대한 담담한 어조로, 울컥하는 마음 누르며 설명하는) 음… 그게 일반
            적인 자폐랑은 좀 달라서요, 다른 일상생활에 어려움은 없거든. 근
            데 대인관계에 어려움이 있어서요… 다른 사람들 감정에 좀 둔해요
            애가. 눈치가 없다고 해야 하나… 한번 꽂히면 죽으나 사나 그것만
            파는 경향이 있는데, 권진경씨 와플을 너무 좋아했어요 우리 재우가.
            아, 이름이 재우예요 쟤가. (말하다 보니 저도 모르게 눈물이 그렁그렁해
            지는) 다른 알바분들이 굽는 거보다 훨씬 바삭바삭하고 맛있다고…
            오전에 산책하고 카페 들러서 그거 하나 먹는 게… 애한텐 너무 중요
            한 일상이고 행복이고 그래서… (손등으로 눈물을 쓱 닦는다. 그런데도
            한번 터진 눈물은 계속 터져 나오는)

치열   ……. (뒤에서 가만히 보고 있는)

행선   놀라셨을 거예요. 오해할 수 있어요 충분히. 남자친구분도 불쾌하
            실 수 있구요. 근데… 진짜 나쁜 의도는 없이 한 행동이에요. 그건 제
            가 알아요. 엄마 돌아가시고 쭉 같이 살아서 쟤 표정 하나, 숨 쉬는 소
            리만 들어도 전 다 알거든요. (또 울컥, 눈물 닦으며) 다치신 건 정말 죄
            송합니다. 치료비 세탁비 제가 다 배상할게요. 그러니까 고소만은…
            (고개 숙이며) 선처 부탁드릴게요. (숙인 채 연신 눈물 닦아내면)

치열   (선 채로 그런 행선을 본다. 강한 줄만 알았던 행선의 눈물에… 연민이 이는)

남알바생   차… 그렇게 정상도 아닌 사람을 왜 싸돌아다니게 냅둬. 개민폐지.

권진경   (순간, 행선의 발을 본다. 얼마나 급하게 왔는지 슬리퍼가 짝짝이다…)

행선	네, 그렇게 말씀하셔도 할 말 없습니다. 백번 천번 저희가 잘못한 거예요.
남알바생	아 됐고. 우린 이대론 그냥 못 넘어가니까… (하는데)
권진경	(o.l) 취하할게요 고소는.
남알바생	? (보면)
권진경	대신 앞으론 저희 카페, 못 오게 해주세요. 제가 너무 놀라서.
행선	네 그럼요. 감사합니다 권진경씨. 정말 복 받으실 거예요. 감사합니다. (조아리는)
치열	……. (보다가 조용히 뒤돌아 나가주는)

S#65. 파출소 앞 (N)

행선, 재우 손 꼭 잡고 같이 파출소에서 나온다.

행선	하아…. (이제야 긴장이 풀리는 듯 한숨 쉬곤 재우 보며) 남재우. 괜찮아?
재우	(고개 끄덕끄덕하곤 보며) 응 배고파.
행선	(어이없어) 이 와중에 배가 고프셔? (쥐어박는) 내가 너 땜에 시캬, 명이 준다 명이. 사고 좀 고만 처라 좀 제발 좀. (장난치듯 치는데)

빵빵! 울리는 클랙슨 소리.
행선 보면, 한 켠에 서 있던 치열의 차가 행선과 재우 쪽으로 쓱 오는.

치열	(창문 쪽 내리면)
행선	(어리둥절) 어! 왜 아직 여기… 안 가셨어요?
치열	(성가시다는 표정으로 행선 폰 툭 내미는)
행선	(받으며) 어머. 두고 내렸어요? 아… 죄송해요. 아까 너무 경황이 없어서. (눈치 보여) 그냥 가져가셨다 낼 주든지 하시지.
치열	그랬다가 또 뭐, 도둑놈으로 몰리라구요?

행선	은근 뒤끝 있으시네. 고마워요… 오늘 여러모로.
치열	(됐다는 듯 손 쓱 올려 보이곤 차 창문 올리고 가는)
행선/재우	하… (한숨 내쉬곤 재우 보며) 가자 우리도. / (고개 끄덕이곤 행선 팔 꼭 잡고 가는)

S#66. 치열 차 안 (N)

치열, 운전해 가는데 휴대폰 벨이 울린다. 블루투스로 받는.

치열	어 지 실장.
동희(F)	네 선생님. 집이시죠? 몸은 좀 어떠세요?
치열	어? (하다 둘러대는) 어어 괜찮아… 이제 막 자려고.
동희(F)	쉬시는데 죄송해요. 지금 인쇄소에서 연락 와서, 그래프 표기가 이상하다고 확인 좀 해달라는데… 폰으론 안 돼서요, 선생님이 좀 해주셔야 될 거 같은데.
치열	내가? 아 내가 지금… (창밖 본다. 이제 겨우 연구소 앞인데…) 집이니까 그래, 내가 할게 내가 해야지. 잘 놀아 니들은 내가 할 테니까. 응. (폰 끊고 급하게 핸들 꺾어 연구실 건물 쪽으로 들어간다)

S#67. 이자카야 앞 (N)

동희와 조교들, 1차 끝낸 듯 이자카야에서 우르르 나온다.

효원	그래프 문제도 해결됐고, 2차 가도 되는 거죠? 깔끔하게 와인 어때요?
조교1(연정)	와인 좋지. 선생님 카드 찬스 때나 비싼 와인 먹어보는 거지.
동희	아주 날 잡았구나. 그래, 오늘은 지은 죄가 있으니까 효원이 원하는 대로 하자. 아는 와인바 있어? (걸어가다가) !! (멈칫, 보는)

동희의 시선 끝, 진이상이 대학생 정도로 보이는 남자 두 명과 함께

방금 동희 일행이 나왔던 이자카야로 들어가는 모습이 보인다.
진이상도 여기 단골인가…? 보다가 이내 조교들 따라 쫓아가는.

S#68. 이자카야 안 (N)

진이상과 대학생 1, 2. 술잔 기울이며 은밀하게 얘기 중인.

진이상 그래서. 좀 뒤져봤어? 뭐 건진 거 있나?

대학생1 몇 개 있긴 한데 워낙 자잘해서.

진이상 언젠 자잘한 걸로 뺑튀기 안 했냐? 뭐든 쏘스가 될 만한 꺼리면 돼. 스토린 이 최치열라짱나가 만들 테니까. 최소한 그 허그 사건 정돈 됐으면 좋겠는데 말야.

대학생2 (회심의 미소 짓고) 아 전 아무래도 대어를 하나 낚은 거 같은데.

진이상 (솔깃) 대어? 뭔데?

대학생2 (보며) 십 년 전인가 최치열이 수리킹 밑에서 조교로 있을 때 있었잖아요 왜.

진이상 어 그랬다대? 텐텐 학원인가, 지금은 없어진 데.

대학생2 맞아요. 그때, 최치열이랑 좀 각별했던 한 여학생이… 투신을 한 사건이 있더라구요. 물론 수리킹이 물고 빨던 최치열이 뭔 이유진 모르겠지만 수리킹한테 짤리고 그 학원 뜬 직후의 일이긴 하지만요….

진이상 (촉이 온다. 의자 더 바짝 당겨 앉으며) 그래서?

대학생2 올케어 수업에서도 이영민이랑 부딪혔다면서요. 엮으면 뭐 하나 나오지 않을까요?

S#69. 경찰서 형사과 (N)

대부분 퇴근한 사무실. 배 형사, 무언가 열심히 컴퓨터로 보고 있는데.

형사1 (퇴근하다 배 형사에게) 안 가?

배형사	(화들짝 화면 가리며) 아, 보고서 하나 끝낼 게 있어서.
형사1	사건 없을 때 쉬어둬야지. 언능 하고 퇴근해. (나가는)
배형사	네 가십죠. (나가는 거 확인하고 다시 자리 앉아 컴퓨터 화면 집중하는)

#. 화면 인서트

영민이 찍힌 CCTV 화면들이다. 편의점에서 컵라면 먹는 영민(그 옆에 검정 후드티 뒤집어쓴 희재까지)/편의점에서 나와 학원 쪽으로 가는 영민/학원 앞에서 멈칫하곤, 담배 꺼내 두리번거리며 건물 뒤 주차장 쪽으로 사라지는 영민….

배형사	(편의점 내부 CCTV 화면 보며) 라면 먹고… (키보드 쳐서 편의점 외부 CCTV로 화면 전환) 나와서… 어~ 담배를 피러 간 거였어. 그래, 고딩이 대로에서 그럴 순 없지. (키보드 쳐서 학원 주차장 CCTV 화면으로 전환) 근데 아… 여긴 또 각도가 안 나오네. 사이드 쪽으로 간 거 같은데. 구석구석 CCTV 좀 달지, 쯧. (화면 들여다보는데)

#. 화면 인서트

섬광처럼 뭔가 휙~ 지나가는!

배형사	(!!) 어! 방금 뭐야. (바짝 당겨 앉으며 화면 다시 앞으로 돌린다)

역시 섬광처럼 휙~ 지나가는 무언가.

배형사	뭐지 이게? 뭐가 반짝하는 거 같은데. (화면 스톱하고 확대해 키우면, 하얗게 빛을 내는 어떤 물체 c.u 되며)
해이(E)	삼촌 괜찮아?

S#70. 행선집 거실 (N)

행선과 함께 집으로 들어오는 재우.

해이가 걱정 어린 표정으로 재우를 살피며 물어본다.

해이   어디 다친 덴 없구?

재우   어 괜찮아. 미안해 해이야 걱정 끼쳐서.

행선   (긴장이 풀려 소파에 앉으며) 해이야, 가 냉장고에 두부 있나 봐봐 삼촌
          먹이게.

해이   응. (주방 냉장고 쪽으로 가는)

재우   (행선 옆쪽에 얌전하게 앉는다. 미안한 듯 행선 팔 주물러주는데)

해이   엄마, 두부 없어. (반찬그릇 들고 와) 콩장은 있는데 이건 안 되나?

행선   줘봐 그거라두. (그릇 받아 콩 집어 재우한테 내미는) 자 먹어. 그딴 데
          갔다 오면 먹어야 되는 거야.

재우   아… 나 콩 싫은데. (인상 쓰고 먹으며) 근데 누나. 그럼 나 이제 권진경
          씨 와플 먹으러 가면 안 되는 거지. 권진경씨 와플 진짜 맛있는데. 나
          스토커 아닌데.

행선/해이 (본다. 마음 안 좋은)

재우   (속상한 듯 고개 숙이고 콩 뒤적뒤적 하면)

해이   아! 요즘 집에서도 구울 수 있게 와플기계 되게 잘 나오는데. 그거 사
          면 되겠다.

행선   그래. 그럼 그거, 와플기계 니가 바로 주문해봐. 엄마가 돈 줄게.

해이   어. (바로 폰 켜 검색 들어가는데… 여전히 재우 기분은 다운되어 있다)

행선   (재우 눈치 보며) 야, 그러지 말고 우리 토요일에 캠핑이나 갈까?

해이   (장단 맞추는) 어 그럴까? 삼촌 캠핑 완전 좋아하잖아. 불멍하구 감자
          도 구워 먹구.

재우   (솔깃하다. 보며) 마시멜로도 구워 먹구?

행선/해이 마시멜로 좋지. 먹자, 다 구워 먹어버리자. / 콜. 나도 찬성.

재우   (기분 풀려) 그래. 그럼 캠핑도 가고 와플기계도 사는 거지? 어디 봐. (해이와 머리 맞대고 폰 보는데)

폰을 쥔 재우의 손목이 벌겋다. 수갑에 눌린 자국이다.

행선   ……. (벌건 상처를 보니 또 마음 아프다. 얼마나 놀라고 아팠을까… 애써 마음 누르고 일어나며) 보고 있어, 엄마 두부 사올게, 아무래도 믹여야겠다 삼촌. (하곤 나가는)

S#71. 편의점 앞 (N)
우울한 기분으로 두부 사들고 나오는 행선. 폰 울려 보면, 해이다.

행선   (받는) 어 해이야… 왜.
해이(F)   삼촌 자 엄마. 완전 곯아떨어졌어. 두부 안 사와도 될 거 같애.
행선   (한숨 내쉬며 봉지에 든 두부 보는)

S#72. 치열 차 안 (N)
그래프 문제 해결하고 다시 집으로 향하던 치열.
무심코 차창 밖을 보다 편의점 앞에서 혼술 하고 있는 행선을 발견한다.

치열   !! (저 여잔 왜 또 저기에…? 보는데)
행선   (종이컵에 소주 따라 마시며 이미 취한 듯 혼자 중얼거리고 있는)
치열   …야밤에 혼자서… 뭐하는 거야 청승맞게? (하고 그냥 가려는데… 한 남성 취객이 비틀거리며 편의점으로 다가서는 게 보인다. 멈칫하다) 아 몰라. 알아서 하겠지, 강한 여자잖아. 힘도 세고. (하곤 엑셀 밟는)

S#73. 편의점 앞 (N)

꽤 마신 듯 빈 소주병 두 병과 다 먹은 두부용기, 막 뜯은 과자봉지 놓여 있고.

행선, 새로 깐 고량주를 종이컵에 따르려는데 낚아채는 손.

보면, 모자 꾹 눌러쓴 치열이다.

행선	(보고 눈 끔뻑끔뻑… 살짝 취한) 어! 어어어~ (손가락질하는)
치열	그만하죠. 꽤 마신 거 같은데.
행선	(고개 획획 두리번거리며) 아니 대체 어디써써요? 또 나… 기다려써요~?
치열	거 쓸데없는 소리 좀… 일어나요, 시간도 늦었는데.
행선	에이 안 돼여. 이거 막 깠단 말이에요. 비싼 근데 이거? 큰맘 먹고 샀구만… 하긴 슨생님한테 이깟 건 돈도 아니게찌. (소리치는) 1쪼원의 싸나이니깐!!
치열	(당황, 주변 의식하며) 아 목소리 좀 낮춰요 쫌.
행선	(상관 않고) 억때? 아니져! 백억때? 아니져! (크게 소리치는) 조때!! 조때 남자!! 아 조~켔다 조때라서!! 조~~때!!
치열/행선	(미치겠다. 급한 대로 손으로 행선 입 막고) / 읍~~ (입 막힌 채 소리 내는)
(컷)	행선 계속 혼술 하고, 치열은 그 앞에 다리 꼬고 앉아 폰으로 모니터링 중인.
행선	(마시다 치열 보며) 아이 거 아즈씨!
치열	(찌릿 보는)
행선	거 사람을 앞에 두고 폰만 들여다보구 말이에요. 매너가 떡이야 가만 보면! 뻑하면 말이나 톡톡, 짜르고! 이름도 지 맘대로 막막, 막 지어 부르고!
치열	이보세요. 지금 내가 할 수 있는 매너를 최대한 짜내고 짜내서 여깄

는 거거든요?

행선   아 모르게꼬! 있을 거면 같이 마시고, 안 마실 거면 가요. 술맛 떨어지니까.

치열   하… 참… (일어나려다가, 힐끗 다시 행선 보며) 이거 비우면 갈 거예요?

행선   (말 잘 듣는 아이마냥) 예 갈꼬에요.

치열   (보다가 결심한 듯 새 종이컵에 술 따르며) 그럼 빨리 먹읍시다. 먹고 가요. (급하다. 행선 잔에 부딪히고) 자 짠! (바로 원샷 하는)

행선   (좋아서 배시시) 어?! 진짜 먹네?

치열   (바로 다시 술 따르고) 빨리빨리요. 빨리빨리. (또 짠! 원샷 하고 바로 따르는)

행선   여윽시, 술은 같이 마셔야 맛이야. 조오타~ (마신다)

치열   (또 원샷 하곤) 근데 이거 몇 도예요? 식도가 막 타는 거 같네. (병 들어 확인하고) 아 56도. 어쩐지. (고개 끄덕끄덕하다가 탁, 그대로 엎어진다)

행선   (보며) 어 슨생님! 슨생니임~~ (부르는 데서)

S#74.   **거리 (N)**
    치열 발 땅에 질질 끌리게 업고 가는 행선. 술이 다 확 깬 듯한.

행선   …아니 술이 약하면 먹지를 말든지. 술 다 깨네 아주, 아으 무거워. (가는데… 물웅덩이에 철퍼덕~ 치열 다리가 빠진다. 뒤돌아보며) 어머, 어뜩해….

S#75.   **다음 날/ 행선집 외경 (D)**
    (E) 치익치익 압력밥솥 추 흔들리는 소리

S#76.   **행선집 거실 (D)**
    압력밥솥 소리 들으며 잠결에 미소 짓던 치열, 눈을 번쩍 뜬다.

치열 시선에 낯선 천장이 보인다. 여기가 어디지…? 눈알 굴리는데. 이때 치열 시선으로 훅 들어오는 행선, 재우, 해이 얼굴.

치열   !!! (놀라 벌떡 일어나면, 행선의 집 거실이다)

재우   (반색하며) 안녕히 주무셨어요?

해이   쌤, 일어나셨어요?

행선   아침은 그냥 평범하게 콩나물북엇국 끓였는데… 괜찮으시죠?

치열   (당황. 세 사람 보곤 제 몸 내려다보는데… 낯선 바지다. 경악하는 표정에서)

S#77.   편의점 앞 (D)

출근길의 동희. 편의점 옆쪽 한편에 세워져 있는 치열 차를 보고 멈 칫한다.

동희   어! 저거 선생님 차 같은데…. (가까이 가 들여다보는데 아무도 없다. 다시 편의점 안쪽 살펴보는데 치열은 보이지 않는다. 휴대폰 꺼내 전화 걸어보는)

신호는 가는데 받지 않는.

동희   ……. (무슨 일일까? 걱정되는 표정으로 주변 두리번거리는)

S#78.   치열 펜트하우스 앞 복도 (D)

잰걸음으로 치열 집 쪽으로 오는 동희. 폰으로 조교 효원과 통화하는.

동희   …그래? 사무실 안쪽에도 안 계시고? 화장실은? (…) 알았어. 선생님 오시면 전화해. (전화 끊고 치열 집 벨 누르는데… 역시 묵묵부답이다) 어 떻게 된 거야 대체…. (걱정스런 표정으로 급히 다시 가는)

S#79. 행선집 거실 (D)

허겁지겁 제 바지 챙겨 입고 재우 방에서 나오는 치열.

행선, 해이, 재우 서 있다가.

행선 아니 바지가 젖어서, 감기라도 드시면 안 되니까. 걱정 마세요. 바지
는 재우가 갈아입혔어요. 저흰 절대 안 봤어요. 뭐 별로 보고 싶지도
않고.

치열 ! (획 보면)

행선 (눈치…) 이왕 이렇게 된 거 해장이나 하고 가시지….

치열 아뇨, 됐습니다. (가려다 멈칫하고) 혹시라도 나 뻗은 거 사진으로 남
겼다거나…

행선 (o.l) 에헤이 진짜, 사람을 뭘로 보구.

치열/해이/재우 큼. (급하게 나가면) / 가세요 쌤. / 안녕히 가세요~ (인사하는)

행선 거 드시고 가시지 속 쓰릴 텐데 참. (하다가 테이블에 치열 벨트 보곤) 어
쌤~ 벨트요! 쌤~ (벨트 들고 쫓아 나가는)

S#80. 국가대표 반찬가게 앞 (D)

동희, 혹시나 하고 국가대표 반찬가게 앞으로 오는데…

아직 문을 안 열었다.

아… 여기도 아닌가…? 황망한 표정으로 얼굴 쓸어내리는데.

이때, 출근하다가 동희 보고 반색하는 영주.

영주 어머. 안녕하세요? 오랜만이세요.

동희 아 네, 안녕하세요?

영주 오늘 눈이 일찍 떠져서 좀 일찍 나왔는데, 이게 바로 미라클 모닝인
가봐요. 호호….

동희 저기, 아직 문 안 여신 거죠? 저희 선생님 차가 저기 편의점 앞에 서

있어서….

영주 아. 선생님 요새 저희 가게 안 오시잖아요. 근데 차를 겄다 놓고 어딜 가셨을까…. 그러고 보니까 우리 남 사장도 좀 이상하네. 벌써 문 열고도 남은 시간인데. (하는데)

이때, 행선 집 쪽 입구에서 치열 나오고
그 뒤로 행선이 벨트 들고 나오는.

행선 선생님, 벨트 가져가셔야죠! 벨트요~!! (하고 벨트 흔들어대고)
치열 (벨트 받다가) !!! (나오다 멈칫, 얼음 되는)
영주 !!! (눈 똥그래지고)
동희 !!! (더 놀란)

벨트 마주 잡고 얼음 된 채 영주와 동희 보는 치열과 행선.
네 사람 대치해 서 있는 모습에서… 5부 엔딩.

인생엔 정답이 아닌

여러 개의

모범답안이 있을 뿐

S#1.　국가대표 반찬가게 앞 (D)

벨트 마주 잡은 채로 얼어붙은 행선과 치열,
벙쪄 선 영주와 동희의 요상한 사자대면 상황.

영주/동희	(동시에 벨트로 시선이 가면)
행선	(시선 느끼고 당황해 화들짝 벨트를 놓아버린다)
치열	(반동으로 나자빠지는) 으악.
행선/영주/동희	(놀라) 선생님!!

넘어져 있는 치열을 향해 동시에 달려드는 행선과 동희.
치열, 아프기도 하고 당황스럽기도 하고… 아무 손이나 잡는데 하필
행선 손.
얼른 놓고, 다시 동희 손잡고 일어서고 우왕좌왕하는 모습에.

S#2.　국가대표 반찬가게 외경 (D)

타이틀 뜬다.
일타 스캔들 chapter 6. 인생엔 정답이 아닌 여러 개의 모범답안이 있
을 뿐

행선(E)	아니 난 너한텐 숨길 생각이 읎었지. 근데 치열 쌤이…

S#3.　국가대표 반찬가게 (D)

영주, 치열 이름이 거론되자 신경질적으로 감자 대야를 '쾅!' 내려놓
는다.
무 손질하던 행선, 물안경 끼고 양파 깎던 재우, 움찔 놀라고.

행선	(영주 눈치 보며) …꼬옥, 반드시, 비밀로 해야 된다 그래가지구….

영주   (잔뜩 씅난 채 신경질적으로 감자 깎는)

영주가 깎는 감자껍질이 여기저기로 획획 날리고
그때마다 움찔움찔 놀라는 재우. 슬쩍 의자 끌어 더 떨어져 앉는.

행선   (계속 변명하는) 최치열이 개인과외 한다고 소문 돌면 아주 큰 사달이
            날 거라고… 아니 자기가 뭐 대통령도 아니고, 그렇다고 연예계 톱스
            타도 아니고. 사달이 나봤자지 참 유난. 너도 알잖니 최치열 그 냥
            반이 워낙에…

영주   (o.l/감자 들어 보며) 드럽게 못생겼네.

행선   (얼결에) 못생겼… 아니, 허세가 쫌 심한 거…. 그 쌤이 같이 사는 가
            족 외에는 절대로 비밀을 지켜야 된다고 아주 무섭게 단속을 시키더
            라구.

영주   (대답 않고 계속 신경질적으로 감자만 깎는)

행선   (눈치 보며) 영주야. 나 누구랑 얘기하니. 영주야?

영주   (싸늘하게) 말 시키지 마시죠 사장님. 일개 직원인 저는 사장님 '가정
            사'에 외람된 간섭을 일절 삼가고 일만 할 거거든요 앞으로. 사장님
            도 막 그렇게 말 까시지 말고 선은 좀 지켜주세요. 우리가 같이 사는
            가 (살짝 발음 힘주며) '족'도 아닌데. (하곤 깎은 감자 양동이 들고 일어나
            개수대 쪽으로 가는)

행선   하아… (제대로 삐졌구나…) 어쩌냐 재우야? 좀 갈 거 같은데 이번엔?

재우   (같이 한숨 쉬며 보다가 딩동! 알림벨에 폰 보곤) 어 택배! 오늘 와플기계
            온대 누나!! (일어서) 아 언제 오지? 보통 우체국 택밴 두 시 아니면
            네 신데. (들떠 나가는)

행선   (보며) 외롭다 외로워… 하아…. (고개 젓는)

동희(E)   이유 불문하고 이건, 말이 안 돼요.

치열 연구소 주차장 (D)

운전석에서 내리는 동희, 조수석에서 내리는 치열에게 따라붙는다.

치열, 아직 벨트 손에 쥔 채 연구소 향해 걷는.

동희   (살짝 썽난 톤으로) 선생님답지 않으세요. 도시락 때문에 그러시는 거
       면 다른 밥집 다시 찾아볼게요. 아니, 제가 요리사 자격증을 딸게요
       그냥. 그러니까…

치열   (o.l) 도시락 때문만이 아냐.

동희   (보면)

치열   그 집 딸 올케어반 제외된 거, 찝찝했어 계속. 맘에 걸렸다구. (보며)
       난 내 끼니 해결하고 걘 모자란 수학 공부하고, 이 정도면 윈윈 아냐?

동희   (냉정하게) 윈윈은 아니죠. 리스크는 선생님이 다 감당하셔야 할 텐데.

치열   너 요새 매사에 너무 부정적인 경향이 있다? 왜 그러지?

동희   왜 그러겠어요. 옆에 계신 분 영향이지.

치열   (잠시 말 막혔다) 아 몰라. 얘기 다 끝난걸 뭐. 어쩔티비 저쩔티비.

동희   선생님! (하다 보며) 일단 벨트나 하세요. 들고 계시니까 좀 이상해요.

치열   ! (그제야 깨닫고 뻘쭘하게 벨트 하며 걸어가는)

치열 연구소 로비 (D)

치열 옆에 바짝 붙어 계속 설득하는 동희.

동희   이 동네 엄마들 자식 교육 문제에 얼마나 예민한지 아시잖아요. 학생
       들은 어떻구요. 수업 중에 하이파이브만 해도 커뮤가 뒤집어지는데,
       개인과외라니, 이게 알려지면…

치열   (o.l) 아 안 알려지게 해야지! 아까부터 부정 타게 진짜… 제사 지내냐?

동희   첫 수업하고 하루 만에, 벌써 두 명한테 들키셨거든요?

치열   (맞는 말이다) 그건 변수가 좀 있어서… (곱씹는) 아 나, 술이 왜 이렇

게 약해졌지. 오랜만에 들어가서 그런가, 이 정돈 아니었는데….

동희 선생님. (애가 탄다) 전 이거 정말 아닌 거 같애요. 지금이라도 그냥…

치열 (보며/o.l) 지 실장, 이건 내 개인 일이야. 업무 끝나고 사적인 시간 쓰는 거라고. 엄밀히 말함 과외도 아냐, 대가를 안 받잖아. 일종의 재능 기부라니까?

동희 그렇지만….

치열 그만. 이 얘긴 여기까지만 하자. 끝. 디 엔드. (엘리베이터 버튼 누른다)

동희 (단호한 치열의 태도에 표정 굳는데… 휴대폰 벨이 울린다. 받) …어 효원아. 왜.

S#6. 치열 연구소 (D)

치열과 동희 들어서고.
조교들 "오셨어요?" 일어나 인사하는데, 어쩐지 난감해하는 분위기다.

동희 (효원에게) 또 뭘 올렸어 최치열라짱나가?

효원 네… 좀 아까 스카이맘점넷에요.

치열 걘 참 꾸준하다. 그 정도면 나 열라 좋아하는 거 아냐? 왜 못 잡는 건데?

동희 해외로 IP를 우회해서, 경찰도 추적이 어려운가봐요. 다른 루트로도 찾아볼게요.

치열 참 용쓴다 누군지. 노력은 감개무량하네, 타격감은 일도 없지만. (하는데)

효원 (눈치 보며) 근데 이번 껀… 쌤이 직접 좀 보셔야 될 거 같은데… 좀 많이 악질이에요….

치열/동희 ??

S#7. 치열 연구소 내 사무실 (D)

컴퓨터로 스카이맘점넷 글(작성자 '최치열라짱나', 제목 '최치열의 저주') 확인하는 치열의 굳은 얼굴 위로.

진이상(E)   이틀 전 더프라이드에서 투신한 학생, 왜 하필 학원에서 그랬는지 아
             심? 경찰은 쉬쉬하는데, 그 학생이 직전 수업에서 최치열이랑 대판
             싸웠음. 소름인 건, 이런 일이 그 새끼한테 처음이 아니란 거임.

#. 플래시백

진이상 방.

컴퓨터 앞에 앉아 글 작성하는 진이상의 모습 위로

진이상(E)   최치열 지금은 이미지 세탁 성공했지만, 조교 시절에 여고생이랑 스
             캔들 있었음. 걸로 최치열은 학원 짤리고, 그 학생은 극단적 선택하
             고. 더 충격적인 건, 그러고 얼마 후에 그 여고생 엄마도 죽었는데, 살
             해 용의자로 남동생이 지목됐다는 사실임.

충격받은 치열의 표정!! 굳은 표정으로 계속 읽어 내려가는.

진이상(E)   그러함. 그 유명한 중학생 친모살해사건의 발단이 바로 최치열임. 최
             치열이 한 집안을 아작낸 거임.

치열   !! (이건 알지 못했던 사실이다… 표정 굳어 있는데)

동희   (들어오며) 네 감사합니다… 네. (전화 끊고) 글 내렸어요 선생님. 올라
             온 지 얼마 안 돼서 조회수도 낮고, 최치열라짱나가 평소에도 악의적
             인 글을 워낙 많이 올려서, 별로 관심 못 받을 거예요.

치열   ……

동희   (치열 기색 살피며) 선생님.

치열   …어.

동희   너무 신경 쓰지 마세요. 최치열라짱나 애, 가끔 소설 쓰잖아요.

치열	그래, 알았어. 됐으니까 나가봐.
동희	네. (걱정스런 표정으로 치열 한 번 더 살피고 나가는)
치열	(악플러다. 신경 끄고 펜 들고 애써 일에 집중하려는데… 문득 떠오르는)

#. 회상 플래시백

2부 67신. 종렬 "결국 그 일 때문에 애가 죽었어. 이후로 그 집안은 풍비박산이 났고. 최소한의 양심의 가책은 받고 살아라, 제발." 하던.

치열, 펜 내려놓고 컴퓨터로 '중학생 친모살해사건'을 검색한다.

#. 화면 인서트

관련 기사가 주르륵 뜨는.

'학대 스트레스로 인해 친모 살해한 중학생, 증거불충분', '친모 살해 의혹 받는 10대, 사건의 전말은?', '살해 동기는 학대와 스트레스? 누나는 자살, 동생은 피해망상… 결국 모친 살해?', '모친 살해 의혹 10대 소년, 결국 증거불충분으로 풀려나', '중학생 친모살해사건, 미궁 속으로… 중학생 A군 무죄 석방' 등등.

S#8. 국가대표 반찬가게 (D)

영주 반찬팩 정리하고, 손님 계산해주는 재우와 행선.

행선	카드 여깄습니다. 비지찌개는 살짝만 끓여 드세요.
손님	네. 여긴 조미료도 별로 안 쓰는 거 같은데, 사장님 손맛이 너무 좋아 진짜.
행선	아우 아니에요. (영주 슬쩍 보고 들으라고 더 오버하며) 제 손맛보다는, 우리 이사님의 간잽이 역할이 한몫을 한달까, 아주 장금이가 따로 없거든요. 미각의 달인.

손님	아 그렇구나. 잘 먹을게요. (나가고)
행선	네 또 오세요. 좋은 하루 되시구요~ (배웅하고 다시 영주 눈치 보는데)
재우	(딩~ 문자벨 소리에 문자 보는) 어. 택배 왔다. 나 집에 갔다 오면 안 돼 누나? 작동 바로 시켜봐야 되거든. 이상 있으면 무상교환 신청하고, 맘에 안 들면 전자상거래 등에서의 소비자보호에 관한 법률에 따라 7일 이내에 청약 철회해야 돼. (하고 허락 바라는 눈으로 보면)
행선	그래. 어여 올라가서 맘껏 작동시켜보렴.
재우	고마워 누나! (잽싸게 튀어나가는)
행선	신났네 아주. (아무 일 없었다는 듯 시침 떼고 영주에게 말 거는) 아무래 도 당분간은 와플 굽는 데 꽂힐 거 같다 쟤. 우리 와플 엄청 먹게 생 겼다 야.
영주	……. (대답 안 한다. 훌쩍거리며 휴지 찾는 듯 두리번거리면)
행선	(얼른 두루마리 휴지 집어 던지는데)
영주	(머리에 맞고, 툭 떨어진다. 노려보며) 야 씨… 죽을래?
행선	쏘리. 오늘따라 왜 패스 정확도가 딸리냐. 그래도 대꾸해주니까 좋네.
영주	(째려보곤 휴지 주워 코 팽~ 푸는)
행선	(휴지통 내밀어주며) 야 내가 미안해 고만 좀 풀어~ 죙일 입 꾹 닫구, 불편해 죽겠어 진짜. 내가 점심때 너 좋아하는 감자 부침개 해줄게 응? 응, 응? (툭툭 치면)
영주	아 왜 이래. 귀찮아 절루 가.
행선	아 영주야아~~ 미안하다구~~ 나도 어쩔 수 없는 학부몬가봐아 ~~~
영주	(피식, 저도 모르게 웃곤 얼른 정색하는)
행선	어, 너 웃었어. 좋아 마지막 일격. 이건 못 참을걸? (영주 간지럽히면)
영주	(버티는) 야 하지 마. 하지 마 하지 마. 야아 하하. (결국 못 참고 웃음 터 지는)
행선	와 우리 영주 터졌다~ 오 예~~ (좋아라 하면)

영주	(풀렸다. 행선 야리며) 진짜 한 번만 더 이런 식으로 나 배신해. 너 안 본다 진짜.
행선	알았스. 백번 내가 잘못했으니까 노염 푸셔 김 이사님~
영주	그럼… 감자 부침개는?
행선	당근 해주지. 너랑 말하니까 너무 좋아. 진짜 답답해 죽는 줄 알았어 나.
영주	(바로 호기심 모드) 근데 나두 아까부터 궁금해 미치겠는 걸 꾹 참고 있었는데….
행선	(응? 보면)
영주	일타 쌤 말야… 과왼 그렇다 치고 왜 새벽에 니네 집에서 그루구 빨 개벗고 나온 건데?
행선	(화들짝) 야 빨개벗긴 누가! 벨트 하나 안 멘 거 가지구 어디서 MSG 를 씨!
영주	그니까. 벨트를 왜 푸냐구~? 과외 끝나구 누구한테 뭘 또 가르쳤…
행선	(o.l) 건 술이 좀 약해서 그 냥반이… (하다) 야, 너 눈 고따구로 뜰래 자꾸 게슴츠레하게? 대체 뭘 상상을… 애들도 있는 집에서 진짜.
영주	(짓궂게 웃으며) 애들만 없었으면, 뭘… 하긴 했을 거란 얘기야?
행선	(바로 영주 등짝 스매싱) 미쳤어! 미쳤어 미쳤어, 매를 벌어요 매를~!!!

S#9. 우림고 교무실 (D)

통화 중인 교사1, 막 교무실 들어선 종렬 보고.

교사1	아, 지금 들어오시네요. 잠시만요. (종렬에게) 전 선생님, 전화 좀 받아 보세요.
종렬	(다가와 받으며) 네 전종렬입니다. (상대 음성 듣고 표정 굳는)

S#10. 우림고 근처 카페 (D)

내키지 않는 표정의 종렬, 들어와 두리번거리면.

테이블 한편에 치열이 모자 눌러쓰고 앉아 있다.

종렬, 치열 앞에 와 툭 앉는.

종렬   삼십 분 후에 수업이야. 뭔 일인지 모르겠지만 용건만 간단히 해.

치열   물어볼 게 있어서. 지난번 서점에서 만났을 때 했던 말… (휴대폰 들어
        기사 화면 보여주며) 혹시 이 얘기였어…?

종렬   (보면, '중학생 친모살해사건'에 관한 기사다) 그걸 이제 알았다구?

치열   (재차 가슴이 쿵 내려앉는) 그럼 진짜 수현이 동생이….

종렬   (치열 표정 보고) 너 진짜… 어디 무인도에서 살았냐? 뉴스며 인터넷
        이며, 온 세상이 떠들썩한 사건이었는데 이걸 몰랐어?

치열   지방으로 가 헤맬 때라, 사건은 들어봤지만 수현이네 일일 거라곤 전
        혀….

종렬   (어이없고 화도 나는) 수현이 그렇게 가고 그 엄마, 반 미쳐서 수현이
        동생한테 더 집착하고. 결국 엄마가 투신을 했는데, 그때 옆에 있던
        수현이 동생을 존속살해로 몰아서 구속했어. 다행히 무죄 받고 풀려
        나긴 했지만.

치열   …그럼 그 뒤로 그 친군….

종렬   몰라, 실종됐단 얘긴 어디서 들은 거 같은데… (짜증스럽게) 넌 참 모
        르는 거 많아 속 편했겠다? 난 너한테 교무부장 번호 넘긴 거, 그 죄
        하나로 엄청난 죄책감에 시달렸는데. 그때 니 전화 받지 말걸. 한 번
        쯤은 의심해볼걸, 번호 알려주지 말걸. 그랬다면 수현이도 안 죽었을
        거고, 그 엄마도, 남동생도…. (회한에 젖는데)

치열   종렬아. 나도 그때 그 선생 의도 알았으면, 너한테 연락 안 했어 진짜.

종렬   됐다. 이제 와서 의미 있냐? 알고 그랬어도 모르고 그랬어도… 넌 개
        새끼야 나한테. 앞으로 이런 일로, 아니 어떤 일로도 연락하지 마라.
        (일어서 가는)

남겨진 치열, 괴로움에 묻어두었던 지난 기억을 되짚어본다.

수현(E)   (밝은 목소리) 쌤~ 치열 쌔엠~~

S#11. (과거) 텐텐 학원 복도 (D)
10년 전. 강사 조교 시절의 치열이 돌아보면
교복 입은 수현이 뛰어와 교재 들이민다.
"쌤. 나 또 모르는 거 있는데." 씩 웃는.

S#12. (과거) 텐텐 학원 강의실 (D)
빈 강의실. 치열 수현에게 설명하는데, 수현 빤히 치열만 바라보는.

치열   등차수열이니깐 등차중항을 이용하면 a랑 d의 합은? 12일 거고, b랑
        c의 합도 12가 되잖아. 그럼 우리가 구할 값은? (하다 수현 보며) 수현
        아. 너 이거 모르는 거 맞아?

수현   (해맑게) 맞는데요 모르는 거.

치열   (펜으로 교재 탁탁 치며) 그럼 여길 봐. 날 보지 말고.

수현   (아랑곳 않고 치열 보다가 훅) 쌤. 저 쌤 사랑하는 거 같아요.

치열   (한숨 쉬고 보며) 내가 뭐라 그럴 거 같애?

수현   (기대에 찬 표정으로 치열 목소리 흉내 내며) 나도 사랑해.

치열   땡. 넌 학생이고 난 선생이야. 그러니까… (교재 톡톡 치며) 공부하
        자. 응?

수현   아 쌔엠~ 저 요새 진짜 힘들단 말이에요. 제가 티를 안 내서 그렇
        지… 외고 오니까 애들도 너무 뛰어나고. 중간고사 성적 보고 엄마
        충격받아서 쓰러지구, 난리도 아니었어요. 수시 비중 점점 높아지는
        데, 니 인생 여기서 쫑낼 거냐구 소리 지르구.

치열   (그랬구나… 맘 안 좋아 보면)

수현	어? 쌤 표정! 지금 나 되게 짠하고 지켜주고 싶고 그렇죠?
치열	차···. (어이없어 웃으면)
수현	괜찮아요. 저 보기보다 강한 여자라. 대신 힘내라고··· (치열 만년필 들고) 저 이거 선물로 주시면 안 돼요? 쌤 맨날 갖고 다니는 거라 탐나는데.
치열	그래, 너 써라. 비싼 것도 아냐 그거. (웃는데)

이때, 치열 휴대폰 벨 울리고 보고 얼른 받는.

치열	네, 선생님.
수리킹(F)	너, 전신외고에 대학동기 하나 있다 그러지 않았냐?
치열	네 전종렬이라구, 수학 교산데 왜···.
수리킹(F)	학원에서 외고 설명회 한다 해서 그러는데, 거기 교무부장 연락처 좀 알 수 있나?

S#13. (과거) 텐텐 학원 로비 (D)

치열 가는데, 맞은편에서 수현이 고개 숙인 채 힘없이 걸어온다.

치열	(보고) 어 수현아.
수현	(멈칫하는 듯하더니, 치열을 그냥 스쳐 지나가는)
치열	(의아해) 수현아. 너 왜 그래? 기말고사 망했어?
수현	(멈추곤 천천히 뒤돌아본다. 눈물 그렁그렁한 채) 선···생님···.
치열	?

S#14. (과거) 텐텐 학원 강의실 (D)

치열, 기말고사 시험지와 순서까지 똑같은 프린트물을 눈으로 훑어 내리고 있고.

눈물 뚝뚝 흘리며 설명하는 수현.

수현   기말 전에 엄마가 풀어보라고 준 문제지가 있는데… 시험 때 풀다보
         니까 그 문제지랑 똑같아서… 일단 풀어서 내긴 했는데 너무 무서워
         서… 저… 어떻게 해요 쌤…?

치열   (뭔가 짚이는 구석이 있다. 사색되는)

수현   (떨리는 목소리로) 저 어떡해요… 어떡해요 쌤…?

치열(E)   그래서 저한테 거기 교무부장 연락처 물어보신 겁니까?

S#15. **(과거) 수리킹 연구실 (D)**
         치열, 수리킹(40대 후반 남자)에게 강력히 항의하는.

치열   (앞 신의 프린트물 들어 보이며) 접근해서 문제지 유출 받으시려구요!

수리킹   (가책도 안 되는) 엄밀히 내가 유출 받은 건 아니다. 난 그냥, 수현이 어
         머니 부탁 받고 다리 놔준 거지.

치열   (배신감에 몸이 떨리는) 저랑 제 친구가 그 다리가 됐구요.

수리킹   (하던 일 하며, 무언의 긍정)

치열   어떻게 이러실 수가 있어요? 중범죄예요 이건. 애도, 수현이도 지금
         얼마나 괴로워하는지 아세요? 대학입시는 과정이지 목적이 아니잖
         아요, 대체 왜…

수리킹   (o.l) 듣자 듣자 하니까 이 새끼가, 건방지게 누굴 가르쳐?! 일 좀 잘
         한다고 오냐오냐 해줬더니 눈에 뵈는 게 없냐? 이 바닥에 발도 못 붙
         이게 해줘 내가?!!

치열   (굴하지 않고) 아무리 협박을 하셔도 아닌 건 아닙니다. 지금이라도
         바로잡으세요.

수리킹   (버럭) 야!!! 이 새끼가 진짜… 너 나가! 해고야 새꺄! 숙소에서도 당
         장 짐 싸고!

치열	네, 나가긴 할 건데요. 선생님이 바로잡지 않으시면 제가 신고할 겁니다.
수리킹	(코웃음 치며) 신고? 그래 해봐, 그럼 어떻게 될 거 같은데? 이미 물은 엎어졌는데 뭐, 애 성적은 빵점 처리되고, 엄마는 깜빵 가고, 기사 도배되고, 애 인생 망가지고? 그게 니가 바라는 거냐? 그래 자식아?!
치열	!! (틀린 말이 아니다…)
수리킹	걔 아빠도 없이 엄마가 혼자 키운 거 알지? 괜한 오지랖 떨어서 한 집안 쑥대밭 만들지 말고, 조용히 꺼져. 다 걔네 엄마가 벌인 짓이야 이거.
치열	(말문 막혀, 보는)

S#16. (과거) 거리 (N)

조교 숙소에서 짐 싸서 나와 걸어가는 치열.
무기력한 자신과 환멸감에 괴롭다.
이때 휴대폰 벨 울려서 보면, '정수현'이다.
잠시 망설이다, 수신거부하고.
짐 들고 다시 추적추적 걸어가는 모습 위로.

수현(E)	죄송해요 선생님… 저 때문에 괜히 선생님까지 잘리시구….

S#17. (과거) 시외버스터미널 (N)

막 도착한 버스에서 급하게 뛰어내리는 치열.
사람들과 부딪히는 것도 아랑곳 않고 빠른 속도로 뛰어가는 모습에서.

수현(E)	…근데 선생님… 저 너무 지쳤어요… 매일 아침 눈뜰 때마다 또 하루가 시작되는구나… 절망해요… 학교는 악몽 같고… 집은 지옥 같아요… 이제 좀… 편해지고 싶어요… 그래도 선생님 덕분에 조금은 더 버틸 수 있었어요… 정말 감사합니다….

S#18. (과거) 장례식장 (N)

밝게 웃는 수현 영정사진에서 줌아웃하면

상복 입은 수현모, 주저앉아 울고 있고. 성현(수현 남동생, 당시 16세 – 통통하고 동그란 안경 낀) 옆에서 소리도 못 내고 훌쩍이고 있다.

땀에 젖은 치열이 헉헉거리며 뛰어 들어오고.

수현 영정사진을 보곤 입구 쪽에 멈칫 서서, 망연자실한 채 보기만 하는.

수현모	(히스테릭하게 울며) 수현아~~ 니가 왜, 대체 왜에~~~ (오열하다가 사람들 빠지자 언제 그랬냐는 듯 냉담한 톤으로 성현 보며) …넌 들어가 이제. 다음 주부터 시험이잖아.
치열	(내가 잘못 들었나…? 수현모를 본다)
성현	(눈물 그렁그렁한 채 수현모 보며) 나 그냥 여기 있으면… 안 돼요…?
수현모	(대답 없이 매섭게 쏘아보면)
성현	(어쩔 수 없이 일어나며 치열과 눈이 마주친다. 그렁그렁… 슬픔과 두려움과 원망이 가득한 눈망울로 뭔가 도움을 청하듯 치열을 보는)

S#19. (과거) 장례식장 앞 (N)

치열 멘붕인 채 나오는데, 교사 서너 명이 모여 수군대는 소리가 들린다.

교사2(E)	근데, 문제 유출 얘긴 뭐예요?
교사3(E)	수현이가 투신 전에, 기말고사 시험지가 유출된 거 같다고 이실직골 했나봐 학교에. 교장이 시끄러워질까봐 걸 그냥 덮었는데, 애들 사이에 소문이 난 거지 쫙….
치열	(그렇게 된 거구나… 착잡한 마음으로 돌아서는데 누군가 옷깃을 잡는다. 돌아보면 수현 남동생 성현이다) ? (보면)

성현	···선생님이··· 치열 쌤이죠. 맞죠···?
치열	어··· 맞아···.
성현	(만년필 건네며) 누나가 쌤 얘기 많이 했어요. 이것도 쌤 꺼 뺏은 거라고.
치열	(보다가) 내가 누나 준 거니까··· 누나 꺼야. (성현 어깨 툭툭 치곤 돌아서는)
성현	(만년필 들고 선 채, 가는 치열을 보는 애잔한 눈동자로 줌인되며)
해이(E)	쌤···.

S#20. 행선집 해이방 (N)

멍하니 생각에 잠긴 치열을 갸웃하며 보는 해이.

해이	쌤, 다 풀었는데요···?
치열	(그제야 보며) 어? 어 그래···. (해이 문제 푼 거 보고) 잘했다. 남은 문제··· 혼자 풀어보고 걸리는 부분만 다음 시간에.
해이	네 쌤. (하면서도 치열 표정 계속 살핀다. 뭔가 이상하다 싶은)
치열	(표정 숨기지 못하고 정리하는)

S#21. 행선집 거실 (N)

방에서 나오는 치열과 해이에게 다가오는 행선.

행선	저기 어제 실장님은··· 어떻게 잘 무마가 되셨는지.
치열	뭐 대충. (하곤) 그럼. (나가려는데)
행선	아 쌤~ 도시락 가져가셔야죠. (도시락 내밀며) 양념게장 넉넉히 담았어요. 남은 건 냉장고 바로 넣으시구, 아이스팩은 버리시구요.
치열	네. (단답으로 대답하곤 그냥 받는)
행선	? (너무 단답이라 이상하다. 흘깃 치열 기분 살피는데)

재우	최치열강님~ (주방 쪽에서 와 와플 내밀며) 이거 드세요. 내가 구웠어요.
치열	(보면, 반은 타 거무튀튀한 와플이다)
행선	제가 와플기계 샀거든요. 집이 유러피안 감성으로 가득하고 좋죠 아주?
해이	유러피안은 무슨. 탄내만 가득한데. (하는데)
치열	(기분 다운된 채) 저기 감사한데… 속이 좀 안 좋아서.
행선	아… 속이 안 좋으시구나. 그럼 죽을 끓일걸. 지금 할까요? 한 이십 분이면 되는데.
치열	아뇨, 됐어요. (하고 나가는)
행선/해이	그럼 조심히 가세요. / 안녕히 가세요 선생님~ (배웅하는)
재우	(실망한 듯 손에 든 와플 보며) 진짜 열심히 구운 건데….
행선/해이	(눈치 채고) 맛있겠다 야. 누나두 맛 좀 보자. / 나두. (와플 먹어보곤) 음 맛있네.
재우	(기분 풀어져) 맛있어? 진짜?
행선/해이	어, 완전 파는 거 같애. / 삼촌 와플 장사해도 되겠는데?
재우	(완전히 풀려) 알았어. 또 구워줄게 그럼. (신나서 다시 주방으로 가면)
행선/해이	(동시에 입에 넣었던 와플 손에 뱉는)
행선	(해이 보며) 근데 저 쌤… 속보다 기분이 더 안 좋은 거 같지 않니 오늘?
해이	어 쫌.
행선	어제 일 땜에 그러나…? (하다 주방 쪽 보면) 야, 또 탄다. 아우. (손으로 코 막는)

S#22. **경찰서 형사과 (N)**

배 형사, 자리에 앉아 열정적으로 통화 중이다.

책상 위 컴퓨터엔 5부 69신 CCTV 화면에 찍힌 물체가 확대된 채 멈춰 있다.

배형사	(메모하며 듣는) 아 그럼 형태는 둥글고, 재질은 유리나 쇠 종류로 보인단 거죠? …네, 알겠습니다. 더 선명한 화면 찾으면 다시 부탁드릴게요. 넵. (전화 끊는데 송 형사가 바짝 다가와 듣고 있다. 화들짝 놀라는) 아 깜짝이야!
송형사	너 뭐 하냐 지금? 뭔 죄를 졌길래 이렇게 놀래.
배형사	아니 죄가 아니라… (모니터 보여주며) 이거 보세요. 이영민 학생 투신 직전 학원 주차장 CCTV 화면인데, (가리키며) 여기, 반짝거리는 거요. 뭘까 싶어서 과수팀에 보내봤는데, 둥근 유리나 쇠 같다거든요. 그럼… 구슬 아닐까요? 유리구슬이나 쇠구슬.
송형사	그래서?
배형사	예?
송형사	애들 장난감이 날아다녔다, 그래서 뭐? 동네에 간부라도 있나보지.
배형사	그게 아니라요. 이영민 얼굴에 상처요. 이 구슬에 스친 자국일 수도 있지 않을까요?
송형사	아 그래서 뭐. 그 상처가 사인도 아니잖아.
배형사	그건 아니지만… (말문 막히자) 아무튼 간에! 께름칙하단 말이에요.
송형사	헛소리 말고 종결보고서나 빨리 올려. 또 뻘짓하면, 가만 안 둔다 너. (하고 가는)
배형사	아… 냄새가 나는데 진짜. (답답하단 표정으로 다시 화면 보는)

S#23. 치열 펜트하우스 거실 (N)

욕실에서 씻고 나오는 편한 복장의 치열.

수건으로 머리 대충 닦곤 휙 던지고, 주방으로 가 선반 문을 연다.

'편두통', '수면제', '소화제' 등등, 펜으로 적어놓은 약통이 줄지어 있고.

편두통과 수면제 약통 꺼내 편두통 약 한 알, 수면제 한 알 꺼내다가 멈칫하는 치열.

오늘은 이걸로는 어림도 없을 거 같다. 수면제 두 알을 더 꺼내 입에
털어 넣고, 식탁 위의 생수통 들어 물 들이켜는 모습에.
(E) 탁! 탁!

S#24. 주택가 골목 (N)

조용한 연립주택가 일각.
벽면에 탁! 날아와 맞고 튕겨 나가는 쇠구슬.
계속 어디선가 날아와 탁! 탁! 소리 내며 튕겨져 나오는 데서… f.o/f.i

S#25. 다음 날/ 새벽시장 전경 (D)

하루를 일찍 여는 상인들,
장 보러 온 사람들로 분주한 새벽시장 전경에

S#26. 새벽시장 생선가게 앞 (D)

탕! 탕! 탕! 생선칼로 토막 내어지는 고등어.
이미 장 본 봉지들로 양손 무거운 행선, 매의 눈으로 보며.

행선 대가리도 줘요 삼촌. 어두육미인데 대가릴 꼭 빼드라? 찌개에 느면 얼
마나 좋은데. (하다, 가판에 전복이 눈에 들어온다) 삼촌. 저 전복은 얼마
받으셔?

상인 저거 양식 아니야. 자연산이야.

행선 아 그르니까 자연이 낳은 전복이 얼만데? (거들먹) 얼마면 돼요 에?

상인 남 사장 로또 맞았어? 요새 아주 막 쓰네? 1키로에 이십만.

행선 아… (이십만 원은 좀… 멋쩍은 미소로) 양식은 읍써요…?

S#27. 국가대표 반찬가게 주방 (D)

전복 한 마리를 잘게 다지고 있는 행선. 영주, 불려놓은 찹쌀 보며.

영주	여기다 전복 딸랑 한 개 넣겠다고? 전복이 뭔 트러플이냐? 향만 내게?
행선	자연산이라 디다 크거든 한 개래두?
영주	(다른 솥 열어보고) 우와~ 안동식혜네?! 이거 완전 천연 소화제 아냐. 손 많이 간다고 잘 안 하면서 언제 담갔대. (덜어 마시려는데)
행선	(전복 볶으며) 양 을마 안 돼. 고 옆에 유리병에 좀 담아줘.
영주	야~ 너 전속 요리사 어쩌구 하더니 최치열의 장금이가 되기로 한 거야? 전복죽에 안동식혜에 아주… 여기가 궁중 수라간이냐고 동네 반찬가게지.
행선	(계속 볶으며) 그럼 이렇게라도 해야지. 공짜로 애 공불 맡기는데. 것도 좀 비싼 사람이야? 그냥 강사도 아니고 일타강사를.
영주	그렇지. 찾아보니까 과외 할 레벨은 진짜 아니드라. 버는 돈으로 보나 뭘루 보나.
행선	뭔 일인지 몰라두 컨디션이 엄청 안 좋아 보였어 어제.
영주	(끈적하게) 벨트 한번 풀더니… 컨디션까지 챙기는 사이가 되셨어? 응응?
행선	(뒤적뒤적) 여기 어디 게장 담가논 게 있는데. 게 집게발로도 입은 찢기겠지?
영주	(섬뜩. 쌩하니 바로 내빼는)

S#28. 치열 펜트하우스 앞 복도 (D)

행선, 치열 현관문에 보온병과 식혜 병 걸다가 멈칫하며.

행선	식혜는 바로 냉장고 안 느면 쉴 수도 있는데…. (망설이다 초인종 누르는)

행선, 기다려보는데… 아무 기척도 없다.

행선	…안 일어났나…? (문에 귀 대고 들어보곤 갸웃, 조심스레 다시 초인종 누

르는)

역시 기척이 없다. 마지막으로 한 번만 더, 하는 기분으로 또 초인종 누르는데…
동시에 벌컥 문 열리고, 약 기운에 비몽사몽 눈 반쯤 감은 채 서 있는 치열.

행선   아 쌤… 죄송해요, 주무시는 중이었나본데… (보온병 들어 보이며) 이 거, 바로 냉장고에 안 넣으면 쉴 거 같아서… (하는데)

치열   (눈 꿈뻑거리며 들어와라~ 제스처 하곤 바로 들어가는)

행선   ! (문 닫힐 새라 얼른 발 끼워 넣는)

S#29.   치열 펜트하우스 거실 (D)

"실례하겠습니다…" 하며 조심스레 안으로 들어오는 행선.
치열, 알아서 넣으라는 듯 휘적휘적 주방 쪽 가리키곤 침실로 들어 가는.

행선   저기 그럼… (침실 문 쾅!) 제가 알아서 넣고 갈게요~ 주무세요~~ (조용…) 늦게까지 일을 하셨나… 어뜨케 저렇게 잠에 취했대, 참…. (그제야 두리번 집 안 둘러보며) 와 삐까뻔쩍하네. 이게 몇 평이야 대 체? (보다가) 근데 집은 넓은데 왜 이렇게 휑하냐? 멍뭉이라도 몇 마 리 키우지…. (도시락과 보온병 들고 주방으로 가는)

행선, 보온병 식탁 위에 놓고 식혜 넣으려고 냉장고 문 열면, 생수 두어 병과 날짜 지난 우유만 달랑 놓여 있고 텅 비어 있는.

행선   쯧쯔… (식혜 넣어두고) 냉장고도 휑하고… 뭐가 이렇게 다 속 빈 강정 같냐. (우유 꺼내 싱크대에 쏟아 붓고 물에 헹궈 엎어두곤 또 두리번) 어뜨케 살림한 흔적이 하나도 없어… (하다가 !!)

행선 시선이 식탁 위에 널브러져 있는 편두통, 수면제 약통에 꽂힌다.

행선   ……. (어쩐지… 그래서 잠에 취해 있었구나. 치열 방 쪽을 보는데 뭔가 짠해진다…) 쉬운 게 없어 쉬운 게. 다 저마다의 어려움이 있어요 사는 게.

두리번 집 둘러보며 행여 치열이 깰까… 살금살금 현관 쪽으로 가는 행선.
조심스레 문을 열려는데, 고급 도어록이 영 낯설다.
돌려도 봤다, 당겨도 봤다, 힘으로 밀어도 봤다, 이것저것 눌러보는데 뭘 잘못 누른 듯 순간, 보안 경고음이 요란하게 울리기 시작하는.

행선   (당황) 어머, 얘가 왜 이래… 어머. (당황해 수습해보려 하지만 경고음 계속 울리고)

이때, 침실 문이 열리고 비몽사몽인 채로 나오는 치열.
현관 쪽으로 와 뭐라 묻지도 않고 도어록 띡띡, 눌러 경고음 해제해주는.

행선   (당황한 채) 아… 이게 이렇게 끄는 거구나… 죄송해요 쌤. 제가 쌤 깰까봐 최대한 조용히 나갈라 그랬는데… (하는데)
치열   (선 채로 행선의 어깨에 툭, 고개를 박고 잠든다)
행선   (그대로 얼어붙는)

S#30. 치열 펜트하우스 안방 (D)

침대로 훅 내던져지는 치열. 부축하고 오느라 행선 이마에 땀이 송골
송골 맺혔다.

행선　(손 털며) 아… 아니 뭔 남자가 뻑하면 엎어져 엎어지길. 맥없이 진
짜…. 후우… (숨 고르고 보는데, 침대 옆 바닥에 침낭이 널브러져 있다. 뜻
밖의 물건에) 아니 이렇게 비싼 침대를 두고 침낭은 왜… (잠든 치열 얼
굴을 다시 본다. 자는 얼굴이 참 측은해 보인다) …가졌다고 무조건 다 행
복한 건 아닌 거 같네…. (왠지 마음이 짠해진다. 이불 한 번 더 덮어주
곤 나가며 조용히 문 닫아주는)

S#31.　치열 주상복합 단지 내/ 수아모 차 안 (D)
수아모 운전하고 단지모 옆에 타 있는.

단지모　대학입시 보는 타로술사 중엔 젤 유명하다니까 이 언니. 초성으로
대학을 아주 탁탁 집어준대잖아. 거의 백 프로래요 타율이.
수아모　그러게, 용하긴 한가보네. 타로술사가 이런 호화 주상복합에 사는 거
보면.
단지모　주로 정재계 VIP한테 불려 다니는데, 울 언니 친구라 특별히 시간 빼
준 거야 오늘.
수아모　아 알았으니까 생색 좀 그만 내 좀. (하다 !! 차창 밖 보는)

막 치열 집에서 나와 헬멧 쓰고 스쿠터 오르는 행선이 보인다.

수아모　저기, 해이 엄마 아냐?
단지모　어디. (보고) 어 그러네. 저 여자가 여기 웬일이지? 배달 왔나?
수아모　이 아침에? 단체 아니면 배달도 안 해주는 걸로 아는데. (갸웃하며 주
차장으로)

S#32. 치열 주상복합 엘리베이터 안 (D)

거울 보며 머리 매무새 만지던 단지모, 수아모 보며.

단지모 참, 언니 어제 최치열라짱나 글 봤어? 완전 소름이더라.

수아모 뭐가 소름이야. 딱 봐도 고소 당할까봐 쫄려서 바로 내린 거던데 뭐.
       수아 말 들어보니까 영민이두 그날 최치열이랑 싸운 게 아니라 걔가
       일방적으로 들이박은 거래던데. 그 여고생 스캔들은 이 바닥 고인물
       이라는 학원 실장도 첨 듣는 얘기래구.

단지모 그래? 그럼 소설 쓴 거야 최치열라짱나가?

수아모 걔 원래 상습적이잖아. 원래 잘나가는 사람들한텐 꼬여 그런 똥파
       리가.

단지모 언니 최치열 펀드는 거 보니까 올케어 분위기 괜찮아졌나보다.

수아모 워낙 잘하던 애들이 모인 거니까 멘탈이 남다르지 아무래도. 강사도
       베테랑이구.

단지모 저기, 언니 있잖아… 혹시 올케어반 교재나 자료 같은 거, 우리 단지
       한테만 살짝 좀 공유해주면 안 될까? 내가 밥 살게 비싼 걸루.

수아모 (냉소적으로 단지모 보며) 자기야.

단지모 어 언니. (기대하며 보면)

수아모 가끔 자긴 이렇게 교육 수준 의심되는 소릴 하드라? 그렇게 자료 돌
       릴 거면 뭐하러 레벨테스트까지 봐가면서 거길 들어가니? (문 열리자
       먼저 내리는)

단지모 씨… 지도 듣보대 출신이믄서. (삐죽거리며 내리는)

(E) 쉬는 시간 알리는 알림벨

S#33. 우림고 2-1 교실 (D)

해이, 자리에서 문제집 푸는데 문 앞에 서서 부르는 단지와 선재.

단지	해이야 매점 고고! 김말이 재입고래!!
해이	헐~ (벌떡 일어나 나가는)

아이들도 우르르 나가고…
수아, 해이 자리 지나가다 펼쳐진 문제집을 힐끗 본다.

수아	얜 요새 뭘 이렇게 열심히 푸는 거야? (문제집 슬쩍 들춰보는데)

순간, 툭 하고 문제집 사이에 껴 있던 프린트물이 떨어진다.
수아 얼른 주워 다시 끼워놓으려다 !! 프린트물 내용 보고 표정 확
굳는.

S#34. 우림고 매점 (D)

해이 혼자 앉고 맞은편에 선재, 단지 나란히 앉아 김말이에 콜라 먹
고 있는데,
건후가 에너지 음료 들고 와 해이 옆자리에 툭 앉는다.

선재	! (자동적으로 경계의 표정으로 보는데)
단지	(반색) 서건후 안녕.
건후	(무표정하게) 아니 안안녕. (에너지 음료캔 따 꿀꺽꿀꺽 원샷 하곤) 하… 죽겠다. (하곤 해이 보며) 헤이 남해이. 그 영어단어 백 개, 진짜 오늘까지 다 외워야 돼?
해이	어. 그거 완전 기본 단어들이야. 안 외우면 독해는 시작도 못해.
건후	아… (해이 어깨에 이마 대며) 나 머리에서 스팀 나. 막 깨질 거 같애.
선재	(찌릿, 검지손가락 건후 이마에 대고 떼어내며) 야, 애 먹는데.
건후	(역시 찌릿, 기분 나쁜 듯 선재 보면)
해이	엄살 부리지 마. 외워 무조건. (개의치 않고 먹는)

건후	아… 진짜 힘들다 힘들어. (하곤 자연스럽게 해이 김말이를 가져가 먹는)
해이	(급 흥분) 야 씨 미쳤나!! 김말이를!!! (퍽퍽 건후 치며) 야 뱉어! 너 뱉어~!!!
건후	(아파하면서도 웃는) 아야야. 아 잘못했어. 쏘리.
선재	(아웅다웅하는 해이와 건후가 부쩍 가까워 보인다. 짜증나는)

S#35. 우림고 2-1 교실 (D)

선재, 기분 다운된 채 혼자 교실 들어서는데
텅 빈 교실에서 수아가 해이 가방 뒤진 듯 올려놓고, 프린트물을 읽어보고 있다.

선재	! (다가와) 너 지금 뭐 하냐?
수아	(의혹 가득한 표정으로 프린트물을 내민다) 이걸 남해이가 왜 갖고 있는데?
선재	(받아서 보면 올케어 테스트지다) ?!
수아	치열 쌤 테스트지잖아. 올케어반만 나눠 준 건데 남해이가 어떻게 갖고 있냐고? 니가 빌려준 거야? 아니면 남해이가 훔치기라도 한 거야?
선재	(속으론 놀랐지만, 표정 숨기고) 맞아 내 꺼야. 잠깐 풀어보라고 빌려준 거야.
수아	(열 받은 듯) 그걸 왜? 니가 뭔데, 무슨 자격으로?
선재	그러는 넌, 무슨 자격으로 해이 가방을 뒤지는데? 오기 전에 다시 정리해놔. 아니면 애들한테 깔까? 방수아 빈 교실에서 남의 꺼 뒤지는 취미 있다고?
수아	(씩씩거리며 보다, 선재 툭 치고 나가고)
선재	(테스트지 다시 확인하며, 진짜 이걸 어떻게 갖고 있지… 심란한)

S#36. 치열 펜트하우스 거실 (D)

방금 일어난 듯 눈도 잘 못 뜨고 방에서 나오는 치열.

식탁 위 행선이 두고 간 보온병 보다가⋯ 먹힐 거 같지가 않아 냉장고 열고 물만 마신다. 머리도 지끈지끈하고 컨디션이 너무 안 좋다. 손으로 양쪽 관자놀이를 누르는데 휴대폰 벨 울린다. 보고 받는.

치열   (목 잠긴) ⋯어 지 실장. 방금 일어났어. 어 좀 안 좋네 컨디션이. (정신 차려보려고 애쓰며) 잠깐만⋯ 오늘 재종 수업 하나던가?

진이상(E)   어제 글 올라온 거 봤지? 최치열~

S#37. 더프라이드 학원 강사 휴게실 (D)

진이상, 동료 강사 서너 명과 커피 마시며 치열 뒷담화 중인.

진이상   아니 이거, 이렇게 묻히면 안 되는 거 아냐? 아무리 최치열이어두?!

강사1   근데 확실하긴 한 건가? 최치열라쟁난가 걔, 최쌤한테 집착하는 악플러잖아요.

진이상   (변명하듯) 아니 그렇긴 한데⋯ 최치열라쟁나가 또 근거 없이 암거나 올리는 건 아니더라구 가만 보면. 투신사건 나구 왜 형사들이 최치열만 면담을 했겠어? 얼마 전에 사진도 찍혔잖아, 왜 그 빽허그. 세 살 버릇이 어디 가겠냐고 사람이.

강사2/3   그런가⋯? / 그래두, 그 친모살해사건이 최치열 땜이란 건 좀⋯ 억지 같던데⋯.

진이상   뭐가 억지야? 금쪽같은 딸이 최치열한테 농락당하고 그렇게 갔으니, 그 엄마랑 동생이 미치지 않고 배겨? 최치열이 일가족 몰살한 거 맞지. 뻔뻔한 시끼. 아니 나 같으면 어? 따라 죽진 못해도 쌩까고 이 바닥에서 밥 벌어먹고 살진⋯ (하는데)

강사들   (표정 굳는다)

진이상   왜. 뭐. 왜 그래. (돌아보는데, 치열이 마시던 캔 음료수 들고 서 있는)

강사들	(꾸벅, 목례하곤 "난 수업이 있어서…" "저두요…" 치열 눈치 보며 나가는)
치열	(말없이 진이상 쏘아보며 뚜벅뚜벅 진이상을 향해 걸어오는)
진이상	(쫄아 뒷걸음질 치다, 치열이 눈앞까지 오자 눈 질끈 감는데)
치열	(손으로 캔 음료수를 찌그러뜨린다. 날카로운 모서리에 벤 듯 손에서 피 새어 나오고)
진이상	(눈 떠보곤… 치열 손의 피 보고 흠칫 놀라는)
치열	(아무 말 없이 캔을 진이상 뒤쪽 휴지통에 휙 던져 넣곤, 싸늘하게 돌아 나가는)
진이상	(안도의 한숨과 함께 딸꾹질을 하는) 아… (딸꾹) 독한 새끼…. (딸꾹)

S#38. 더프라이드 학원 화장실 (D)

물 내리는 소리와 함께, 화장실에서 나오는 치열.
세면대로 가 입 헹궈내고 거울을 본다. 퀭한 눈, 창백한 안색… 이런 몰골로 수업을 할 자신도, 기분도 아니다. 잠시 보다가 휴대폰 꺼내 전화 거는.

| 치열 | 어 지 실장, 난데… 아무래도 안 되겠다. 보강 잡고 오늘 내일 좀 쉬자. |
| 행선(E) | 네 맛있게 드세요. 또 오시구요~~ |

S#39. 국가대표 반찬가게 (D)

손님 배웅하고 다시 들어오는 행선, 멈칫하는.

#. 회상 플래시백

29신. 식탁 위에 널브러져 있던 편두통약, 수면제 통들.

| 행선 | (반찬팩 정리하는 영주에게) 야, 우리 예전에 합숙할 때 왜 시합 전에… |
| 영주 | 응. (보면) |

행선	긴장해서 불면증 온 애들한테 시키던 체조 있었잖아. 그거 어떻게 하는 거였지?
영주	아 숙면체조? 이거? (손 위로 쭉 뻗었다 밑으로 쭉 내리며)
행선	(손 위로 쭉 뻗었다 밑으로 쭉 내리며) 어, 맞아. 이다음은.
영주	다음 이렇게. (다리 벌리고 손을 겨드랑이 높이까지 들어 어깨와 함께 들어 올렸다가 무릎을 낮추면서 털썩! 떨어뜨리는) 몸을 털듯이!
행선	(영주 따라 털며) 이렇게? 이렇게? (격렬하게 털기 동작하는데)

이때, 디딩~ 문자벨이 울린다. 행선 휴대폰 꺼내 문자 확인하는.

#. 문자 인서트
"오늘 수업 쉬겠습니다 – 최철 쌤"

행선	(웬일이지? 몸이 계속 안 좋은가? 마음 쓰이는)

S#40. 경찰서 형사과 (D)

배 형사 심드렁한 표정으로, 이영민 사건에 관한 '변사사건 처리 등에 관한 의견서'를 작성 중이다. 처리 결과 및 의견란에 "타살 혐의점 없음. 학업 스트레스로 인한 투신자살로 추정됨" 마지못해 치고 있는데… 경찰서 전화벨이 울린다.

배형사	(전화 받는) 네, 강남서 형사괍니다.
할머니(F)	저기요! 뭐시기 그 뭐냐… 아니 밤마다 밖에서 장작불 타는 소리 맨치로 탁! 탁! 소리가 나서, 내가 시끄러워서 잠을 못 잔다니께~
배형사	(심드렁하게) 아 예 그러세요? 할머니. 근데 그런 건 근처 지구대나 파출소에 민원을 넣으셔야 되거든요? 여긴 형사과예요. 강력범죄 다루는 데.

할머니(F)	아니 쇠구슬을 쏴가지고 길고양이도 죽고 그러는디, 그게 범죄가 아
	니고 뭐여~?!
배형사	네, 그르니까 그 쇠구슬이요… (하다 멈칫) 할머니, 방금 쇠구슬이라
	고 하셨어요?

S#41. 주택가 골목 (D)

여러 개의 패인 자국이 역력한 벽면에서 줌아웃하면
'길고양이 밥 주지 마세요' 종이가 붙어 있는 벽면을 살피는 배 형사.
바닥에는 고양이 밥그릇과 빈 종이박스 놓여 있고, 신고한 할머니 뒷
짐 지고 서 있는.

할머니	아니 안 그래도 누가 밥을 주능가 길고양이들이 모여싸서 짜증나 죽
	겄는디, 이놈의 탁, 탁 소리까지 신경을 긁드라고. 그러다 지난준가
	는 아침에 나와봉께 한 마린 축 뻗어 죽어 있고 한 마린 피를 철철 흘
	리면서 내빼버리고.
배형사	언제부터였다구요? 소리가 들린 게? (고양이 밥그릇 살펴본다)
할머니	좀 됐어. 난 첨엔 애들이 뭔 딱총을 쏘나, 그러다 말겄지 혔지. 근데
	아녀. 잊을 만하믄 또 탁탁거리고, 잊을 만하믄 탁탁거리고. 내가 아
	주 노이로제가 걸리겄어.
배형사	(할머니 보며) 근데 그게 쇠구슬인 건, 어떻게 아셨어요?
할머니	여기 떨어져 있드라고 언제 보니께. 그래서 아… 이걸 쏴댔구나 혔
	지. 근데 담에 봉께 또 싹 치웠더라고 그새 임자가 주워갔능가.

배 형사, 끄덕끄덕하고 주변 둘러보면
비슷하게 생긴 허름한 연립들이 빽빽하게 늘어선 전형적인 재개발
예정 주택가다.

S#42. 우림고 2-1 교실 (D)

종례하는 종렬.

종렬 방학 때도 학교 오니까 아주 좋지? 친구들도 맨날 보구.

학생들 아아~~ (엄살과 한숨 소리)

종렬 주말에 휴대폰만 보면서 시간 버리지 말고. 누누이 말하지만, 폰 들여다보는 시간과 성적은 반비례한다. 방학 끝나면 9모가 기다리고 있어. 이상! (하곤 나가고)

학생들 (우르르 일어나는)

해이 가방 챙기고 있는데, 이미 가방 멘 선재 다가와

선재 남해이, 나랑 잠깐 얘기 좀….

건후 야 나 백 개 다 외웠어. 테스트 빨리, 까먹을 거 같애.

선재 (빠직! 건후 보며) 서건후. 지금 나랑 얘기 중인 거 안 보여?

건후 야 말 시키지 마. (단어 못 빠져나오게 머리 양손으로 잡고) 외운 거 까먹어.

선재 (화 꾹 참고) 나 얘랑 할 얘기 있어. 테스트 내일 해.

건후 (손 내리며) 낼 주말인데? 주말까지 그러면 너무 민폐잖아 내가. (기싸움하듯 보는)

선재 (상대하기 싫다는 듯 다시 해이 보며) 남해이.

해이 (난감한 듯) 테스트 약속이 먼저니까 급한 거 아니면 나중에 얘기해. (하는데)

선재 (욱해서) 급한 거 아님 너랑 얘기도 못하니 이제? (쏘고 나가는)

해이/건후 (놀라고) / (와우 하는 표정)

S#43. 다음 날/ 행선집 외경 (D)

재우(E)   다 됐어. 난 준비 끝~~

S#44. 행선집 거실 (D)

재우, 아웃도어 풀세팅하고 캠핑 도구까지 메고 서 있고.
행선과 해이는 아직 주방에서 가져갈 음식 재료와 과일을 싸는 중이다.

행선   야 쫌 기다려. 기차 시간 아직 있거든? 나 짐 싸고 옷도 갈아입어야 돼.

해이   못 말려, 완전 신났어 삼촌.

행선   좀 간만이긴 하지 우리 캠핑이. (웃으며 부지런히 음식 재료 싸면)

해이   근데 엄마, 선생님은 왜 어제 수업 못 오신 건데?

행선   몰라. 그냥 문자로 오늘 수업 쉬겠습니다~ 끝.

해이   (입 뿌 내밀며) 좀 걱정된다. 그저께도 안 좋아 보이셨는데.

행선   그러게. 컨디션이 안 좋긴 한 거 같던데. (역시 마음 쓰인다. 휴대폰을 슬
       쩍 꺼내 문자로 "선생님. 어디 몸이 안 좋으…" 하다 또 오버하는 건가 싶어
       멈칫하는데)

재우   누나 멀었어? 빨리 좀. 빨리빨리.

행선   아 알았어. 재촉하지 좀 마. (해이한테) 너 이거 마저 좀 넣어. 나 옷 갈
       아입고 나올게. (서둘러 안방으로 가며 재우 머리 콩, 쥐어박는)

S#45. 치열 펜트하우스 거실 (D)

소파에 축 늘어져 누워 무기력한 표정으로 TV 보는 치열.
내용이 눈에 안 들어오는 듯 리모컨 들어 TV 끈다.
자리에서 일어나 앉아보지만, 뭘 해야 할지 아무런 의욕도 생기지 않
는다.
잠시 멍 때리다, 이대론 안 되겠다 싶어 자리에서 일어나는 치열. 창
고방으로 들어가 낚시장비를 들고 나온다. 오래 안 써 소복한 먼지를
탁탁 털곤 장비를 살펴보는.

S#46. 치열 차 안 (D)

긴 낚시장비를 뒷좌석에 싣고, 운전해 가는 치열.

외곽도로 가는 길로 빠져나가려는데…

사고가 났는지, 도로공사 중인 건지, 앞으로 줄줄이 차가 꽉 막혀 꼼짝을 못한다.

내비게이션으로 도로 상황을 확인하는 치열. 가려는 길 쭉 빨간색으로 표시되어 있다. 잠시 고민하다 휙 핸들을 트는 치열.

S#47. 캠핑장 외경 (D)

(낚시터가 있는) 강을 낀, 야외 캠핑장이다.

S#48. 캠핑장 (D)

텐트 등 장비 둘러메고 자리 찾는 행선과 재우, 해이.

행선 아우, 주말이라고 사람들이 다 기어 나왔나… 아주 꽉 들어찼네.

해이 그러게, 텐트 어따 치지…?

재우 (앞서 가다 돌아보며) 누나, 저쪽에 낚시터도 있어. 우리 저쪽으로 가 보자.

행선 그래 그러자. 그쪽은 텐트족들은 좀 덜 있을 거 같네. (낑낑거리며 가는)

행선과 재우, 해이… 낚시터와 맞닿아 있는 캠프장 끝 쪽으로 오는데 앞서가던 재우가 걸음을 멈추고 뚫어져라 한쪽을 본다.

재우 어, 저기 최치열강님 닮았다.

행선 어?

재우 저어기. 최치열강님이랑 똑같이 생긴 사람이 낚시하고 있어. (가리키는)

행선 응? (재우 가리킨 쪽 보는데, 진짜 치열이 강가에 낚싯대를 드리우고 앉아 있다) 어….

해이   (역시 보고) 치열 쌤 맞는 거 같은데…?

재우   (반색하며 큰 소리로) 최치열강님~~ (부르면)

치열   ?? (돌아보곤 놀라 눈이 똥그래진다. 저 가족이 왜 여기에…?!!)

(컷)   치열, 마뜩치 않은 표정으로 낚싯대 드리우고 있고.

그 뒤쪽에 텐트 친 행선과 해이, 재우, 붙어 막 끓인 라면을 그릇에 덜고 있다.

행선   (라면 덜다가 치열 보며) 쌤~ 진짜 안 드세요 라면?

치열   …….

행선   최치열 선생님~

치열   (귀찮은 듯 보며) 저 그냥, 없는 사람으로 생각해달라고 했을 텐데.

행선   아는데요, 있는 사람을 없는 사람 취급하는 게 쉽지가 않네요 제가 성격상. 갑자기 수업 못한대서 걱정했는데, 그래도 야외 액티비티도 나오시구…. 밥 안 먹었을 거 아니에요. 와서 한 그릇 해요. 에?

치열   (진짜 성가시다… 주머니에서 이어폰 꺼내 끼고 다시 낚싯대만 보는)

해이   (행선 보며 고개 젓는다. 말 걸지 말라는)

행선   알았어. (하곤 라면 떠서 먹는) 음~ 뭐야. 이거 왜 이렇게 맛있어.

재우   라면은 남행선 누나보다 해이가 더 잘 끓여.

해이/행선 (브이 그려 보이고) / 인정. 완전 맛있다. 진짜. 레알. (후루룩 소리 내며 먹는)

치열   (후루룩 후루룩 소리가 계속 귓가를 때린다. 뭘 저렇게 맛있게… 힐끗 보는데… 이때 찌가 움직인다) !! (휙 낚아채면)

재우   (보고) 어어, 잡혔어요? 잡혔어요 잡혔어요? (신기한 듯 일어나 치열 쪽으로 가는)

치열   (낚싯줄 끝에 매달린 붕어새끼를 빼는)

재우	와 잡혔다~ 진짜 잡혔어 누나~~ (신기한 듯 박수 치는데)
치열	(붕어새끼 보곤 휙, 다시 강으로 던지는)
재우	어, 왜 놔줘요 최치열강님.
치열	(시크) 너무 작아요. 더 커서 오라고. (다시 떡밥 끼우는데)
재우	(그런 치열을 경외의 눈빛으로 보며) 와… 개 머있다…. (반한 표정에)

S#49. 캠핑장 수돗가 (D)

해이, 먹은 그릇들 설거지하며 뭔가 생각하다 주머니에서 휴대폰 꺼
낸다.
선재, 단지와의 단체창에 톡 치고. 화면 상단에 자막이 뜬다.

"나 서울 떴다."

이내 단지가 답글을 올린다.

"오잉? 어디?"
"캠핑장. 앞에 낚시터도 있음."
"헐… 웬 캠핑."

이때, 남아 있던 1이 사라지는데… 선재로부터는 반응이 없다.

S#50. 선재집 선재방 (D)

책상 앞에 앉아 톡 창 보고 있는 선재. 다시 단지와 해이의 톡이 뜬다.

"근데 재밌겠다. 부럽부럽."
"와서 일한다. 무수리임."
"그래도 개부럽… 난 지금 스카. 나 좀 입양해주라ㅜ"

선재   ……. (반응을 해야 하나 말아야 하나 고민하는데, 이내 사진이 한 장 뜬다)

#. 화면 인서트

설거지 중인 냄비 들고 울상 짓는 해이의 셀카.

선재   (저도 모르게 피식, 웃고 다시 진지) …유치하게 이선재, 질투나 하고.
         (하곤 톡 치는. "좋겠네. 간 김에 힐링…" 치는데)

이때, 거실 쪽에서 우당탕! 소리가 들린다. 선재 돌아보는.

S#51.   선재집 거실 (D)

선재, 방에서 나와 보면.
거실장에 있던 오백 원짜리와 간간이 만 원짜리도 있는 유리 동전통
떨어뜨린 희재, 다시 줍고 있다. 선재 나와서 보며.

선재   형 뭐 해?

희재   (선재 힐끗 보곤, 살짝 당황한 표정으로 다시 장식장 위에 올려놓는)

선재   (눈치채곤) 형… 돈 필요해? 나 좀 있는데. (주머니에서 만 원짜리 세 장
         꺼내 주면)

희재   (잠시 머뭇거리다 돈을 건네받는다)

선재   근데 왜 필요한 건데?

희재   ……. (대답 없이 서 있다가 그냥 밖으로 나가는)

선재   ……. (형과 대화라는 걸 한 지가 오래다. 희재 나간 현관 쪽 씁쓸하게 보는)

S#52.   캠핑장 외경 (D → N)

막 석양이 지기 시작하는.

S#53. 캠핑장 낚시터 일각 (D → N)

치열, 같은 자리에서 이어폰 꽂은 채 여전히 낚싯대 드리우고 앉아
있다.
이때 캠핑용 컵에 커피 타 가져오는 행선.

행선   해이랑 재운 설거지하러 갔어요. 걔네 담당이거든요 캠핑 오면.

치열   …….

행선   노래도 안 나오는 거 같은데. 커피나 한잔 해요. (커피 내밀면)

치열   (힐끗 보곤) 인스턴트 커피 안 마셔요.

행선   그냥 인스턴트가 아니라 내가 자체적으로 블렌딩한 거예요 먹어봐
      요. (내미는)

치열   인스턴트로 블렌딩은 무슨. (하면서도 호기심에 받아 한 입 마신다. 오 맛
      있다. 홀짝홀짝 마시며) 어떻게 한 거예요?

행선   그냥 봉지커피요. 대기업이 블렌딩한 게 젤 맛나요. 믿고 드세요 그냥.

치열   (어이없어 보는)

행선   (힐끗 보곤 낚시박스 치열 옆자리에 놓고 앉는다. 커피 홀짝 마시는)

치열   (보며) 뭐 하나만 물어볼게요. 남궁선씨는…

행선   (o.l) 아 하다하다 이젠 남의 성까지 바꾸네. 남행선이요. 호남선 아니
      고, 남행순도 아니고, 남궁선은 더더더 아니고. 이제 좀 외울 때도 되
      지 않았어요?

치열   (무안) 큼. 내가 원래 남의 이름을 좀 못 외워서… 오케이, 남행선씨
      는… (보며) 선 넘는 게 취미예요? 아니 내가 진짜 궁금해서 그래요.

행선   그냥 집안 내력이거든요? 엄마가 오지랖이 좀 과한 편이었어서. (하
      다) 근데 쌤은 그렇게 칼같이 선 지키며 사는 거 안 피곤해요?

치열   그렇게 선 안 지키며 사는 게 더 피곤하지 않나?

행선   아 안 져 안 져. 따박따박 아주. 절대 안 져 말은. (커피 호로록 마시곤)
      그래도 커피라도 들어가니까 좋죠? 자고로 사람은 뱃속에 뜨신 게

들어가야 살 만해지거든요.

치열 ! (멈칫하곤 행선 보는)

행선 왜요? 뭐가 또, 거슬려요?

치열 아니, 내가 알던 어떤 분이랑 너무 똑같은 얘길 해서.

행선 어떤 분인데요? 오 혹시 첫사랑~?

치열 아뇨… 나 진짜 어려울 때 먹여 살려준 은인.

행선 아… 지금은 내가 먹여 살리는 셈인데, 괜히 승부욕 생기네. 더 분발 해야겠다. (커피 한 모금 마시고 슬쩍) 근데 선생님… 땡땡인 왜 친 거 예요 어제?

치열 (앞쪽 본다) …아… 또 선 넘네 이분.

행선 분위기 보아하니 머리가 복잡하셨던 거 같은데… 어려운 수학 문젤 너무 풀어서 그런 거 아니에요? 난 스트레스 받다가도 자고 나면 머 릿속이 텅 비던데.

치열 ……. (잠시 대답 않다가) …그래도 수학은 명쾌해요. 답이 딱 있거든. 근데… 인생은 그렇지가 않더라구. 정답을 찾는 게 아니라 틀린 답을 소거해가는 과정 같애요. 공식도 없고, 법칙도 없고, 틀릴 때마다 내 가 또 뭘 잘못했구나 위축되고.

행선 그래도 틀릴 때마다 답에 가까워지긴 하는 거잖아요.

치열 ? (보면)

행선 핸드볼 할 때도 보면 (동작 해 보이며) 요 각도에서 던져서 노꼴 되면, 그 담은 요 각도에서 던지고. 아~ 이쪽 근육 쓸 때는 뽈이 약하구나 알게 되면 담엔 요쪽 근육을 쓰고. 그러면서 성공률을 높여나가거든 요. 인생도 그렇죠 뭐.

치열 (다시 앞쪽 본다. 가만히 듣는)

행선 더듬더듬 답을 찾아나가는 거죠. 이렇게도 해보고 저렇게도 해보면 서. 너무 복잡하게 생각하지 마요. 그러니까 불면증이 오죠.

치열 (보며) 어떻게 알아요? 나 불면증 있는 거.

√ **324**

행선	(아차) 아… 그냥 딱 봐도 예리해 보이니까, 불면증이 있지 않을까 뭐 추측을 좀….
치열	(어이없다는 듯) 예리한 게 아니라 예민한 거겠지.
행선	아니 예리한 사람이 예민하기도 하고 예민했다 예리하기도 하고 그런 거지, 애니웨이. (벌떡 일어선다. 텐트로 가다가 보며) 노래 좀 틀게요~
치열	……. (대답 안 한다. 맘대로 하라는)

행선 폰과 연결된 스피커에서 오래된 가요 흘러나온다. ('삶 사람 사랑'의 「별」이나 '코나'의 「우리의 밤은 당신의 낮보다 아름답다」 같은 미디어템포의 서정적인 노래류)

치열	(가만히 듣는다. 노래가 좋다. 한결 나아진 기분으로 행선 힐끗 보면)
행선	(허밍으로 노래 따라하다) 아 맞다! (생각난 듯 치열에게 와) 잠깐 좀 일어나봐요.
치열	(경계하는) 뭐. 왜요.
행선	아 잠깐만요. 내가 뭐 좀 가르쳐줄게요. (치열 팔 잡고 일으키는)
치열	아 왜 이래요. 또 뭘 할려구. (경계하는데)
행선	우리 국가대표 선수들이 잠 안 오구 그럴 때 하던 체존데 가르쳐줄게요. 따라 해봐요. (영주와 했던 몸 털기 동작 하는) 이렇게.
치열	(인상 쓰며 보면)
행선	아 따라 해봐요. 효과 있다니까. (치열 팔 잡고 털어주며) 이렇게요.
치열	아 진짜 왜… 뭐하는 거야 이게. (투덜거리면서도 살짝 터는)
행선	좋습니다. 자 다리는 어깨너비. 손은 여기까지. (겨드랑이까지 들어 보이는)
치열	(어정쩡하게 슬쩍 올리면)
행선	(답답한) 아니 이렇게요. 어깨 힘 빼구. (빽허그하듯 바짝 밀착하면)
치열	!! (갑작스런 스킨십에 놀라 행선 뿌리치고)

행선	어어~ (휘청거리는)
치열	어어~ (놀라 다시 잡는데)
행선	우왁~~~ (결국 옆에 있던 낚시 물통 엎으며 쓰러지는)
치열	(당황해) 괜찮아요? 많이 안 다친 거, 아니 다친 거 아니에요?
행선	(쫄딱 젖은 채 그런 치열 째려보고)
재우/해이	(그릇 들고 오다가) 왜왜. / 뭐야. 엄마 왜 그래. (어리둥절해 두 사람 보는)

(E) 타닥, 타닥 - 장작불 타는 소리

(diss) 어느새 어둑어둑해진 낚시터 일각.
타는 장작불 옆에서 행선, 젖은 옷 말리고 있고.
여전히 낚시 자리에 앉아 있는 치열. 힐끔힐끔 그런 행선 눈치 보는데.
낚시 오기 전 괴로웠던 마음과 씁쓸함이 행선으로 인해 많이 중화된
느낌이다.

S#54. 다음 날/ 국도 외경 (D)

날씨 좋은 한적한 국도를 달리는 차들.

S#55. 치열 차 안 (D)

치열, 운전하고… 행선 조수석에 앉아 있고.
뒤에서 해이는 창밖 보고, 재우는 귤 까며 업 된 표정으로 차 두리번
거리다가.

재우	(귤 치열 쪽으로 훅 내밀며) 귤 드실래요, 치열이 형?
치열	(놀라) 내가 형이에요…?
재우	네, 포털에서 찾아봤어요. 저보다 한 살 형이에요.
치열	아… (당황스럽다) 됐어요, 신 거 안 좋아해서.

재우	(제 입으로 넣으며) 차가 너무 멋져요 치열이 형. (시트 보며) 인터페이스 마감도 진짜 훌륭하고, 자국 연결 실밥에서도 장인정신이 느껴져요. (엉덩이 튕기며) 이 승차감은… 멀티링크 서스펜션 아니면 더블위시본 서스펜션인데, 이런 서스펜션엔 첨 앉아봐서 가늠이 잘 안 되네. 블랙박스도 저건 스마트폰이랑 연동도 되는 건데…
행선	(o.l) 재우야. 그만하고 귤이나 먹지. 입은 하난데 하는 일이 너무 많네?
재우	어, 남행선 누나. (얌전히 귤만 먹는)
치열	(힐끗 보며) 괜찮죠? 날이 아직 푹해서 감기 들거나 그러진 않았을 거 같은데….
행선	아. 날이 푹해서 시원하게 해주실라 그랬구나 어제. 감동이네요.
치열	큼. (면목 없다)
행선	그래도 덕분에 택시비도 굳고. 건 감사해요.
치열	지은 죄가 있어서. (하곤) 졸리면 자요. 난 상관없으니까.
행선	건 아니죠. 조수석에 앉아서 졸고 그러면 돼요 매너 없이? 새벽시장 다녀 버릇해서 안 졸려요. 걱정 마세요. (눈 크게 뜨는)
(컷)	뒷자리 재우와 해이는 어느새 잠들고. 행선도 말과 달리 꾸벅꾸벅 조는.
치열	(힐끗 본다. 매너가 아니라더니… 어이없는데)
내비(F)	사고다발 구간입니다. 주의하세요.
행선	(내비 소리에 놀라 깨고, 안 존 척) 어머, 주의하라네. 주의하세요 주의.
치열	(안 잔 척하기는…)
행선	(그러곤 다시 눈 감기며 조는데)
내비(F)	300미터 앞에서 100킬로미터 이하로 주행하세요.
행선	(또 깬다. 고개 흔들며 애써 잠 깨보려 하지만… 이윽고 또 눈이 감기는데)

√**327**

내비(F)   전방…

치열   (얼른 내비게이션 음소거를 한다. 그래놓고도 행선을 위해 이런 행동을 한 제가 머쓱해, 얼른 앞쪽 보며 운전에만 집중하고. 그 옆에서 행선은 계속 곤히 자는)

S#56.   **도시 대로 (D)**

치열의 차, 어느새 빌딩 그득그득한 서울 대로로 들어서 달리고.

S#57.   **국가대표 반찬가게 앞 (D)**

차에서 바로 내린 듯 가게 앞에 서 있는 행선과 재우, 해이.

행선   감사합니다, 조심히 가세요~
치열   예. (창문 올리려는데)
해이   가세요 쌤. 감사해요.
치열   어. (창문 올리려는데)
재우   안녕히 가세요 치열이 형~~
치열   (다시 멈칫하곤) 거 참… 한 번에 합시다 인사는.
행선   그럴까요? 애들아 차렷! 선생님께 경례~!
행선/해이/재우   (나란히 서서 합창) 가세요~ / 안녕히 가세요~ / 안녕 치열이 형~~
        (손 흔들면)
치열   (고개 절레절레 흔들곤 창문 올리고 출발해 가는)

S#58.   **치열 차 안 (D)**

출발해 가는 치열, 룸미러로 아직 손 흔들고 있는 행선네 보며.

치열   암튼 오바야… 적당히가 없어 참…. (어이없어 피식, 웃는)(생각할수록 웃기다. 룸미러 보며 웃다가 그런 제 자신이 어색해 다시 정색하는)

S#59. 국가대표 반찬가게 앞 (D)

행선 (멀어지는 치열 차 보곤) 들어가자. 대충 정리하고 또 가게 문 열어야지.

해이 먼저 들어가 엄마. 나 잠깐 전화 좀.

행선/재우 그래 그럼. (텐트 번쩍 들어 올려 재우한테 건네는데) / (휘청하곤 들고 들어가는)

해이, 휴대폰 꺼내 한숨 한 번 내쉬곤 전화 거는.

선재(F) (받는) 어 남해이.

해이 받네? 난 어제 톡 읽씹하길래 전화도 안 받을줄?

선재(F) 타이밍을 놓쳤어 어젠. 집에 온 거야?

해이 어 방금. (하곤) 너 오늘 올케어 저녁 수업이지? 그 전에 시간 좀 돼?

동희(E) 선생님 오셨어요?

S#60. 치열 연구소 내 사무실 (D)

치열 들어오고, 동희가 뒤따라 들어온다.

동희 (치열 살피며) 컨디션은 어떠세요? 좀 괜찮으세요?

치열 어, 그럭저럭. (자리 앉는다. 컴퓨터부터 켜는) 보강 일정은 잡혔어?

동희 네. 공지만 돌리면 됩니다.

치열 오케이. 입시 토크 콘서트는? 삼차 일정 얘기 있어?

동희 예, 안 그래도 협회에서 전화 왔는데 다음 달 30일 정도에 잡을까 한다고 스케줄 괜찮으시냐고. 저녁 강의 없는 날이긴 합니다.

치열 알았어. 오케이 해 그럼.

동희 네. 더 필요하신 건… (하는데)

치열 아. 지 실장. 혹시 이 노래 알아? (어제 들었던 노래 허밍해 보이는)

동희 글쎄요… 음을 좀 더 정확하게 해주셔야 될 거 같은데….

치열	(빠직) 나 이래봬도 절대음감이거든? 지 실장 니가 귀가 안 좋은 거 아냐?
동희	아뇨. 저도 절대음감인데.
치열	야, 절대음감이 흔한 줄 알아? 일만 명당 많아야 다섯 명 나와. 근데 이 방에서 너랑 나 둘 다 절대음감일 확률은…
동희	(o.l) 굳이 계산할 필요 있을까요? 좀 소모적인데.
치열	큼. 그런가…?
동희	네. 근데… 그 노래는 왜…?
치열	(변명) 아니, 그런 거 있잖아. 자꾸 맴도는데 제목은 생각 안 나고 답답하고….
동희	있죠. (핸드폰 꺼내 녹음어플 켜며) 좀 더 음을 정확하게 불러 녹음해주시면 제가…
치열	됐어 인마. 모르면 마. 너도 참… 적당히가 없어 은근.
동희	제가 쌤 보필하는 데 있어선 그렇긴 하죠. 근데… 누가 또 적당히가 없는데요?
치열	있어. 더한 사람. (행선 생각에 또 피식, 웃음이 나는)

S#61. 국가대표 반찬가게 앞 (D)

(M) 역시 동일한 노랫소리 가게 안에서 흘러나오고.

S#62. 국가대표 반찬가게 (D)

미니 스피커에서 흘러나오는 노래.
재우는 계산대 앞에서 폰 보고, 영주 도시락통 쌓고, 행선 물김치 휘적거리는.

영주	아 지겨워지겨워. 청일 이 노래만 벌써 몇 번째니. 나 쫌 토할 거 같애 행선아.

행선	(아랑곳 않고 노래 따라 흥얼거리는)
영주	(행선 폰 보며) 딴 곡 좀 듣자 좀. 아니면 차라리 여러 곡을 전체재생으로 돌리던지.
행선	어허! 뭐라. 선곡은 사장 권한이거든?
영주	아 진짜… 갑자기 왜 이 노래에 꽂혀가지구.
행선	좋더라구. 원래도 좋았는데 갑자기 더 좋네? 가사도 좋고 멜로디도 좋고.
재우	(폰 들여다보다가 주머니에서 귀마개 꺼내 끼고)
행선	(다시 노래 흥얼거리는)

S#63. 패스트푸드점 (D)

햄버거세트 먹는 해이와 선재.

해이	아, 맨날 집밥 먹다가 먹으니까 꿀맛. 역시 가끔은 MSG가 들어가줘야 돼.
선재	그러게. 나도 맨날 편의점 햄벅만 먹다 먹으니까 맛있네.
해이	(힐끗 보며) 야 그저게… 나한테 섭섭했냐?
선재	(멈칫, 보다가 미소로) 그래 섭섭하더라. 너 요새 서건후만 겁나 챙기잖아.
해이	야 챙기긴, 하기로 한 거니까 신경 쓰는 거지. 그리구 넌 젤 편한 친구니까. 암튼 것두 쏘뤼. 근데 뭐였는데? 어제 나한테 할 말 있다고 한 거.
선재	(괜히 콜라 한 모금 마신다)
해이	(응? 하는 표정으로 선재 보면)
선재	(덤덤하게) 그날 보충 끝나고 종례 전에… 방수아가 니 가방을 뒤지고 있더라고.
해이	뭐? 빵수아가? 아니 걔가 왜….
선재	…니 자리에서, 올케어반 테스트지를 봤다구.

해이	! (놀란)
선재	일단 내 꺼라고 했어. 잠깐 빌려준 거라고. (하곤 해이 보면)
해이	(당황한) 아… 선재야. 그게….
행선(E)	니들 이거 절대 발설하면 안 된다. 우리 가족과 그 쌤만의 비밀이야.
해이	(말을 안 할 수도 없고 할 수도 없고 난처한데…)
선재	(해이 표정에) 됐어. 곤란하면 담에 얘기해. 또 자료 필요하면 나한테 말하고.
해이	……. (할 말 찾다가 겨우) 고마워… 선재야.
선재	(분위기 전환하려) 야 됐고. 너 시간 되지? 간만에 스트레스 좀 풀자 오늘.

S#64. 노래방 (D)

각자 마이크 잡고 방방 뜨며 노래 부르는 선재와 해이.

스트레스 제대로 해소 중이다.

주거니 받거니 하이파이브 해가며 신나는.

S#65. 주택가 골목 (D)

근처 둘러보고 오는 배 형사.

징~ 울리는 휴대폰 문자벨에 폰 꺼내 보면 "야, 너 어디야? - 송 선배"

배형사	어딘 줄 알면 뭐, 덮으란 말밖에 더 해? (폰 확 넣는다. 둘러보며) 아, 무슨 강남 한복판에 CCTV가 이렇게 없냐고. 아무리 재개발 예정지라도 그렇지. (하며 고양이 밥그릇을 보는데 사료가 한가득이다) 어, 이거 아까까지만 해도 암것도 없었는데. (하며 두리번거리는데)

이때, 벽면 쪽으로 다가오던 검은 후드 쓴 희재, 배 형사를 보고 멈칫한다.

희재	(당황한 표정)
배형사	? (뭐지? 보면)
희재	(슬금슬금 뒷걸음질 치다, 냅다 도망가는)
배형사	(보고) 야, 너 뭐야? 거기 서~!! (뒤쫓아 가는)

S#66. 대로변 (D)

후드 쓴 희재, 전속력으로 도망가고… 뒤쫓아 오고 있는 배 형사.

희재, 모퉁이 돌아 한 건물 안으로 훅 뛰어 들어가고.

뒤쫓아 오던 배 형사, 갑자기 사라진 희재 찾으며 두리번거리는.

S#67. 건물 안 (D)

뛰어 들어온 희재, 두리번거리는데…

선재와 해이가 노래방 쪽에서 나온다.

선재	! (나오다 희재와 눈 마주치곤 놀라고)
희재	! (역시 의외의 상황에 멈칫하는)
선재	(잠시 멈칫하다 이내 희재 외면하고) 그새 배 꺼진 거 같은데, 뭐 좀 더 먹을까?
해이	너 학원 시간 돼? (시간 확인하곤) 한 시간 정도 여유 있네. 그래 먹자.
희재	(모른 척하는 선재를 가만 본다. 상황을 알면서도 상처가 되는…. 후드 더 깊이 눌러쓰고 그런 선재를 그냥 지나쳐 지나가려는데)
선재	(그런 희재의 감정이 느껴진다. 고민하다가… 결심한 듯 뒤돌아보며) 형~!!
희재	!! (놀라 돌아보면)
선재	(희재를 향해 다가온다) 여긴 웬일이야. 안 더워? (하며 계절감에 안 맞는 후드티의 후드를 벗겨주는)
희재	(놀란 표정으로 선재 보고, 해이 눈치 보는)
해이	(형~?? 어리둥절한 채 두 사람 보는)

S#68. **건물 앞 (D)**

희재 놓치고 반대편 쪽에서 다시 오는 배 형사.

배형사   아씨. 대체 얼루 튄 거야? (헉헉… 두리번거리는데)

이때 건물에서 같이 나오는 선재, 희재, 그리고 해이.
배 형사 힐끗 보지만… 세 명인데다 희재는 후드까지 벗고 있어 이내
다른 데로 시선 돌린다. 세 사람 배 형사를 스쳐 지나가고.

배형사   (허탈한 표정으로) 대체 왜 토낀 거야…? 뭐하는 놈이야…. (헉헉… 계
          속 찾는 모습에)
선재(E)   맞아. 우리 형이야.

S#69. **동네 작은 놀이터 (N)**

나란히 그네에 앉아 있는 해이와 선재.

선재   놀랐지…?
해이   어… 쪼금.
선재   (심호흡하곤) 우리 형 영국 유학 간 거 아냐. 숨어 살아 집에. 은둔형
         외톨이라고 알지? (자조적 웃음) 그게 우리 형이야. 보통은 방 안에만
         처박혀 있다가… 말없이 한 번씩 나가고 그러는데… 딱 부딪힌 거지
         오늘. 나랑.
해이   (끄덕끄덕… 그랬구나…)
선재   형이 원래 이렇진 않아. 공부도 잘했는데… 스카이에 못 붙어서,
         엄마 때문에 억지로 재수를 했어. 그런데, 수능날… 형이 사라진 거
         야. 시험장에 안 왔대. 온 가족이 밤새 형을 찾아다녔는데… 집에 있
         더라구. 자기 방에 문 잠그구… 그때부터야.

S#70. 선재집 거실 (N)

어두운 거실에서 깡소주를 마시고 있는 선재모.

선재(E)   엄만 나까지 실패할 순 없다고… 아빠랑 싸우면서까지 여기로 이사
         온 거고.

이때, 희재가 현관문을 열고 들어선다.

선재모   (싸늘한 눈빛으로 희재 보며) 요새 외출이 너무 잦다. 어디 갔다 와? (하
         는데)

희재   (선재모 말 끝나기도 전에 휙 지나쳐 들어가 제 방문 쾅, 닫는)

S#71. 학원 근처 거리 (N)

같이 걸어가는 선재와 해이.

선재   그래도 털어놓고 나니까 좀 후련하다. 몇 번이나 말하고 싶었는데…
         못하겠더라고.

해이   …뭔지 알아. (표정 씁쓸해지며) 너무 잘 알지.

선재   ? (보면)

해이   가. 수업 늦겠다. 나 간다. (하고 가는)

선재   (그런 해이 보며) 그래. 조심해서 가. (하고 가려는데)

해이   (멈칫 선다. 갈등하다 뒤돌며) 선재야.

선재   (보면)

해이   다 얘긴 못하는데, 하난 고백해야겠다. 올케어 테스트지… 그거 치열
         쌤한테 받은 거야. 나 요새 치열 쌤한테 따로 수업 받아.

선재   뭐…? (안 믿긴다는 듯 보는)

해이   쌤이 나 올케어 탈락한 게 맘에 걸렸었나봐. 수업하는 거 비밀로 해

야 된대서… 말할 수가 없었어. 근데… 최소한 이건 얘기해야 될 거

같아서, 너한테.

선재   (최소한? 무슨 뜻일까? 보며) 왜. 내가 형 얘기해서?

해이   그런 것도 있고. (하곤 씁쓸한 표정 된다. 비밀을 다 얘기할 수 없는 게 괴

로운)

선재   (해이 표정 보곤) 알았어. 얘기해줘서 고맙다. 비밀 꼭 지킬게.

해이   (멈칫했다… 결심한 듯) …응. 믿을게 이선재. 나도 믿어줘. (하고 다시

가는)

선재   (그런 해이 뒷모습을 한참 보다가 학원 쪽으로 가는)

S#72. 행선집 주방 (N)

계속 폰으로 같은 노래 들으며 치열 도시락 만드는 행선.

오징어볶음을 담고, 밥에 계란프라이 두 개를 얹고, 만족스럽게 웃곤

휴대폰 꺼내 치열에게 한 자 한 자 정성 돋게 문자치는.

S#73. 더프라이드 학원 소형 강의실 (N)

치열, 프린트 읽으며 열정적으로 문제 푸는. (올케어 수업 중이다)

치열   문제 조건대로 그림을 그려보면 이렇게 될 거고~ 여기 두 삼각형이

어때? (양손 짝 부딪치며 대답 요구하는)

아이들   합! 동! (같이 웃고)

치열   그러취! 그럼 BH길이도 2가 되니깐 식을 써보면 (식 쓴다. $\log 3\frac{a}{2} = 2$,

$a = 18$) a가 18이 되겠네! 이제 삼각형 ABH 빗변 길이를 구해보면

어때? (식 쓴다. $\sqrt{(18-2)^2 + 2^2} = \sqrt{260} = 2\sqrt{65}$) 2루트 65가 되잖아? 그럼

삼각형 ABC의 외접원의 반지름은?

학생1   ($\frac{\overline{AB}}{\sqrt{2}} = \sqrt{130}$) 루트 130이니까 답은. 130.

치열   진짜? 진짜 130 맞아?

학생1	(아닌가… 얼어서 보면)
치열	맞아. 아니 뭔 암산이 그렇게 빨라? AI야? 와서 니가 강의해.
학생들/선재	와하하. (웃고) / (역시 기분 좋게 웃는데)
수아	(웃지도 않고 웃고 있는 선재를 힐끗, 째려보는)

S#74. 더프라이드 학원 주차장 (N)

수업 끝내고 나오는 치열, 휴대폰 문자 보곤 피식 웃는다.

#. 문자 인서트

"매콤한 오징어볶음에 후라이 두 개! 은인분 뛰어넘기 위해 도전 ~~!!^^"

동희	(따라오며) 좀 쉬셔서 그런가 파이팅이 넘치시던데요. (보며) 국가대표로 가세요?
치열	어? 어… 해이도 보강해야 돼서.
동희	(프린트 내밀며) 오늘 쓸 테스트지죠? 책상 위에 놓고 가시길래 챙겨왔어요.
치열	아… (받으며) 다시 들를 뻔했네. 땡큐.
동희	남해이 학생 수업 자료, 앞으로 제가 준비할게요. 제 컴퓨터로 프린트해서.
치열	(못 이기는 척) 그래주면 나야 좋지.
동희	그 수업 찬성한단 뜻은 아닙니다. 전 계속 반대예요. 그럼. (하곤 가고)
치열	(동희 뒷모습 보며) 매력 있는데 진짜… 아 왜 여친이 없지? 하긴. 그러고 보면 나도 매력 있는데 없으니까. (납득된다는 듯 끄덕이며 차 리모컨 키 누르는)

S#75. 거리. 빵집 앞 (N)

거리 일각, 비상등 켠 수아모 차 세워져 있고.

빵집에서 빵 사 나오는 수아모와 수아. 수아는 뭔가 표정이 싸하다.

수아모   아우, 그래도 크루아상이 남아 있어서 다행이다. 이 집 껀 워낙 빨리 나가서. (하며 세워져 있는 차 향해 뽁뽁, 리모컨 누르는데)

수아   엄마. 아무래도 이선재가 남해이한테 올케어반 자료 주는 거 같애.

수아모   (보며) 뭐, 진짜? 걔네 사귀니?!

수아   건 모르겠고, 둘이 엄청 친하긴 해.

수아모   어머 세상에. 선재 그렇게 안 봤는데 애가 개념이 없네. 아무리 친해 도 그렇지 그런 걸 유출하면 어떡해?

수아   아 몰라. 짜증나. 계속 신경 쓰이구.

수아모   쓰이지 그럼. 힘들게 들어간 올케어 자료가 유출되는 건데. 선재 엄 마랑 얘기 좀 해야겠다. 그 여자가 그런 면에선 또 말이 좀 통하거… (하는데)

이때, 치열 차 두 사람 앞을 휙 지나가고.

수아   ! (알아보고) 어! 저기 치열 쌤 차.

수아모   어디?

수아   (손으로 가리키며) 저기. 맞아 치열 쌤 차. 번호도 맞구.

수아모   (보며) 어… 세컨 칸가? 저번에 저거 아니었던 거 같은데. (차 문 열고 타는)

S#76. **치열 차 안 (N)**

아무것도 모른 채, 노래 흥얼거리며 행선네로 향하는 치열.

가게 앞쪽으로 천천히 들어가고.

S#**77.**   **국가대표 반찬가게 앞 (N)**

가게 앞에 멈춰 서는 치열의 차. 치열 내리고.

뒤따라오던 수아모의 차도 몇 미터 간격을 두고 천천히 멈춰 선다.

S#**78.**   **수아모 차 안 (N)**

수아모   (보며) 치열 쌤 맞네. 근데 왜 여기서 내려? …반찬이라도 사러 왔나?

수아   (이상하다) 이 시간에…?

수아모   그러게. 가게 문도 닫았구만… 이상하네. (수상하다는 듯 보는)

S#**79.**   **국가대표 반찬가게 앞 (N)**

불 켜진 행선네 집 쪽을 보는 치열과

그런 치열을 의심 가득한 눈초리로 보는 수아모 한 화면에 잡히며…

6부 엔딩.

사랑에 빠지는

아주 보통의

법칙

국가대표 반찬가게 근처 거리 (N)

막 산 참외 봉지 들고, 참외를 껍질째 먹으며 집으로 걷는 행선.

행선 (아그작 먹으며) 와 완전 꿀참외네. 한 봉 더 살걸, 떨이였는데. 아깝
네…. (하며 걷다가 !! 멈칫 선다)

행선의 시선 끝에, 가게 건너편 쪽에 서 있는 수아모 차가 보인다.

행선 (자세히 본다. 운전석의 수아모 얼굴 보고) 수아 언니 아냐…? 저기서 뭐
하는 거… (하며 수아모가 쳐다보고 있는 가게 쪽을 보는데)

막 차에서 내려 행선네 집 쪽 보는 치열의 모습이 보인다!

행선 !! (놀라 물었던 참외 뱉곤) 어머어머 어뜩해. 냅장…. (황급히 폰 꺼내 전
화 거는)

S#2. **국가대표 반찬가게 앞 (N)**

치열, 막 행선네 집 쪽으로 들어가려는데 울리는 휴대폰 벨.
보면 '국가대표 사장'이다.

치열 (액정 확인하고 받는) 네, 지금…
행선(F) (o.l/다급하고도 은밀한 톤으로) 쉬잇. 지금부터 암말 말고, 두리번거리
지도 말고 자연스럽게 다시 운전석으로 가면서 내 말 들어요.
치열 에? 아니 무슨…
행선(F) (o.l) 묻지도 따지지도 말구, 시키는 대로 해요 얼른.
치열 ? (갸웃하며 일단 운전석 쪽으로 가면)
행선(F) 이십 미터 전방에서 수아 언니, 아니 수아 엄마가 선생님을 보고 있

어요 지금.

치열   ! (놀라 반사적으로 돌아보려면)

행선(F) (다급) 돌아보지 마요! 보고 있다구요 보고 있다고.

치열   (멈칫하고, 사이드미러로 본다. 아차… 멀찌감치 수아모 차가 보인다)

행선(F) 그냥 도시락 사러 왔다가 허탕 치고 가는 것처럼요… 오바하지 말고
       침착하게.

치열, 폰 든 채 차에서 물러서 큰 동작으로 가게 보며.

치열   (부러 큰 소리로) 아~ 가게가 벌써 문을 닫았네? (다시 전화에 대고) 집
       에 가서 대충 때워야지 뭐. 어 지 실장, 다시 전화할게~ (하곤 다시 차
       에 오른다)

S#3. **수아모 차 안 (N)**

수상하다는 듯 치열 주시하고 있던 수아모와 수아.
떠나는 치열 차를 끝까지 계속 주시하며.

수아모   …뭐야, 문 닫힌 거 모르고 온 거야? 도시락 사러?

수아   치열 쌤도 남해이네 반찬 먹나봐. 실망이야. (또 쎄해지는)

수아모   그러게. 의외루 음식 취향이 소박한가보네? 차는 아주 최신형 슈퍼
       칸데.

수아   빨리 가. 나 또 인강 들어야 돼.

수아모   그래 가자. 엄마가 얼른 샌드위치 하나 해주께. (출발해 가고)

S#4. **국가대표 반찬가게 앞 (N)**

인적 없이 고요한 가게 앞.
행선, 참외 봉지 들고 주변 두리번거리며 오는데… 모자 꾹 눌러쓴

치열도 두리번거리며 반대쪽에서 온다. 마치 스파이 작전을 펼치는
영화 속 남녀 주인공 모드.

행선   (치열 보곤 손짓, 혹시 모르니 얼른 들어가라)

치열   (아직은 역시 경계태세, 고개 끄덕끄덕하곤 서둘러 행선집 입구로 들어가는)

행선   (두리번, 확인 한 번 더 하곤) 클리어. (얼른 따라 들어가는)

S#5.   행선 집 앞 계단 (N)

계단 위쪽으로 올라가는 치열과 행선. 위험존에서 겨우 벗어났다.

행선   (그제야 안도하고 보며) 차는요?

치열   편의점 앞에요. 다행히 자리가 하나 있어서. (하는데)

행선   (치열 뒤편 보고) 어어~

치열   (식겁해서 벽으로 바짝 붙으며) 왜? 또 왜?!

행선   (치열 옆 벽을 탁! 친다) 모기가 있네. 물리면 며칠 가거든요 이게.

치열   (놀랐다) 아… 진짜, 사람이 왜….

행선   (보며) 가만 보면 은근 잘 놀라시는 거 같애. 기가 약하신가봐 좀.

치열   (자존심 상한) 아니 기가 약해서가 아니라… 말했잖아요, 나는 사교육
         계에 영향력이…

행선   (o.l) 네 알죠. 영향력이 아주 막강하시다는 거. 그래서 제가 사력을
         다해서 막았잖아요. 제 순발력 아니었어봐요 클날 뻔했지.

치열   아… 차 번호 보고 안 거 같은데. 아무래도 차를 새로 뽑아야겠어.

행선   차 파시게요? 저것도 거의 새 차던데….

치열   차를 왜 팔아요, 얼마나 받는다고. 하나 더 사면 되지. (들어가는)

행선   (벙찐 채 보며) 아 더 사면 되는구나, 내가 참외 몇 개 더 사듯이. 그렇
         구나. (눈으로 재수 없다 욕하며 참외 봉지 들고 들어가는)

S#6.　**행선집 해이방 (N)**

맛깔나게 깎인 참외 조각 수북하게 담긴 접시 보이고.

해이 문제 푸는 동안 기다려주는 치열. 참외 힐끗 한 번 보곤 다시 해이 푸는 모습 본다. 이내 손 슬쩍 뻗어 참외 하나 집어 깨물곤 *끄덕끄덕*, 만족스럽게 먹는 모습에서.

S#7.　**국가대표 반찬가게 건물 전경 (N)**

해이 방 불과 거실 불이 밝게 켜진 건물 전경 부감으로

S#8.　**우림고 외경 (D)**

타이틀 뜬다.

일타 스캔들 chapter 7. 사랑에 빠지는 아주 보통의 법칙

학교 전경에 안내방송이 울려 퍼지는.

교무부장(F) 지금부터, 9월 학력평가 성적 우수자 시상이 있겠습니다.

S#9.　**우림고 2-1 교실 (D)**

방송조회로 성적 우수자 시상식이 TV 화면으로 중계되고 있는 교실 내.

화면 속 중앙에 교장이 시상을 위해 섰고, 그 왼쪽엔 사회 보는 교무부장(50대 여성)과 일렬로 대기 중인 학생들(선재, 수아, 해이 포함 열 명)이 보인다.

교무부장　2학년 1반 남.해.이.

해이　(쑥스러운 표정으로 나와 서고)

교무부장　위 학생은 2022학년도 9월 전국연합학력평가에서 우수한 성적을 거두었으므로 이 상장을 수여함. 2022년 9월 16일 우림고등학교 교장

최.정.안.

교장 모의고사 1등은 첨인 거 같은데… 잘했어. 수능 때까지 쭉 끌어올리
자. (어깨 쳐주는)

단지 (화면 보며) 와~~ (제가 일등 한 양 업 된 표정으로 박수 치곤) 야! 박수
안 쳐 니들? 우리 해이가 전교 일등 했다잖냐, 첨으로~ 박수 박수~!!

아이들 (단지 유도에 박수 치면)

건후 (엎드려 자다가 박수 소리에 벌떡, 깬다. 화면 속 해이 얼굴 비몽사몽으로
보는)

S#10. 우림고 방송실 (D)

이하 성적 우수자 시상이 계속 진행된다.

교무부장 7반 김은지. 내용은 동일합니다. (나와서 받고 인사하고 들어가고) 5반
박도겸. (받고 들어가고) 1반 방수아.

수아 (굳은 얼굴로 나와 서는)

교장 (보며) 6월에 일등이었지? 꾸준히 잘하고 있어. 쫌만 더 분발하자. (상
장 건네는)

수아 (받고, 건성으로 까닥 인사하고 들어가는)

교무부장 1반 이선재.

선재/해이 (나와서 상장 받으면) / (제가 받은 것보다 더 기쁜 표정으로 박수 쳐주는)

S#11. 우림고 방송실 앞 복도 (D)

상장 든 아이들 우르르 나오는.
수아 성질난 듯 획 가버리고, 선재 해이 나오는데 교무부장 같이 나
오며.

교무부장 선재, 국어만 쫌 보완하면 되겠던데. 좋은 유전자 물려받았는데 발휘

해야지.

선재   (부담스럽다) 네.

교무부장 그래. 엄마한테 전화 한번 드린다 그래. (하곤 가는)

선재/해이 (보다가 해이 보며) 축하한다 남해이. / (웃으며 브이 해 보이는 모습에)

재우/영주(E) 전교 1등? / 진짜? 해이가?!!

S#12. 국가대표 반찬가게 (D)

일등 소식 막 들은 듯 휴대폰 들고 멍한 행선.

재우와 영주 그런 행선 보는.

행선   …어. 전교에서 일등이래. 수학을 다 맞았대, 해이만.

영주   어머나, 어떻게 수학을 다 맞아 사람이? 해이 천잰가봐 행선아. 세상
       에 웬일이야~

행선   (재우 보며) 재우야… 누나 등짝 좀 때려봐봐. 이거 꿈 아니지?

재우   (이 악물고 힘껏 행선 등을 짝, 때리는)

행선   아! 아프다… 영주야 나 아파. 이거 꿈 아냐. (영주 어깨 잡고 뛰는)

영주   (같이 폴짝폴짝 뛰며) 그래, 현실이야 맘껏 즐겨어. (테이블 또는 의자 건
       드리면)

재우   (얼른 테이블 또는 의자 바로 각 잡아 정리하고)

행선   영주야. 난 진짜 행복은 성적순이 아닌 줄 알았거든? 근데 그거… 일
       등을 안 해봐서 몰랐던 건가봐. 너무 좋아 진짜. 날아갈 거 같애.

영주   당연하지 야. 암만 올림픽 정신 어쩌구 해두 금메달 따면 기분 째지
       잖아. 와 일타가 괜히 일타가 아니네. 아니 과외 쫌 했다고 어떻게 바
       로 만점을 받냐.

재우   맞아. 해이도 열심히 했지만 결정적인 어씨스트는 치열이 형이야.

행선   (백번 만번 옳은 말이다. 흥분한 채 휴대폰 꺼내 치열에게 전화 거는)

S#13. 치열 연구소 건물 주차장/ 국가대표 반찬가게 (D)

바로 뽑은 듯, 번쩍번쩍하는 새 차에서 내리는 치열. 폰 울리자 보고
받는.

치열   네, 무슨 일로….

행선(F) (폰을 뚫고 나오는 쟁쟁한 목소리) 선생니임~!!!

치열   (귀에서 폰 떼곤, 다시 받으며) 거 데시벨 좀 낮춥시다 좀. 또 뭔 일이길
래 그렇게 흥분을 해가지구….

다급하게 화면 이분할, 행선 밀고 들어오며.

행선   (달뜬 톤과 표정으로) 해냈어요 선생님! 우리 해이가~

치열   뭘요?

행선   아 9모요. 자그마치 전교 일등이래요. 수학 만점은 지 혼자래요오~

치열   (표정 변화 없이) 아… 잘했네요. 당연한 거 아닌가? 누구한테 과외 받
았는데.

행선   하하… 맞아요. 예전엔 쌤이 고딴 식으로 말하믄 쫌 재수도 없고 그
랬는데… 더 하세요. 오늘은 완전 인정. 진짜 리스펙입니다 쌤~

치열   차… 칭찬인지 돌려까는 건지….

행선   순도 백프로 칭찬입니다. 진짜 감사해요. 제가 크게 한턱 쏠게요 기
대하세요 쌤~~ (툭, 전화 끊기며 화면에서 사라지면)

치열   (폰 끊고) 예쓰. 예쓰, 예쓰~!! (흥분해 어퍼컷 세리머니 한다) 좋아쓰. 잘
~~해쓰. (좋아라 하다 사람들 소리 들리자 급 정색, 지나가자 다시 기쁨의
댄스 추는)

S#14. 우림고 급식소 (D)

급식 받아 이동하는 해이, 단지, 선재.

단지	(신난) 내 친구지만 남해이 인정. 아니 솔직히 모의고사가 내신보단 약했었잖아 니가. 근데 어떻게 학원과외 하낫도 안 하고 이렇게 성적이 오르냐고.
해이	(살짝 찔린다) 운이 좋았어. 찍은 것두 맞구.
선재	(알지만 쉴드 쳐주는) 운도 실력이야. 그냥 잘난 척해.
단지	엄마한테 말해야겠어. 학원 돌린다고 무조건 성적 오르는 거 아니다, 해이를 봐라. (테이블 앉으며) 야. 나두 학원 관두고 너한테 멘토링 받을까 건후처럼?
해이	뭐래. 건훈 공불 해본 적이 없대니까 그냥 방향만… (하는데)
건후	(해이 옆으로 훅 와 앉는다) 내 얘기 하냐? 내가 뭐.
선재	(이 자식은 왜 또 여기 앉아… 못마땅하게 보고)
단지/해이	(손가락 흔들며) 서건후 안녕. / 별거 아냐. (하는데)
건후	참, 나 궁금한 게 있는데… 해이 너, 아까 티비에 왜 나온 거야?
해/선/단	뭐? (어이없어 보면)
건후	(해이 표정 보고) 아니야? (대수롭지 않게) 아 꿈인가보다 그럼.
해이	(아이 어르듯 건후 어깨 치며) 밥이나 먹어라 그냥.
선재	(그 스킨십도 신경 쓰이는데)
단지	! (앞쪽 보고) 야야. 남해이한테 9모 발린 빵수다. 표정 겁나 안 좋아 지금.

보면, 수아 맞은편 테이블에 앉다가 해이와 눈 마주친다. 외면하고 밥 우겨 넣는.

단지	(보며 중계하듯) 쟤 급발진했다 또. 어우 야, 볼 빵빵한 거 봐.
선재/해이	분노의 먹방인가…. / (수아 쪽 다시 보는)
수아	(씩씩거리며 또 밥 우겨넣는데… 순간, 인상 쓰며 배 잡는)
단지	왜 저래. 해이 땜에 배 아프다는 걸 온몸으로 표현하는 거야 뭐야?

수아	(점점 더 고통스러운 듯, 배 움켜잡고 몸 구부리는)
건후	(힐끗 보곤) 진짜 아픈 거 같은데 쟤?
해이/선재	? (건후 말에 다시 수아 보는데)
수아	(못 참겠는지 일어서다가) 아~~!! (쓰러지듯 푹 주저앉아 버리는)

S#15. 병원 응급실 (D)

창백한 얼굴의 수아, 링거 꽂고 누워 있는데
요란하게 뛰어 들어오는 수아모.

수아모	수아야~ 수아야 수아야! (두리번, 수아 발견하고) 수아야~~!! (뛰어와 누워 있는 수아 얼굴 마구 쓰다듬으며) 수아야, 너 괜찮니? 괜찮아? 괜찮은 거야? 응??
수아	(몸도 기분도 아직 힘들다… 수아모 보는)
수아모	아니 이게 뭔 일이야 증말, 급체라니이~~ 세상에, 얼굴 좀 봐. 파리~ 해가지구 진짜. 그르게 너 엄마가 에너지 드링크 좀 자제하랬지. 밤마다 그걸 짝으로 들이켜대더니 진짜, 외삼촌이 그거 부작용 올 수 있다고 메이지 말랬단 말야. 정신력으로 집중력을 컨트롤해야지, 속상하게 진짜. (하는데)
수아	……. (말할 기운도 없다. 모기만 한 목소리로) 일등 했어… 남해이가….
수아모	…응?
수아	…9모… 남해이가 전교 일등 했다구….
수아모	…!! (너무 놀라 말문이 막힌 채 멍하니 수아 보는)

S#16. 수아모 차 안 (D)

운전하는 수아모, 룸미러로 힐끔 뒤쪽 본다.
수아, 아직 기운 없는 듯 앉아 창밖만 멍하니 보는.

수아모	수아야… (눈치 보며) 오늘 한 번만 그냥 쉴래? 보강 자료만 받고?
수아	…….
수아모	근데 그러면 진도가 밀리니까… 나중에 또 힘들겠지? 그래. 쪼끔만 더 힘내봐. 모의고사 전교 일등, 그게 무슨 의미가 있어? 전적으로 치면 니가 월등히 앞서 있구, 담 시험서 또 제자리 찾으면 되구, 응?
수아	…….
수아모	(학원 앞에 차 세운다. 뒤돌아보며) 수업하다 정 힘들면… 중간에라두 연락해. 엄마 근처 카페서 대기하고 있을 테니까. 알았지?
수아	(대답도 않고 그냥 내려버리는)
수아모	(가는 수아 보며) 하… 무슨 해이가 전교 일등을… 내가 진짜 수아한텐 내색도 못하고 짜증나서 진짜. (잠시 생각하다가 씩씩거리며 전화 거는)

S#17. 로펌 선재모 사무실 (D)

서류 든 채 자리 앉으며 발신 확인하고 폰 받는 선재모.

선재모	네, 무슨 일이세요?
수아모(F)	선재 엄마 알고 있어요? 선재가 해이한테 올케어반 자료 공유한 거?
선재모	?! (무슨 말이냔 듯 인상 쓰는)
수아모(F)	모르셨구나. 선재 단속 좀 잘하셔야겠어요. 아니 자료도 자료지만, 걱정돼서 그래. 그런 경우 많잖아요 왜. 선일고에서도 전교 1등 남자애랑 5등 여자애랑 사겼는데 그담 시험에 남자앤 20등 떨어지고 여자앤 전교 1등 찍었다더라구. 아니 꼭 선재가 그럴 거란 얘긴 아니구요.
선재모	(기분 나쁜) 걱정 마세요. 내 아들 단속은 내가 해요. (툭 끊고, 바로 전화 거는)
선재(F)	(받는) 네 엄마.
선재모	(격앙된 목소리로) 너 진짜 해이한테 올케어 자료까지 줬니? 미쳤어?!
선재(F)	(수아가 말했구나…) 그런 거 아니에요.

선재모	아니긴 뭐가 아냐? 수아 엄마가 서슬이 퍼래서 전화했는데. 너 도대체 왜, 엄마가 그렇게 신신당부 했는데…. (씩씩거리다) 그래 좋아. 니가 안 되면 내가 하지 뭐. 내가 걔 엄마한테 가서 그지 근성으로 자식 공부시키는 거 아니라고… (하는데)
선재(F)	(나지막이) 하기만 해요. 다신 엄마 안 볼 거니까. (툭 끊는다)
선재모	선재야, 이선재! (하는데 이미 끊긴) 하아…. (한숨 내쉬며 폰 내려놓는데)
비서	(노크하고 들어오는) 변호사님. 의뢰인분들이 미팅을 한 시간 미뤄달라시는데요.
선재모	알았어요, 그렇게 하시라고 해요. (머리가 지끈하다. 책상에서 진통제 꺼내 먹는)

S#18. 편의점 외경 (N)

S#19. 편의점 안 (N)

나란히 서서 컵라면에 삼각김밥을 먹고 있는 배 형사, 송 형사.

송형사	에이, 올핸 추석이 너무 일찍 지나버려서, 시간이 더 빨리 가는 거 같애. (삼각김밥 먹곤, 배 형사에게) 야, 니는, 젊은 애가 연애도 안 하냐? 연휴 내내 출근하고.
배형사	(멍하니 라면 면발을 물고 있는)
송형사	(대답 없자 배 형사 뒤통수를 가볍게 치곤) 먹을람 먹고, 뱉을람 뱉어 인마.
배형사	(후루룩 삼키곤, 보며) 선배, 내가 분명 걔 어디서 봤거든요. 근데 기억이 안 나. 수배자는 아닌데. 그 껌정 후드랑 꾸부정해서 땅 보고 걷는 거랑 분명히… (하는데)

배 형사 옆으로, 빨간 후드를 뒤집어쓴 남자가 컵라면을 들고 와 먹기 시작하는.

| 배형사 | (무의식적으로 남자를 보곤 !!!) 아…. (젓가락 내려놓고 급하게 나가는) |
| 송형사 | 야 어디 가~? 야아! (서둘러 컵라면 원샷 하곤 나가는) |

S#20. 경찰서 형사과 (N)

부리나케 들어와 제 컴퓨터에서 CCTV 자료 찾아 클릭하는 배 형사.

#. 화면 인서트

예의 편의점. 영민 옆에 검은 후드티의 희재가 보이는.

배형사	(화면 스톱시키고) 맞아, 그놈이야. 확실해.
송형사	(다가오는) 왜, 뭔데?
배형사	(송 형사 보며) 이영민 사건이요, 그 쇠구슬. 실은 민원이 하나 들어왔거든요. 밤마다 누가 쇠구슬을 쏴서 시끄러워죽겠다고, 길고양이도 죽고 그런다고. 그 골목엘 가봤는데 어떤 놈이 날 보더니 냅다 내빼더라구요. 추격하다 놓쳤는데… (화면 보여주며) 바로 이놈이에요. 이영민 옆쪽에 이 껌정 후드.
송형사	(사실이라면 수상하긴 하다. 보며) …확실해?
배형사	얼굴은 잘 안 나왔지만 키나 전체적인 느낌이나, 확실해요. (화면 계속 보는)

#. 화면 인서트

영민, 친구와 나가고… 이어 희재도 나간다. (마치 따라가는 듯한)

배형사	(스톱시키곤) 봐요. 이영민이 나가니까 따라 나가잖아요.
송형사	글쎄… 우연의 일치일 수도 있지. (그렇게 말하면서도 화면 속 희재 유심히 보는데)
후배형사	(다가와) 배 형사님. 시키신 거 알아봤는데… 최근에 3동 파출소 쪽에

쇠구슬 관련 신고 들어온 건이 있긴 하더라구요.

배형사   !(송 형사를 본다. 거봐라, 이래도 아무것도 아니냐? 하는 표정)

송형사   (진짜 뭔가 있긴 있나 싶은 표정에)

S#21. 행선집 해이방 (N)

여느 때보다 열정 가득한 톤으로 해이에게 풀이 중인 치열.

치열   첫 번째로 k 가 1일 때는 $\frac{1}{p}, \frac{2}{p}, \frac{3}{p}, \cdots$ (p분의 1, p분의 2, p분의 3, …) 이렇게 될 거고 두 번째로 k 가 1이 아니면 $\frac{1}{4p}, \frac{3}{4p}, \frac{5}{4p}, \cdots$ (4p분의 1, 4p분의 3, 4p분의 5, …) 이렇게 되잖아. 얘네들이 다 자연수가 되는 조건이랑 뭘 또 이용해야 할까?

해이 a_5(에이파이브) 범위요.

치열   그러치! 그럼 p 가 될 수 있는 값은 뭘까? $\frac{1}{3}$ 이랑 $\frac{1}{8}$ 이겠지? 둘을 합하면? 120S(120에스)는… (하는데)

이때, 똑똑 노크하곤 문 열고 빼꼼 고개 내미는 재우.

재우   해이야. 멀었어? 언제 끝나?

해이   어 곧.

재우   곧 언제? 몇 분 몇 초나 기다려야 되는데?

치열   (시계 보며) 두 문제 남았으니까 대략… 8분이면 끝나요 삼촌.

재우   아 8분. 알겠어요 치열이 형. 얼른 끝내요. (신나서 문 닫는)

해이   (무안, 보며) 쫌 당황스러우시죠 저희 삼촌.

치열   아. 뭐 쪼금?

해이   낚시터에서 쌤한테 반했나보드라구요 삼촌이. 첨일 치열이 형 얘기만 해요. 여자들하고만 살았어서, 형처럼 따르고 싶은 거 같기도 하고.

치열   아빠하곤 떨어져 산 지가 오래됐나봐? 외국에 계시다고 들었는데.

해이	아… (당황, 머뭇거리다) 네 좀. (하곤 얼른) 근데 빨리 풀어야 될 거 같은데. 삼촌 목 빠질 거 같아요. (문 쪽 보면)
재우	(문 살짝 연 채 얼굴 갖다 대고 끝나길 기다리는 모습에)
치열(E)	파티요~?

S#22. 행선집 거실 (N)

과외 마치고 나온 치열과 해이. 행선과 재우는 이미 내려갈 준비 끝낸.

치열	…아 됐어요. 난 파티는 별로.
행선	에이, 같이 내려가세요~ 제가 큰맘 먹고 한턱 쏘는 건데.
치열	아니아니, 진짜 됐어요. 난 시끄럽고 정신없는 거 딱 질색이라. 내 돌잔치래도 싫어요. 그냥 가족끼리 하세요.
재우	가족끼리 아닌데. 영주 누나도 밑에서 기다리는데. (간절) 같이 가요 치열이 형.
행선	그래요 같이 갑시다. 아니 딴 것두 아니구 해이 일등 축하파틴데. 아 선수가 엠브이피 땄는데 감독님이 빠짐 써요? 저 일부러 도시락도 안 쌌단 말이에요.
치열	아…. (배고픈데… 미치겠다…)
재우	(치열에게 팔짱 끼며) 가요 치열이 형~ 제가 족발도 시켰어요.
해이	호야 족발 맛있는데. 쫌만 드시고 가세요 쌤.
행선	보세요. 우리 해이가 원하잖아요. 나랑 재우는 몰라도, 우리 해이가 경우 없이 조르고 이런 캐릭터 아니거든요. 애가 얼마나 좋으면 이러 겠어요? 에?
해이	왜 또 날 팔어 엄마는.
재우	치열이 형~ 혀엉~ (치열 팔 잡고 조르듯 흔드는 데서)

S#23. 국가대표 반찬가게 앞 (N)

셔터가 3분의 2쯤 내려가 있는 국가대표 반찬가게.
열린 공간 사이로 불빛이 새어 나오는.

S#24. 국가대표 반찬가게 (N)

테이블 위에 족발과 막국수, 피자, 500cc 맥주, 캔 음료수 세팅되어
있고.
각각 모양 다른 의자에 앉아 있는 행선, 영주, 해이, 재우, 치열.
재우는 이 와중에도 음식 각 맞추고, 파티가 어색한 치열은 음료수만
꼴짝거린다.

행선   룰은 알고 있지? 음식 남기면 죄다~ 본인 할당량은 본인이 해결해.
       자 준비하시고~ (비닐장갑 끼면)

영/해/재   (일제히 비장하게 앞에 있던 비닐장갑을 낀다)

치열   (이걸 끼라고…? 엄지와 검지로 비닐장갑 집어 들고 보고만 있으면)

행/영/해/재   (뭐하냔 표정으로 치열 보는)

치열   (내키지 않지만 어쩔 수 없이 주섬주섬 비닐장갑 끼는)

행선   (치열 낀 거 확인하고) 시작.

행/영/재/해   (일제히 손으로 족발 하나씩 잡고 뜯고/피자 집어서 먹는)

치열   (망설이다 족발 하나 집어 들고 새색시마냥 조심스럽게 뜯어보는데)

행선   자, 이쯤에서 우리 건배 한번 하죠? 다들 잔들 드시고. (잔 드는)

일동   (잔 든다)

치열   (뭘 이렇게 하라는 게 많아…? 마지못해 족발 내려놓고 캔 음료수 드는)

행선   오늘 이 파티에 참석해주신 여러분, 모두 감사하구요. 특히 엄마가
       이루지 못한 금메달의 꿈을 공부로 대신 해낸 우리 해이, 그리고 기
       적적인 결과를 이끌어주신 우리 최치열 쌤. 너무 고생하셨고…

치열   (또 길어진다/o.l) 치얼스. (캔 부딪치곤 얼른 마시는)

일동   치얼스~~ (외치고 마시는)

행선	큼. (치열 째리곤 반쯤 마시고 내려놓으려다 영주가 계속 들이켜자 다시 마시는)
영주	(역시 마시며 시선 행선에게 고정시키고 계속 들이켜는)
행선	(원샷 하고 잔 머리에 턴다) 앗싸~
영주	(졌다. 아쉬운) 아… 족발을 너무 급하게 쑤셔넣었어. 속을 좀 비워놨어야 되는데….
치열	(보며 의아하다는 듯) 뭐 하는 거야…?
재우	원샷 대결이요. 지난번 기록은 김영주 누나 8초 01. 남행선 누나 8초 03. 김영주 누나 승이에요. 전적은 영주 누나 대 남행선 누나 3대 3이구요.
치열	(이해가 안 된다) 이런 실리 없는 승부욕을 뭐하러. 어리석어. (고개 젓는데)
영주	야 남행선, 나 인정 못해. 딴 걸루 한 판만 더 해.
행선	뭘 또 객기를 부리고 또. 아 그래, 해. 뭐든 해 상대해주께 내가. (목 꺾는)
치열	(대체 이 여자들 왜 이래, 하는 표정으로 보면)
해이	저기 두 분, 진정하시죠? 우리만 있는 것도 아니고 오늘은 쌤도 계신데.
영주	좋아, 아예 팀으로 붙어 그럼. 니네 팀 내 팀.
행선	그래, 난 상관없어. 근데 쪽수가 안 맞지 않니? 뭐 한 명 깍두기?
영주	아니, 깍두긴 재미 읎지. 안 맞으면 채우면 되잖아? (씩~ 웃는)

S#25. 동네 공원 내 풋살장 (N)

여긴 어디, 나는 누구인가 하는 표정의 동희에서 줌아웃하면
그 앞으로 휙 뛰어 지나가는 치열.
행선/영주/해이 대 치열/재우로 핸드볼 미니게임을 하고 있다. 치열,
독기 가득한 눈으로 쏜살같이 뛰어나가며 드리블하는데, 행선한테
공 뺏기고, 행선, 영주한테 패스하고 다시 받아 골키퍼 재우를 제치
고 슛! 골인!

해/행/영	(좋아라 하고) / (특유의 하이파이브 하고 기뻐하는)
재우	(아쉽지만 정직하게 카운트한다) …7 대 0….
치열	(헉헉… 숨 몰아쉬다 동희 보고 달려오며) 야 씨, 지 실장… 너 왜 이제 와~?
동희	(벙쪄) 지금 뭐 하시는….
치열	(흥분/o.l) 왔음 바로바로 코트 들어와야지! 인원 딸려서 우리가 완전 말리잖아!
행선	얼씨구. 여자 셋이니까 남자 둘로도 충분하다고 한 게 누구신데.
영주	(머리 정돈하며 다소곳) 실장님 오셨어요? 이렇게 달빛 아래서 보니까 한층 더 뽀야신 게 참으로 청아하시…
행선	(무시하고) 그럼 팀을 다시 짤까요? 너무 일방적이니까 재미도 없고.
재우	아… 난 남자끼리가 더 좋은데.
치열	팀은 그냥 가고 대신 종목을 바꾸죠? 애초에 형평성에 안 맞는 게임이었어 이건.
행선	(여유 있게) 좋아요. 딴 거 뭐? 우린 농구도 괜찮고 뭐 암거나.
영주	(역시 여유 있게 어깨 으쓱하며) 왓에버.
치열	(진지하게 미간 찌푸리며 동희한테 작게) 야… 뭘루 할래. 손 안 쓰는 종목 뭐 있냐? 핸드볼 선출들이라 손 쓰는 건 우리가 무조건 불리해.
동희	(덩달아 작게) 글쎄요. 군필자 기준으로 볼 때 축구나… 아니면 족구…?
치열	(!) 오케이, 족구 좋다. (보며) 족구로 가죠? (설마 니들이… 의기양양한 표정에서)

S#26.   **동네 공원 외경 (N)**

"하이!" "파앗!" "어이이!!" 행선과 영주의 우렁찬 기합 소리 울려 퍼지고.

S#27. 동네 공원 내 풋살장 (N)

기합과 함께 빗겨차기 구사하는 행선. 동희 못 받아내고 놓치는.

행/영/해	히야~ / 으자자~ / 와~ (하이파이브 하고)
동희	(고개 절레절레)
재우	와… 남행선 누나 공, 겁나 쎄. (질린 표정인데)
치열	(안 놀란 척 계속 허세) 오케이, 침착하게! 이제 몸 풀렸어! 집중만 하면 돼 집중! (박수 치며 말로 훈수 두는)

다시 영주가 서브 넣고 힘들게 받아내는 동희.

치열	(소리치는) 나나! 삼촌!! 마이볼, 마이보올~!!!
재우	(어리바리 어렵게 치열 쪽으로 토스하면)
치열	(잔뜩 벼르고 힘 줘서 공 차는데, 헛발질하는)
영주/해이	와~ (손 들며 좋아라 하고)
치열	아…. (맘처럼 안 된다. 헉헉거리며 주저앉는데)
행선	오케이, 9대 2! 매치포인트야. 한 점만 더~! (환하게 웃으며 하이파이브 하는)
치열	(주저앉은 채 그런 행선 보며) 신나셨네 아주. 주 전공이라 이거지? (하는데)

행선, 하이파이브 하며 영주와 해이에게 환한 웃음 짓는 모습 – slow
다른 때와 다르게 행선의 얼굴이 반짝반짝 빛나는 듯하다.

치열	……. (멈칫, 한 채 그런 행선을 보는)
동희	(옆에서 헉헉… 보며) 선생님.
치열	…….

동희	선생님!
치열	(마음을 들킨 듯 화들짝 놀라며) 왜. 뭐. 내가 뭐.
동희	네?
치열	(당황) 아니, 뭐. 내가 어쨌는데.
동희	아 그게 아니라 괜찮으세요? 너무 무리하시는 거 같은데.
치열	(괜히 더 오버해) 아냐아냐. 나 괜찮아. 멀쩡해. 아무렇지도 않아. (손뼉 쳐 보이는)
행선	(위치로 가며) 자 써브 갑니다! (하곤 서브 넣는)
치열	(다시 행선 본다. 정신 차리란 듯 제 뺨 두 손으로 탁탁 치곤 자세 잡는데)

행선의 서브, 재우가 얼결에 받고 동희 "선생님~!" 하고 토스하면.

치열	(놀라 얼른 공 받는다. 겨우 공 넘어가고)

행선이 그 공 받고, 해이가 무난히 토스하는데.

치열	……. (또 힐끗 행선을 본다. 자꾸만 저도 모르게 행선에게 시선이 가는데)
영주	(그 틈을 타 치열을 향해 강력한 찍어차기 공격하는)
동희	(위험 감지하고) 선생님~!! (외치면)
치열	!! (뒤늦게 공을 보고 반사적으로 발 대는데, 공은 놓치고 그대로 쭉 미끄러지며 왼손으로 땅 짚고 넘어지는)
동/재/영/해	("선생님!" / "치열이 형!!" / "헐!" / "괜찮으세요?" 하며 놀라 달려오고)
치열	(왼쪽 손목 잡고 아파하는) 아아….
동희	선생님, 괜찮으세요? (치열 쪽으로 오는데)
행선	(재빨리 치열 쪽으로 뛰어와 조심스럽게 치열 왼손 잡고) 봐봐요.
치열	아…. (아픈 듯 인상 찌푸리면)

행선 표정 심각해지곤 얼른 코트 옆에 두었던 아이스 음료컵 들고 와 치열 앞에 다시 무릎 꿇는다. 이내 컵에서 음료 버리고 얼음만 제 셔츠 자락에 넣어 주머니를 만들곤 치열 손목에 대고 찜질하기 시작하는.

치열   ! (놀라 멈칫한 채 그런 행선의 행동에 넋을 잃고 보는)

송골송골 땀방울이 맺힌 행선의 얼굴이 너무 가깝다.
손목의 통증보다 행선의 손길에 더 신경이 쓰이는 치열.
그런 자신이 당황스러운.

S#28. 치열 주상복합 외경 (N)
(E) 촤~ (샤워기 물소리)

S#29. 치열 펜트하우스 거실 (N)
욕실에서 씻고 나오는 치열.
왼쪽 손목에 통증 느끼며 오른손으로 컵에 주스 따르고 냉장고에서
얼음 빼는데.

#. 회상 플래시백
앞 신. 옷에 얼음 붓고 치열 손목 찜질해주던 행선.

치열   (화들짝) 아 미친…! (당황해 주스 확 싱크대에 부어버리곤) 정상이 아냐
         지금. 아니 딴 여자도 아니고 유부녀한테, 것도 학부모한테 대체 뭔
         반응이야 이놈의 심장이! 아무리 일개 자율신경이라도 그렇지, 지나
         치게 자율적인 거 아냐? (하다 이내 합리화한다. 고개 끄덕이며) 그래. 오
         랜만에 몸을 썼잖아? 아드레날린이 마구 분출된 거야. 교감신경이
         너무 활성화돼서 자율신경계가 제멋대로 막~! …흥분을 한 거지. 그

래 그럴 수 있어. 다 내가 건강해서 그래 응. (하곤 성큼성큼 안방으로 들어가는)

S#30. **치열 펜트하우스 침실 (N)**

치열 (침대에 똑바로 누워) ···그래 자자. 자고 나면 괜찮을 거야··· 오늘 무리했잖아. 푹 자고 나면 교감신경도 정상을 되찾고 내 감정에도 평화가 오고. 자··· 릴렉스··· 릴렉스릴렉스, 릴렉스···. (어르듯 가슴께를 토닥토닥 치며 억지로 잠을 청하는)

S#31. **치열의 꿈 - 인서트**

뇌쇄적인 눈빛의 행선, 얼음을 아그작아그작 씹으며 끈적끈적한 목소리로 "괜찮아요 쌤~?" 하곤 얼음조각을 하나 훗 뱉는 모습에.

S#32. **치열 펜트하우스 침실 (D)**

벌떡 일어나는 치열. 손으로 볼 만져본다.
꿈이다···! 이건 미친 꿈이다. 어떻게 유부녀를 상대로 이런 에로틱한 꿈을···. 도저히 용납이 안 돼 고개를 절레절레 젓는데··· 현관 쪽에서 달그락거리는 소리가 들린다.

치열 !! (행선이다. 일어나 나가려다가 다시 멈칫, 하는데 조용해진다···)

S#33. **치열 펜트하우스 앞 복도 (D)**

천천히 열리는 현관문.
치열, 고개 빼꼼 내밀고 보면, 도시락 봉투만 걸려 있고 행선은 가고 없다.
다행이다 생각하면서도 왠지 아쉬운 기분.

치열 펜트하우스 거실 (D)

종이봉투 들고 들어와, 바로 열어보는 치열.

도시락과 함께 바르는 파스, 손목보호대, 그리고 쪽지 들어 있다.

쪽지 펴보면.

행선(E)   국대 선수들이 많이 쓰는 애정템이에용^^ 통증 있으면 병원 꼭 가보시구요!

S#35. **주상복합 앞 (D)**

입구에서 나와 세워놓은 스쿠터 쪽으로 오는 행선.

막 헬멧 쓰다가 올려다보는데, 꼭대기 창 앞에 딱 붙어 내려다보는 치열이 보인다.

행선, 아무 생각 없이 환하게 웃으며 크게 손 흔들어 보이는데

커튼(블라인드) 확 치며 사라지는 치열.

행선   (갸웃, 하곤 스쿠터 올라타고 출발해 가는 모습에)

치열(E)   다시 심장이 막 벌렁거리는데… 아, 병원부터 가봐야겠다 싶더라구요.

S#36. **신경정신과 진료실 (D)**

왼손에 손목보호대 한 채 흥분해 왔다 갔다 하며 닥터에게 호소 중인 치열.

치열   이건, 이건 일어날 수 없는 일이거든요! 제가 누구예요 선생님? 사교육계의 어나더 레벨, 1조원의 남자! 연옌보다 세금을 꾸준히 더 많이 내는 일타강사, 최치열이에요! 그런 제가… 어떻게 유부녀한테 이런, 이런 요상한 감정을… (차마 말 못하는데)

닥터   설렌다…?

치열	(표정 굳는다. 맞다. 설렜다. 정확한 표현이다. 보면)
닥터	이뻐 보이기도 하고?
치열	하…. (다리 풀려 의자에 털썩 앉아 두 손으로 얼굴 가리며) 저 무슨 병이에요 선생님? 저 진짜, 진짜 그런 사람 아니거든요. 누구보다도 이성적이고 합리적이고, 또 도덕적이고. 가지 말아야 할 길, 불법, 금기 이런 거 질색인, 병적일 정도로 결벽주의자인 제가, 대체 뭐에 홀려서. (보며) 저 병 맞죠? 너무 외로워서 그런가? 너무 앞만 보고 달려왔나요 제가? 애정결핍, 뭐 이런 건가요??
닥터	이미 잘 파악하고 계시네. 거의 전문가야.
치열	맞다구요?
닥터	최 선생, 학생들 말곤 주변 사람들하고 관곌 안 맺잖아. 경계도 심하고. 일상도 심하게 루틴하시고.
치열	(무슨 뜻이냔 듯 눈썹 올리고 보면)
닥터	인간은 다 외로워요. 그래서 주변 관계에 정서적 의존을 하지. 근데 최 선생은 안 그러다 보니까 뜻밖의 상황에서 이성적 호감을 느껴버린 거지, 상대에게. 덜컥.
치열	덜컥? (하곤 보며) 그럼 저 어떻게 해요? 어떻게 해야 돼요 선생님?
닥터	(웃으며) 글쎄. 감정 자체에는 잘못이 없으니까 너무 자책하지 말고. 이럼 어떨까? 안 하던 짓을 좀 해보는 거지. 인간관계도 확장시켜보고, 루틴에서 벗어나 새로운 이성도 좀 만나보고. 그럼 자연스럽게 그 달갑지 않은 감정이 좀 무뎌지지 않을까?

S#37. 더프라이드 학원 로비 (D)

치열 들어오는데… 맞은편에서 젊은 여강사 두 명 나오는 게 보인다. 치열 평소처럼 고개 까딱하고 지나치려는데… 문득 의사의 말이 떠오르는.

닥터(E)	안 하던 짓을 좀 해보는 거지. 인간관계도 확장시켜보고, 루틴에서 벗어나 새로운 이성도 좀 만나보고.
치열	(결심한 듯 여강사들 보며) 날씨가 제법… 싸늘하죠?
강사1/2	예? / (어리둥절해) 아 예… 좀 그러네요.
치열	금방 수능 오겠어요. 특강 준비들은 어떻게, 잘 되시고?
강사1/2	네 뭐. / (어색하게 웃는데)
치열	아 유 선생님, 신혼여행은 잘 다녀오셨어요? 제가 그때 수업이 풀이라 식을 못 가서.
강사1	(표정 굳으며) 저 이혼했어요 선생님… 일 년 전에.
치열	아. (당황) 시간이 벌써 그렇게 지났나? …아 안타깝네요. 그럼 뭐… 담에 커피나 한잔. (고개 까딱하곤 급히 엘리베이터 쪽으로 가는)
강사1	뭐야, 먹이는 방법도 여러 가지야 진짜.
강사2	그러게. 특강은 왜 물어? 놀려? 지는 어차피 수강생 터지니까 니들은 열심히라도 해라 이거야? (뒤돌아보며 야리는)

S#38. 더프라이드 학원 복도 (D)

치열	(엘리베이터에서 내리며 혼잣말로) 아니 결혼한 지 얼마나 됐다고 참, 잘 살지 좀. (안 하던 짓 하려니 진땀이 난다. 고개 흔들며 가는데)

이때, 치열 앞으로 지나가는 정 실장. 형식적인 미소로 목례하곤 가려는데.

치열	(뭔가 생각난 듯) 아, 저기 조 실장님!
정실장	(돌아보며 체념한 표정으로) 정 실장이요 최 선생님.
치열	아 네 정 실장님. 저기… 왜 지난번에 말씀하셨던 거 있잖아요.
정실장	뭐요, 시간표 문제요?
치열	아니 그게 아니라 왜 제 팬… (피아노 치는 시늉하며) 이거 치신다는

후배….

정실장   (그제야 생각난 듯) 아 네, 제 후배요, 혜연이!

치열   아 혜연이구나 이름이. 네, 그 혜연씨 소개팅… 혹시 아직 유효할까요?

정실장   어머, 하시게요 소개팅?

치열   예 뭐, 그새 결혼하신 게 아니면. 아 결혼했는데 이혼했으면… 뭐 건
         상관없고.

정실장   아니죠 당연히. 어머어머, 걔 들으면 완전 기절하겠다. 아직 쌤 팬이
         죠 당연히. 걔 진짜 괜찮아요 쌤. 외할아버지가 전직 장관인가? 암튼
         집안도 좋고, 명문대 출신에 애도 이쁘고, 뭣보다 윤택하게 자라 그
         런가 애가 꼬인 데가 없어가지구…

치열   (말 끊는다/o.l) 아, 그럼 실장님이 자릴 좀.

정실장   (눈 반짝) 예 언제요?

치열   뭐 아무 때나, 하루라도 빨리.

정실장   빨리요? 걔 당장 오늘이라도 보자고 하면 오케이할 거 같은데.

치열   네 뭐, 그쪽이 괜찮으면 전 오늘도. 저녁 수업 전이면 상관없어요.

정실장   오케이, 알겠어요. 당장 연락해볼게요. (휴대폰 꺼내며) 선생님, 진짜
         죠? 나중에 딴소리하는 거 아니죠? 분명히 먼저 말씀하셨어요. 맞죠?

치열   네. (하곤 off) 내 자율신경을 정상으로 돌릴 수만 있다면 기꺼이. (의
         지 다지는)

S#39. **국가대표 반찬가게 (D)**

         뭔가 집중하고 있는 듯한 행선 얼굴에서 줌아웃하면 한가로운 가게.
         행선 마른걸레로 진열대 빡빡 문지르며 야무지게 닦고, 영주는 도시
         락통 정리 중인.

영주   (정리하다 말고 허벅지 두드리며) 아. 간만에 근육 썼더니 완전 알 배겼네.

행선   (보며) 그러게 적당히 좀 하지, 승부욕에 불타가지구 그냥. 선생님 손

목까지 뿌러뜨리구 기지배.

영주 아 뭘 뿌러뜨려, 살짝 삔 거두만. 그러게 슬랩스틱은 왜 하냐구 거기서.

행선 (닦다가 생각난 듯) 크크크.

영주 (보며) 뭐야 뜬금없이. 같이 좀 웃자 야.

행선 아니 최쌤 말야. 어제 보니까 신은 공평하다 싶더라. 그 대단한 냥반이 운동신경은 젬병인데 또 존심은 쎄가지구, 화가 나 죽더라구 아주. 쌤 완전 웃기지 않니?

영주 아니. 뭐가 웃긴지 모르겠는데 하나도?

행선 허당미가 있잖아 은근. 아니 첨엔 디게 까칠해 보였거든 사람이? 선 넘지 마세요! 막 이러구. 근데 선 넘어두 막 떠밀진 않아요 또. 어제 공원두 안 가면 그만인데 끌려가준 거 아냐 결국. 뭔가 반전이 있다니까. (하고 웃으면)

영주 (그런 행선 빤히 본다)

행선 (시선 느끼고 보며) 왜, 또 뭐.

영주 (수상하다는 듯 보며) 너 혹시 언급증이라고 아니?

행선 그게 뭔데? 자격증이야?

영주 그런 쫑이 아니고 이것아. 사람이 누군갈 막 좋아하기 시작하면 자꾸 그 사람을 언급하고 싶어지는 병이 생기거든. 니가 딱 그래 지금. 최치열 언급증.

행선 내가? 야 무슨, 내가 언제….

영주 너 오늘만도 최치열 몇 번 언급했는지 알아? 못 잡아도 한 스무 번은 될걸?

행선 야 그건… 어제 우리랑 놀다가 다쳤으니까 걱정도 되고, 솔직히 지금 나한텐 젤 고마운 사람이니까. 그간 쌓인 신용과 의리도 있고 어?

영주 진짜 그게 다라구? (행선 옆구리 툭 치며) 진짜? 진짜?

행선 그럼 다지. 암튼 병이야, 모든 걸 남녀관계로 엮어요. 다 지 같은 줄 아나. (하는데)

이때, 문 열리고 배 형사가 들어온다.

행선/영주 어서 오세요~ (자연스럽게 합창하면)

배형사 아, 전 반찬 사러 온 사람은 아니구요. 여기 사장님이 누구신지.

행선 네 전데요… 무슨 일이시죠…?

배형사 예, (신분증 보여주며) 저 강남서에서 나왔는데요… 몇 달 전에 쇠구슬 관련해서 근처 파출소에 신고하신 적 있으시죠? 그날 상황 좀 다시 들을 수 있을까 해서.

S#40. 국가대표 반찬가게 앞 (D)

배 형사, 가게에서 나오는데 휴대폰 울리고 받는다.
퇴근길의 선재모 냉소적인 표정으로 국가대표 쪽으로 걸어오는.

배형사 예 선배.

송형사(F) 야, 너 지금 어디야?

배형사 여기 쇠구슬 신고했다는 그 반찬가게요. 말씀드렸잖아요, 저 이거 계속 팔 거라고. 쇠구슬 테러가 연쇄로 일어나고 있는데 이게 어떻게 동네 애들 장난이냐구요.

선재모 ! (가게 들어가려다 배 형사 본다. 형산가? 쇠구슬 테러? 연쇄…?)

송형사(F) 시끄럽고. 너 빨리 들어와. 팀장 지금 완전 뚜껑 열렸어.

배형사 왜요. (듣고) 아 대충 좀 둘러대주시지. 알았어요, 금방 갈게요. (서둘러 가는)

선재모 (배 형사 한 번 더 힐끗 보는데)

행선 (가게 문 벌컥 열고 나오며) 저기 형사님~ (하다 선재모 보고) 어머 선재 엄마! 왜 이렇게 오랜만이에요. 안 그래도 너무 뜸해서 내가 섭혔는데.

선재모 (보며) 있잖아요 해이 엄마. (말하려다가 멈칫)

선재(E) 하기만 해요. 다신 엄마 안 볼 거니까.

선재모	(그냥 한 말은 아닌 듯하다. 고민하다 이내 표정 관리하며) 해이 일등, 축하
	해요. 오늘 밑반찬 뭐뭐 있어요?
팀장(E)	너 대체 뭐 하고 돌아다니는 거야, 어?!!

S#41. 경찰서 형사과 (D)

배 형사, 불만 어린 표정으로 팀장한테 한소리 듣고 있는.

팀장	종결한 사건을 왜 뒤지고 다니냐고! 너 그렇게 시간이 많아? 그렇게
	한가해? 수습해야 될 사건이 널렸는데 왜 엄한 데 힘을 빼고 있냐고
	왜?!
배형사	아니, 그게 아니라요….
팀장	너 내가 우습지? 몇 년째 팀장 뭉개고 있으니까 아주 핫바지 같지?
	그래서 나 무시하는 거지. 까라면 까라 제발, 응? 나 서장님 얼굴 진
	짜 자주 보기 싫어, 엉?!
배형사	아니 근데 팀장님, 그 사건은 진짜 아직… (하는데)
송형사	(배 형사 뒤통수 탁 치며) 시끄러 자식아. 팀장님 말씀하시는데 싸가지
	없이 어디…. (팀장한테) 제가 단도리 하겠습니다 팀장님. 얘가 아직
	쓸데없이 열정만 넘쳐서.

S#42. 경찰서 복도 (D)

앞서가는 송 형사를 골난 표정으로 따라가는 배 형사.

배형사	진짜 너무하는 거 아니에요? 아니 일을 안 하겠다는 것도 아니고 하
	겠다는데… 선배도 봤잖아요, 수상한 게 한두 가지가 아닌 거. 근데
	그냥 묻어요? 덮어요 진짜 여기서?!!
송형사	(힐끗 보며) 누가 덮으래?
배형사	예?

송형사	티 안 나게 하라고 좀. 조용히. 요령껏.
배형사	(표정 풀리며) 선배.
송형사	(진지) 이영민이 주변, 쇠구슬 관련성, 다 다시 파봐. 입단속 잘 시키고. (가는)
배형사	(그런 뜻이었구나…) 아, 아… 아 그런… 아 난 또… 그럼 그렇다고 말을 하시지. 같이 가요 선배. 저녁 뭐 먹을 거예요? (쫓아가는)

(E) 수업 끝 알리는 종소리

S#43. 우림고 2-1 교실 (D)

체육복으로 갈아입은 아이들, 체육 수업 위해 우르르 나가는데.
수아만 꼼짝 않고 책상 앞에 앉아 수학 문제집에 시선 고정하고 있다.

건후	(나가는 해이에게 수건 던지며) 헤이 남해이! 이것 좀 맡아주라.
해이	(머리에 걸쳐진 수건 내리며) 뭐야. 이걸 왜 나한테 맡겨.
건후	바로 시합한대잖아 우리. 이따 세수하고 쓸려고. 땡큐.
해이/단지	아 진짜. (냄새 맡으며) 빤 거 맞아? / 나가자 해이야. (어깨동무하며 나가는)
선재	(건후 힐끗 보며) 그냥 스탠드에 뒀다 쓰면 되는 거 아니냐?
건후	(알면서 왜 묻냔 듯) 당연히 그래도 되지. (웃으며 선재 어깨 툭, 치곤 나가는)
선재	아… 거슬려 진짜. (나가는 건후 노려보고 나가려다 수아 본다. 이미 아이들 다 나가고 교실에는 수아만 남아 있는) 안 나가? 체육이야.
수아	……. (신경질적으로 문제만 푸는)
선재	체육이라구! 안 들려??
수아	(보며 히스테릭하게) 시끄러, 너나 가! 나 좀 냅두라구!!
선재	(당황해 뭐라 하려다 그래 관두자… 그냥 나가는)

수아   (잔뜩 썽난 표정으로 휘갈기며 문제 푸는)

S#44. 우림고 운동장 일각 (D)

체육 시간 – 남학생들 농구시합하고, 여학생들 응원 중이다.

선재와 건후, 마치 둘만의 싸움인 듯 팽팽하게 신경전하며 플레이하는.

선재가 드리블하면 건후 붙어 공 인터셉트 하려는데 선재, 건후 제치고 골 넣는.

단지   오 이선재~ 웬일이냐? 담 수업 지장 있다고 체육 시간에 땀 안 빼는 애가.

해이   그러게. (하곤) 괜찮아 서건후~ 잘해라~~ (건후 수건 들고 응원하면)

선재   ! (그런 해이 본다. 건후 보면)

건후, 해이 향해 특유의 넉살스런 제스처 해 보이곤 공 드리블해 치고 들어가고.

질투심에 표정 경직된 선재, 이 악물고 쫓아가 골밑에서 건후 볼 뺏으려는.

건후, 그런 선재를 피하고 슛 하려는데, 선재, 몸으로 거칠게 건후를 밀치는.

건후   (넘어질 뻔하곤, 열 받아 선재 멱살 잡고)

선재   (역시 건후 멱살 맞잡는다. 씩씩… 두 사람 쏘아보며 눈싸움하고)

단지/해이   어머, 쟤 왜 저래 이선재~ / (격정되는 표정으로 보고)

남학생들   (싸움 구경이 재밌다) 우~~ / 아무나 이겨라~~ (휘파람 불고, 소리 지르는)

S#45. 우림고 2-1 교실 (D)

문제 풀던 수아, 운동장 쪽 시끄러운 소리에 신경질적으로 째려보고.
귀마개 꺼내 귀에 쑤셔 박곤 다시 문제 푸는데.
문제집의 글자가 갑자기 확 커지며 종이에서 튕겨져 나오는 - C.G

수아   !!! (놀라 제 눈을 비비는데, 역시 글자가 마구 튕겨져 나온다) 아악~~ 왜
          이래에~~ (문제집을 신경질적으로 구기곤 휴대폰 꺼내 전화 건다. 소리 지
          르는) 엄마. 나 이상해. 문제집 글씨가 막 튕겨져 나와~~ 나 미쳤나봐
          어떡해에~~~ (울먹이는)

S#46. 브런치 카페 (D)

일각에서 전화 받는 수아모.

수아모   (쩔쩔매는) 그게 무슨 소리야, 글씨가 왜 튕겨져 나와. 수아야. 침착하
          게 응? 마음 가라앉히구. 심호흡해 천천히. 천천히… 어 잘한다 우리
          딸. 다시 마인드컨트롤 하구, 찬찬히 풀어봐. 알았지? 또 그러면 전화
          하… (하는데 끊겼다) 하아….

한숨 내쉬며 휴대폰 끄는 수아모.
다시 표정 관리하고 커피 타임 중인 올케어 엄마들 테이블로 가는.

수아모   (다시 앉았던 자리에 앉아 커피 마시는)
엄마1   나 진짜 깜놀했잖아요. 아니 어떻게 9모 일등이 그 반찬집 딸이야?
          걔가 원래 그렇게 잘했어요?
엄마2   전교 일이십등 사이 왔다 갔다 하는 정도였을걸요? 근데 어떻게 갑
          자기… 난 우리 올케어 애들 중에 나올 줄 알았거든 일등은.
수아모   그러게요. 쥐새끼마냥 남의 교재까지 빼내 공부한 덕분인지 뭔지.
엄마1   그게 무슨 소리예요? 뭘 빼내 걔가?

수아모 선재가 해이한테 올케어 자료를 줬나봐. 그게 말이 되냐구. 우리 수아가 눈치 못 챘음 계속 그랬을걸? 내가 선재 엄마한테 얘기했으니까 몰라, 경곤 하겠지 뭐.

엄마2 어머 진짜요? 건 아니지. 우리도 비싼 학원비 내고 받는 수업인데.

수아모 그러니까. 내 말이.

엄마1 아니 근데 그 자료 좀 받았다고 9모에 갑자기 전교 일등을 해? 내신이야 바짝 공부하면 그럴 수도 있지만 모의고사에서 이렇게 치고 올라오는 건 정말 어려운 건데. 혹시 고액과외 같은 거 받는 거 아닌가?

엄마2 에이, 고액과욀 어떻게 받아 고깟 반찬 팔아서.

엄마1 모르지 또. 걔 아빠 필리핀에서 사업한다면서요. 거기서 엄청 부쳐줄지.

수아모 (어쨌든 이래저래 부글부글한다. 수아가 예민해진 것도 다 그 탓이다. 분한 맘 삭히려 애쓰며 쓰디쓴 커피 마시는)

S#47. 고급 레스토랑 (D)

단아한 이미지의 미인과 마주 앉아 식사하는 치열.

혜연 (힐끗 힐끗, 고기 썰다 말고 자꾸만 치열을 훔쳐보며 미소 짓는)

치열 (고기 썰다가 시선 느끼고 보면)

혜연 아 죄송해요. 너무 팬이었는데 앞에 계신 게 신기해서… 자꾸만 힐끔거리게 되네요.

치열 (시크하게) 맘껏 보세요. 본다고 닳는 것도 아니고 뭐.

혜연 (피식) 생각보단 냉미남과신가봐요. 영상으로 봤을 땐 에너지 넘치고 개그도 잘 치시고 친근했는데, 실제론 좀… 시크하세요.

치열 강의에선, 일종의 컨셉이죠. 가식이라면 가식이고 이중인격이래도 할 말은 없는데… 나로선, 애들을 더 집중시키기 위한 노력이랄까.

혜연 (공감한다는 듯 웃고) 생각해보니 저도 컨셉이 있네요 일할 때. 현대인

	들, 사회생활에서 쓰는 가면 같은 거, 하나쯤은 다들 있는 거 같아요.
치열	(생각보다 나쁘지 않다… 스테이크 먹다 저도 모르게 찡그린다. 맛이 없다)
혜연	좀 퍽퍽하시죠? 와인이라도 곁들이면 좋은데 수업을 가셔야 해서.
치열	와인 좋아해요?
혜연	그냥 가끔요. (보며) 진짜 멋있으세요 수학 잘하시는 거. 제가 피아논 좀 치는데 숫자 감각은 영 꽝이거든요. 전화번호나 생일 같은 거 못 외워서 가끔 제 것도 헷갈려요.
치열	(솔직함이 귀여워 피식, 웃는)
혜연	아… 너무 솔직했다. 이런 얘기할 필요 없는데 굳이.
치열	난 피아노 호구예요. 젓가락 행진곡도 못 쳐요. 나비야 나비야도.
혜연	어머, 정말요? (꺄르르 웃는)

S#48. 레스토랑 앞 (D)

분위기 좋게 레스토랑에서 나오는 치열과 혜연.

혜연	아쉽네요. 첫 만남인데, 한 시간 정도밖에 얘기 못 나눠서.
치열	(결심한 듯) 그럼 또 보죠 뭐. 늦은 시간도 괜찮으면, 담에 와인 마시러 가요.
혜연	좋아요. 저 원래 야행성이에요. (웃는)
치열	(같이 웃으며… off) 그래… 만나보니까 좋네. 이쁘고, 성격도 좋고. 역시… 그 여자만 이뻐 보인 게 아니었어. 잠시 착오가 있었을 뿐, 난 완벽한 정상이야. (만족스러운)

S#49. 저녁 거리 인서트 (N)

도로를 오가는 차들…
그 차들 사이로 국가대표 반찬가게로 향하는 치열의 새 차 보이고.

S#50. 행선집 해이방 (N)

해이에게 문제풀이 해주는 치열.

치열 …그럼 적분 값이 어떻게 되겠어? (식 쓰면서). $S = \int_0^2 (-y^2 + 4)dy = \frac{16}{3}$ 이런 문제는 식으로만 접근하지 말고 그래프로 접근해서 역함수 이용하면 더 쉽게 적분할 수 있어. 오케이?

해이 네. (고개 끄덕끄덕하는)

치열 오늘은 여기까지. 뒷장에 응용문제들 꼭 한 번씩 풀어보고. 수고했다.

해이 네, 수고하셨어요 쌤. (문제지 보며 정리하는)

치열 (바깥쪽 한 번 더 보곤… off) 오케이. 경계의 고삐를 늦추지 말자. 경계. 경계….

S#51. 행선집 거실 (N)

방문 열고 치열과 해이 나오면 다가서는 재우.

재우 수고했어요 치열이 형.

치열 어? 어 그래요 삼촌. 근데… 그쪽 누님은…. (하고 두리번거리는데)

막 세수 마친 행선, 욕실에서 나온다. 물에 젖은 머리가 찰랑거리는 - slow

치열 !! (헉… 또 얼음 되는)

행선 (보며) 어, 벌써 끝나셨어요? 오늘은 일찍 끝났네. (웃는데)

치열 (멍… 한 채 행선을 본다. 또 이쁘다…)

행선 (그런 치열 보며) 쌤, 잠깐만 계시면…

치열 (인사도 없이 도망치듯 현관 쪽으로 가 신발 신는)

행선 어머 쌤! 도시락 갖구 가셔야죠. 쌤~ (하는데)

치열   (후다닥 나가버리는)

S#52. **국가대표 반찬가게 앞 (N)**

치열, 신발도 제대로 못 신고 깽깽이로 나오다 다시 바로 신는데.
이때 행선이 도시락을 들고 뒤쫓아 나오는.

행선   쌤~ 쌤 이거요~!

치열   (멈칫한 채 보면)

행선   뭐 급한 일 있으세요? 그래도 도시락은 갖구 가셔야지. (다가서려는데)

치열   스톱~ 거기 서요! 거기 고대로…. (위험한 동물에게 다가가듯 조심조
        심… 한 발씩 가서 낚아채듯 왼손으로 도시락 잡다가) 아…. (도시락 놓친
        다. 아픈 팔인 걸 깜빡했다)

행선   아 참, 오늘 되게 이상하시네. (도시락 주워 다시 내민다)

치열   (찡그린 채 오른손으로 받으면)

행선   (왼손 보며) 통증이 계속 있는 거죠, 어제 다친 것 땜에?

치열   …괜, 괜찮아요… 신경 쓰지 마요….

행선   신경이 쓰이죠, 괜히 제가 끌고 나가가지구. 그러게 평소에 운동도
        좀 하고 그러시지 참. (하다) 아! 낼 혹시 시간 되세요? 해이 공부 끝
        나고.

치열   (힐끗 보며) 남의, 시간은 왜….

행선   선수 때부터 다닌 한의원이 있는데, 그 원장님 침 맞으면 통증이 귀
        신같이 확 가라…

치열   (o.l) 됐어요… 대체의학 안 믿어요 나.

행선   (대체의학?) 그게 뭔진 모르겠고. 나를 믿어요 나를. 내 몸이 증거니까.

치열   (그런 행선이 어이없다. 저도 모르게 웃음 나오는) 참 나.

행선   저랑 워낙 친하셔서 얘기하면 늦게 가도 봐주실 거예요. 별로 멀지도
        않아요. 상도동이에요. 내일 저랑 같이 가봐요.

치열	같이요…?
행선	예 낮에 가면 좋은데, 워낙 바쁘시니까. 같이 가봐요 넬. 간만에 원장님도 뵙고.
치열	(같이 가자는 말에 저도 모르게 혹 한다. 주저하면)
행선	가시는 걸로 알고 전화해놓습니다. 오케이? (하며 싱긋 웃으면)
치열	(결국 싫다고 말 못하는)

S#53. 치열 차 안 (N)

뭐에 홀린 표정으로 차에 타는 치열.

치열	(혼잣말로 합리화한다) …아니 데이트를 하자는 것도 아니고 뭐, 손목이 안 좋은 건 사실이니까. 나 같은 강사한텐 손이 밥줄이나 다름없잖아? 오케이. 잘한 거야. 다른 의돈 전혀 없어 전~혀. (합리화하곤 시동 켠다. 뭔가 얼굴이 기대감으로 상기되어 있는)

S#54. 다음 날/ 치열 펜트하우스 거실 (D)

막 샤워하고 욕실에서 나오는 치열.
들뜬 표정으로 거울 보며 면도가 깔끔하게 됐나 확인하는.

치열	…아 너무 밀었나? 살짝 있어야 남성미가 좀 돋보이는데…. (턱 쓰다 듬다가) 아냐. 깔끔한 게 좋아 깔끔한 게. (서둘러 옷방으로)

S#55. 치열 펜트하우스 옷방 (D)

옷걸이에서 이 옷 저 옷, 꺼냈다 획 던지고 꺼냈다 획 던지고 고르는 치열.

치열	(맘에 안 드는 듯) …최근에 쇼핑을 안 해가지구 입을 게 없네 옷이. 명

품이면 뭐해 유행 지나면 입을 수가 없는데. (또 하나 꺼내 보다가 자각한 듯 !! 멈칫하곤) 아… 지금 뭐하는 거야 대체. 한의원 가면서 옷은 왜 고르는데? (자아 분열하듯 고개 흔들며) 안 돼 정신 차려… 이거 아냐 최치열. (하곤 옷 넣고 일상복 쪽 스캔하는)

S#56. 더프라이드 학원 로비 (D)

통 큰 바지에 후줄근한 티셔츠 입은 치열과 동희 들어오면
나오던 학생들 "안녕하세요?" 인사하다가 멈칫한다.
"어 그래~" 인사 받고 지나치는데 뒤에서 들려오는 소리.
"헐… 최쳴 쌤 오늘 패션 왜 저래…" "자다 그냥 나왔나봐"
가며 키득거리는.

치열	큼. (너무 평상복인가? 신경 쓰이는)
동희	(옆으로 걸어오며 폰 보고) 선생님. 협회에서 3차 토크 콘서트 예상 질문지 보냈다는데요? 이따 뽑아서 선생님 책상 위에 올려둘게요.
치열	(귀에 들어오지 않는다. 동희 보며) …그렇게 이상하냐? 내 스타일?
동희	(보며) 아닙니다. 아주 캐주얼하세요.
치열	캐주얼…?
동희	예, 뭐… 내추럴하기도 하고.
치열	…나는 자연인이다 스탈?
동희	(더 이상 쉴드 못 치겠다. 보며) …솔직히 좀 아니에요. 왜 그러구 오신 거예요 오늘?
치열	낸장. (하다 헉) 아 낸장이 왜 나와, 미쳤어 낸장…. (망했다 싶은)

S#57. 로펌 외경 (N)

S#58. 로펌 선재모 사무실 (N)

퇴근 준비하는 선재모. 막 자리에서 일어나는데… 휴대폰 벨 울린다.

선재모 (보고 얼른 받는) 아 네, 교무부장님. 안녕하셨어요? (듣고) 아뇨, 아직
        퇴근 전이에요. 네 사무실이요. (듣고) 아 지금요? 어디, 근처세요?

(컷)   음료수 앞에 두고 마주 앉아 있는 선재모와 교무부장.

교무부장 …고민하다가, 그래도 워낙 유능한 변호사신 걸 아니까. 진짜 눈 딱
         감고, 민망함 무릅쓰고 뵙자 그랬어요. 자식이 뭔지 참.
선재모   그럼 지금 경찰에서 조사 중인 건가요?
교무부장 그쵸, 일단 그쪽 부모들이 고소 했으니까. 진짜 내가 속이 문드러져
         서… 아니 집단폭행이 웬말이냐구요, 엄마가 우림고 교무부장인데.
         그렇다고 애를 24시간 쫓아다닐 수도 없고. 뭔 짓을 하고 다니는지,
         지들이 감추면 알 방법이 있냐고 우리가.
선재모   (고개 끄덕이곤) 잘 오셨어요. 우선, 수사 상황부터 체크해보죠.

S#59. 더프라이드 학원 주차장 (N)

강의 끝난 치열 서둘러 나오는데, 동희가 프린트 들고 쫓아 나온다.

동희   선생님~~
치열   ? (돌아보면)
동희   (프린트 내밀며) 이거 가져가셔야죠, 남해이 학생 과외 프린트. 우림고
       2학년 내신족보도 같이 좀 뽑았어요.
치열   아… (받으며) 땡큐. 내가 좀 급해서.
동희   바로 과외 가시는 거 아니에요? 어디 들렀다 가시게요?
치열   어. 어 쫌… 나 간다. 고맙다 지 실장. (서둘러 차에 타고, 출발해 가는)
동희   (갸웃하곤 들어가는데)

잠시 후, 구석 쪽에 주차되어 있던 차에서 내리는 진이상. (차창 내려져 있는)

진이상   (치열 간 쪽 보며) 과외 프린트…? 최치열이 과욀 한다고?? (오호, 이것 봐라… 뭔가 왕건이를 문 듯하다. 썩소 짓는)

S#60. 치열 펜트하우스 거실 (N)
신발 벗어던지며 뛰어 들어오는 치열. 옷방으로 뛰어 들어가고.
이내 다시 나오는 치열.
바지 한쪽 다리만 낀 채 다른 다리 끼려다 휘청, 깽깽이로 버티고.
셔츠 단추 끼우는데 너무 서둘렀나, 한 칸씩 잘못 끼워졌다.
"아 씨…" 짜증내며 단추 죄 풀고 다시 끼우는 치열.
나가려다 다시 들어와 두리번 향수 찾아 들곤 치이익~ 향수 샤워까지 하는.

S#61. 진이상 차 안 (N)
진이상 운전하며 블루투스로 후배와 통화 중인.

진이상   어 남해이. 남, 해, 이. 우림고 다니는 앤 거 같애. 알아낼 수 있는 건 다 알아봐, 최근 성적부터 동향까지. 어, 다시 연락하고. 수고~ (전화 끊곤) 최치열, 너 딱 걸렸다 나한테. (썩소 지으며 음악 튼다)

빠른 템포의 음악이 흘러나오고.
어깨 으쓱으쓱하며 신나죽겠다는 듯 운전해 가는 진이상 모습에.
(E) 행선집 벨소리

S#62. 행선집 현관 (N)

현관 쪽에서 들어오는 치열. 행선과 해이가 서서 맞는.

행선/해이	오셨어요? / 안녕하세요 쌤?
치열	(헉헉… 시계 보며) 12분 45초 늦었네요… 긴급 미팅이 잡혀서.
재우	(방에서 나오며) 어, 형 왔어요? (하다 바로) 웩! 향수 냄새. (코 막으면)
치열	(당황. 얼굴 새빨개져서) 얼른… 수업 시작할까 그럼? (해이 방으로 들어가는)
해이	(피식, 웃고 따라 들어가려다 멈칫. 행선 본다)
행선	? (보며) 왜. 뭐.
해이	(행선 스캔하곤) 엄마 끝나고 남궁 선생님한테 간다며 치열 쌤이랑.
행선	어. 왜.
해이	옷 좀 갈아입는 게 낫지 않겠어? 너무 후줄근한데. 화장도 좀 하고. 남궁 선생님 간만에 뵙는 거잖아. 예의가 아니지 않나? (하곤 들어가는)
행선	그런가? (제 차림 훑어보곤) 많이 후줄근하냐?
재우	어 많이. (끄덕끄덕하는)

S#63. 선재집 거실 (N)

세탁소에서 받아온 세탁한 검정 후드티 들고 희재 방 쪽으로 가는 선재모.
똑똑. 노크하는데 반응이 없다. 살짝 문 열어보고… 희재 없는 거 확인하고 들어가는.

S#64. 선재집 희재방 (N)

옷 들고 들어오는 선재모. 오랜만인 듯 천천히 희재 방을 둘러본다.
수학 프린트물, 영어 단어 프린트물이 빼곡히 붙어 있는 벽면.
책상 위에는 나가기 직전까지 푼 듯, 수학 문제집이 펼쳐져 있다.

선재모   ······. (답답한 마음에 한숨 내쉬곤 옷장 쪽으로 다가가 옷장 문 여는)

옷장 안, 똑같은 검정 후드티가 대여섯 벌 쭉 걸려 있다.
선재모, 세탁한 검정 후드티 걸고 다시 옷장 문 닫고 나가려다가 멈
칫하는.

교무부장(E)   뭔 짓을 하고 다니는지, 지들이 감추면 알 방법이 있냐고 우리가.
선재모   (맞는 말이긴 하다. 조심스럽게 책상 앞으로 다가서 서랍을 열고 뒤져보는
          데… 쇠구슬이 있다. 이게 뭐지? 들고 보다가 뭔가 생각난 듯 눈 동그래지는)
배형사(E)   쇠구슬 테러가 연쇄로 일어나고 있는데 이게 어떻게 동네 애들 장난
          이냐구요.
선재모   !! (분명 쇠구슬 연쇄 테러라고 했다. 이게 왜 여기…? 불길한 예감에 표정
          굳는데)

이때 희재, 방으로 들어서다 선재모를 보곤 멈칫 선다.
기척에 돌아보는 선재모, 흠칫하곤 이내 차가운 표정으로 희재에게
다가서는.

선재모   (손에 든 쇠구슬 들어 보이며) 너… 이거 뭐야…. (꾹 누른, 그러나 힐책하
          듯) 너 대체… 요새 무슨 짓을 하고 돌아다니는 거야…?!
희재   (분노 어린 표정으로 보는)
선재모   밤마다 도둑고양이처럼 나가서 뭘 하냐구 대체? 이 쇠구슬은 뭐
          고?!!
희재   (차가운 표정으로 선재모 손에서 손목 빼고 쇠구슬 빼앗아 주머니에 넣고,
          두 손으로 거칠게 선재모 등을 밀어 밖으로 몰아내는)
선재모   대답해! 대체 무슨 사골 치고 다니는지…!! (하며 희재 완력에 밀려나고)

S#65. 선재집 거실 (N)

희재, 선재모 방 밖으로 내몰고 다시 들어가려는데 선재모 희재 옷 잡는다.

선재모   희재야~!! (말하라는 듯 보는데)

희재   (선재모 손목을 잡는다. 힘주며 제 옷에서 떼어내곤 더 힘줘서 손목 비트는)

선재모   아, 아~~ (고통스러워하고)

희재   (그제야 손목 확 놔주곤 방으로 들어간다. 문 탁, 또 잠그는)

선재모   (비틀린 손목 잡고 겁먹은 표정으로 희재 방 문 보는)

S#66. 행선집 거실 (N)

과외 마치고 해이 방에서 나오는 치열과 해이.

나름 원피스에 단정하게 머리 묶고 립스틱까지 바른 행선이 기다리고 있다.

치열   ! (보고 멈칫하는)

행선   끝나셨어요? 바로 가야 될 거 같은데. 선생님이 기다리고 계셔서.

치열   (당황… 또, 또 이쁘다… 고개 흔들며) 아뇨. 아니 네, 네 가야죠….

행선   에? (왜 저러나 싶어 보면)

치열   아니 간다구요. 가자구요 얼른. (나서는)

행선   (해이에게) 얼른 갔다 올 테니까 입 심심하면 냉장고에서 자두 꺼내 먹고. 씻어논 거니까 바루 먹어도 돼.

해이   얼른 올 필요 없어 엄마. 천천히 와.

재우   나두 따라가면 안 돼 누나? 치열이 형 차 타고…

해이   (재우 입 막고) 가 얼른. 남궁 선생님 기다리시겠다… 가세요 쌤. (웃는)

S#67. 한의원 외경 (N)

낡은 건물에 다른 곳은 다 불 꺼져 있고.
'참 한의원' 간판이 붙은 곳에만 환하게 불이 켜져 있는.

S#68. **한의원 진료실 (N)**

낡고 오래된 한의원.
치열 손목 잡고 눌러보며 상태 체크하는 머리 희끗희끗한 남궁 원장
(남, 70세).
행선은 앞쪽 대기의자에 보호자 자격으로 앉아 있다.

원장   단순한 염좌는 아닌 것 같고. 평소에 손목을 많이 쓰네. 손목에 지속
       적인 압박이 가해지면 이 인대가 두꺼워지면서 정중신경을 자극해
       통증이 유발되거든. 이걸 우리 한의학에서는 수근관증후군이라 그
       러고. (치열 보며) 무슨 일 하시나?
치열   학생들… 가르칩니다.
원장   아 선생이시구만.
치열   아뇨, 공교육 쪽은 아니고… 학원강사인데요.
행선   (끼어든다) 그냥 강사는 아니구요 원장님, 일타강사라고 엄청 돈 잘
       벌고 잘나가는 강사님이에요. 침값 많이 받으셔도 돼요.
원장   그래? 바가지 엄청 씌워야겠구만. (웃고 맥 짚으며) 쯧쯧… 돈을 얼마
       나 버는진 몰라도 몸은 아주 쓰레기구만. 엉망진창이야.
치열   아… 그래도 사람 몸인데 쓰레기는 좀….
원장   맥이 심하게 무력이면서 침맥이야. 원체 기운이 허약한데다 과로에
       스트레스까지… 몸을 완전히 방치했구만. 이 정도면 잠도 잘 못 잘
       거 같은데… 불면증 있나?
치열   네… 걸 어떻게…. (신기하다는 듯 보면)
원장   뭘 어떻게야 점쟁이도 아니고, 맥이 말해주는 거지. 약침 좀 맞고, 쑥
       뜸 좀 뜨고. 한 번으로 안 될 거 같으니까 시간 날 때마다 들르고.

치열	(신기한) 아 근데 제가 그렇게 자주자주 시간이 나고 그런 사람이…
원장	(o.l) 죽고 싶으면 맘대로 허고. (보며) 이대로 뒀다간 지옥문 앞까지 가겠구만 젊은 사람이. 쯧… (침대 가리키며) 일단 올라가봐.
치열	예?
원장	아 손 치료 안 할 거야. 앉아서 침 맞을래?

(컷)	침대 위에 누워 있는 치열. 구멍 뚫린 천 치열 배 위에 올려져 있고, 구멍 안에서는 쑥뜸이 타고 있다. 원장은 그런 치열 앞에서 약침 놓을 준비하고 있는.

치열	……. (주사기같이 생긴 약침을 보니 긴장된다. 침 꼴깍 삼키는)
원장	자 약침은 목, 머리, 손등, 손목, 배, 발목, 발등 요렇게 놓을 거야.
치열	머, 머리에두요? 아…. (겁먹는)
원장	자 몸에 힘 풀고.
치열	(긴장해) 자, 잠깐만요. 손이 아픈데 왜 머리에 침을 놔요~?
행선	(겁먹었구나. 웃으며 놀리듯) 왜, 긴장돼요? 손이라도 잡아드려요?
치열	(자존심 상해) 됐거든요. 소, 손은 무슨….
원장	이깟 침 몇 방에 무슨 남자가… 금방 끝나 금방. 간다. (머리 쪽에 약침 가져가는)
치열	(눈 똥그래지며 숨 흡 들이쉬고 약침 끝만 보는)
원장	(머리에 손 밀착하고 침놓으면)
치열	!! (순간, 저도 모르게 옆에 서 있는 행선 손끝을 찾아 잡고 눈 질끈 감는)

S#69. 한의원 건물 지상 주차장 (N)

한의원 건물에서 주차장으로 나오는 치열과 행선.

행선	어때요? 손목도 그렇고 좀 난 거 같지 않아요? 약침 효관 바로 나올 텐데.
치열	아 뭐. (손목 돌려보며) 그런 거 같기도 하고.
행선	말은 좀 틱틱 저러셔도 진짜 좋으세요 원장님. 침술도 좋으시고. 시간 되실 때마다 와서 침 좀 맞으세요. 아까 들으셨죠? 지옥문 앞에 가게 생겼대잖아요.
치열	큼. 지옥문은 무슨. 사후세계도 안 믿어요 난.
행선	안 믿는 게 참 많으셔 가만 보면. (하다 보며) 쌤, 나이가 어떻게 되죠?
치열	(!) 남의 나이는 왜… 먹을 만큼 먹었는데요.
행선	아니, 생각보다 좀 어리신가 해서. 아니에요 됐어요. (웃으며 가면)
치열	(약 오른다) 아니 내가 아까 침 맞을 때 그런 거는, 겁이 많거나 그래서 그런 게 아니라 워낙 주사나 침 같은 뾰족한 거에 예민해서.
행선	누가 뭐래요? 뭐 좀 먹고 가요. 도시락도 안 쌌으니까 내가 쏠게요 오늘은.
치열	아니 먹는 게 중요한 게 아니라, 그쪽이 오해를…
행선	추어탕 어때요. 좀만 가면 저 아는 이모가 하는 24시간 추어탕 집 있거든요. 나온 김에 이모도 보고 가지 뭐, 오늘 날 잡았다 아주. (앞장서 가는)
치열	저기요. 이봐요 남행선씨.
행선	(보며) 오~ 외웠다 내 이름. 정확했어 와~ (박수 치는)
치열	나 진짜 겁 없습니다. 겁나 겁 없어요. 진짜예요. (쫓아가며 변명하는)

S#70. **치열 차 안 (N)**

운전해 가는 치열. 행선, 보조석에서 가게 위치 안내하는.

행선	이쪽으로 쭉 가시면 돼요 이제. 거의 다 왔어요.
치열	?! (예전 고시원 동네다) 이 동네예요? 이모 가게가?

행선	왜요, 아는 동네예요?
치열	아, 네 뭐….
행선	실은 예전에 저희 엄마가 하던 식당이거든요 거기가. 엄마 돌아가시고, 친한 이모가 인수한 거예요. 아 간만에 옛날 생각나겠다. (하곤) 아 쭉 가시다 사거리 지나고 골목에서 우회전이요.
치열	!! (고시원 위치와 지척인 곳이다. 얼떨떨한 표정으로 운전해 가는)

S#71. 수자네 식당 앞 (N)

놀란 치열 표정에서 줌아웃하면
예전 선이네 고시식당, 현 수자네 추어탕 그 앞이다.

치열	(얼떨떨한 표정으로) 여기…라구요…?
행선	(해맑) 네. 워낙 오래된 식당이라 좀 허름하긴 한데… 이런 데가 맛집인 거 알죠? 낮에 오면 줄 서서 먹어야 돼요. 울 엄마가 할 때도 진짜 단골 많았었어요. 엄마가 입은 좀 험해도 손맛도 좋고 인심이 좋았거든요.
치열	……. (행선을 본다. 그럼 행선이 선이네 고시식당 사장님의 딸…?)
행선모(E)	누가 식권 달라 카드나? 뱃속에 뜨신 게 드가야 또 살 만해지제. 묵고 가라 마.
행선(E)	자고로 사람은 뱃속에 뜨신 게 들어가야 살 만해지거든요.
치열	……. (어쩐지… 어떻게 이런 우연이…)
행선모(E)	낸장, 얼른 처묵고 가라카이.
행선(E)	낸장, 사람을 뭘루 보구.
치열	(놀랍고 신기하고… 감정 복받친 채로 행선 보다가 다시 앞쪽을 보면)

'수자네 추어탕' 간판이 디졸브되며 '선이네 고시식당'으로.
주변 역시 밤에서 낮으로 배경이 바뀐다.

선이네 고시식당 문 활짝 열려 있고. 안에는 손님이 바글바글, 빈 테이블이 없다.
앞치마 멘 채 큰 국자 든 채로 지나가던 행선모, 치열 발견한 듯 멈춰서 보며.

행선모   저저, 얼른 온나! 그래 느려 터져갖고 어디 밥 얻어묵겠나. (하며 미소 짓던)

다시 현실.
감격에 겨운 표정으로 그 가게, 그 자리에 서 있는 치열과
아무것도 모른 채 해맑은 표정으로 서 있는 행선.
두 사람 모습에서… 7부 엔딩.

인연이 운명이 되는

귀납적 추론

S#1.   수자네 식당 앞 (N)

믿을 수 없다는 표정으로 식당 앞에 서 있는 치열과 해맑은 행선.

행선   워낙 오래된 식당이라 좀 허름하긴 한데… 이런 데가 맛집인 거 알
           죠? 낮에 오면 줄 서서 먹어야 돼요. 울 엄마가 할 때도 진짜 단골 많
           았었어요. 엄마가 입은 좀 험해도 손맛도 좋고 인심이 좋았거든요.
치열   ……. (행선을 본다. 그럼 행선이 선이네 고시식당 사장님의 딸…?)
행선모(E) 누가 식권 달라 카드나? 뱃속에 뜨신 게 드가야 또 살 만해지제. 묵고
           가라 마.
행선(E)   자고로 사람은 뱃속에 뜨신 게 들어가야 살 만해지거든요.
치열   ……. (어떻게 이런 우연이…)
행선모(E) 낸장, 얼른 처묵고 가라카이.
행선(E)   낸장, 사람을 뭘루 보구.

           치열, 놀랍고 신기하고…
           감정 복받친 채로 행선 보다가 다시 앞쪽을 보는데.

행선   들어가요. 여기 진짜 맛있어요, 완전. (싱긋 웃고 앞장서 들어가는)
치열   (벅찬 감정으로, 천천히 행선 따라 들어가는)

S#2.   수자네 식당 안 (N)

테이블 군데군데 손님 있고, 중간 정도 테이블에 앉아 있는 치열과
행선.
수자가 뜨끈뜨끈한 뚝배기 추어탕 두 그릇을 내어온다.

수자   아 왜 이렇게 오랜만에 왔어? 너 어디 이민이라도 간 줄 알았다 기지
           배야.

행선	(웃으며) 그랬네 소원했네 내가, 먹고사느라. 장사 잘 되죠 이모?
수자	뭐 그럭저럭. (하곤 눈으로 치열 가리키며) 근데 누구… 애인…?
치열	에? (당황하면)
행선	(얼른) 아 아냐 이모, 그냥 동네 분. 되게 잘나가는 선생님이셔 일타강사라고.
수자	아 학교 선생님이시구나. 맛있게 드세요. 많이 먹어 행선아. (가면)
행선	(치열 보며) 얼른 드세요. 이거 뜨듯할 때 먹어야 맛있어요. (씩씩하게 밥 마는)
치열	(숟가락 들며 주변을 천천히 둘러본다… off) 하나도 안 변했다. 주방 위치도 테이블들도, 이 의자까지도.

치열, 감회에 젖은 표정으로 주방 쪽 보면
음식 쟁반에 담아 바쁘게 나오는 십여 년 전의 행선모.
"어서 온나~ 오늘은 뭐 물래?" 하던 – 신기루처럼 사라지고.
카운터 쪽 보면 식권 주는 행선모.
"옛다, 한 장 더 가가라. 단골 챈스다 마!" 하며 웃던 – 신기루처럼 사라지는.

행선	(그런 치열 시선 보곤) 안도 엄청 허름하죠? 거의 다 옛날 엄마가 식당 할 때 그대로예요. 난 뭐 그래서 여기 오면 옛날 추억도 떠올리고 좋지만.
치열	(보며) 어머님은… 언제 돌아가셨어요?
행선	남아공 월드컵 했던 해니까… 2010년이구나. 추석 전주였어요. 기숙사 있다 명절 전이라구 특별휴가 받아서 나온 날이었는데….
치열	2010년… 추석 전주요…? (놀라 보는)

#. 회상 인서트

울컥한 채 고개 숙이고 밥 먹는 치열.
"오마니~ 국대 딸내미 왔시오 오마니~"소리 들리던/숭늉 놓으며
"뜨거워요. 식혀서 드세요." 하던.

치열   ! (그게 행선이었구나… 그럼 그날…?)

행선   (담담하게) 아픈 데 하낫두 없이 참 건강한 양반이었는데… 교통사고
루 갑자기 갔어요 그날. 것두 집 앞에서…. (쓸쓸한 표정…) 왜 울 엄마
같이 착한 사람한테 그른 일이 일어나나… 홧병이 나서 한동안은 운
동을 하다가도 엄마 모셔놓은 절로 막 달려가고 그랬어요. 성북동에
엄마 다니던 쪼끄만 절이 있는데 것다 위펠 모셔놨거든요. 가서 한바
탕 울고 원망 쏟아놓고 오면 또 얼마간은 견뎌지고… 몇 년 그랬죠.
(하곤 이제 옛날 일이라는 듯 담담하게 추어탕 퍼 먹는)

치열   ……. (전혀 몰랐다. 그날이 사장님의 마지막 날이었다니… 울컥하고 마음
아픈…)

S#3.   수자네 식당 외경 (N)
가게 창 안쪽으로 마주 앉은 두 사람 모습 보이며… 부감으로…
타이틀 뜬다.
일타 스캔들 chapter 8. 인연이 운명이 되는 귀납적 추론

S#4.   이자카야 외경 (N)

S#5.   이자카야 (N)

진이상   (손짓하며) 여기야 여기!!

대학생2   (진이상 발견하고 다가오는)

진이상   (대학생2 채 앉기도 전에 조급하게) 어뜨케, 좀 알아봤어?

대학생2   (앉으며) 네, 남해이. 임페리얼 아파트 근처 반찬가게 딸이구요, 이번

9모에서 전교 일등으로 치고 올라왔더라구요. 원래두 상위권이긴 했지만 일등은 첨인 거 같구요.

진이상 챠. 최치열이 과외 좀 해줬다고 바로 전교 일등이야? 재섭는 시끼… (하다) 근데, 반찬가게 딸이야? 난 뭐 어디 재벌집 딸내미쯤 될 줄 알았는데. 걜 왜 봐주는 거지…?

대학생2 관련 있는진 몰겠는데… 올해 올케어반, 테스트 붙은 애 떨어뜨리고 이영민이 밀고 들어왔었잖아요. 그때 밀려난 애가 바로 남해이예요.

진이상 아… 최치열이 복귀 안 시키면 지도 올케어 관두네 마네 했다던… (스토리 각이 선다) 굉장히 각별한 사인가보네? 십 년 주기마다 각별한 제잘 두는 게 취민가 최치열은?

대학생2 (감 잡은) 그러게요. 과건 별 관심 못 끌어도 이건 현재니까… 완전 히트겠는데요?

진이상 그치 스토리 나오지. 오케이, 작업 바로 시작하자고. (들뜬 표정에)

S#6.   수자네 식당 근처 거리 (N)
수자네 식당에서 나온 치열과 행선. 차 주차해놓은 장소로 걸어가는.

행선 (두리번거리며) 잠깐만, 이쪽 골목에다 주차했었나 아까?

치열 아니, 좀 더 가야 돼요. 저기 세탁소 있는 데서 교회 쪽으로 우회전.

행선 오… (보며) 어떻게 여기 살았던 나보다 더 잘 알아요 이쪽 지리를? 완전 신기하네?

치열 ! (잠시 당황하다) 아… 내가 원체 길눈이 좀 밝아서.

행선 그래도 진짜 신기하다. 어떻게 그렇게 정확해요? 이래서 공부 잘하는 사람들은 경계해야 돼. 돈 꿔주고도 절대로 안 까먹을 거야, 그쵸? (농담하는데)

치열 (웃지도 않고 걸어간다. 추억에 젖어 주변을 두리번 보는)

행선 (뻘쭘, 다시 정색하곤 치열과 보조 맞춰 걷는)

치열   (걷다가 멈칫, 건물을 올려다본다)

리모델링이 된 듯 새 건물에 '스터디 카페 스카이' 간판 붙어 있다.
가만히 간판과 건물 보며 회상에 잠기는 치열 표정에서.

S#7.   **(과거) 열공 고시원 외경 (D)**
화면 낮으로 디졸브되며… 12년 전, '열공 고시원' 건물 외경에
라디오 교통방송 오디오가 물린다.

리포터(E)   설 명절 당일인 오늘 전국 고속도로 곳곳에서 정체가 시작되고 있습
니다. 이 시간 귀성과 귀경 방향 정체 상황을 말씀드리겠습니다.

S#8.   **(과거) 고시원 휴게실 (N)**
아무도 없는 휴게실에 앉아 공부 중인 치열.
먹을 게 없는 듯 생라면 부숴 먹으며 열심히 수학 문제 푸는데… 볼
펜이 안 나온다.

치열   아…. (계속 그어보지만 나오지 않는다. 그새 볼펜 심이 다 닳았나보다)

S#9.   **(과거) 고시식당 앞 거리 (D)**
명절이라 한산한 거리.
치열, 새로 산 볼펜 두 자루를 손에 쥐고 추운 듯 점퍼 여미며 걷는데
어디선가 맛있는 냄새가 난다. 보면…
명절임에도 불구하고 문이 열려 있는 고시식당이다.
침 꼴깍 삼키는 치열. 홀린 듯 저도 모르게 발길을 식당 쪽으로 향하는.

S#10.   **(과거) 고시식당 (D)**

치열 앞에 푸짐하게 차려져 있는 모둠 전과 잡채, 삼색나물 등 명절 음식들.

허겁지겁 떡국을 먹는 치열. 전도 맛있게 먹는데

행선모가 수정과 그릇을 슬쩍 놓고 간다.

치열, 까딱 고개 인사하고 수정과도 후루룩 맛있게 마시는.

(컷)   계산대 앞에 선 치열.

주머니에서 천 원짜리 세 장과 동전 다 꺼내 계산해보는데… 돈이 모자란다.

아차, 볼펜을 두 개 샀다는 걸 깜빡했다.

당황한 표정으로 돈과 볼펜 하나를 행선모에게 내밀며.

치열   저기, 죄송한데… 이거까지 받아주시면 안 될까요? 돈이 좀 모자라서….

행선모   (보고) 마 됐다. 있는 것만 주고 그냥 가뿌라.

치열   아… 저, 그럼 일단 외상으루….

행선모   외상은 낸장, 뭘 그래 따져쌌노. 정 그러믄 우리 집 단골하면 되겠구마.

(diss)   치열 백반 먹는데 제육볶음 접시 탁, 내려놓는 행선모.

치열 "아 전 백반인데…" 하면 행선모 "고기가 남아서" 하곤 휙 가는.

(diss)   치열 백반 먹는데 이번엔 고등어구이. "좀 탔다. 니 무뿌라" 가고.

(diss)   놓이는 순두부찌개. 이젠 익숙한 듯 꾸벅 인사하고 맛있게 먹는 치열 얼굴에서.

S#11. **치열 차 안** (N)

운전해 가는 치열의 얼굴. 줌아웃하면 옆엔 행선이 타고 있다.

저 앞으로 국가대표 반찬가게가 보이는.

S#12.　국가대표 반찬가게 앞 (N)

가게 앞에 와 서는 치열의 차. 행선 내리고 치열 차 창문 내리면.

행선　(보며) 고생하셨어요. 집에 가서도 손목 찜질 자주 해주세요. 아 당분
간 왼손은 최대한 쓰지 마시구요.

치열　…알았어요. 들어가요 얼른.

행선　아니에요. 전 집 앞인데요 뭐. 가시는 거 보고 들어갈게요.

치열　(그래도 먼저 들어갔으면 좋겠는데…)

행선　(얼른 가라 손짓하곤) 오라이. 오라이 오라이. (차 뒤로 빼게 안내하는)

치열　(뒤로 차 살짝 빼곤 고개 까딱, 해 보이고 출발해 가는)

S#13.　치열 차 안 (N)

운전해 가는 치열. 룸미러로 손 흔들며 서 있는 행선을 보며.

치열(off)　이제야 알겠다. 내가 왜 저 여자 음식에만 반응을 했는지, 왜 난데없
이 눈물이 났는지. 왜 그렇게 저 여자한테, 그 식구들한테… (다시 보
며) 자꾸 마음이 갔는지.

S#14.　국가대표 반찬가게 앞 (N)

멀어져가는 치열 차 보며 갸웃하는 행선.

행선　…한의원까지만 해도 엄살이더니, 왜 과묵해졌대 갑자기…? 눈까지
아주 촉촉해져가지구… 침을 너무 쎄게 맞았나…? (한참을 보다) 아
~~ 졸리다아…. (집으로 들어가는)

S#15.　선재집 거실 (N)

간접 조명등만 켜져 있는 깜깜한 거실.

안방에서 나온 선재모, 비상열쇠 들고 조심스럽게 희재 방 앞으로 간다.
이내 키를 넣고 최대한, 조심조심 소리 안 나게 방문을 돌리는 선재모.
달칵, 소리에 잠시 멈칫하고. 기척 없자 이내 조심스럽게 다시 방 안으로 들어가는.

S#16. **선재집 희재방 (N)**

조용히 방 안으로 들어온 선재모.
벽 쪽으로 몸 돌려 등만 보인 채 잠들어 있는 희재를 확인한다.
이내 책상 위 희재 휴대폰 집어 희재 곁으로 다가가 천천히, 숨죽인 채 폰 화면에 희재 손가락을 갖다 대는데 순간 희재 움찔하고.
얼음 된 선재모. 희재가 다시 잠든 걸 확인하고야 다시 조심조심 잠금을 푼다.
겨우 잠금 푼 희재 휴대폰 들고 조심스럽게 뭔가 설정하는 선재모.
(위치 추적을 위한 스파이앱을 설치하는)

S#17. **다음 날/ 동네 거리 전경 (D)**

도로 위를 달리고 있는 치열의 차.

S#18. **서울 일각 사찰 내 (D)**

'정영순'이라 쓰인 위패 앞에 향을 피우는 치열.
이미 얘기 들은 동희 옆에 서 있는.

동희   …와… 진짜 신기한 인연이네요. 그 사장님이 늘 말씀하시던 은인의 따님이시라니.

치열   나도 믿기지가 않아. 십이 년 전엔 노량진에서, 지금은 녹은로에서…
내 끼니를 해결해주고 있잖아 모녀가. 확률적으로 가능하냐고 이게.

동희	쉽지 않죠.
치열	안 쉽지. 이 넓은 서울 하늘 아래. (하곤 위패를 보며 목례한다)
동희	(따라 목례하는)

S#19. 사찰 마당 (D)

치열	(나오며) 왜 죽고 싶을 만큼 힘들 때, 다시 일어서게 하는 기억 같은 것들이 있잖아.
동희	있죠.
치열	나한텐 그 이모님 식당이 그래. 세상이 참 엿 같고 싫어질 때, 그분이 내 앞에 놔주던 따끈한 그 밥을 생각하면… 그래, 다시 살아보자 싶었거든. 지금의 날 있게 해준 기억인 거지.
동희	(그렇구나… 고개 끄덕끄덕하고)
치열	어쨌든 이제… 명료해졌어. 다시 보니까 이모님이랑 엄청 닮았더라고. 그래서 마음이 간 거야… 교감신경의 문제가 아니라 본능적으로 땡긴 거지.
동희	(무슨 말인가 해서) 예?
치열	(자신한테 입력하듯) 그래, 그런 거였어. 맞아. (이제 마음이 개운해진다) 어쨌든 결초보은하고 싶어. 아니 해야 돼 나. (보며) 지금 그 집에 젤 필요한 게 뭘까?

S#20. 국가대표 반찬가게 (D)

행선과 재우, 에어컨에 커버 씌우고 있고, 영주 옆에서 못마땅하게 보며.

영주	야 벌써 그렇게 집어넣야겠냐? 10월까진 더운 날 꽤 있거든.
행선	단풍 드는데 웬 에어컨이야. 기름 한 방울 안 나는 나라서.
영주	아으 짠순이. 집에도 에어컨 하나를 안 놓고, 요즘 선풍기만 갖구 여

름 나는 집이 몇이나 있다구. (하다) 하긴, 요샌 웬만하면 옵션으로 집
주인이 에어컨을 달아주니까 또. 암튼 여기 건물주님도 에지간히…
(하다) 잠깐. 오늘 월세날 아냐?

행선   (!) 아 맞다… 아… 어떻게 월세날은 매달 꼬박꼬박 돌아오냐, 잊지도
않고?

재우   (에어컨 커버 각 맞추며) 월세니까 그르치. 달마다 내는 거니까.

행선   아 그걸 내가 몰라서 그래?! 답답해서 그런다 답답해서. 장사를 할려
고 월세를 내는 건지, 월세를 내려고 장사를 하는 건지. 달걀이 먼전
지, 계란이 먼전지….

재우   (보며) 달걀이 계란인데 남행선 누나.

영주   닭이 먼전지 달걀이 먼전지겠지.

행선   (그런가?) 아 애니웨이! (하는데 휴대폰 벨 울린다. 폰 꺼내 받는) 네 여보
세요. (듣고 목소리 바뀌며) 아 예, 사장님. 안 그래도 막 월세 보내려고
했… (듣고) 아 그래요…? 그럼… 임대인분이 바뀌는 거죠? 혹시…
저희 방 빼고 그래야는 건… (듣고) 아 다행이다… 저 그럼 월세는 어
뜨케, 그대로는 가는 건지….

영주   (무슨 일인가 다가가서 보는)

행선   (듣고) 에?? 바… 반값이요? 아니 왜… 왜요…? (하는데)

재우   (창밖 가리키며) 어?! 누나! 밖에 뭐가 왔는데?

행선/영주 (창밖 보면)

창밖 화물차가 서 있고, 인부들이 에어컨 박스 여러 대를 줄줄이 내
리는.

S#21. **로펌 선재모 사무실 (D)**

서면 작성하던 선재모, 희재에게 꺾여 파스 붙인 손목이 아파 아…
멈칫한다.

문득 생각난 듯 휴대폰 들고 앱에 들어가 희재 위치를 파악한다.

#. 휴대폰 인서트

희재 위치(화살표)가 임페리얼 아파트(집)에 머물러 있는.

선재모   (집에 있구나… 확인하곤 안심하는데)

선재부   (벌컥 문을 열고 들어오며) 클라이언트 도착했어.

선재모   (화들짝 놀라 폰 내려놓는)

선재부   (의아해 보며) 뭘 그렇게 놀라? 나쁜 짓하다 들킨 사람처럼.

선재모   (회의자료 챙기며) 노크하고 들어와. 집 안방이야? (톡 쏘고 휙 먼저 나
         가버리는)

선재부   (무표정하게) 안방이면, 들어오질 않지 내가. (문 닫고 따라가는)

S#22. **선재집 희재방 (D)**

책상 앞에 앉아 있는 희재.

쇠구슬 책상 위에 올려놓고 노트북으로 검색 중이다.

'쇠구슬 구입' '쇠구슬의 위력' 각종 쇠구슬에 대한 리서치 중인.

쇠구슬 옆 휴대폰에서는 위치추적 앱이 가동되는 듯 반짝, 불이 깜빡
이고.

S#23. **더프라이드 학원 소형 강의실 (D)**

올케어반 수업 마무리하는 치열. 선재와 수아 나란히 앉아 있는.

치열   (서둘러 수업 끝내는) 자, 오늘 수업은 여기까지. 조교 쌤 공지사항 있
       으니까 듣고 가고. 이상, 최치열강이었습니다. (나가는)

아이들   (가방 챙기는데)

효원   (들어온다. 칠판에 "아이디: care2022 비번: 262923"이라고 적고, 아이들 보

며) 지난번에 말했던 보강 영상 있지? 이걸루 학원 사이트 접속해서 토요일 자정까지 보면 돼. 아이디 비번 유출 금진 건 니들이 더 잘 알지? 수고~ (나가는)

아이들　(노트에 아이디와 비번 적는데)

선재　(메모 대신, 폰으로 칠판에 적힌 아이디 비번을 찰칵 찍는)

수아　(보고 신경질적으로) 왜, 또 남해이한테 보내주게? (하곤 쌩하니 일어나 나가는)

선재　(어이없다. 고개 저으며 가방 챙기고)

S#24.　더프라이드 학원 소형 강의실 앞 (D)

강의실에서 나와 걸어가는 치열. 동희 따라 붙으며 물티슈 건네면.

치열　(하나 뽑아 손 닦으며) 에어컨은, 잘 갔대?

동희　네. 사장님네만 하는 게 좀 그래서… 그 옆 임대 건물까지 싹 다 설치했어요.

치열　잘했어. 그래야지.

동희　네. 매매는 닐 매도인한테 등기서류만 전달받으면 완료되구요.

치열　오케이. (멈춰 서서 보며) 새 건물주 난 줄 모르게 잘해. 행여 눈치 못 채게.

동희　뭐 조심은 할 텐데… 어차피 알게 되지 않을까요? 당장 등기부만 떼도 등기명의인 최.치.열. 이렇게 뜰 텐데.

치열　그건 뭐… 동명이인이라고 우기든지… (하다) 아님 그냥 니 이름으로 할까?

동희　부동산실명제 걸리잖아요.

치열　아니, 너 가지라구. 줄게 너.

동희　(보며 진지하게) 부담스러운데요. 재수도 좀 없구요.

치열　아 그래? 건 다시 생각해보구 그럼… 아! 식사 예약해놨지?

동희	네. 샹그릴라 호텔 디럭스 A코스로요. 전 강의 스케줄 땜에 위에 좀 들렀다 갈게요. 맛있게 드시고 오세요. (다른 방향으로 가는)
치열	(손 들어 보이곤 서둘러 가는)

S#25. 더프라이드 학원 엘리베이터 안 (D)

치열, 닫힘 버튼 누르는데… 문 다시 열려 보면, 진이상이다.
못마땅한 눈빛 마주치고. 진이상 올라타면, 치열 다시 닫힘 버튼 누르는.

진이상	(치열 옆에 나란히 서곤 이죽거리듯 휘파람 부는)
치열	(별 반응 없이 폰 보는데)
진이상	(슬쩍 거는) 참 대단해 최치열은. 그 바쁜 시간을 쪼개서… 아우 난 못해 난.
치열	(힐끗 본다. 무슨 소릴 하는 건지 모르겠는)
진이상	아니 좋은 얘기야. 존경한다구. 아주 대단하다구.
치열	(무시하고 다시 폰 보려는데)
진이상	근데 사람 취향이 참 안 변해. 십여 년 전이나 지금이나… 그래도 자꾸 여고생을 씨이… 선생이 그럼 안 되지! (씩 웃어 보이곤, 엘리베이터 문 열리자 먼저 내리는)
치열	(저 자식이 대체 뭔 소린가… 미간 찡긋하며 내리는)

S#26. 더프라이드 학원 로비 (D)

치열, 엘리베이터에서 나오는데
앞서가던 진이상 휴대폰 벨 울리자 "어 나야…" 받으며 비상계단 쪽으로 간다.
주차장 쪽으로 나가려던 치열, 아무래도 진이상의 말이 맘에 걸린다.
다시 돌아보는.

S#27. 더프라이드 학원 비상계단 (D)

벽에 삐딱하게 기대서서, 대학생2와 통화 중인 진이상.

진이상	과외만으론 임팩트가 약하다니까, 이 동네서나 난리지, 네티즌들이 뭐 관심 있겠냐. 최치열이 왜 애한테만 과외를 해주는가! 그렇고 그런 사이니까~ 이게 뽀인트라고. 남해인가 걔 사진도 구했다며, 대충 모자이크하고, 아, 그 반찬가게도 간판만 살짝 블러해서 올려. 비주얼이 있어야지. 응, 당연히 최치열라짱나 계정으로 올려야지. 작성되면 나한테 보내고. (하다가 표정 굳는다. 폰 얼른 끊는)
치열	(문 쪽에서 진이상 보고 있는) …너였냐? 최치열라짱나가?
진이상	(당황해) 무, 무슨 소리야… 최치열라짱나가 뭔…
치열	(무섭게 다가와 주먹으로 진이상 얼굴 치는)
진이상	아…. (바닥에 나동그라진 채 아픈 듯 인상 쓰며 씩씩… 치열 보면)
치열	(심호흡하곤 화 누르며) 짖는 것만 하는 줄 알았는데, 물 줄도 아는 놈이었어?
진이상	아씨… 그래서 뭐. 뭐 어쩔 건데~?
치열	(뭐라 하려다 후… 한숨 쉬며 누르곤) 남해이 건드리지 마. 과외 어쩌고 어디든 떠벌리면… 그땐 상습적인 댓글 조작, 명예훼손 싹 다 고소해서 깜빵 보내고 니 재산 탈탈 털릴 때까지 민사 손해배상 걸 거야. 업계에서 매장되는 건 덤이고. (매섭게 쏘아보며) 아시겠어요 진 선생님? (나가는)
진이상	아씨…. (맞은 곳 손으로 만지곤) 그래서, 일단 넘어간다구 내가 입만 다물면? 저 새끼 저거 진짜… 뭐가 있긴 있나본데 걔랑? 아…. (아픈 듯 인상 쓰는)

S#28. 치열 차 안 (D)

거칠게 차에 오르는 치열.

후… 심호흡하고 핸들을 잡는데 진이상을 때리며 난 상처가 보인다.
맘 가다듬고, 서둘러 차 출발시키는 모습에.

S#29. **국가대표 반찬가게 건물 외경 (N)**

S#30. **행선집 거실 (N)**

재우 신나서 거실 에어컨에 얼굴 대고 있고, 해이 방에서 나오며.

해이   진짜 이렇게 방마다 에어컨을 설치해줬다고? 새 건물주가?

행선   어 그렇다니까.

해이   완전 부잔가보네… 대체 뭐 하는 사람이야? (하는데 초인종이 울리고)
        어 쌤이다!

재우   내가 열게! (달려가 문 열고) 안녕하세요 치열이 형!

행선/해이 오셨어요 쌤? / 안녕하세요.

치열   (손 들어 보이며 인사하는데)

행선   (의기양양하게) 어때요, 집이 뭔가 달라졌죠? 아주 시원하고 좋죠?

치열   (모른 척 둘러보며) 아… 뭐, 에어컨 샀나봐요? 덜덜거리는 선풍기만
        있더니.

행선   아니~ 우리 건물 주인이 바뀌었는데… 월세도 반값만 내래구, 이렇
        게 방마다 에어컨까지 설치해줬지 뭐예요?

치열   아~ (스멀 입꼬리가 올라가는) 그래서… 좋아요?

행선   아뇨.

치열   (당황) 에?

행선   찜찜해요. 이상하지 않아요? 건물 사자마자 뭔 자선사업가두 아니구.

치열   (발끈) 거, 왜 좋은 일 한 사람 뒷담활 하구 그래요?! 이런 거야말로
        파티할 일이지. 어? 월세도 안 내도 돼. 에어컨 생겨. 내가 말을 안 해
        서 그렇지, 그동안 얼마나 더웠는지 알아요? 아 난 기분 되게 좋은데.

삼촌 좋죠? 해이, 너도 좋지?

재우/해이 (명쾌하게) 난 좋아요. / 네, 뭐… 좋은 거 같긴 한데…

치열 (o.l) 그럼, 파티할까?

행선/해이/재우 에?

치열 좋은 일 생겼으면 파티하는 거 아닌가? 파티 좋아하잖아요. 파티합시다 우리.

S#31. 호텔 건물 앞 (N)

놀란 행선과 해이, 재우 얼굴에서 줌아웃하면

럭셔리한 호텔 앞이다. 안내요원이 친절하게 문 열어주면.

치열 (앞서 들어가다 뒤돌아보며) 뭐해요? 얼른 와요. 삼촌! 들어와요.

재우 네. 가요 치열이 형! (잽싸게 뛰어 들어가고)

행선 (어리둥절한 표정으로) 해이야… 설마 나더러 쏘라는 건 아니겠지 이거?

해이 글쎄… 쌤이 가자고 한 거니까 쌤이 사시는 거 아닐까? 일단 들어가자. (가는)

행선 (불안한 표정으로 따라 들어가고)

S#32. 호텔 레스토랑 룸 (N)

치열 옆으로 행선과 해이, 재우, 어색하게 둘러앉아 있고.

격식 있게 차려입은 직원이 아뮤즈 부쉬 디시와 음료를 서빙하고 있는.

행선 (걱정스러운 듯 치열에게) 저기… 쌤 파티 스케일은 알겠는데, 여긴 좀…

치열 (o.l) 걱정 마요. 내가 사요.

행선 아… 왜…?

치열	에어컨 생겨서 좋으니까. 내 수업환경이 좋아졌잖아요. (이유가 궁금하다. 얼른 덧붙이는) 아 그리고 한의원 껀도 고맙고. 신기하게 싹 나았어요. (하는데)
직원	(다 놓고) 아뮤즈 부쉬와 식전 음룝니다. 망고와 머스크멜론 그리고 하몽을 이용한 요리로, 머스크멜론과 하몽을 먼저 드시고 망고로 마무리하시는 걸 추천 드립니다.
행선	(헐… 접시 내려다본다. 이걸 누구 코에 갖다 붙이라고 참… 먹는)
해이/재우	(천천히 조심스럽게 먹고) / (한입에 날름 먹는)
행/재/해	(다 먹고 할 일 없어 멀뚱멀뚱)

(diss)	역시 예쁘지만 양이 적은 애피타이저가 각자 앞에 놓이고.

직원	오늘의 애피타이저 꽃새우 관자입니다. 관자 위에 올려진 소스는 성게알로 만든 소스로 최고급 성게알의 풍미를 느끼실 수 있습니다. 소스를 맛보신 뒤 관자와 함께 한입에 드시는 걸 추천 드립니다.
행선/해이	아 네…. (얌전히 한입에 넣고) / (한입에 넣고 천천히 씹는)
재우	(홀랑 한입에 삼키고, 소스까지 박박 긁어먹곤 또 멀뚱멀뚱 보는)
행선	(창피하지만 직원 보며) 저기, 친절한 설명 너무 감사한데요… 음식을 좀만 더 빨리, 갖다주실 순 없을까요? 저희 가족이 유전적으로 워낙 소화기능이 좋아서.
직원	아… 수프 바로 준비해드릴까요?
행선	네 수프 좋아요. 안 그래도 국물이 좀 땡겼는데.
치열	(얼른) 아 그러지 말고 가능하면, 디저트 빼고 한번에 다 준비해주시겠어요?

S#33. 호텔 외경 (N)

(E) 달그락달그락, 부지런히 포크와 접시가 부딪치는 소리.

S#34. 호텔 레스토랑 룸 (N)

한정식마냥 코스 요리가 한 상에 차려져 있고, 이제야 만족한 듯 먹
는 행선네.

행선   (맛있게 먹으며) 역시 상은 한상차림이야. 눈도 즐겁고 맘도 풍요롭고.

재우/해이 음… 진짜 맛있어. / 너무 맛있어요 쌤.

치열   그래? 먹구 모자르면 더 시켜. 단품 추가 가능해.

행선   아우 아니에요 충분해요. 이것만 해두 엄청 나올 거 같은데.

치열   그런 거 신경 쓰지 말구요. 특히 재우, 많이 먹어.

재우   알았어요 치열이 형.

해이   근데 쌤, 삼촌이랑 언제 말 놓으신 거예요?

재우   (얼른) 저번에 족구할 때 치열이 형이 "야 남재우! 너 뽈 안 봐?!" 그
          때부터.

치열   아, 내가 그랬나…?

행선   역시, 팀스포츠를 하면 금방 친해진다니까. 나랑 영주도 첨엔 엄청
          부딪혔거든요. 근데 몇 년 같이 운동하다 보니까 찐친이 되더라구요.

해이   (장난) 근데 건 영주 이모 성격이 좋아선 거 같은데.

행선   야 남해이, 너 죽을래. (장난 받는)

치열   (그런 두 사람 보기 좋아 씩 웃는데 문자벨이 징~ 울린다. 확인하면)

#. 문자 인서트

"최 선생님, 잘 지내시죠? 낼모레 제가 리사이틀을 해요. 꼭 와주세요
– 홍혜연" 메시지와 함께 리사이틀 초대권 URL이 첨부되어 있는.

치열   (혜연이다. 답장 않고 바로 폰 접으며 힐끗 다시 행선 쪽 보는)

S#35. 수아집 수아방 (N)

책상 앞에 앉아 노트북으로 치열 보강영상 보고 있는 수아.

#. 영상 인서트

칠판 가득 판서하며 열강하는 치열.

치열   (강한 어조로) 자, 조건 (나)는 뭐니? $\lim\limits_{x \to 1} \dfrac{x-f(x)}{f(x)-1} = 1$이래. x가 1로 갈 때 분모, 분자가 0이 아니면 극한값이 뭐가 돼야 할까? -1이어야 하니까 분모 분자는 0으로 같아야 돼. 이해됐지?

턱 괸 채 영상 속 판서를 보던 수아.

수아   !! (뭔가 발견한 듯 등받이에서 몸 일으키며 영상 다시 보는)

#. 영상 인서트

치열 판서하는.

$$\lim_{x \to 1} \frac{x-f(x)}{f(x)-1} = \lim_{x \to 1} \frac{-ax^3-(1-a)x^2+x}{ax^3+(1-a)x^2-1} = \lim_{x \to 1} \frac{(x-1)(-ax^2-x)}{(x-1)(ax^2+x+1)}$$

$$= \lim_{x \to 1} \frac{-ax^2-x}{ax^2+x+1} = \frac{-a-1}{a+2} = 1$$

치열   (설명하는) 에프엑스는 엑스제곱 마이너스 이분의 삼 엑스 플러스 이분의 오. 그러니까 에프 3은 뭐다? -18. 정답 1번이지? 내가 만들었지만 괜찮은 문제야. 인정? 자, 다음. (하는데)

수아   (판서된 글씨만 뚫어져라 보는)

#. 회상 플래시백

6부 33신. 해이 자리에서 집어든 프린트물 보는 수아.
프린트물에 빼곡하게 적힌 치열의 손글씨 c.u 되는.

수아   (!!!) ⋯맞아! 분명히 이 글씨체였어! 선재 프린트물에 왜 쌤 글씨가⋯ 쌤은 따로 질문 안 받는데⋯. (갸웃하는 표정에)

S#36.   국가대표 반찬가게 앞 (N)

치열의 차가 와 서고, 행선과 해이, 재우가 내린다.

치열도 운전석에서 내리는.

행선   오늘 너무 감사했어요 쌤. 간만에 남이 차려준 음식 먹으니까 진짜 맛있드라구요.

치열   뭘 이 정도 갖고⋯ (하는데)

영주   (가게에서 나오는) 왔어? (치열 보며) 오셨어요?

치열   아 네. (깍듯하게 인사하고)

영주   (행선, 재우, 해이 보며) 뭐, 맛있는 거 먹고들 왔어?

재우   어 완전 장난 아니었어 누나. 완전 럭셔리하고 완전 맛있고 완전완전 완~전⋯

영주   (웃으며/o.l) 재우 흥분한 거 보니까 대단한 데 갔다 오긴 했나부네.

치열   담엔 친구분도 같이 가시죠. 그럼 전. (차에 타는)

행선/해이 조심히 가세요~ / 안녕히 가세요 쌤~

재우   잘 가요 치열이 형~ 오라이. 오라이 오라이. (적극적으로 길 봐주는)

S#37.   다음 날/ 공인중개사 사무소 앞 거리 (D)

밀가루 포대 들고 종종걸음으로 걸어오는 행선.

행선   아⋯ 하필 밀가루가 딱 떨어져가지구. 새벽에 장을 봐놨어야 되는데, 어제 너무 먹어 그른가 곯아떨어져가지구 그냥. 바쁘네 바빠 오늘 아주. (가는데)

√ **409**

공인중개사 통유리 안으로, 전 임대인과 마주 앉아 도장 찍고 있는
동희 보인다.

행선   ! (전 주인 먼저 보고) 어? 우리 전 건물주네. 지금 계약하는 건가…?
       (하고 다가서다가 동희를 알아본다) 어. 어어….

(컷)   서류봉투 들고 공인중개사 사무소를 나오는 동희.

동희   그럼 수고하세요~ (뒤돌다 멈칫)
행선   (이게 어떻게 된 거냐는 표정으로 동희 앞에 서 있는)
동희   아…. (난감한 표정으로 보면)
행선   실장님이 왜… 저기, 우리 전 건물주 맞죠? 그럼… 혹시 설마…. (감
       잡은 표정에)

S#38. **치열 연구소 (D)**
       "좋은 아침~" 기분 좋게 출근하는 치열.
       조교들, 샌드위치 먹다가 일어서는.

조교들   나오셨어요? / 샌드위치 좀 드실래요?
치열   아냐 됐어. 먹어. (들어가려다 멈칫, 돌아보며) 아침이야 점심이야?
효원   아, 아점이요. 아침을 못 먹고 나와서.
치열   그럼 제대로 된 밥을 먹어야지. 빵 쪼가리 갖구 되겠어? (웃는 표정에)
영주(E) 뭐, 뭐? 그러니까… 그 일타 선생이 새 건물주라고???

S#39. **국가대표 반찬가게 앞 (D)**
       행선과 영주, 가게 앞턱에 걸터앉아 믹스커피 마시고 있는.

영주	어머머… 어머 세상에. 아니 왜? 왜, 왜?
행선	뭐 지 실장님 말론, 투자한 거래. 이 동네에 이거 말구두 건물 몇 개를 더 샀대나 어쨌대나. 과외함서 들락날락거려보니 투자 가치가 있어 보였다구.
영주	아니 그렇다치구. 그럼 수익을 내야 되는데 임대료는 왜 반값을 받아?
행선	원래 그런대. 착한 임대인지 뭔지. 울 집 말구 딴 임차인도 다 반값이라구. 근데 워낙 왼손이 하는 일 오른손 모르게 하는 스탈이구, 기사 나구 그러면 경끼한다구 절대절대 모른 척하래. 근데 말야….
영주	근데…?
행선	나 왜 이렇게 찝찝하냐? 정말 너무 찝찝해. 비싼 밥까지 샀잖아 어제. 그 사람 보기에 우리 사는 게 좀 많이 거시기한가? 불쌍하나 우리가?
영주	그르게. 나도 이해가 좀 안 되긴 한다. 솔직히 그 사람 재력 정도면 투잘 해도 저기 대로에 있는 빌딩을 사지, 이 구석탱이 4층짜리 건물을 얻다 쓰게? 이건이건…
행선	(바짝 다가가며) 어. 뭔 거 같애?
영주	이건 내가 보기엔… (보며) 그린라이트야.
행선	뭐? 아 또 시작이네 얘. 저번에도 헛다리만 대박 짚더니 씨.
영주	아냐, 이번엔 진짠 거 같애. 내가 어제 배웅 나갔을 때, 일타 선생을 봤거든. 너랑 해이랑 재우를 보는, 뭐랄까 따뜻한? 애정 어린? 특히 너를 향한 그 멜로멜로한 눈깔. 확실해. 널 좋아하지만 유부녀 줄 아니까 맘 표현은 못하겠구. 가진 건 돈뿐이니 이렇게 마음을 쓰는 거지. 어 백퍼야 이번엔 진짜.
행선	야, 너 그때두 백퍼랬거든?
영주	(행선 손잡으며) 너두 일타 쌤 괜찮지? 그치? 은근 귀엽다며? 저번에 그랬잖아. 너 커밍아웃해라 미혼인 거. 쌤한테 정돈 까도 되잖아, 어?
행선	(잠시 멈칫하다 손 빼며) 아 됐어. 이건 뻑하면 바람을 넣어. 아주 못된

취미야.

영주 아 바람이 아니라~ 아니지. 바람 맞지. 내 바람이야. 너 제발 그만 고생하구 돈 많은 남편 만나 떵떵거리며 살아라 좀. 어? 제발~ (하는데)

재우 (문 열고 얼굴 내밀며) 누나들, 단체 도시락 주문 30개 배달!

행선 (일어나며) 어. 어딘데?

S#40. 국가대표 반찬가게 주방 (D)

행선과 영주, 바쁘게 도시락 반찬(계란말이) 조리 중인.

영주 와 반값 월세에 에어컨에 비싼 밥에 이젠 단체 도시락까지? 거의 외조의 왕이시구만. 아니 사람이 어쩜 그렇게 투명하지? 속이 다 보여 아주.

행선 (야리며) 입을 놀리지 말고 손을 좀 놀리면 안 되겠니 친구야?

영주 아니 그렇잖아. 어제 보구 또 아침 댓바람부터 니가 보고 싶다는 거 아냐 이거.

행선 아 쫌. 너 일 안 할래? 빨리 도시락통이나 가져와.

영주 예예 사장님. (나갔다가 고개 쏙 내밀며) 배달 나두 따라간다. 꿀잼 예상. (나가는)

행선 아 진짜 저 오바… 그 쌤이 왜 날… 하여튼 저건 맨날…. (하면서도 싱숭생숭해진다. 이내 부정하는) 아냐, 절대 아냐. 네버, 네버, 네버 아냐. (하곤 계란말이 써는)

S#41. 우림고 복도 (D)

아이들 나눠 줄 영어 부교재(책) 쌓아 들고 가는 해이와 선재.

해이 으… 너랑 같이 안 갔음 큰날 뻔했다. 이걸 혼자 어떻게 들구 와. (하는데)

선재	(힐끗 보며) 저기… 혹시 우리 엄마 니네 가게 안 갔어?
해이	오셨겠지 뭐. 단골이시잖아 니네 엄마.
선재	(해이 반응을 보니 별 얘기 안 했구나… 안도하는)
해이	건 왜 묻는데? 엄마가 왜.
선재	아냐 암것두.
해이	아닌 게 아닌데. 뭐야. 빨리 말 안 해? 말해, 말하라구. (엉덩이로 치며 장난치는)
선재	아 왜 이래. 하지 마아. (장난 받으며 알콩달콩한 분위긴데)

이때, 건후가 그런 해이와 선재 사이로 훅 끼어들며 어깨동무한다.

건후	헤이, 남해이! 이선재!
해이	어 건후 너 잘 왔어. 자. (건후에게 교재 내밀고, 건후 얼결에 받으면) 땡큐~ 잘 가져와~ (도망치듯 잰걸음으로 가는)
건후	아… 당했다….
선재	(꼬시다. 피식 웃으면)
건후	뭘 웃어 넌. (선재 교재 위에 교재 얹는) 수고해라 이선재. (쌩하니 내빼는)
선재	(휘청하고) 야 서건후! 너 안 와? 야!! (휘청거리며 들고 가는)

S#42. 우림고 2-1 교실 (D)

교탁 위에 영어 교재 내려놓는 선재. 아이들 향해

선재	야, 영어 부교재 한 권씩 가져가. (하곤 제 거 한 권 들고 자리로 가는)
수아	(앞으로 나와 부교재 한 권 챙기곤 선재 옆으로 쓱 다가가) 이선재. 저번에 남해이 빌려줬던 그 테스트지 있잖아. 그거 나 좀 잠깐만.
선재	어? 그거 왜?
수아	확인할 문제가 있는데 내 껀 집에 있어서. 너 항상 갖고 다니잖아. 좀

빌려줘.

선재   (어쩔 수 없이) 알았어. 잠깐만. (가방에서 파일 꺼내 테스트지 찾아서 주는) 자.

수아   (받아서 본다. 선재 테스트지에는 손필기가 없이 깨끗하다) !!

선재   난 다 봤으니까 보고 천천히 줘. (하는데)

수아   (확인 끝났다) 됐어. 필요 없어. (선재 책상에 탁, 놓고 가버리는)

선재   (뭐야… 하는 표정으로 그런 수아 보고)

조교들(E)   와~ 잘 먹겠습니다.

S#43. 치열 연구소 (D)

행선과 영주, 조교들에게 도시락과 생수 나눠 주고 있고.
치열, 뿌듯한 표정으로 그 앞에 서 있는.

치열   미슐랭 쓰리스타도 못 맞춘 까다로운 내 입맛을 유일하게 사로잡은 도시락이야 여기가. 니들도 햄버거 피자 이런 거 시켜 먹지 말구, 밥을 먹어 밥을.

조교들   네 알겠습니다~ (도시락 여는)

치열   어때? 맛있지?

효원   아직 못 먹었는데요 쌤.

치열   어어, 얼른 먹어. 맛있으면 내가 계속 시켜줄 테니까.

조교들   네, 잘 먹겠습니다~ (젓가락 들고 막 먹기 시작하는)

영주   (치열 힐끗 보며 행선 툭, 친다. 챙기는 거 봐라. 이래두?)

행선   (하지 말라는 듯 영주 툭, 치는데)

동희   (들어오는) 저기, 선생님.

영주   (반가워) 어머 실장님. 실장님도 얼른 오세요. 식사 좀 하세요.

동희   아 네… (하곤 치열 보며) 선생님, 손님이 오셨는데….

치열   손님…? (문 쪽 보면)

여성스러운 정장 차림으로 디저트 박스 들고 들어서는 혜연.

행선/영주   (역시 돌아본다. 누구지…? 보는데)

치열   아…. (당황한 표정으로 다가서는)

혜연   연락도 없이 죄송해요. 언니 만나러 학원 왔다가 연구실이 근처시라고 해서….

치열   아 네… 안녕하셨어요…? (어쩔 줄 모르면)

혜연   저기, 이거 간식으로 드시라고. (디저트 박스 내민다)

동희/효원   (효원에게 눈짓하고) / 아 네. (얼른 와서 받는)

영주/행선   (대체 누구야…? 눈으로 말하고) / (내가 알아? 눈으로 답 하는)

동희   (분위기 뻘쭘하자 얼른) 잠깐 들어가세요. 커피 괜찮으시죠? (커피머신으로 가는)

혜연   네, 감사해요.

치열   (어쩔 수 없이) 그럼 잠깐 안으로. (사무실 쪽으로 안내하는)

혜연   (들어가다) 아, 따뜻할 때 드세요 이거. (인사하곤 가는데 높은 굽에 살짝 휘청하면)

행선   (얼결에 혜연 손목 잡아준다)

혜연   아 감사합니다. 바닥이 좀 미끄러워서.

행선   (하얗고 긴 혜연의 손과 밴드 붙인 제 손이 너무 비교된다. 얼른 손 거두는)

치열과 혜연이 들어가자 조교들 신기하다는 듯 웅성거리는.

조교1/2(연경/서진)   와 누구지? 완전 이뻐. / 쌤한테 여자 손님 온 거 첨 봐요.

효원   그분 같은데? 정 실장님이 소개팅 시켜줬다는.

조교1/2(연경/서진)   뭐야, 쌤도 소개팅 같은 거 해요? / 와 대박사건.

영주/행선   (놀란 듯 행선 본다) / (역시 놀랐지만, 애써 표정 감추는)

효원   나도 실장님한테 슬쩍 들었는데, 우리 쌤 완전 팬이래. 피아니스트고 집안도 엄청 빵빵하고. 근데 또 저렇게 미인일 줄은 몰랐네.

조교3(현수) (디저트 박스 열어보곤) 와 에그타르트! 이거 얼마 전에 한국 들어온 브랜드 맞죠? SNS서 엄청 핫하던데.

조교1/2(연경/서진) 샤인머스캣도 있어요. / 완전 럭셔리. 센스 쩐다 진짜. (감탄하는)

행선 (옆에 놓여 있는 제 도시락이 왠지 더 초라하게 느껴진다. 힐끗 사무실 쪽 보는)

S#44. 치열 연구소 내 사무실 (D)

커피 놓고 나가는 동희. 치열과 혜연 어색하게 마주 앉아 있는.

혜연 (치열 보며) 저 사실, 언니 보러 온 거 아니에요. 최 선생님 뵈러 왔어요.

치열 네? 아….

혜연 문자에 답도 안 할 정도로 내가 별로였나… 자존심이 좀, 상하더라구요 솔직히.

치열 죄송합니다. 어젠 좀 바빠서….

혜연 바빠도… 일 끝나고라도 보낼 수 있는 거잖아요. 마음이 아예 없는 거 아니면.

치열 (정곡을 찔렸다. 괜히 커피 마시면)

혜연 그래서. (가방에서 초대권 내밀며) 직접 가져왔어요. 문자론 전혀 어필이 안 되는 거 같아서. (봉투에 든 초대권 치열 앞으로 내미는)

치열 ! (당황스럽다. 혜연 보면)

혜연 오기도 좀 생기고. 전 뭐, 첨부터 선생님한테 호의가 있었으니까. 최 선생님이 들어주셨으면 좋겠어요 제 연주. (초대장 눈으로 가리키며) 젤 스페셜한 자리예요. 안 오시면 큰돈 날리는 거예요 저. 와주실 거죠? (생긋 웃는)

치열 (난감해 승낙도 거절도 못하는)

S#45. 치열 연구소 (D)

행선과 영주, 막 나가려는데… 사무실에서 치열과 혜연 나온다.

조교들	(먹다 일어서며) 에그타르트 너무 맛있어요~ / 잘 먹겠습니다~
혜연	네. (웃고 치열 보며) 그럼 저 가볼게요 선생님.
치열	네 가세요.
혜연	내일 제 리사이틀, 꼭 오셔야 돼요. 안 오심 저 울 거예요. (애교스럽게 농담하는)
행선	(리사이틀? 혜연 보고, 치열 힐끗 보는)
치열	(순간 행선과 눈 마주치는)
행선	(괜히 뻘쭘해) 저… 그럼 저흰 이만. (도망치듯 서둘러 문 열고 나가는)
치열	(그런 행선이 왠지 신경이 쓰인다. 테이블 보면, 조교들 행선이 가져온 도시락은 손도 안 대고 혜연이 사온 디저트만 부지런히 먹었다. 마음 쓰이는 표정에)
영주(E)	아… 내가 잘못 짚었나…?

S#46. 국가대표 반찬가게 앞 (D)

스쿠터에서 내리는 행선과 영주. 헬멧 벗어 손잡이에 거는.

영주	아 거 이상하네. 확실한 그린라이트 같았는데 이번엔…. 근데 최쌤이 만나는 여자가 있다? 것도 피아니스트에, 미인에, 집안도 빵빵한…?
행선	(썩 기분이 좋진 않다. 시크하게) 그르게 내가 아니라고 했지.
영주	아니면 따발로 총알을 쏘는 스탈인가? 저 여자한텐 피아노라도 한 대 사줬나?
행선	그만 좀 하라구 좀. 아니라니까 혼자 오바육바를 하고…. 너 앞으로 그린라이트네 멜로눈깔이네 그딴 소리 한 번만 더 해. 진짜 화낼 거니까. 애가 이상해 가만 보면. 어떻게 사람 관계를 죄다 남녀 관계로

만 봐. 너 그거 진짜 고질병이야, 알아?

영주   아 알았어. 그렇다구 뭘 그렇게 비정상으로 사람을 모냐…?

행선   비정상이지 그럼, 니가 정상이야?! (버럭 하곤 획 가게로 들어가는)

영주   아 거 되게 성내네 기지배. 사람 무안하게…. (툴툴대며 들어가는)

S#47.   국가대표 반찬가게 주방 (D)

주방으로 들어와 쌓인 그릇 설거지하는 행선. 기분 썩 별로다.

행선   …바쁘다더니 뭐, 할 건 다 하고 다니네. 투기도 하고 소개팅도 하
고…. (그릇 헹구다, 밴드까지 붙인 자신의 거친 손이 눈에 들어온다. 하얗고
가는 혜연의 손이 생각나고… 괜히 신경 쓰여 손 물기 닦곤 고무장갑 끼고
다시 설거지하는)

S#48.   동네 밤 풍경 (N)

하원 러시가 시작된 시각. 빵빵거리는 차들로 전쟁터 같은 도로.
학원에서 쏟아져 나온 아이들, 제 엄마 차를 찾아 오르고.

S#49.   수아모 차 안 (N)

수아모 운전석에 앉아 있고, 수아 뒷좌석에 올라타는.

수아모   고생했어 수아야~ 배고프지? (샌드위치 주며) 자 일단 이거 먹으면
서 가.

수아   (받을 생각도 않고) 엄마. 그 올케어 자료 있지, 해이가 가지고 있던 거.

수아모   어, 그게 왜.

수아   그거 아무래도 이선재가 빌려준 거 아닌 거 같애.

수아모   뭐?

수아   내가 오늘 확인해봤어. 다른 거야. 남해이가 갖고 있었던 거엔 손글

씨로 필기가 돼 있었는데 오늘 보니까 이선재 꺼엔 없어. 그리고 그 글씨… 치열 쌤 글씨였어.

수아모 아니 그게 뭔 소리야? 그럼 최치열이 풀어줬다구 직접? 니가 잘못 본 거 아냐?

수아 (발끈해서) 아냐. 치열 쌤 판서를 하루 이틀 봐 내가? 글씨체도 글씨챈데, 숫자 2랑 8, 리미트. 치열 쌤이 특이하게 쓰는 것들 다 똑같았어. 백프로야. 그리구…

수아모 (또 뭐…?!)

수아 (보며) 지난번에 치열 쌤, 수업 끝나구 남해이네 집 간 거… 것도 이상해. 차 안에서도 가게 문 닫은 건 보였을 텐데 왜 내려? 더구나 그렇게 늦은 시간에?

수아모 (그렇긴 하다) …설마… (본다) 진짜 따로 봐준다구 해이를? 최치열이?

수아 아무래도 그런 거 같아. 이유 모르겠지만.

수아모 (만약 그렇다면… 눈 번득이며) 수아야. 그 필기 치열 쌤 글씬 거, 확실한 거지?

S#50. 수아집 거실 (N)
소파에 드러눕듯이 앉아 다리 꼰 채 여유롭게 통화 중인 수아부.

수아부 …어, 나도 자기한테 가고 싶지. 집에 먹을 것도 없고. 몰라, 난 찬밥이지 뭐. 그럼 이따 분위기 좀 보고… (하는데)

이때 현관문 열리고 수아모와 수아 들어온다.

수아부 어어 신 사장, 나중에 보자고. 어. (얼른 폰 끊고) 왔어, 딸? 오늘도 힘들…

수아 (무시하고 제 방으로 들어가는)

수아부	(뻘쭘한데)
수아모	(언제 왔냔 말도 없이) 저기 여보. 당신, 사업하면서 가끔 흥신소 쓰고 그러지?
수아부	흥신소? 어 뭐… 돈 땜에 몇 번….
수아모	거기, 남 뒤 파주고 그런 것도 해주나? 미행 같은 거 있잖아. 영화 보면 나오는 거.
수아부	(뜨끔해서) 근데 흥신손 왜… 설마 내 뒤 팔려고 묻는 건 아니지…?
수아모	아우, 당신 팔 게 뭐가 있어. 당신처럼 훤한 인간이 어딨다구. 필요한 데가 있어서 그래, 번호 좀 줘봐. 얼른, 응? (수아부한테 붙자)
수아부	어어… 잠깐만. (수아모 잘 안 보이게 휴대폰 옆으로 빼곤 번호 찾는)

S#51. 수아집 안방 (N)

안방으로 들어오는 수아모. 수아부에게 받은 번호로 전화 거는.

수아모	아 네, 저기… 저 방대근씨한테 소개 받은 사람인데요….

S#52. 행선집 해이방 (N)

치열, 흐뭇한 표정에서 줌아웃하면,
얼떨떨한 표정으로 태블릿PC를 들고 있는 해이.

치열	맘에 들어?
해이	진짜… 이거 저 주시는 거예요?
치열	(만족스럽게 끄덕) 어. 쓰던 건데 하나 더 생겨서. 애들 다 걸로 공부하잖아 요새.
해이	아… 쓰던 거 같지 않은데. 거의 새 건데요? 일등 축하선물로 너무 과한데.
치열	나 원래 이런 이벤트 많이 해. 일등하거나, 점수 큰 폭으로 상승하거나

해이	(받으며) 네 그럼, 잘 쓸게요. 감사해요. (좋다. 태블릿 살펴보는)
치열	(태블릿에 어플 다운받아주며) 이건, 수학 공부하는 어플인데, 연도별 기출 다운받아서 앱에서 바로 풀어볼 수 있거든. 막히는 문젠 해설영상도 바로 볼 수 있고. 아, 참고로 작년 재작년 수능 해설은 내가 했다.
해이	(태블릿 건네받아 어플 눌러보며) 와 신기하다…. (들여다보는)
치열	(피식 웃고) 이 동네엔 언제 이사 온 거야?
해이	(보며) 아… 저 중학교 2학년 때….
치열	그 전엔 어디 살았는데?
해이	강서구 쪽이요. 엄마가 거기서 반찬가게 첨 시작했었거든요. 장사도 잘되고 그래서 꽤 오래 살았는데… (잠시 머뭇하다) 갑자기 오게 됐어요. 저 때문이기도 했고… 이왕이면 부자동네 가서 떼돈 한번 벌어보자고 엄마가.
치열	(본인 때문이라고?) 무슨… 문제가 있었나 그때?
해이	(표정 굳었다 이내 씁쓸하게) 그냥… 사춘기였죠 뭐. (화제 바꾸는) 근데 왜요 쌤?
치열	아냐 그냥… 갑자기 궁금해서. 그럼 해이 넌, 외할머니에 대한 기억은 별로 없겠네?
해이	네, 전 별로… 워낙 저 어릴 때 돌아가셔서.
치열	(고개 끄덕끄덕한다. 행선이 참 많이 힘들었겠다… 싶은)

S#53. 행선집 거실 (N)

과외 마치고 나오는 치열과 해이. 재우 기다렸다는 듯 다가서며.

재우	형형, 치열이 형. 내일 밤 열 시부터 열두 시까지 뭐 해요?
치열	어? 내일?
재우	네. 내일 우리 치킨데인데… 형두 우리랑 같이 영화 보구 치킨 먹어요.

√ **421**

치열	아… 그 유명한 치킨데이?
재우	이번엔 다큐멘터린데요, 제가 진짜 좋아하는 보호구역의 뱅골호랑이라는 다큐멘터리거든요? 반다브가르라는 섬이 있는데, 그게 호랑이를 보호하기 위해 만든 섬이거든요. 거기 사는 뱅골호랑이들 얘긴데 진짜진짜 재밌어요.
치열	글쎄. 내가 영화도 즐기는 편은 아닌데 다큐는 더…
행선	(주방 쪽에서 도시락 들고 나오며/o.l) 안 돼 재우야. 쌤 낼 중요한 약속 있으셔.
치열	? (행선 보면)
행선	(치열 보며) 리사이틀… 가셔야 되잖아요. 안 그래도 말씀드릴라 그랬는데… 해이 수업도 낼은 그냥 제끼죠 뭐. 가실려면 준비도 좀 하셔야 될 거고.
치열	아뇨. 그래도 해이 수업이 선약인데…
행선	(o.l) 아우 아니에요. 수업은 다른 날 하면 되지, 저희 땜에 쌤 연애사업까지 지장을 주면 염치없어서 안 되죠. 가서 박수 많이 쳐주시고, 끝나고 와인도 한잔 하시고 좋은 시간 보내세요. (도시락 내밀며) 자 여기, 도시락이요.
치열	(도시락 받으면)
행선	(최대한 쿨한 척) 그럼 낼 저녁은 도시락은 안 싸도 되죠? 와 간만에 해방이네. 가게 문 닫고 바로 치킨데이 하면 되겠다. (하다 주방에서 삐익~ 소리 나면) 아 계피차 계피차! 쌤 조심히 가세요~ 낼 즐거운 시간 보내시구요~ (뛰어가는)
치열	(뭐야… 황당한 표정에)

S#54. 국가대표 반찬가게 앞 (N)

도시락 들고 행선집 건물에서 나오는 치열.

치열 거 참… 왜 남의 연애사업까지 본인이 진두지휘를 해. 박수를 쳐라
     와인을 마셔라… 암튼 오지랖이야. (고개 저으며 차 쪽으로 가는데)

     이 모습 찰칵! 누군가에 의해 사진에 담기고.
     차에 오르는 치열 모습 찰칵! 출발하는 모습 찰칵! 연속으로 찍히는
     모습에서.

S#55. 다음 날/ 더프라이드 학원 외경 (D)

S#56. 더프라이드 학원 주차장 (D)

     치열과 동희, 낮 수업 마치고 학원에서 나오는데
     제 차에서 내려 학원 건물 쪽으로 오던 진이상, 치열 보고 흠칫 서는.

동희   (꾸벅) 안녕하세요?
치열   (매서운 눈빛으로 진이상 보면)
진이상 (눈 마주치자 시선 피하곤) 큼…. (두 사람 지나쳐 학원 쪽으로 가는)
치열   (차 쪽으로 가고)
동희   (그런 진이상 힐끔 쳐다보고 치열 따라가는)

S#57. 치열 차 안 (D)

     동희 운전석에 앉고, 치열 뒷좌석에서 태블릿PC 켜는.

동희   (룸미러로 치열 보며) 진 선생님이랑 무슨 일 있으셨어요?
치열   (태블릿에 시선 고정한 채) 뭐가.
동희   그냥. 평소랑 분위기가 좀 다른 거 같아서요. 쌤한테 시비도 안 걸고
     그냥 가시는 것도 그렇고.
치열   (계속 보며) 철들려나보지 저 인간도.

동희   설마요.

치열   (본다) 나중에 얘기할게. 신경 쓰지 마. (하곤 다시 태블릿 보는)

동희   (입 다물고 운전하다) 이따 공연장은 가실 거죠? 꽃다발 준비할까요?

치열   내가 그런 문화생활 할 여유가 있는 사람이냐.

동희   문화생활이 아니라, 인간관계 한다 생각하고 가세요. 아까 정 실장님
      만났는데, 날짜를 평일로 정한 데 쌤 지분도 꽤 있으시다구요. 그만
      큼 고대하신다고 그분이.

치열   아 차라리 문화생활이 낫지. 소모적인 인간관계 딱 질색인데.

동희   그러기엔 요즘 제법 하시잖아요 인간관계. 족구도 하시고, 은혜도 갚
      으시고.

치열   야 그건…! (하다) 아 알았어, 알았다고. 꽃다발이든 돈다발이든 준
      비해!

S#58.   **공연장 외경 (N)**

      '홍혜연 피아노 독주 리사이틀' 플래카드가 붙어 있는 공연장 앞.
      치열의 차가 공연장 주차장 쪽으로 미끄러져 들어가고.

S#59.   **공연장 내 (N)**

      공연 전, 드문드문 사람들 앉아 있고.
      치열이 꽃다발을 들고 초청장 보며 들어와 맨 앞 가운데 자리에 앉
      는다.
      어색하게 주변을 둘러보는 치열.
      이내 공연 시작을 위해 조도가 낮춰지고, 무대에 등장하는 드레스 차
      림의 혜연.
      관객들 박수 치고, 치열도 박수 치며 본다.
      혜연 무대 가운데 서서 치열 확인하곤 생긋, 미소 짓고 인사하는.

S#60. 국가대표 반찬가게 앞 (N)

'오늘의 스페셜 – 순두부찌개/호박죽' 가게 통유리에 붙어 있고.

저녁 손님들 반찬 사서 나오는.

S#61. 국가대표 반찬가게 (N)

영주와 재우, 나가는 손님 배웅하는데

주방에서 냄비 들고 나오는 행선.

행선	손님 얼추 빠졌지? 나 이 호박죽 해이 좀 갖다 주고 올게.
영주	어 갔다 와.
재우	근데 누나. 오늘 진짜 치열이 형 안 와?
행선	어 안 와. 몇 번을 물어보니 넌?
재우	한 번밖에 안 물어봤는데. (삐죽) 아 나 치열이 형이랑 내가 젤 좋아하는 영화 보면서 치킨도 먹고 얘기도 하고 싶었는데.
영주	치열이 형의 마음은 진짜 갈댄 거 같다 재우야. 어제는 요기~ 오늘은 쩌어기~
행선	(무시하고) 넌 오늘 스케줄 어때. 같이 치킨데이 안 할래?
영주	노노. 난 꿩 대신 닭은 사양이야. 그리구… 드론 동호회 가야 돼, 오늘 첫날이야.
행선	하다하다 드론 동호회까지 들었니? 뭐, 한 번이라두 날려본 적은 있구?
영주	없지. 날려본 적이 없어야 다른 회원들이 가르쳐주고 그러지. 가르쳐 주다 보면 또 정이 쌓이고 정이 쌓이면 또 남녀상열지사도 생기고, 응?
행선	잘났어. 너 연애박사다 그래. (하곤 나가는)
재우	누나! 혹시 모르니까 치킨 네 마리 시킨다~
행선	세 마리 시켜! (문 쾅 닫는)

(E) 현란한 피아노 선율 흐르는.

S#62. 공연장 내 (N)

무대 위, 현란한 피아노곡 독주를 펼치고 있는 혜연.

관객들 모두 독주에 귀 기울이며 집중하는데

치열, 경청하려 애써보지만 집중력에 점점 한계를 느낀다.

왜 내가 여기 있는 건지… 시간은 왜 이리 더디 가는지…

불편한 듯 다시 한번 자세를 바꾸는데… 연주가 끝난다.

사람들 우레와 같은 박수를 보내고. 치열도 얼른 박수 치는데 조명이 켜진다.

안내(E)   십 분 후 다시 연주가 시작되겠습니다. 관객 여러분들께서는 시간을 엄수하여 주시고, 재입장 시 휴대폰 전원을 꺼주시기를 부탁드리겠 습니다.

관객들   (하나, 둘… 나가고)

치열   (주머니에서 휴대폰 꺼내 전원 켜는데… 문자가 들어와 있다. 보면)

#. 문자 인서트

"쌤. 어제 깔아주신 어플로 문제풀이만 보려는데 잘 안 돼서요. 풀이 만 보려면 어떻게 해야 돼요? – 해이"

치열   아…. (문자로 길게 답장 치다가… 안 되겠다, 두리번 보곤 전화 거는)

해이(F)   네 쌤!

치열   (목소리 낮춰 통화하는) 어 해이야. 그게 니가 그 어플 안에서 문제를 풀어야 해설도 열리는 거거든?

해이(F)   아… 근데 쌤 지금 공연장 아니세요? 끝나고 알려주셔도….

치열   아냐. 지금 잠깐 괜찮아. 문제풀이만 보려면 다시 설정으로 들어가 서…

S#63. 행선집 거실 (N)

해이, 소파에 앉아 통화 중인데… 행선이 냄비 들고 들어온다.

해이	네, 설정이요…. (찾는)
치열(F)	메인 화면 우측 상단에 톱니 모양 있잖아….
행선	(통화하나? 해이 보곤 호박죽 덜어주려 주방으로 가는데)
해이	아 쌤. 찾았어요 설정. (하면)
행선	(쌤? 치열 쌤이랑 통화하는 건가? 다시 힐끗 보다가 제 발 밟으며 휘청거리다 호박죽이 넘친다) 아 뜨거~!! (냄비 놓치면)
해이	!! (놀라) 어 엄마! 괜찮아~?!! (폰 놓고 뛰어가는)

S#64. 공연장 (N)

치열	!!!! (무슨 일인가 싶어 눈 동그래지고)
해이(F)	(먼 소리로) 엄마 괜찮아? 어뜩해~~
치열	(놀라) 해이야! 무슨 일이야? 해이야~!! (저도 모르게 소리 높이면)

치열 좌우에 앉은 사람들, 뭐야~ 하는 표정으로 치열을 쩨려본다.

치열	아… 죄송합니다…. (사과하고 다시 폰 귀에 대고 상황 파악하려 애 쓰는데)
직원	(치열에게 와) 저기 죄송한데 연주 다시 시작될 거거든요. 휴대폰 좀 꺼주시겠어요?
치열	아… 예…. (일단 휴대폰 끄곤 무대 쪽을 보며 앉는)

눈은 무대 쪽을 향하고 있지만 행선 걱정에 안절부절인 치열의 표정.
휴대폰 만지작거리며 무대 쪽 보다가 뒷문 쪽 보다가 어쩔 줄 몰라
하는 표정에서.

S#65. 국가대표 반찬가게 (N)

손등에 작은 거즈 붙인 행선, 영주와 함께 정리하는.

영주　(손등 보며) 큰일 뻔했다 야. 그 뜨건 죽을… 손등에 살짝 쏟고 말아서
　　　그렇지 발에라도 왕창 쏟았으면, 최소 2도야 너 그거.

행선　그러게. 운이 좋았다 내가 오늘.

영주　괜찮아? 병원 안 가도 돼?

행선　어, 살짝 쓰라린데 괜찮아. 바로 얼음찜질하고 거즈 붙여서.

영주　딴 땐 덜렁거려도 뜨건 음식 들곤 엄청 침착하면서… 조심 좀 하지 좀.

행선　그르게. 내가 뭐에 씌었었나… (하다 이내) 참 너 드론 동호회! 늦겠다
　　　빨리 가. 내가 마저 하고 갈게. 가가, 얼른 가.

영주　그래도 돼? 손도 다쳤는데?

행선　아 괜찮아. 나도 치킨데이 하러 바로 올라갈 거야. 가 얼른. 얼른~

S#66. 국가대표 반찬가게 앞 (N)

까치발 들고 셔터를 내리려는 행선.
셔터가 뻑뻑해서 잘 안 내려가 끙끙거리는데
뒤에서 끼익~~ 급브레이크 밟은 소리가 난다. 행선 돌아보면
급정거한 치열의 차에서 치열이 뛰어나오는.

행선　!! (놀라) 쌤….

치열　(행선 앞에 와… 헉헉…) 괜찮아요? 다쳤어요? 어디, 어디 다쳤는데?!

행선　아… 저 그냥 살짝… 손등을 좀 디긴 했는데….

치열　(바로 행선 손목 잡고 들어 본다. 손등에 살짝 작은 거즈 붙인 거 보고 그제야
　　　안심하는 표정 되며) 하아…. (안도하면)

행선　근데 쌤… 왜 여기 있어요? 리사이틀은요…?

치열　아….

행선	아직 끝날 시간 아닌 거 같은데… 중간에 오신 거예요 지금? (의아한 듯 보면)
치열	(당황. 일단 둘러대는) 아 그게… 해이가 앱 사용하는 법을 모른다고 문자를 해서… 그걸 알려줘야 문제를 풀 수 있거든요.
행선	(어이가 없다) 진짜… 그거 때문에 오셨다구요?
치열	아 내가 원래 애매하게 알려주는 거 딱 질색이라… 원래 이 시간은 해이 수업시간이기도 하고. 내가 또 선약을 굉장히 중요시하는 성격이기도 하고….
행선	(여전히 납득이 힘들다. 치열 보면)
치열	어쨌든 많이 안 다쳐서 다행이네. 큼. 들어가죠. (앞서 들어가는)
행선	(의아한 듯 보다가 일단 따라 들어가는)

S#67. 공연장 (N)

박수 받으며 재입장하는 혜연.

무대 가운데에 서서 우아하게 인사하고 고개 드는데…

맨 앞 가운데 자리에 치열의 꽃다발만 덩그러니 놓여 있고 치열은 없다.

실망한 듯 웃음기 가시는 표정에.

S#68. 수아집 거실 (N)

은밀하게 누군가와 통화 중인 수아모.

수아모	…그래요? 확실하죠? (듣고) 알겠어요, 사진부터 바로 전송해주세요. (전화 끊는데 띠링~ 띠링~ 문자벨 울린다. 얼른 확인하는)

#. 문자 인서트

치열 출근하는 차/국가대표 앞에 주차하는 모습/행선집으로 들어가는 모습/행선집에서 나와 차에 오르는 모습/꽃다발 들고 연구실에서 나오는 모습/방금 셔터 내린 가게 앞에 행선과 서 있는 모습 찍힌 사진들….

수아모   (보고) 하, 세상에…! 설마설마 했더니…. (잠시 생각하곤 뭔가 결심한 듯 올케어 단체방 열곤 격앙된 채 글 치는)

S#69. 레스토랑 (N)

선재모, 연수원 동기인 판사(40대 여성)와 식사 중인.

유판사   웬일로, 우리 고고하신 장변님께서 밥을 사신대나 했더니, 사건 얘기였어? 재미없게.

선재모   (살짝 미소 짓곤) 고고하기론, 유 판사님만 하겠어.

유판사   (와인 살짝 마시곤) 나 솔직히, 기분 좀 좋다? 장서진이가 지금 나한테 굽히고 들어온 거 아니야. 되게 중요한 클라이언튼가봐?

선재모   (잠깐 생각하다… 솔직하게 말하자 싶은) 우리 둘째 학교 교무부장 아들.

유판사   와우. 천하의 장서진도, 자식 앞에선 별수 없구나?

선재모   (보며) 내가 뭘 어땠는데.

유판사   너 연수원 때 별명, 탑서진이었잖아. 성적도 탑, 학벌도 탑, 집안도 탑, 성격 지랄맞은 것도 탑.

선재모   (피식 웃는)

유판사   아, 남편도 탑이었지? 잘생기구, 돈도 많구, 키도 크고. 아… 다 가졌네 너 진짜. 공부 잘하는 아드님도 둘이나 있고. 으… 재섭써. 아직 사이좋지 남편이랑?

선재모   (멈칫… 한다) 그냥, 평범하지 뭐.

유판사   퍽이나. 장서진이 평범하게 살겠다. (못 믿겠단 제스처로 고개 흔들며 스테이크 썰고)

선재모   (표정 관리하곤) 사건 얘기 돌아가서, 그 교무부장 아들 말인데… 원래
         공부도 되게 잘하는 애거든. 친구들을 잘못 만났나봐…. (일 얘기 시작
         하는 모습에서)

S#70. **레스토랑 주차장 (N)**
        주차장으로 나오는 선재모.
        계속 울리는 폰 진동에 확인하면, '올케어반' 카톡방에 카톡이 87개
        가 와 있다.

선재모   하아… 또 뭐야. 할 일 없는 여자들 진짜.

         확인도 않고 짜증스럽게 보다가, 문득 생각난 듯 위치추적 앱을 누른
         다. 이동 중인 희재의 위치가 뜨고.

선재모   !! (서둘러 차에 올라타고 시동 걸어 출발하는)

S#71. **거리 (N)**
        검은 후드를 쓴 희재, 고개 살짝 숙인 채 앞쪽을 보며 잰걸음으로 걸
        어가고.

S#72. **선재모 차 안 (N)**
        운전하며 폰 추적기 앱의 실시간 위치를 확인하는 선재모.
        희재의 위치를 알리는 표식이 계속 이동 중이다.
        선재모, 더 속도를 올리고.

S#73. **진이상의 아파트 단지 앞 (N)**
        아파트 단지 앞에 서는 선재모 차.

선재모, 폰 들고 운전석에서 내려 본다. 평범한 아파트 단지다.

선재모   (단지 한번 눈으로 스캔하고, 다시 폰 보면)

#. 휴대폰 인서트
희재 위치 알림, 새암 아파트 단지에 멈춘 채 움직이지 않는.

선재모   (다시 단지를 본다) …대체 뭘 하는 거야 이희재. 여기서. (이 넓은 단지
어디에 있는지, 뭘 하는지 알 길이 없어 답답하다. 걱정스런 모습으로 보며
머리 쓸어 올리는)

S#74. 진이상 아파트 거실 (N)
테이블 위에 노트북 놓여 있고, 대학생2와 통화 중인 진이상.

진이상   최치열라짱나가 난 걸 알았다니까 최치열이! 그러니까 일단 스탑하
고, 너도 당분간은 짜져 있어. 아니, 그만두긴 왜 그만둬. 이번 껀은
분명히 뭔가 있어. 일단 몸부터 좀 사리고, 다시 큰그림을 그려봐야
지. 어, 내가 연락할게. 끊어. (전화 끊고 서둘러 노트북을 다시 본다)

컴퓨터 화면 비추면, 메모장으로 작성된
'일타 최모 강사 여고생 과외 스캔들'이란 제목의 글이다.
진이상, 글을 '휴지통'으로 가져가 삭제하고
다른 사이트에 '최치열라짱나'로 올린 댓글들 막 삭제하는데…
이때, 초인종 소리가 울리고. 누구지…? 돌아보는 진이상의 모습에서.

S#75. 진이상 아파트 비상계단 (N)
하얗게 질린 표정으로 쫓기듯 뛰어 올라가는 진이상.

급하게 신고 나온 슬리퍼가 하나 벗겨지고, 채 다시 신지도 못한 채
올라가는.

S#76. 진이상 아파트 옥상 (N)

뒷걸음질 치는 진이상. 공포에 질린 표정으로.

진이상   왜… 왜 이러는 거야?! 나한테… 왜…. (하곤 발끝에 닿는 빈 화분 들어
냅다 던지는)

우당탕탕. 화분 팽개쳐지는 소리가 요란하게 들리고.
이 틈을 타 죽어라 내빼는 진이상의 뒤통수를 향해 날아오는 쇠구슬!
진이상, 컥 소리 내며 쓰러지고.
쓰러진 진이상 옆으로 쇠구슬이 데구르르… 굴러가는.

S#77. 행선집 거실 (N)

치열과 행선 가족, 치킨 먹으며 EBS 다큐「보호구역의 뱅골호랑이」
를 보고 있다.
치열, 행선이 의식되지만 애써 화면에 집중하려 하고.
행선은 뭔가 미심쩍은 듯 힐끗 힐끗, 자꾸 치열을 훔쳐보는.

재우   (혼자 해맑게 설명하는) 저기가 바로 인도에 있는 반다브가르 숲이에
요. 호랑이를 보호하기 위해 만든 숲인데~ (화면에 나오는 호랑이 보고)
어? 비투다! 쟤가 바로 비투예요! 원래 비투가 반다브가르 서열 1위
였는데…

해이   스포하지 마 삼촌. 쌤 처음 보시는 거잖아.

재우   (무시하고) 뱅골호랑이는 엄청 커요. 길이가 2.4~3.6m 정도고 체중은
140~320kg이나 나간대요. 그리고 낮잠을 열여섯 시간이나 잔대요.

옛날에 우리 남행선 누나도 열네 시간 잔 적 있는데. 아슬아슬하게 남행선 누나가 졌어요 뱅골호랑이한테.

치열   아. 근데 열네 시간이면… 그건 낮잠이라고 볼 수가 없을 거 같은데.

행선   (또 치열 힐끗 본다)

재우   (치킨 치열에게 주며) 형, 이거 다리요. 양념이 후라이드보다 더 맛있어요 여긴.

치열   땡큐 삼촌. (받다가 재우 옷소매가 양념에 닿자 다리 놓고 옷소매 접어주는)

행선   (그런 치열을 본다. 아무리 생각해도 오늘 치열은 뭔가 의심스럽다…)

해이   (행선 보며) 엄마. 나 거기 무 좀.

행선   어? 어. (제 앞에 있는 무 해이 쪽으로 옮겨주고)

치열   (그 틈에 행선을 힐끗 본다. 화면에 집중하는 척하고 있지만 신경은 온통 행선에게로 가 있다. 행선이 고개 들자 얼른 다시 TV에 집중하는 척하는)

S#78.   행선집 앞 계단 (N)

행선, 치킨 박스와 콜라 페트병 등이 든 재활용 박스를 양손으로 들고 나오는데
뒤쫓아 나온 치열, 행선이 든 재활용 박스를 뺏어든다.

치열   줘요.

행선   아 아니… 별로 안 무거운데.

치열   다쳤잖아요 손…. (하곤 앞서 내려가는)

행선   (뒤따라 내려가며) 저기요, 건물주님.

치열   ! (돌아본다. 놀란)

행선   제가… 너무 궁금해서 그러는데요… 납득도 잘 안 되고.

치열   (당황해/o.l) 아 그 문제라면, 내가 워낙 건물 투자를 취미로 하는 사람이라… 근데 나 같은 사람이 또 부의 사회환원 차원에서…

행선   (의구심이 가득한/o.l) 그래서 잘해준 거라구요? 집세도 깎아주고, 에

치열	(당황) 아니 잘해줘도 문젠가. 질문이 당황스럽네 참. (하곤 서둘러 내려가는)
행선	(보다가 따라 내려가는)

S#79. 국가대표 반찬가게 앞 (N)

치열	(도망치듯 행선 집 쪽에서 나오는데)
행선	(따라 나오며) 잠깐만요 쌤. 하나만 더요.
치열	(다시 본다)
행선	(치열 눈 똑바로 보며) 그럼 오늘이요… 진짜 해이 때문에 오신 거예요?
치열	…….
행선	진짜 해이 때문에 오신 거냐구요, 다른 이유 없이.
치열	……. (행선을 본다. 맞다… 해이 때문이 아니다… 은인의 딸이라서? 그것만으론 자신의 행동이 설명되지 않는다. 그렇다면 왜…? 말문 막히며 멍해지는데)
행선	아니면… 아니면 혹시…. (하는데)

이때 팟~!! 하고 동시에 헤드라이트가 켜지며 두 사람 비추고.
보면, 수아모를 위시한 올케어 엄마들의 차가 타원형으로 두 사람 감싸고 있고.
놀란 치열과 행선, 손으로 빛 가리고!
너희들은 포위됐다… 느낌으로 그렇게 대치해 서 있는 차들과
행선 치열의 모습에서… 8부 엔딩.

▶ 2권으로 이어집니다.

일타 스캔들 1 양희승·여은호 대본집

초판 1쇄 인쇄 2023년 4월 5일
초판 1쇄 발행 2023년 4월 12일

지은이 양희승·여은호
펴낸이 이승현

출판1 본부장 한수미
라이프 팀장 최유연
편집 최유연
디자인 송윤형

펴낸곳 ㈜위즈덤하우스 출판등록 2000년 5월 23일 제13-1071호
주소 서울특별시 마포구 양화로 19 합정오피스빌딩 17층
전화 02) 2179-5600 홈페이지 www.wisdomhouse.co.kr

ⓒ 양희승·여은호, 2023

ISBN 979-11-6812-597-1 04680